A FORÇA DAS MULHERES ROMANAS POR MEIO DAS MOEDAS E UMA CRÍTICA FEMINISTA DO PASSADO PARA O PRESENTE

Editora Appris Ltda.
1.ª Edição - Copyright© 2024 da autora
Direitos de Edição Reservados à Editora Appris Ltda.

Nenhuma parte desta obra poderá ser utilizada indevidamente, sem estar de acordo com a Lei nº 9.610/98. Se incorreções forem encontradas, serão de exclusiva responsabilidade de seus organizadores. Foi realizado o Depósito Legal na Fundação Biblioteca Nacional, de acordo com as Leis nᵒˢ 10.994, de 14/12/2004, e 12.192, de 14/01/2010.

Catalogação na Fonte
Elaborado por: Dayanne Leal Souza
Bibliotecária CRB 9/2162

B452f 2024	Bélo, Tais Pagoto A força das mulheres romanas por meio das moedas e uma crítica feminista do passado para o presente / Tais Pagoto Bélo. – 1. ed. – Curitiba: Appris, 2024. 400 p. : il. ; 23 cm. Inclui referências. ISBN 978-65-250-6145-0 1. Poder feminino. 2. Moedas. 3. Consciência feminista. 4. Mulheres da Antiguidade. I. Bélo, Tais Pagoto. II. Título. CDD – 305.42

Livro de acordo com a normalização técnica da ABNT

"O presente trabalho foi realizado com o apoio da Fundação de Amparo à Pesquisa do Estado de São Paulo (FAPESP - números dos processos: 2019/06953; 2020/06911-9)".

Appris
editora

Editora e Livraria Appris Ltda.
Av. Manoel Ribas, 2265 – Mercês
Curitiba/PR – CEP: 80810-002
Tel. (41) 3156 - 4731
www.editoraappris.com.br

Printed in Brazil
Impresso no Brasil

Tais Pagoto Bélo

A FORÇA DAS MULHERES ROMANAS POR MEIO DAS MOEDAS E UMA CRÍTICA FEMINISTA DO PASSADO PARA O PRESENTE

FICHA TÉCNICA

EDITORIAL	Augusto Coelho
	Sara C. de Andrade Coelho
COMITÊ EDITORIAL	Ana El Achkar (UNIVERSO/RJ)
	Andréa Barbosa Gouveia (UFPR)
	Conrado Moreira Mendes (PUC-MG)
	Eliete Correia dos Santos (UEPB)
	Fabiano Santos (UERJ/IESP)
	Francinete Fernandes de Sousa (UEPB)
	Francisco Carlos Duarte (PUCPR)
	Francisco de Assis (Fiam-Faam, SP, Brasil)
	Jacques de Lima Ferreira (UP)
	Juliana Reichert Assunção Tonelli (UEL)
	Maria Aparecida Barbosa (USP)
	Maria Helena Zamora (PUC-Rio)
	Maria Margarida de Andrade (Umack)
	Marilda Aparecida Behrens (PUCPR)
	Marli Caetano
	Roque Ismael da Costa Güllich (UFFS)
	Toni Reis (UFPR)
	Valdomiro de Oliveira (UFPR)
	Valério Brusamolin (IFPR)
SUPERVISOR DA PRODUÇÃO	Renata Cristina Lopes Miccelli
PRODUÇÃO EDITORIAL	Bruna Holmen
REVISÃO	Ana Lúcia Wehr
DIAGRAMAÇÃO	Andrezza Libel
CAPA	Carlos Pereira
IMAGEM DA CAPA	© The Trustees of the British Museum Disponível em: https://www.britishmuseum.org/collection/object/C_R-6361. Acesso em: 16/05/2024.

À todas nós, mulheres.

Agradecimentos

À Fundação de Amparo à Pesquisa do Estado de São Paulo (FAPESP); ao Prof. Vagner Carvalheiro Porto (MAE/USP); ao Prof. François de Callataÿ (ULB/KBR); ao Prof. Pedro Paulo A. Funari (UNICAMP); à Prof.ª Maria Cristina Nicolau Kormikiari Passos (MAE/USP); à Prof.ª Sarah Fernandes Lino de Azevedo (USP); ao Prof. Diogo Leite; ao Prof. Juarez Oliveira; ao Prof. Kenneth Bertrams (ULB); ao Prof. François Blary (ULB); à Zoë-Joy Vangansewinkel (KBR); à Jaqueline Van Driessche (KBR); à Fran Stroobant (KBR); à Walkiria Schneider (MAE/USP); ao Fábio Batista dos Santos; aos grupos de estudos Messalina, Medusa, Numismática Antiga e Laboratório de Arqueologia Romana Provincial (LARP); e aos amores da minha vida, Danna ✳, Lara 🖤, Nico e Alecrim.

"All rape is an exercise in power, but some rapists have an edge that is more than physical. They operate within an institutionalized setting that works to their advantage and in which a victim has little chance to redress her grievances. Rape in slavery and rape in wartime are two such examples. But rapists may also operate within an emotional setting or within a dependent relationship that provides a hierarchical, authoritarian structure of its own that weakens a victim's resistance, distorts her perspective and confounds her will".

(Brownmiller, 1993, p. 256)

Prefácio 1

After a book on Boudica, the "warrior-queen" whose subtitle was rather programmatic (*The female facets over time: nationalism, feminism, power and the collective memory*),[1] Tais Pagoto Bélo is back with another engaging monograph: *The strength of Roman women through coins and a feminist critique from the past to the present.*

As indicated by the title, the aim of the book is double: to consider how Roman empresses were represented on coins and, in so doing, engage a debate about feminism old and new. The angle is original and pertinent as well. Original since, although there is certainly no shortage of literature on Roman empresses and even on Roman empresses' coins, nobody seems to have really tackled so far the topic with an assumed feminist perspective. Pertinent since coins are well known to be especially useful considering built identities. At the difference of literary sources, largely posterior and heavily biased most of the time, coins indicate how the issuing power has consciously searched to be represented through a kind of objects produced in industrial numbers.

As the purpose is methodological, not all the Roman empresses have been considered. Five of them have been selected, from the end of the Republic to the high Roman Empire: Fulvia, Octavia, Livia, Agrippina Major and Agrippina Minor. Generally speaking, coin images are images produced under strict control and constraints exercized by men. So, it is the male vision of the ideal woman which is at stake, especially when, as it is the case of Livia and Agrippina Minor, this vision is aimed to proclaim domestic values.

Tais Pagoto Belo's book takes a committed approach, regularly moving back and forth between ancient Rome and the present day, opening up perspectives that go far beyond Roman coinage and calling on philosophers and gender studies specialists alike. Her view of an ancient world is fully placed at the service of a modern struggle, stating in her conclusion: "It should be emphasised that the Roman female position proves to be an important

---

[1] BELO, Tais Pagoto. **Boudica and the female facets over time**: nationalism, feminism, power and the collective memory. São Paulo: Alexa Cultural, 2019.

instructive resource to be explored to raise awareness of current male and female agencies." As such, it should be of interest to a wide audience, many of whom we hope will be male.

François de Callataÿ
Biblioteca Real da Bélgica
Escola Prática de Estudos Avançados, Ciências Históricas e Filológicas
Universidade Livre de Bruxelas

Prefácio 2

O estudo das imperatrizes romanas sob uma perspectiva de gênero

O estudo das imperatrizes romanas em moedas é um campo fascinante da numismática e da pesquisa histórica. Aparentemente embrionário, os primeiros estudos sobre imperatrizes romanas nas moedas podem ser rastreados até os primeiros trabalhos numismáticos e históricos que se concentraram nas representações das imperatrizes em moedas do Império Romano. Embora a numismática tenha uma longa história como disciplina, o estudo específico das representações de imperatrizes e as reflexões de gênero ainda carecem de maiores aprofundamentos. A presente obra *A força das mulheres romanas por meio das moedas e uma crítica feminista do passado para o presente*, escrita por Tais Pagoto Bélo, oferece uma contribuição relevante para ambos os campos: da presença e agência das imperatrizes romanas na sociedade romana como um todo, e as reflexões de gênero daí advindas.

Historicamente, a produção acadêmica contemplou a catalogação de moedas romanas que no início não passara de uma simples referenciação das moedas (as mulheres estarem nestes catálogos nada tinha a ver com sua escolha iconográfica, eram contempladas porque suas efígies, bustos, e legendas encontravam-se nas tão cobiçadas moedas). Neste sentido, destacamos Joseph Hilarius Eckhel (1737-1798), um estudioso jesuíta austríaco e numismata. Eckhel é frequentemente considerado um dos pioneiros no estudo das moedas romanas e seu contexto histórico. Em sua obra monumental *Doctrina Numorum Veterum* (publicada no final do século XVIII), Eckhel catalogou e descreveu extensivamente moedas romanas, incluindo aquelas com imperatrizes. Seu trabalho lançou as bases para o estudo sistemático da numismática.

O século XIX viu florescer diversos estudos numismáticos de relevância para o tema, dentre eles destacamos a obra *Description historique des monnaies frappées sous l'Empire romain communément appelées, médailles impériales*, escrita por Henry Cohen no ano de 1859. Neste momento, a catalogação de peças com Fúlvia, Otávia, Lívia, Agripina Maior e Agripina Menor, seguiam o protocolo de ali estarem simplesmente por serem de interesse do colecionismo.

Dando um salto para o século XX, encontramos importantes obras de referência para colecionadores e estudiosos de moedas romanas. Ao longo dos anos, vários numismatas, historiadores e arqueólogos continuaram a estudar e escrever sobre as imperatrizes romanas em moedas. Contudo, a pesquisa neste campo ainda engatinha, e mesmo com estudiosos utilizando técnicas e recursos avançados para obter uma compreensão mais profunda do papel das imperatrizes no Império Romano, tal estudo seguia de certa forma negligenciado até a obra de Tais Pagoto Bélo.

Dos anos 20 do século passado, destacamos a obra *The Roman Imperial Coinage*, escrita por Harold Mattingly e Edward Allen Sydenham (1926). Esta é uma obra clássica sobre moedas romanas e inclui informações valiosas sobre a representação das imperatrizes romanas nas moedas.

O período do pós-Segunda Guerra Mundial apresentou-nos a publicação do *Roman Coins and Their Values* (1964) de David R. Sear. Esta obra procurou, mesmo que timidamente, inserir informações sobre imperatrizes romanas em moedas, seus títulos e o contexto histórico em que essas moedas foram cunhadas.

A obra *Roman Silver Coins: The Republic to Augustus*, escrita por Herbert Allen Seaby, em 1987, cobre uma ampla variedade de moedas romanas, incluindo aquelas com imperatrizes, e nos fornece um contexto valioso.

Alguns anos depois, a obra *Handbook of Roman Imperial Coins: A Complete Guide to the History, Types, Symbols and Artistry of Roman Imperial Coinage* escrita por David Can Meter em 1991, revelou-se como um guia prático para colecionadores e pesquisadores interessados em moedas imperiais romanas, inclusive aquelas com imperatrizes.

Martin Goodman, escreveu, em 1999, a obra *The Roman World 44 BC-AD 180*. Este trabalho traça o impacto da política imperial na vida da própria cidade de Roma e no resto do império, argumentando que, apesar dos longos períodos de aparente paz, esta era uma sociedade controlada tanto pelo medo da violência estatal como pelo consentimento. Embora não se concentre em moedas, este livro fornece uma visão geral da história do Império Romano e do papel das imperatrizes.

Publicado pela primeira vez em 2001, *Coinage and History of the Roman Empire* de David L. Vagi é um estudo inestimável nas áreas de história romana e numismática. Este livro fornece insights relevantes sobre o contexto histórico e político da cunhagem romana, incluindo o papel das imperatrizes.

William E. Metcalf em 2012 lançou o *The Oxford Handbook of Greek and Roman Coinage*. Embora o autor se concentre na cunhagem grega e romana de forma mais ampla, contém seções sobre as mulheres imperiais e sua representação nas moedas.

Todas essas obras que vem sendo escritas ao longo das últimas décadas, de uma forma ou de outra, trazem informações sobre as imperatrizes romanas, todavia, apenas de forma tangencial e tergiversada.

Quanto ao estudo da perspectiva de gênero em moedas antigas, é importante considerar que este é ainda um campo muito restrito, mas fascinante, da numismática. Embora o foco principal das moedas antigas esteja frequentemente nos seus aspectos históricos e econômicos, os estudiosos também examinaram como estes pequenos objetos refletem e por vezes moldam os papéis de gênero, identidades e representações nas sociedades que os produziram. Destarte, podemos assegurar que a obra *A força das mulheres romanas* é o grande "pulo do gato" no desenvolvimento da área.

Neste sentido, algumas temáticas surgem neste horizonte, como os estudos sobre os retratos das mulheres governantes nas moedas. Estes refletem as perspectivas de gênero através da representação e da força de mulheres governantes, como é o caso Cleópatra no Egito ou Júlia Domna em Roma. Estudos sobre iconografia e simbolismo: os símbolos e motivos nas moedas podem muitas vezes ter significados específicos de gênero, e é isso, dentre tantas outras coisas, que Pagoto Bélo procura mostrar ao longo de sua obra. Também podem ser destacados estudos sobre a família imperial e as formas de política dinástica. Neste caso, as moedas da Roma Antiga externam como os papéis e atributos das imperatrizes e de outros membros femininos da família podem ser estudados através de suas representações numismáticas. Estudos sobre mulheres em contextos econômicos também foram foco de preocupações dos estudiosos ao longo do tempo. A agência das mulheres nas atividades econômicas, como o comércio ou a gestão financeira, a influência política, sua ação como filantropas e patrocinadoras, seu papel nas relações de patronagem e clientelismo adquirem proporções que somente agora, graças às preocupações dos estudos de gênero, começam a ser melhor observadas.

Embora existam pesquisas em andamento neste campo, estudos específicos podem variar dependendo da região e do período de interesse. Numismatas, arqueólogos e historiadores colaboram frequentemente para analisar e interpretar a perspectiva de gênero em moedas antigas, contribuindo para a nossa compreensão de como os papéis e representações de gênero evoluíram ao longo da história.

Tais Bélo contribui com o debate ao analisar a imagem pública das mulheres imperiais romanas através das moedas, ao longo da família Júlio-Claudiana. Partindo da análise iconográfica das moedas, procurou evidenciar questões ligadas ao patronato romano, assim como questões ligadas ao culto imperial, sempre tendo como pondo de partida a vida política e cotidiana das mulheres da família imperial.

A autora, discute, igualmente, as esferas da vida privada e doméstica das mulheres romanas no contexto da *patria potestas*, que eram significantes e marcavam as relações de poder dentro da família romana. Sua pesquisa destaca a conquista das mulheres imperiais romanas que, dentre tantas façanhas, obtiveram a preservação de sua memória, ao terem seus nomes lembrados em estátuas, placas e moedas.

As pesquisas de Tais Pagoto Bélo no Museu de Arqueologia e Etnologia da Universidade de São Paulo (MAE-USP), assim como no Gabinete de Moedas e Medalhas da Royal National Library (KBR) e na Université Libre de Bruxelles (ULB), apuraram-lhe o conhecimento e possibilitaram a confecção desta obra absolutamente relevante sobre a agência das imperatrizes romanas na sociedade romana antiga, e sobre o papel dos estudos de gênero na Antiguidade. A moeda, em seu trabalho, é o veículo com o qual podemos acessar "a força das mulheres romanas"; assim como nos convida a refletir sobre o papel dessas mulheres no passado e no presente.

Vagner Carvalheiro Porto
Museu de Arqueologia e Etnologia
Universidade de São Paulo

Apresentação

Esta obra visa a expor a imagem pública de mulheres romanas como Fúlvia, Otávia, Lívia, Agripina Maior e Agripina Menor, compreendendo o final da República e o início do Império (84 a.C. - 59 d.C.), por meio de exemplares de moedas e de fontes escritas que exemplificam as vidas delas. O objetivo é ilustrar como essas mulheres melhoraram suas imagens publicamente por meio de afazeres ligados à família imperial, ao Patronato, à religião e à propaganda imperial.

As fontes escritas deram visões de valores e mostraram as relações sociais, os princípios de propriedade, os direitos individuais e os seus deveres na sociedade romana. Tais fontes também confirmaram que as mulheres romanas desse tempo estavam inseridas em uma hierarquia de poder marcada por vangloriar um governo masculino. Nas fontes escritas, elas foram descritas em ambientes familiares, mas com exceções e malquistas, formando uma oposição entre o universo público e o privado.

As fontes materiais, as moedas com os retratos dessas mulheres, compuseram uma formidável ferramenta de trabalho, uma vez que justificaram posições e consolidaram poderes dentro de um contexto aristocrático de competição. Como um monumento móvel, tais objetos promoveram uma audiência abrangente, mesmo longe da elite. Demonstraram que as mulheres da elite conseguiram uma proeminência "aparente", construindo uma vida social que as levou à certa abertura política, o que contribuiu para que fossem autoras importantes da história de Roma. As mudanças femininas dessa época podem ter garantido uma alteração social em todas as categorias, principalmente nas construções culturais e atuações políticas. Esse fato fez com que a sociedade romana se moldasse a um emaranhado de circunstâncias, em que as divisões do masculino e do feminino se entrelaçaram, demonstrando uma complexidade social e de gênero.

Contudo, o intuito deste trabalho foi explicar, por meio da análise iconográfica, o que esses objetos queriam comunicar politicamente e de forma identitária. Dito isso, foi questionado sobre o poder e o lugar de atuação do feminino, uma vez que o *habitus* sexuado" poderia ter marcado os valores entre os gêneros. Tanto a cultura material quanto as fontes escritas analisadas juntas foram essenciais para comprovar essa problemática, uma vez que a literatura explicitou bem as relações de gênero dos imperadores e suas mulheres. A cultura material, ao demonstrar o poder masculino, acabou por evidenciar também o poder feminino.

Dessa forma, a importância maior desta obra é realizar um convite à reflexão da percepção da realidade presente, mediante uma abordagem analítica das condições aperfeiçoadas dos Estudos das Mulheres da Antiguidade. Consiste, assim, em um desígnio capaz de gerir consciência e coerência dos fatores atuais femininos em contraposição à existência de uma variedade e semelhança sobre a mulher do passado.

Lista de figuras

Figura 1 – Quinário, de Lugduno, 43 – 42 a.C. 142

Figura 2 – Denário de prata, Roma, de 42 a.C.. 145

Figura 3 – Denário, Júlio César, Roma, 46 a.C.. 146

Figura 4 – Moeda de bronze, Júlio César, 45 a.C.. 147

Figura 5 – Denário, de uma casa de moeda incerta, 32 – 29 a.C. 148

Figura 6 – Áureo cunhado por *C. Numonius Vaala*, Roma, 41 a.C. 150

Figura 7 – Moeda de bronze, de Trípolis, de 42/41 a.C. 152

Figura 8 – Moeda de Fúlvia, Frígia, Eumenéia, 41 – 40 a.C. 154

Figura 9 – Moeda da Frígia, cidade de Eumenéia, 41-40 a.C. 155

Figura 10 – Áureo, de 40/39 a.C. 172

Figura 11 – Áureo, datado de 38 a.C. 173

Figura 12 – Tridracma cistóforo de prata, de 39 a.C. 176

Figura 13 – Tridracma cistóforo, de prata, de 39 a.C. 178

Figura 14 – Ás de liga de cobre, de 36 – 35 a.C. 183

Figura 15 – Dupôndio de liga de cobre, de 38 – 37 a.C. 184

Figura 16 – Sestércio de liga de cobre, de 36 – 35 a.C. 185

Figura 17 – Tremisse (três ases) de 38 a.C. – 32 a.C. 187

Figura 18 – Tetradracma de prata, de cerca de 36 a.C. 188

Figura 19 – Moeda de liga de cobre, cunhada em Alexandria, Egito, 51 – 30 a.C. ...190

Figura 20 – Moeda de liga de cobre, com Cleópatra VII no anverso, 51 – 30 a.C. ...192

Figura 21 – Dupôndio de liga de cobre, de 9 – 3 a.C. 196

Figura 22 – Moeda Augusto e Lívia, de 27 a.C. 208

Figura 23 – Moeda de Alabanda, Ásia, datada de 27 a.C. – 14 d.C. 209

Figura 24 – Moeda de Mísia, Pérgamo, datada de 10 a.C. – 2 d.C. 210

Figura 25 – Moeda de bronze com chumbo, Esmirna, 10 a.C. 211

Figura 26 – Moeda de bronze com chumbo, Esmirna, 4 – 14 d.C. 211

Figura 27 – Denário de prata, datado de 13 a.C. 217

Figura 28 – Moeda de um tipo de fusão de metais, 27 a.C. a 14 d.C. 219

Figura 29 – Sestércio de bronze, de Roma, de 97 d.C. 221

Figura 30 – Dupôndio de bronze, 22 – 23 d.C. 233

Figura 31 – Dupôndio de bronze com o busto velado, de 22 – 23 d.C. 235

Figura 32 – Dupôndio de bronze, 22-23 d.C. 236

Figura 33 – Sestércio de liga de cobre, datado de 22 – 23 d.C. 238

Figura 34 – Tetradracma de prata, de 14 – 37 d.C. 240

Figura 35 – Ás de liga de cobre, Roma, 40 – 41 d.C. 241

Figura 36 – Áureo, Império romano, Lugduno, datado de 13 – 14 d.C. 247

Figura 37 – Áureo, 14 – 37 d.C. 249

Figura 38 – Denário, 14 – 37 d.C. 249

Figura 39 – Moeda, 15 – 16 a.C. 250

Figura 40 – Dupôndio da *Colonia Romula*, Espanha, datado de 15 – 16 d.C. 254

Figura 41 – Moeda de prata, de Bizâncio, 20 – 29 d.C. 258

Figura 42 – Dupôndio datado de 41 – 50 d.C. 261

Figura 43 – Ás de bronze, 41 – 50 d.C. 262

Figura 44 – Sestércio de bronze, 41 – 50 d.C. 262

Figura 45 – Dupôndio de bronze, 41 – 50 d.C. 263

Figura 46 – Moeda com busto de Cláudio à esquerda no anverso. 264

Figura 47 – Denário de prata, da Catalônia, cidade de Tarraco, Espanha. 268

Figura 48 – Áureo, de 68 a 69 d.C. 269

Figura 49 – Dupôndio de bronze, de 68 a 69 d.C. 249

Figura 50 – Sestércio de bronze, 68 – 69 d.C. 270

Figura 51 – Áureo, Roma, 75 a 79 d.C. 271

Figura 52 – Dupôndio, em liga de cobre, de 80 – 81 d.C. 272

Figura 53 – Dupôndio, moeda de liga de cobre, de 80 – 81 d.C. 273

Figura 54 – Sestércio de bronze, 79 – 81 d.C. 274

Figura 55 – *Cesareia Panias*. Bronze. 275

Figura 56 – Sestércio de bronze, 37 – 41 a.C. 290

Figura 57 – Áureo, Roma, 40 d.C. 291

Figura 58 – Tetradracma de prata, datado de 37 – 38 d.C. 292

Figura 59 – Moeda da casa de moeda de Esmirna, de 37 a 38 a.C. 293

Figura 60 – Sestércio de liga de cobre, datado de 50 – 54 d.C. 294

Figura 61 – Sestércio de liga de cobre, datado de 80 – 81 d.C. 295

Figura 62 – Sestércio de bronze, de 37 a 38 a.C. 300

Figura 63 – Áureo, 50 – 54 d.C. 303

Figura 64 – Tridracma cistóforo de prata, 50 – 51 d.C. 304

Figura 65 – Sestércio, de 50 – 54 d.C., Roma. 305

Figura 66 – Tridracma cistóforo de prata, cunhado em Éfeso, de 51 d.C. 306

Figura 67 – Moeda de liga de cobre, 41 – 54 d.C. 307

Figura 68 – Dracma de prata, Creta. 308

Figura 69 – *Æ Diobol* (dois *obols*) de liga, datado de 41 – 54 d.C. 309

Figura 70 – Moeda de liga de metal, de 41 – 54 d.C. 310

Figura 71 – Prutá de liga de cobre, 54 – 55 d.C. 311

Figura 72 – Prutá de liga de cobre, 54 – 55 d.C. 312

Figura 73 – Didracma de prata, do governo de Cláudio, 50 – 54 d.C. 313

Figura 74 – Denário de prata, cunhado em Roma, 50 – 54 d.C. 314

Figura 75 – Denário de prata com Nero e Agripina Menor, Roma, 54 d.C. 324

Figura 76 – Áureo, de 7,63g, datada de 54 d.C. 325

Figura 77 – Áureo, 55 d.C. 326

Figura 78 – Áureo cunhado em Lion. 327

Figura 79 – Áureo, 64 – 65 d.C. 328

Figura 80 – Didracma de prata, 58 – 59 d.C. 329

Figura 81 – Dracma de prata, 58 – 59 d.C. 330

Figura 82 – Ás de prata, 58 – 59 d.C. 331

Figura 83 – Tetradracma de prata, 56 – 57 d.C. 332

Figura 84 – Moeda de latão, cunhada em Eumenéia. 333

Figura 85 – Áureo, 58 – 68 d.C. 334

Lista de tabelas

Tabela 1 – As principais denominações do sistema de denário depois de 141/140 a.C. 391

Tabela 2 – As principais denominações do sistema monetário romano durante Augusto. 391

Tabela 3 – Sistema denominacional de Andrew Meadows para moedas gregas. 392

Sumário

Introdução 27
  A importância deste trabalho para a atualidade 27
  O que esperar deste trabalho 37

CAPÍTULO 1

A mulher romana do final da República ao início do Império 51
  1.1. O patriarcalismo estrutural romano 58
    1.1.1. O discurso religioso 59
    1.1.2. O discurso histórico 60
    1.1.2.1. O estupro de Reia Sílvia.. 61
    1.1.2.2. O rapto das Sabinas 63
    1.1.2.3. O estupro de Lucrécia 64
    1.1.2.4. A tentativa de estuprar Virgínia.. 66
    1.1.2.5. Aspectos dos mitos de origem e o *stuprum* romano 67
    1.1.3. A posição feminina e o discurso jurídico................................. 79

CAPÍTULO 2

As representações femininas, o Patronato, a propaganda e as moedas 97
  2.1. As moedas e a propaganda 109
  2.2. As imagens das mulheres romanas nas moedas provinciais e de Roma........ 126

CAPÍTULO 3

Fúlvia, a sanguinária 129
  3.1. A importância de Fúlvia e suas moedas 132

CAPÍTULO 4

Otávia, a matrona romana ideal 163
  4.1. A vida e as moedas de Otávia 169
  4.2. Otávia e Cleópatra: entre rivais 200

CAPÍTULO 5

Lívia: poder, agenciamentos e as representações de prosperidades 205

5.1. A vida e as moedas de Lívia 207

5.1.1. Lívia e Augusto 216

5.1.2. Lívia e Tibério 223

5.1.3. Lívia e Cláudio 260

5.1.4. Lívia e outros governantes. 267

CAPÍTULO 6

Agripina Maior e sua importância póstuma 279

CAPÍTULO 7

Agripina Menor e o sonho de ser Augusta 299

Conclusão 337

Bibliografia 355

APÊNDICES

Apêndice 1 391

Apêndice 2 393

Apêndice 3 395

Apêndice 4 399

Introdução

A importância deste trabalho para a atualidade[2]

> *"[...] na cultura ocidental, a época atual é o primeiro período em que os homens estão descobrindo que eles próprios são homens, ou seja, possuem uma "masculinidade" problemática. Em épocas anteriores, os homens assumiram que suas atividades constituíam a "história", enquanto as mulheres existiam quase atemporalmente, fazendo a mesma coisa que sempre fizeram".*
>
> (Giddens, 1992, p. 70).

Ainda hoje, é comum a oposição entre os "estudos sobre a mulher" e os "estudos de gênero" e frequente a confusão entre "gênero" e "mulher", situações compreensíveis quando se pensa a história do pensamento feminista. O conceito de gênero desenvolveu-se no marco dos estudos sobre as mulheres e acabou por compartilhar vários dos seus pressupostos. Entretanto, a formação do conceito de gênero procurava superar problemas relacionados à utilização de algumas das categorias centrais nos estudos sobre as mulheres (Piscitelli, 2002, p. 16).

Dessa forma, os "estudos de gênero" abarcam os "estudos sobre as mulheres" e, inclusive, a "história das mulheres". É importante saber que o conceito de "gênero" desenvolveu-se como uma alternativa aos trabalhos sobre o patriarcado, o qual foi produto da mesma inquietação feminista em relação às causas da opressão da mulher. Contudo, a elaboração desse conceito está atrelada à percepção da necessidade de associar essa problemática política a um melhor entendimento da maneira como o "gênero" opera nas sociedades, o que exigiu pensar de maneira mais complexa o poder em diferentes tempos e lugares. As perspectivas feministas que iniciaram o trabalho com o "gênero" mantêm um interesse essencial na situação da mulher, embora não limitem suas análises ao estudo das mulheres (Piscitelli, 2002, p. 21).

---

[2] Ao longo desta obra, ocorrem digressões de aspectos do presente, como um estímulo para uma comparação com o passado. Além disso, há citações de alguns autores que trabalham com o presente, que foram adequadas para a interpretação do passado.

A história das mulheres não é mais uma área subdisciplinar discreta de investigação, porque passou a ficar claro que questões mais amplas de gênero estão em pauta nos estudos das mulheres (Bahrani, 2005, p. 7). Contudo, para a Antiguidade, ela se mostra proeminente. Dito isso, a abordagem deste trabalho está atrelada a preocupações feministas e pós-modernas, à abrangência das fontes materiais e escritas, além de questões antropológicas, que oferecem um acometimento interdisciplinar.

A história das mulheres tem sido entendida como uma narrativa dentro da narrativa mais ampla da história mundial ou história humana, conhecida por definição como a história dos homens. Portanto, muitas vezes, ela é apresentada como uma história paralela e oposta à androcêntrica. Às vezes, a história das mulheres é simplesmente entendida como qualquer abordagem ou metodologia histórica, desde que seja escrita ou ensinada por estudiosas do sexo feminino. Talvez com mais frequência, a história das mulheres seja compreendida como investigações que se preocupam com o que é concebido como sendo intrínseca ou essencialmente preocupações femininas. Toda essa divisão ocorre pelo fato de que a categorização da mulher encontra-se intrínseca ao domínio de um poderoso axioma da erudição histórica, e assim são tomadas as categorias de mulher e homem como autoevidentes (Bahrani, 2005, p. 8-9).

Para este estudo, é importante atentar ao que já foi comentado até hoje sobre o termo patriarcado. Esse conceito já foi útil para a mobilização política, retratando problemas no que se refere à historicidade da condição feminina. Ele foi relevante enquanto distinguia forças para a manutenção do sexismo, na tentativa feminista de mostrar a subordinação feminina. Contudo, se o patriarcado teve um início, poderia ter um fim. O pensamento feminista procurou no patriarcado a ideia de uma origem, ou seja, quando teria começado a história da opressão sobre as mulheres. As condições colocadas pelo termo poderiam trazer problemas, pois impedem de clarificar as relações de gênero de algum grupo em estudo, uma vez que o conceito já demonstra a preexistência de uma dominação masculina em todas as sociedades. Destarte, ele é criticado em sua generalidade ou universalizando uma forma de dominação masculina situada em diferentes tempos e espaços, além de sempre considerar a diferença física entre os homens e as mulheres como aspecto universal invariável (Piscitelli, 2002, p. 15-16).

Saffioti, ao falar da cultura brasileira e da maior parte da população mundial, menciona que elas são descritas como patriarcais. Em seu entendimento, o patriarcado seria uma forma de organização e dominação social ligada à exploração dos homens sobre as mulheres (Saffioti, 2004). A autora descreve a dominação masculina como presente em toda dinâmica social, como na família, no trabalho, na mídia, na política e nos controles sutis de variáveis desconhecidas por homens e mulheres (Freitas; Morais, 2019, p. 111).

Nessa conceitualização, Saffioti parece generalizar o termo, como Piscitelli critica. Essa pode ser uma visão da sociedade contemporânea sobre as mulheres, um ponto de vista pouco abrangente, uma vez que as mulheres das sociedades do passado, conhecidas como "bárbaras", poderiam possuir uma adequação feminina muito mais abrangente, sem certas prerrogativas existentes no mundo atual. Por essa razão, há grande necessidade de se estudar outras sociedades e grupos sociais que podem apresentar outras configurações de poder. Neste trabalho, o conceito de dominação masculina não é cogitado de forma universal, mas, especificamente, para o estudo de um grupo que viveu entre a República e o início do Império romano, que pertencia à elite romana. Deve-se atentar que, na existência de grupos dentro da mesma sociedade, estes poderiam apresentar características diversas, marcando a existência de uma complexidade social. O que se refuta é que ideias vagas e pouco precisas sobre tal termo não permitam descobrir aspectos básicos a respeito de como eram as relações de gênero. Além disso, a universalização da dominância masculina é pouco apropriada quando se estudam os "bárbaros", por exemplo, visto que não há indícios de que esses povos dicotomizassem seus mundos a partir de domínios de poder (Piscitelli, 2002, p. 21).

Desse modo, é importante para este estudo pensar o patriarcalismo no caso do passado romano, em que os pressupostos de gênero foram fundamentais para a construção da base de formação dessa sociedade, com dispositivos que confirmaram um patriarcalismo estrutural. As semelhanças e as divergências desse patriarcalismo com o atual indicam contingências temporais atenuantes, as quais não permitem que eles sejam confrontados, mas proporcionam uma reflexão primordial sobre os dois. A esse respeito, a cogitação da comparação pode resultar em uma provocação ao incomparável. É de se deixar constatada a singularidade de cada espaço e tempo, com suas características particulares, porém assinalando algo mais vasto e de utilidade benéfica a este estudo. A busca das similaridades com o passado pode estar intrínseca **à** observação do presente. Com isso, a comparação não seria para compor leis gerais, mas para se compreender e se conscientizar das variedades culturais humanas e dos mecanismos de pensamentos. Toda essa explicação volta-se para elucidar o quanto a comparação ainda é polêmica e que isso pode compor um obstáculo na elucidação do passado. A comparação do passado com o presente nada mais é do que a composição de uma história ou arqueologia do presente.

As semelhanças entre o patriarcado de diferentes épocas demonstram que ele atua de forma institucional e discursiva. Ele evidencia suas variações ao longo do tempo e do espaço, contudo com características quase atemporais. Por exemplo, pode ser entendido como um fenômeno que privilegia o acesso dos homens às instituições deliberativas. Institucionalmente, o patriarcado age de maneira discursiva e simbólica, mediante narrativas que legitimam as estruturas de poder. Na Roma Antiga, isso se torna evidente por meio de narrativas como a de Tito Lívio, que apresenta histórias que faziam parte da memória social romana, como as de Lucrécia e Virgínia, que contam sobre a formação das instituições romanas durante o período da República (Azevedo, 2023, p. 127).

Em relação aos estudos das mulheres, classicistas têm se envolvido com questões de gênero e sexualidade desde o final dos anos 1960. Muitos incorporaram com sucesso teorias pós-modernas, feministas e psicanalíticas, contribuindo até mesmo para o campo da teoria *queer*, desenvolvido durante os anos 1990 (Bahrani, 2005, p. 9).

A "primeira onda feminista acadêmica" emergiu dos movimentos políticos feministas da década de 1960 e se preocupou com o combate ao viés androcêntrico e com a localização e documentação das mulheres nas fontes. O interesse estava em um revisionismo feminista, alcançado pela leitura de relatos em busca de qualquer informação que pudesse ser obtida sobre a vida das mulheres, utilizando-se, para tanto, de textos legais e documentos econômicos, que foram relidos para definir a posição social das mulheres. Nessa perspectiva, a identificação das contribuições das mulheres para a história tornou-se um objetivo importante (Bahrani, 2005, p. 14).

Dessa forma, os classicistas vêm desenvolvendo a problemática de gênero e sexualidade desde o final dos anos 1960, estando a teoria *queer* nesse mesmo campo desde início dos anos 1990 (Bahrani, 2005, p. 9). Em 1993, Skinner mencionou que os estudos de gênero da Antiguidade ainda eram muito conservadores, hierárquicos e patriarcais (Skinner, 1993) e que costumavam apoiar-se em leituras empiristas de fontes textuais, a partir de um senso comum. Nesse sentido, Funari (1995) propôs que se deveria evitar esse tipo de abordagem, pois *"apenas uma análise crítica permite compreender o 'masculino' e o 'feminino' como construções sociais que variam em termos de classe social, gênero e etnicidade, em diferentes períodos históricos e em diferentes sociedades"* (Morgan, 1993, p. 194; Funari, 1995, p. 179-180 apud Bélo, 2018, p. 37). Atualmente, esses estudos têm sofrido um grande aumento desde a década de 2010, o que está permitindo que esses temas se desenvolvam e se atualizem, trazendo outras perspectivas e novas críticas.

No mundo Clássico, o ponto de partida para os estudos das mulheres iniciou-se em 1965, quando Finley publicou o artigo intitulado *"The Silent Women of Ancient Rome"*, argumentando que as fontes para os estudos das mulheres eram escassas e, logo, não se poderia propor uma imagem fiel delas. Consequentemente, a quantidade de artigos sobre o assunto aumentou, com o intuito de mostrar novas maneiras de estudá-las, bem como foram desenvolvidas condições para interpretar melhor as fontes. Dessa forma, vários tipos de estudos expandidos poderiam englobar as mulheres, por exemplo, o estudo da família romana, o qual mostra como era o relacionamento do homem com a esposa, os serviços domésticos realizados por ela e a inclusão do Patronato, que acabou por envolver a mulher na vida econômica e social. Além disso, iniciou-se o estudo das profissões das mulheres, dos textos legais e das representações delas na arte, na literatura e nas inscrições funerárias, as quais revelaram relações pessoais, especialmente da mãe com o pai e com as crianças. A sexualidade e o erotismo também encorajaram os(as) estudiosos(as) a observarem o mundo romano com outros olhos (Rawson, 2006, p. 324).

Pode-se acrescentar, ainda, que as fontes escritas, assim como *A Lei das Doze Tábuas*, a codificação romana mais antiga, puderam dar visões de valores romanos, relações sociais, princípios de propriedade e direitos individuais e seus deveres. Podem ser citados vários episódios da História de Roma contidos nos escritos de autores como Salústio, que comentou sobre Semprônia[3], uma mulher da elite que se envolveu na conspiração de Catilina

---

[3] Semprônia parece ter sido casada com D. Júnio Bruto e era mãe ou madrasta de D. Júnio Bruto Albino, um dos assassinos de César. Syme (1964) sugere que ela era filha de um Semprônio Tuditano, tornando-a tia de Fúlvia, esposa de Clódio, Cúrio e Marco Antônio, mas isso não é apenas uma hipótese (Syme, 1964, p. 133-5; Hemelrijk, 1999, p. 277).

para adquirir poder em 63 d.C.; Cícero, com suas cartas, que tratavam de atividades femininas na sociedade, bem como de discursos e comentários jurídicos, os quais sobreviveram na última compilação do *Digesto*; Catulo, com sua poesia, que explorou o mundo do sexo, do casamento e da sociedade; Lucrécio, com sua filosofia, que empreendeu os temas das emoções humanas; Aurelia Philematio e seu esposo, com a inscrição do ano I; e as estátuas de mulheres individuais (Rawson, 2006, p. 325), as quais também foram e continuam sendo inspirações para o estudo das mulheres na Antiguidade (Bélo, 2018, p. 37-38).

Os estudos de gênero na Arqueologia já vinham sendo discutidos desde meados da década de 1970, mas foi com a obra de Conkey e Spector, *Archaeology and the study of gender*, de 1984, que começou a crescer esse tipo de pesquisa. Foram apresentadas severas críticas ao androcentrismo, com ênfase na procura por mulheres nos registros arqueológicos e sua contribuição para o passado (Voss, 2008 apud Bélo, 2019, p. 30). Em 1991, houve, ainda, a publicação da obra de Gero e Conkey, intitulada *Engendering Archaeology: women and prehistory*, influenciada por contribuições feministas da Antropologia (Meskell, 1999). De acordo com Wylie (1991), a Arqueologia de gênero é dividida em três partes: a primeira critica o androcentrismo; a segunda procura pelas mulheres, denominando-se, por isso, de "a descoberta das mulheres", não apenas das mulheres pré-históricas, mas também das arqueólogas, que foram apagadas de nossa história; e a terceira, por fim, faz uma revisão fundamental de conceitos (Meskell, 1999; Bélo, 2014, p. 28 apud Bélo, 2018, p. 35).

A "segunda onda feminista acadêmica", geralmente considerada como tendo início no final dos anos 1970, mostrou interesse em questões que vão além da revisão do silêncio sobre as mulheres no registro histórico, para considerar questões mais amplas de construção de gênero. A segunda fase criticou notavelmente a primeira, por não reconhecer a subordinação de gênero, tendo sido um período de encontrar mulheres nas fontes para apontar para seu *status* oprimido e formar métodos alternativos de definir as relações de gênero na sociedade. Esse foi um momento marcado por feministas, explicitando a diferença entre restabelecer as mulheres como agentes da história e fazer do gênero uma categoria central de análise. Tomou-se a noção de gênero ou de papéis de gênero como identidades socialmente construídas, impostas ao sexo biológico, uma identidade essencial localizada no corpo natural. Dessa forma, o sexo teria um *status* ontológico, enquanto o gênero seria variável. Esse movimento procurou encontrar uma causa para o *status* subordinado do gênero feminino (Bahrani, 2005, p. 15).

Seguindo a terceira onda feminista[4], marcada pelo ano de 1980, começaram os estudos de gênero ligados à idade, orientação sexual e etnicidade, tendo em vista que a identidade de gênero deveria ter sido concebida como algo complexo, classificado por uma rede de significados, variando de indivíduo para indivíduo ao longo do tempo, juntando-se a outras redes de práticas simbólicas localizadas nos conceitos de classe e raça. Definiu-se, assim, que a exploração feminina varia de acordo com a classe social, a raça e a divisão étnica em que ela está inserida (Meskell, 1999; Bélo, 2014, p. 29 apud Bélo, 2018, p. 36).

A "terceira onda feminista acadêmica" iniciou-se em meados da década de 1980, segundo a maioria das estimativas. Esse movimento buscou um quadro mais amplo para pensar os processos complexos já apontados por algumas feministas da segunda onda. Na separação engendrada de casa e trabalho, a família e o casamento, entre outros aspectos, foram analisados como domínio das mulheres. Entretanto, isso não era suficiente para entender a complexidade das relações de gênero, o que também fez perpetuar a estrutura binária de hierarquias masculino/feminino. Isso posto, as feministas começaram a problematizar essas estruturas nas relações de poder. Conceitos como opressão, patriarcado, sexualidade e identidade, usados por feministas brancas de classe média, passaram a ser cada vez mais desafiados por uma nova associação feminista com a teoria cultural e o pós-modernismo, em especial o pós-estruturalismo (Brooks, 1997, p. 29-68; Barrett, 1992, p. 201 apud Bahrani, 2005, p. 18-19).

Durante os anos 1980 e início dos de 1990, houve um crescente aumento de pesquisas da Antiguidade sobre a família, como é o caso dos trabalhos de Suzanne Dixon, *The Roman Mother* (1988) e *The Roman Family* (1992); Susan Treggiari (1991), que também contribuiu com a obra *Roman Marriage*, a qual estudou a instituição do casamento ao longo do tempo da História romana; Keith Bradley (1991), que contribuiu com o trabalho intitulado *Discovering the Roman Family*, apontando relevâncias legais e sociais em relação à família; e, demonstrando um aspecto político das mulheres, Richard Bauman (1992) comprovou que elas não eram passivas, na obra *Women and politics in Ancient Rome* (Moore, 2017, p. 3).

---

[4] Para saber melhor sobre as ondas feministas, ler: CUDD, A. E.; ANDREASEN, R. O. **Feminist Theory.** Oxford: Blackell Publishing, 2005.

Os estudos acerca da imagem da mulher imperial romana apareceram de forma tímida, por ser um assunto novo, em 1962, por meio do trabalho de Balsdon. O olhar feminista e revolucionário veio com a obra *Goddesses, whores, wives and slaves*, de Pomeroy, publicada em 1975. Em 1980, mesmo com toda a agitação do movimento feminista, um grande *corpus* de retratos imperiais foi organizado, chamado *Das römische Herrscherbild*, no qual os imperados tiveram uma longa seção, e suas mulheres foram exemplificadas apenas no final. As mulheres romanas começavam a se sobressair nos trabalhos acadêmicos quando Fittschen e Zanker publicaram, em 1983, um catálogo sobre os retratos das pessoas de Roma, nos *Capitonile Museums of Rome*, sendo o volume acerca das mulheres o primeiro a ser publicado.

O ano de 1996 foi marcante, tendo em vista que Barrett publicou a biografia de Agripina Menor; Rose (1997) promulgou um estudo dos grupos familiares imperiais, não deixando de salientar a importância das mulheres para a transmissão dinástica; e Winkes (1995) produziu uma monografia sobre Lívia, Otávia Menor e Júlia. É fundamental mencionar que houve uma obra acerca das mulheres imperiais e comuns de Roma no evento chamado *I Claudia: Women in Ancient Rome*, editado por Diana Kleiner e Susan Matheson (1996), que retratou a imagem dessas mulheres na cultura material, inclusive em moedas, e outros temas, como o Patronato e espaços domésticos de gênero (Wood, 1999, p. 3-4). Elizabeth Bartman (1999) elaborou uma monografia chamada de *Portraits of Livia*, que se compôs de um catálogo de imagens associadas à imperatriz romana.

Na década seguinte, apareceram estudos como o de Susan Wood (2000), *Imperial Women*, que possui grande amplitude e riqueza de cultura material da dinastia Júlio-Claudiana (Moore, 2017, p. 3). Barrett (2002) publicou sua obra *Livia: first lady of Imperial Rome*, e Elaine Fantham (2006) lançou *Julia Augusti*. Esses lidaram com fontes históricas e cultura material. Além disso, Cleópatra acabou recebendo os mesmos tratamentos na obra de Duane Roller (2010), *Cleopatra: a biography*; Treggiari (2007), no trabalho *Terentia, Tullia, and Publilia*, que analisou evidências textuais, colocando tais mulheres em um contexto mais amplo da contemporaneidade delas; e *Turia*, de Josiah Osgood (2014), revela uma análise similar de uma mulher que teve o nome perdido na História (Moore, 2017, p. 3-4).

Dentro desse contexto histórico-bibliográfico de estudos das mulheres antigas, nota-se uma valorização de autoras de língua inglesa. A maior parte das obras foi publicada por editoras que se sobrepõem às publicações mundiais, criando uma sombra que ofusca as pequenas editoras ou editoras estrangeiras, as quais também possuem trabalhos exemplares na área dos estudos sobre as mulheres da Antiguidade. Esse fato acentua a ideia de que há outras obras de línguas não inglesas que não estão sendo debatidas. Quando o são, tem-se um esforço acadêmico do "centro" para desvalorizar tais autores(as).

Entretanto, dentro do arcabouço mundial, as pesquisas femininas sempre tiveram certa relutância em serem aceitas, como já demonstrava Eleonor Scott, em 1995. A estudiosa indicou que os estudos sobre as mulheres ainda vinham sendo suprimidos pela academia. Primeiramente, pela própria exclusão, as mulheres são completamente ignoradas devido às narrativas do mundo romano, que foram concentradas em atividades em que os homens eram dominantes, como a política em Roma e nas províncias. Em segundo lugar, a autora afirma haver uma pseudoinclusão, ou seja, as mulheres são incluídas, mas somente aparecem quando elas são anômalas às normas masculinas. Em terceiro, a inclusão ocorre por alienação, quando as mulheres somente são consideradas em relação ao homem ou quando elas ameaçam o ponto de vista masculino quanto ao comportamento "correto" delas (Scott, 1995, p. 176-179). A dificuldade acontece devido às próprias fontes romanas, as quais foram usadas para construir hierarquias sobre um discurso idealizado, em vez de providenciarem uma narrativa verdadeira, que mostrasse a vida das crianças, das mulheres ou dos escravos. Como a cultura material, essas fontes são partes dos significados pelos quais os romanos definiam suas "minorias" (Revell, 2016, p. 2-3).

No ponto de vista de Eleonor Scott, a dificuldade estaria mais restrita a um contexto teórico-metodológico do que ao desafio de uma pesquisadora de ser reconhecida pelo seu trabalho. Contudo, o maior problema atual é não ter como continuar as pesquisas. Além das dificuldades da própria pesquisa, as pesquisadoras chegam em um ponto-limite do desenvolvimento acadêmico, que impede a continuação do desenvolvimento dos trabalhos, visto que as vagas para professores universitários são concedidas, em sua maioria, a homens. Mesmo que o número de publicações de pesquisas de mulheres seja maior do que o de pesquisadores homens, elas são pouco lidas e citadas.

Narro, em 2014, já tinha levantado algumas estatísticas em relação às mulheres como professoras/pesquisadoras no Brasil. Esses dados revelaram que, em cargos considerados de maior poder aquisitivo e de prestígio social na área do ensino e da pesquisa, apenas 14% das vagas de professores(as) catedráticos das universidades da América Latina, Portugal e Espanha são preenchidas por mulheres (Narro, 2014). Tais resultados remetem ao pensamento de que os homens têm maior poder de manipular conjuntos particulares de variáveis e operar com maior sucesso (Freitas; Morais, 2019, p. 112). Nesse sentido, os resultados estatísticos e qualitativos, mesmo dentro de grupos universitários, geralmente liderados por homens, nos quais as pessoas deveriam ter consciência das discrepâncias sociais e de gênero, demonstram que os discursos sobre a diversidade social funcionam como camuflagem, para que padrões comportamentais ligados aos pressupostos de gênero ainda sejam comuns. Esse fato contribui para a manutenção da dominância masculina, por meio da divisão de papéis de gênero, além da continuidade da opressão simbólica sobre as mulheres intelectuais.

Considerando um contexto mundial, há restrição na aceitação de trabalhos de pesquisadoras que não sejam nativas de língua inglesa, mas que podem escrever em inglês, pois as obras que ganham repercussão global ainda se restringem ao "centro", que conglomera, principalmente, autores(as) nativos(as) dos Estados Unidos da América e da Inglaterra. Esse "centro" foi formado dentro de uma visão colonial, mas que hoje quer amenizar o passado colonizador com discursos demagógicos, para mitigar tais ideais sobreviventes ainda nas mentes de intelectuais desses países, o que perpetua os pressupostos de gênero, raça e etnia.

Entretanto, essa situação pode ser abalada pela tecnologia ou contribuir para que alguns pressupostos ainda existam dentro dos eventos on-line, como o não aceite de trabalhos que não sejam de mulheres do "centro", evidenciando o receio da divulgação de trabalhos de autoria não anglo-saxônica. A facilidade de repercussão e de divulgação teve como consequência a quarta onda feminista, marcada como tendo início em 2010 e que está acontecendo até o momento de escrita deste trabalho. Esse movimento trouxe uma nova agenda de mulheres jovens, que estão procurando apontar, falar e desafiar as injustiças globais em relação à mulher em geral, pois, mesmo havendo múltiplos feminismos, todos eles lutam pela igualdade de gênero. Essa última onda é evidenciada, principalmente, pelo ativismo por meio da internet, que se acentuou nos últimos tempos devido às dificuldades enfrentadas durante a pandemia da Covid-19.

Essas mulheres jovens e feministas são professoras, pesquisadoras, doutorandas, mestrandas e graduandas que estão se entremeando na História das Mulheres e participando de eventos virtuais para divulgarem seus trabalhos. Entre esses eventos, destacam-se congressos, palestras e simpósios nacionais e internacionais que estão conseguindo reunir estudiosas(os) do mundo todo em uma sala do *Google Meet*, por exemplo; aulas e outros eventos que ficam à disposição no YouTube por meio de plataformas, como o *StreamYard*; além dos podcasts, nos quais o conteúdo acadêmico também está sendo divulgado mediante entrevistas com pesquisadores(as). A tecnologia também vem facilitando a tradução de textos, como o caso do *DeepL*, uma alternativa para que textos de língua não inglesa sejam traduzidos e lidos, demonstrando que não há mais desculpas para não se ler autores(as) que não são do mundo anglo-saxônico e citá-los(as).

Todos esses caminhos de comunicação estão facilitando a divulgação de trabalhos de pesquisadoras(es) de diferentes horizontes e que têm como tema as mulheres e o gênero na Antiguidade. Os estudos das mulheres hoje estão permitindo uma comparação da vivência feminina e novas críticas ao patriarcalismo do passado e do presente. Desse modo, a proposta deste trabalho não foi desconectada da contemporaneidade, tendo em vista que é por meio do olhar atual, mediante valores, crenças e comportamentos vivenciados, além da problemática sobre as questões atuais das mulheres, que se buscou esse conhecimento, uma vez que este estudo teve como tema essencial perspectivas de independência e liderança feminina. Dito isso, a reconstituição do passado está fundamentalmente localizada dentro do contexto do presente, e as políticas e os assuntos sociais do presente impactam na reconstrução das sociedades do passado (Shanks; Tilley, 1992 apud Revell, 2016, p. 5).

Portanto, este trabalho é relevante por se caracterizar como uma reflexão da percepção da realidade do presente por meio de uma abordagem analítica das condições aperfeiçoadas dos estudos das mulheres na Antiguidade. É capaz, assim, de gerir consciência e coerência da realidade atual feminina em contraposição à existência de uma variedade e semelhança feminina do passado.

O que esperar deste trabalho

Qualquer pessoa comum da Roma imperial estaria familiarizada com os componentes da família do imperador, mesmo que nunca os tivesse visto pessoalmente. Ao caminhar por Roma, fosse em uma basílica, fosse em uma praça, lá estariam estátuas, afrescos e placas de figuras imperiais deificadas para serem apreciadas pela população. Além disso, as imagens dessas pessoas circulavam cotidianamente mediante um objeto muito comum: a moeda[5]. Ela era um reflexo da realidade do seu tempo, com uma face da percepção do poder, que refletia o que a pessoa fez ou faria (Tunner, 2007, p. 5), além de seu valor, pois as legendas das moedas explicavam a importância do sujeito cunhado na estrutura do poder, indicando suas atribuições. Sobretudo, as moedas não eram efêmeras, pois circulavam mesmo depois da morte do imperador que as havia cunhado e podiam continuar circulando por mais de 100 anos depois (Porto, 2018, p. 142).

Muitos desses rostos familiares eram de mulheres ligadas à família imperial, por exemplo: a mãe do imperador, sua esposa, suas filhas e até suas irmãs. A consideração de ter como lembrar de alguém pela eternidade marcava a estima da memória para essa sociedade, além de ser um marco de *status* familiar. A memória dos personagens romanos estava atrelada ao culto dos ancestrais em Roma e era um elemento forte da religiosidade que se manifestava de muitas formas, como em procissões funerárias, em exposições de retratos nos pátios das residências senatoriais etc. A iconografia monetária foi mais uma maneira de mostrar o poder familiar e seu *status* na sociedade (Florenzano, 2015, p. 16). As mulheres romanas eram sempre lembradas como exemplos apropriados de esposas. A figura delas em moedas, por exemplo, de alguma forma, expressava que elas sustentavam uma prosperidade imperial, virtude matrimonial, segurança, lealdade e outras características.

Roma, principalmente com Augusto, foi regulada pela visibilidade de pessoas imponentes. Mas essa visualização não deixou de estigmatizar e de definir a noção de gênero dessa sociedade, o que leva a questionar os intuitos e as condições em que essas mulheres romanas apareciam em público e em suas diversas representações. A agência do poder sobre a amostragem da força governamental pode ter sido definidora da atuação feminina, ou

---

[5] As moedas de 49 a.C. a 14 d.C. foram coletadas em dois trabalhos de referência. As republicanas de antes da batalha de Ácio, 31 a.C., podem ser encontradas no trabalho de Crawford, *Roman Republican Coinage* (RRC). Já as moedas de depois de 31 d.C. podem ser achadas no primeiro volume *The Roman Imperial Coinage* e na segunda edição (RIC 1²). As moedas das cidades provinciais, de depois de 44 a.C., foram catalogadas no *Roman Provincial Coinage series* (RPC 1). RRC organiza as moedas cronologicamente, com cada grupo de moedas chamado de séries (ex. 344), seguido por outro número, que se refere a uma moeda individual dentro da série (ex. RRC 344/1, 344/2). RIC separa as moedas por imperadores e casas de moedas, com cada tipo de moeda assinada por um número diferente (ex. RIC 1² 56). RPC é organizado por regiões geográficas, casa de moeda e cronologicamente, com cada tipo de moeda assinada por um único número (ex. RPC 1 456). As datas assinaladas por Crawford em RRC são baseadas na combinação de dados vindos da metrologia (peso e sistema denominacional). Deve-se notar que as moedas não possuem uma indicação precisa de suas datas, e os anos dados por Crawford são sugestões que até hoje foram bem aceitas (Rowan, 2019, p. 20).

a própria agência feminina as deliberou na esfera pública, uma vez que o imperador era quem se apropriava do espaço público, além de ter o seu controle e manter limitações de expressões públicas, com a ideia de que ninguém deveria ser mais visível do que ele próprio. Porém, deve-se levar em consideração o fato de que as mulheres imperiais assumiram atividades dentro do Patronato, as quais eram essenciais para manter a imagem da família imperial e, consequentemente, deram a elas maior visibilidade, liberdade de expressão e presença, o que até pode ter levado a gerar tensões. Estas poderiam ter tido como resultado um olhar diferente à atuação das mulheres, podendo ter levado a estabelecer modificações de padrões, os quais não seriam mais adequados diante das novas atuações femininas.

Desse modo, o intuito deste trabalho foi a realização de um estudo a respeito da força pública das mulheres romanas que compuseram a elite social, dentro do período do final da República e início do Império (84 a.C. - 59 d.C.), por meio da análise das imagens monetárias de Fúlvia, Otávia, Lívia, Agripina Maior e Agripina Menor, junto a informações de fontes textuais. A cunhagem de moedas com os retratos delas compõe uma formidável ferramenta de trabalho atualmente, posto que traz informações sobre essas personagens, as quais não estão nos documentos escritos. Howgego acredita que a moeda é o mais deliberado de todos os símbolos dentro de uma identidade pública, na medida em que a identidade não é eterna, mas algo ativamente construído e contestado, dentro de um contexto histórico particular, e baseado em uma subjetividade, e não em um critério objetivo. Além disso, para tudo que é construído de forma contingente, a identidade é um guia poderoso à ação. As moedas demonstram uma enorme gama de autodefinição e representações explícitas da identidade pública, oficial, comunal e, principalmente, cívica. A cultura material permite evitar problemas custosos associados com o que é definido externamente, implícito e identidades privadas. Acrescenta-se que se pode questionar sobre identidade pública, resistência, autodefinição e promoção (Howgego, 2005, p. 1), como a propaganda.

A cultura material não é isenta de valor, mas dá significado simbólico para contextos específicos (Hodder, 1986 apud Shanks; Tilley, 1992). Esses significados são formados de acordo com a construção social existente entre os relacionamentos, o que influencia o modo como as pessoas do passado mantêm suas posições de poder dentro de uma sociedade.

Especificamente, as moedas apresentam uma combinação própria de imagem e texto, incomum para outras categorias midiáticas. A legenda monetária costuma dar nome à autoridade emissora, um nome de governante ou de outra pessoa importante para o poder. Consequentemente, essa materialidade possui uma vantagem sobre vasos e esculturas em termos de contextualização documental. As moedas acabam por ser mais bem datadas do que qualquer outra categoria de artefatos. Muitas vezes, elas circulavam por muito tempo, o que multiplicava o potencial de espectadores (Callataÿ, 2022, p. 249 e 252).

As moedas combinam as imagens, os textos e a materialidade. Elas foram produzidas por autoridades que garantiram seu valor. Elas demonstram aspectos das representações do grupo que as produz, comunicação e decisões econômicas tomadas. Contudo, são objetos do dia a dia e foram encontradas no mundo Antigo em tesouros, escavações de assentamentos e lugares religiosos. As moedas são tanto documentos históricos quanto objetos arqueológicos e possuem a habilidade de ter uma ligação entre as estruturas sociais e a agência individual (Kemmers, 2019, p. 3).

Em relação às legendas mais comuns, no anverso, os nomes e os títulos dos imperadores eram escritos no nominativo ou no dativo (depois do S P Q R, do Senado e do povo de Roma para o imperador); e no reverso, comumente, aparece um deus ou uma deusa, muitas vezes anônimos ou com seus nomes também no nominativo, basicamente com AUG, significando AVGVSTA ou AVGUSTI. Esse tipo de legenda aparece de forma repetitiva (Williams, 2007b, p. 60-61), mas pode ocorrer de outros tipos também.

A moeda traz em seu pequeno espaço a oportunidade de legitimação de um poder, uma vez que por si só esse objeto pode ser considerado um lugar público de expressão governamental, multiplicado por sua capacidade e função própria de se alastrar e divulgar um discurso, que ganha força pelo fato de ter grande repercussão. Esta também pode ser limitada, dependendo do poder governamental, do território e da aceitação dos símbolos que essa cultura material carrega. Consequentemente, a moeda legitima o poder de quem é cunhado(a) e o transporta, espalhando esse significado até o limite de onde o objeto é utilizado. A moeda possui uma agência que é construída desde quem escolhe os elementos e os símbolos que nela vão ser cunhados até sua manufatura e concretização de sua existência, além da comunicação, não somente do valor econômico[6], mas também do entendimento simbólico, o qual deve ser compreendido por quem a elaborou e por quem a recebeu.

---

[6] Sobre os valores e as nomenclaturas das moedas, ver Apêndice 1.

O simbolismo que envolve as imagens e os textos em moedas pode remeter a um entendimento dentro das relações sociais e dos ideais, a padrões e a valores envolvidos. Desse modo, as moedas poderiam ser utilizadas para espalhar uma ideologia. Ao disseminar vários tipos de mensagens e diversos tipos ideológicos, a moeda alcançava diferentes audiências (Manders, 2008, p. 10-11). Todavia, os elementos em uma moeda deviam ser escolhidos com uma finalidade e não deveriam ser símbolos triviais.

Conforme Rowan, a moeda era um modo de autoexibição e comunicação, usada ao lado de textos, construções e outros monumentos para justificar posições e consolidar poder dentro de um contexto aristocrático de competição. No entanto, mais do que os monumentos, como os do fórum ou do arco do triunfo, a moeda era um monumento móvel, promovendo uma audiência maior e que não era apenas elaborada para a elite. Esse objeto era uma fonte que podia atestar alianças políticas e ideologias (Rowan, 2019, p. 23). Isso posto, as representações de poder nas moedas tinham a finalidade de legitimação, informação e glorificação, que eram, muitas vezes, associadas à religiosidade, como o fato de alguns imperadores se identificarem com alguma deidade e utilizá-la para autoglorificação (Manders, 2008, p. 32), além do que o divino poderia ser algo que todos reconheciam e entendiam.

Para adicionar, a moeda vai além do valor de troca. No mundo romano, esse objeto era como um "monumento em miniatura". Levando em conta o que o objeto queria comunicar, ele também era um meio de formação de identidade, assim como uma cultura material que poderia ter sido presente em atividades diversas, como na religiosa, presente em cultos e na vida social (Rowan, 2019, p. 4).

Visando a aprofundar os quesitos dos elementos de comunicação das moedas, a iconografia se torna o meio mais contundente para ser seguido. Tais elementos iconográficos, provavelmente, foram escolhidos para a autolegitimação de uma elite. Nesse sentido, os símbolos possuem mais significado para aqueles que os forjaram do que para aqueles que, passivelmente, os aceitaram. Mesmo com um pequeno alcance da circulação monetária, a iconografia era importante para representar a identidade política coletiva da elite (Barker, 2020, p. 17). Todavia, para a análise monetária, foi levado em conta onde, quando e por quem as moedas foram cunhadas (Callataÿ, 2022, p. 253).

Jones (1956, p. 14-15), assim como Michael Crawford e Ted Buttrey, acreditava que as moedas eram instrumentos financeiros, e não políticos, mas, em 1980, as coisas começaram a mudar. Paul Zanker e Niels Hannestad, sistematicamente, incluíram em seus estudos a parte visual das moedas, compondo-as junto à arte romana, além de não terem receio de usar a palavra "propaganda" para explicar os intuitos e os propósitos imperiais de comunicação (Zanker, 1987; Hannestad, 1986). Tonio Hölscher, em um trabalho mais teórico, salientou que a linguagem das imagens do Império romano formava um sistema semântico coerente, que permitia sua repetição na mídia (Hölscher, 1987).

Andrew Wallace-Hadrill ressaltou que, no período de transição para o governo de Augusto, o aparecimento do retrato no anverso combinava a imagem de vitória, triunfo e abundância para a legitimação da própria moeda, por ela ser algo do Estado e da legitimação do governante (Wallace-Hadrill, 1986, p. 84-85). Reinhard Wolters foi capaz de mostrar que as fontes literárias tinham um conhecimento e uma relevância das imagens nas moedas mais frequentemente do que se pensava, evidenciando que algumas moedas eram selecionadas para atividades ritualísticas (Wolters, 1999, p. 308-340). Esses trabalhos abriram o campo para o aumento do estudo das moedas como instrumentos de comunicação política (Kemmers, 2019, p. 16-17).

Andrew Meadows e Jonathan Williams promoveram a noção de "monumentalidade" para compreender os tipos de moedas do final da República. Para eles, "propaganda" não seria o melhor termo para ser colocado às moedas, visto que esses objetos não persuadiam a população, mas relembravam as pessoas de certo aspecto ou evento. Todavia, os autores nunca negaram a "mensagem de comunicação" que as moedas apresentavam (Meadows; Williams, 2001; Hekster, 2003, p. 3). De acordo com Williams, as moedas romanas eram monumentos que traziam à mente eventos e personagens do passado durante a República. Enquanto isso, durante o Império, os romanos comemoravam a *fama*, a *res gestae* e a *virtutes* do imperador reinante e sua família (Williams, 2007b, p. 60).

A palavra *moeda* estava atrelada à origem etimológica antiga do verbo latino *moneo*, que significa "avisar" e "advertir", podendo ser entendido como "lembrar" ou "fazer pensar", e seu infinitivo seria *monere*. De outra forma, a palavra também é vinculada à deusa Juno Moneta, com epíteto *Moneta* derivado do mesmo verbo (Glare, 2012, p. 1243-1234; Meadows; Williams, 2001, p. 27-49). Todavia, outra palavra vinculada ao verbo *moneo* é *monumentum*, compreendido por Meadows e Williams (2001) como uma convenção romana relacionada à memória e ao monumento. Nesse sentido, as moedas teriam a função de agir como um (re)avivador da memória coletiva (Halbwachs, 1992; Assman; Czaplicka, 1995 apud Sales, 2022, p. 60-61).

No que concerne ao monumento, ele não seria apenas um túmulo, mas qualquer coisa que remetesse à memória, pois o "lembrar" (*meminisse*) é como extrair da memória (*memoria*) que vem da mesma raiz que *monere* ("lembrar") e *monet* (aqueles que lembram). As coisas que são feitas para preservar a memória são monumentos (*monimenta*). Em latim, qualquer coisa relacionada à memória de uma pessoa ou evento é um *monumentum*, como uma obra histórica, uma poesia, uma inscrição, um prédio ou uma estátua. Essas palavras também estão relacionadas com *Moneta* e o grego *Mnemosine*, que é a personificação divina da memória. Dito isso, as moedas seriam "monumentos em pequena escala". A competitividade entre os membros da aristocracia grega, no século II a.C., teria favorecido essas características para a cunhagem monetária (Meadows; Williams, 2001, p. 27-49 apud Sales, 2022, p. 61).

A associação de *moeda* com Juno Moneta permeia ambos os léxicos, aproximando o templo da deusa da casa de moedas e da relação da divindade com a *memoria* (Galinsky, 2014, p. 1). A deusa estava relacionada com as qualidades de *concordia*, *libertas* e *pietas*, sendo também associada com a memória e a capacidade de relembrar e recordar. Na *Odisseia*, Lívio Andrônico traduziu o nome da deusa grega Μνημοσυνη para o latim como *Moneta*, sendo que, em grego, *Mnemosyne* era a deusa da memória (Meadows; Williams, 2001, p. 33). Desse modo, a memória estaria ligada ao templo de Juno Moneta (Sales, 2022, p. 63-64)

Além disso, a moeda faz parte de um estratagema do poder, uma vez que o poder não é uma instituição, uma estrutura e uma lei universal, mas é o nome dado a uma situação estratégica complexa numa sociedade determinada. Os efeitos de dominação são disposições de manobras, táticas e técnicas dentro de uma rede de relações tensas, que sempre estão em atividade, o que demonstra que, entre as relações de poder, há pressupostos de dominação e repressão presentes na sociedade civil (Foucault, 2001 apud Filho; Vasconcelos, 2007, p. 11-12), e a moeda é apenas um objeto que reflete esse sistema.

Diante disso, por meio da iconografia, este trabalho é pautado na elucidação de que as moedas são objetos hábeis para a demonstração das relações de poder, considerando o conceito de Wolf (1990), que salienta que o poder deve ser hierárquico, envolvendo dominância e subordinação, além de que sempre causa resistência. Kent (1984) menciona que o poder é um acesso ao controle sobre outras pessoas ou meios. Ainda, para a sociedade ocidental dos negócios ou militar, o poder está atrelado ao controle e ao comando e foi projetado de acordo com culturas do passado como o único tipo de poder. Nessa perspectiva, as feministas têm criticado a infiltrante tendência masculina, a qual resulta no poder androcêntrico hierárquico (Spencer-Wood, 1999, p. 178-179). Feitosa observa que é possível ter uma postura de dominação masculina e obscurecer-se no que tange à percepção de diferentes poderes, definindo as relações de gênero como relações de poder ou de prestígio, que também se complementam reciprocamente (Feitosa, 2005). A conexão com o poder pode ser vista como um fenômeno de reflexividade institucional em constante movimento. Dessa maneira, considera-se que é institucional por ser o elemento estrutural básico da atividade social; e é reflexivo de forma que é introduzido para descrever a vida social, que pode ser transformada – não de forma mecânica, nem de forma controlada, mas como parte de configurações de ações empregadas pelos indivíduos ou grupos (Giddens, 1992, p. 39).

Como as representações femininas em moedas, em geral, deveriam passar, inicialmente, pela aprovação do imperador, do Senado e das elites locais provinciais, contando com seus limites de expressões, este trabalho demonstrará como a oportunidade de visibilidade dessas mulheres foi desenvolvida, muitas vezes, como ferramenta para um discurso do gênero masculino. Além disso, indica, pela cultura material, como o gênero feminino foi caracterizado, testado, definido, ostentado e dominado por meio de circunstâncias que poderiam favorecer a manutenção de uma relação de poder e, consequentemente, de gênero, entre os imperadores e suas mulheres. Deve-se ter em mente que as imagens não refletem a verdade do cotidiano, mas uma idealização, a qual não deixa de cogitar as relações de gênero e sua influência nas estruturas de poder. Contudo, mediante a análise de moedas com figuras femininas, pode-se calcular as atitudes masculinas sobre o controle do gênero e seu poder. Outro fator a se pensar é como a cunhagem dessas imagens de mulheres em moedas poderia ser importante para o sucesso governamental.

No que tange à análise Numismática, este trabalho não segue os preceitos tradicionais, os quais seriam ligados aos aspectos econômicos, como circulação monetária, valor, diversos tipos de transações, pagamentos de soldados de guerra etc., mas ao que as moedas intencionam comunicar, que pode englobar as relações de gênero. A moeda vem sendo estudada sob o prisma de mercadoria e de objeto de troca. A história social procurou os reflexos que a mudança monetária produzia na sociedade, em detrimento dos salários, do custo de vida e dos comportamentos coletivos perante a sociedade. O estudioso da moeda vem se preocupando com o corpo social e econômico que a moeda servia e com o metal com o qual ela era produzida. Estruturalmente, a moeda ultrapassava os limites geográficos do poder, que a emitia e definia ideologicamente um povo e uma civilização a que esse objeto pertencia (Carlan, 2008 apud Sales, 2022, p. 60).

Essa ressalva é colocada uma vez que as moedas antigas eram instrumentos monetários e serviam para a função econômica. Entretanto, elas também eram fornecedoras de uma identidade e/ou da comunicação política (Elkins, 2019, p. 105). As moedas imperiais romanas comunicavam mensagens que eram visualizadas, porém sempre foram estudados a autoridade, o intuito e o motivo de se cunhar moedas com determinadas imagens nelas. Todavia, estudos numismáticos podem sobrevalorizar a cunhagem como um meio de comunicação político, pois o povo não deveria prestar muita atenção em tais elementos (Elkins, 2017, p. 4).

No entanto, o governo deveria ter uma razão para a cunhagem de certos elementos que poderiam mostrar a dinâmica cultural da sociedade romana, como as estratégias de gênero. Questiona-se, então, como as mulheres romanas eram apresentadas ao público, contando que suas imagens foram construídas para remeterem a mensagens apropriadas ao consumo público, de acordo com os interesses do Estado, tendo em vista que o imperador tinha considerável controle sobre as cunhagens de moedas, sendo que ele não era obrigado a incluir suas mulheres em suas cunhagens. Dessa forma, ao analisar uma moeda, foi levado em consideração que ela possui dois lados, os quais interagem entre si (Callataÿ, 2022, p. 248).

Contudo, mais do que o povo romano, a elite deveria compreender os significados imagéticos. Na verdade, o povo e mesmo pessoas das províncias deveriam desprezar as imagens de elementos que não eram do seu mundo. Elkins menciona que as moedas ofereciam evidências internas que sugeriam que os de fora compreendessem-nas. Muitas moedas foram escolhidas para serem cunhadas como elementos da plebe, como moedas imperiais de bronze e como *quadrantes* que circularam primeiramente em Roma. Entretanto, tipicamente nas imagens das moedas imperiais, os elementos desenhados pertenciam a um vocabulário comum a várias formas artísticas, sugerindo que os símbolos, os gestos e as figuras eram compreendidos por uma audiência estrangeira. Isso posto, a moeda romana era uma das mídias comunicativas mais importantes do Império romano, comparada com monumentos e esculturas em relevo, reforçando a retórica política (Elkins, 2017, p. 4-6).

A iconografia das moedas e suas legendas poderiam indicar mensagens a uma audiência específica não somente do Senado, mas também do povo. Todas as moedas evidenciam que estão embrenhadas de mensagens políticas que podem afetar certos tipos de grupos sociais, como as figuras femininas com ramos de grãos, que aparentemente apontam para um modelo feminino da elite, além de demonstrarem fertilidade, produtividade, prosperidade e, o mais importante, distribuição alimentícia. Isso sugere que as moedas carregavam imagens e textos que levavam mensagens ideológicas, indicando que a comunicação era uma função importante para Roma.

Nessa perspectiva, as moedas oferecem um espelho notável das identidades construídas. Elas mostram como os poderes emissores desejavam ser vistos e percebidos. Além disso, aparecem como testemunhas deliberadas de seu tempo e são muito mais confiáveis do que fontes literárias posteriores e partidárias (Callataÿ, 2022, p. 244-245).

Todavia, dependendo da figura feminina que era escolhida para estar visível nessa cultura material, o governante conseguia apresentar as virtudes de sua família e sua descendência, além de fazer uma boa propaganda do seu governo, iniciando com Augusto, que foi copiado por imperadores romanos posteriores. No entanto, houve aqueles, como Tibério, que restringiram as homenagens feitas para sua mãe, Lívia. Dessa maneira, a cultura material constituída por moedas pode ser fundamental para comprovar o *status* e a autoridade sobre a figura feminina, evidenciando um aspecto ideológico e legal diante do governante e as mulheres ao seu redor. A esse respeito, pode-se observar que as mensagens nas moedas transmitiam uma combinação de palavras e imagens. Geralmente, essas figuras são imperiais e de pessoas ligadas ao imperador ou da elite, associadas ao governante, o que pressupõe uma estrutura hierárquica. Esta deve ser analisada por meio dos detalhes, pois as moedas e suas homenagens, principalmente os títulos, vão ser fundamentais às futuras gerações, assim como o título de *Augusta* (Brubaker; Tobler, 2000, p. 573-575), que foi prestado a mulheres como Lívia e Agripina Menor.

A moeda abre as portas para a propaganda do imperador, contando que seus dois lados são úteis e servem como munição adequada para esse tipo de comunicação. O anverso traz a figura mais proeminente, enquanto o reverso, uma figura secundária, mitológica ou outras imagens, que o governante poderia usar para vangloriar seu poder. Em relação às mulheres em moedas, muitas aparecem junto ao imperador ou sozinhas, mas com legendas que as indicam, com o critério de serem utilizadas como apoio ao governo, em um contexto político, invocando virtudes domésticas femininas. Geralmente, as mulheres escolhidas possuem posições importantes ao lado do imperador, assim como sua mãe, irmã ou esposa, porém também há exceções a esse modelo.

Durante o governo de Augusto e Tibério, havia casas de moedas oficiais em Roma e Lugduno, mas muitas cidades provinciais continuavam a bater moedas independentemente, o que fez com que elas produzissem uma grande quantidade de moedas com imagens da família do imperador, que não deixou de disseminar uma ideologia imperial. Outro fato é que a maioria das moedas cunhadas em Roma tinha imagens do próprio imperador, e aquelas com as mulheres imperiais acabavam sendo cunhadas nas províncias (Harvey, 2020, p. 107 e 121).

As moedas cunhadas em cidades provinciais carregavam tanto referências locais quanto de Roma. As províncias, muitas vezes, traziam uma nova concepção da família imperial e do imperador. Lívia e outros membros da família imperial eram mais comumente representados nas moedas provinciais, e, geralmente, o imperador era associado a uma deidade local. As diferentes regiões tinham distintas imagens de Augusto, demonstrando que sua imagem pública deveria ser vista como um processo colaborativo que envolvia vários autores (Rowan, 2019, p. 149).

No entanto, no tempo de Augusto, moedas de ouro e prata, que eram oficialmente romanas, continuaram a ser batidas nas províncias, com a permanência de uma cunhagem descentralizada do período da guerra civil. Burnett menciona que, uma vez que Augusto tinha oficializado sua renúncia ao consulado, ele não deveria mais ter poder constitucional para controlar a cunhagem de moedas em Roma. Todavia, tendo cunhagem de moedas preciosas nas províncias, Augusto poderia manter o controle direto do processo por meio de seu poder proconsular (Burnett, 1977). Isso explica o motivo pelo qual a Gália e a Península Ibérica poderiam ter sido mais convenientes para fazer o pagamento de soldados (Rowan, 2019, p. 150).

Os resquícios arqueológicos revelam que a circulação de moedas oficiais era comum junto às moedas mais antigas, às imitações e a outros tipos de moedas. Isso sugere que a experiência diária monetária era diferente de uma cidade para outra e da impressão dada pela divisão artificial em RRC (*Roman Republic Coins*), RIC (*Roman Imperial Coins*) e RPC (*Roman Provincial Coins*), aparentando que as cidades não precisavam desenvolver suas soluções locais (Rowan, 2019, p. 184).

Diante disso, este trabalho se baseia em um olhar que apresenta novos pressupostos, os quais estão abertos para o estudo do simbólico e, especialmente, da sociedade, dos indivíduos, das relações de poder e de gênero, ou seja, que considera as relações sociais, preocupando-se com o contexto histórico e social. Além disso, pondera a subjetividade e o comprometimento dos grupos sociais (Funari, 2003), demonstrando também que o indivíduo faz parte das mudanças sociais e da cultura material que o envolve. Consideram-se, assim, os dilemas da sociedade do presente fundamentados no passado, com críticas às injustiças e às opressões sociais.

Especificamente, a preocupação do estudo estará em como as moedas poderiam demonstrar o poder do imperador pelas imagens femininas; como esse poder aparece por meio dos elementos simbólicos da moeda; como as mulheres cunhadas em moedas foram utilizadas para evidenciar as funções que tinham socialmente; como elas poderiam aparecer como mães, filhas, esposas, personificadas e com suas virtudes. O mais interessante nessas moedas é perceber as representações e as mudanças do poder governamental.

Seguindo esse pensamento, foi necessário esclarecer, no capítulo 1, como era a vida em geral das mulheres romanas no final da República e no início do Império. A explicação vai desde o envolvimento delas na religião e nos aspectos da *pudicitia* até a posição familiar, para fazer parte de um sistema dentro de um patriarcalismo estrutural, baseado no discurso religioso, histórico e jurídico.

Antes da explicação da vida e das moedas de Fúlvia, Otávia, Lívia, Agripina Maior e Agripina Menor, no capítulo 2, é demonstrado como a imagem dessas mulheres foi até o público e como tais materialidades foram importantes para compor um repertório da vida dessas mulheres.

Depois de tais capítulos explicativos, o trabalho adentra em cada personagem. Dessa forma, o capítulo 3 é dedicado à vida, às moedas de Fúlvia e a como a iconografia monetária estava relacionada com seus atos, diante de um propósito de expansão territorial de seu marido Marco Antônio.

Após uma mulher de atitude como Fúlvia, são apresentadas, no capítulo 4, a vida e as moedas de Otávia, irmã de Otávio. O capítulo envolve todos os entraves que Otávia teve que fazer para apoiar seu irmão quando se casou com Marco Antônio. Sua iconografia somente foi adentrada durante o período de seu casamento, mostrando ter sido uma mulher que estava na balança entre dois rivais e que não tinha quase autonomia. Entretanto, ela foi um exemplo de matrona ideal romana, delimitada por diversos autores.

O capítulo 5 ressalta como Lívia foi importante para a evidência pública das mulheres imperiais. Essa parte do trabalho pauta-se na questão pública feminina, confirmada depois dos agenciamentos de Lívia. Sua atuação não fez com que deixasse de ser vista como uma matrona ideal, pois sua iconografia monetária sempre a relacionou com a prosperidade, a fertilidade, o sucesso dinástico e as deusas ligadas com essas virtudes.

O capítulo 6 é dedicado a Agripina Maior, uma mulher que passou grande parte de sua vida preparando-se para ser uma imperatriz, mas seu destino foi desviado. Agripina Maior, como Fúlvia, apresentou caráter de líder militar ao atuar em favor da sobrevivência de soldados romanos contra grupos germânicos. Sua morte e de seu marido, Germânico, foram honradas pelo futuro imperador, Calígula, que providenciou a cunhagem de moedas para celebrar a vida de seus pais.

O capítulo 7 explica a vida e as moedas de Agripina Menor. O título do capítulo é como uma metáfora à vida que Lívia teve, como se Agripina desejasse seguir seus passos e tornar-se uma mulher de grande poder. Sua vida foi delineada por alguns autores antigos como repleta de estratagemas para que ela chegasse, junto de seu filho, no ponto mais glorioso de poder. Sua iconografia monetária trouxe memórias ancestrais, como a de sua mãe, Agripina Maior, e ela foi cunhada com os imperadores que estavam ao seu redor, ou seja, tanto com seu marido, Cláudio, quanto com seu filho, Nero. Assim como Lívia, suas moedas também apresentaram virtudes relacionadas com a prosperidade, a fertilidade, o sucesso dinástico e as deusas que carregavam tais simbologias.

A conclusão remata o trabalho com os aspectos da vida e as cunhagens monetárias dessas mulheres, além de submergir em uma discussão do lugar de atuação delas e como a questão do público e do privado é interpretada atualmente. Por esse trabalho, tal padrão de análise, com diversas críticas, pôde ser decodificado de maneira mais complexa, uma vez que as fontes escritas delimitam tais divisões, mas com tantas exceções que é sugerido que ela seja vista com um olhar mais abrangente, e não dividida de forma binária. Para terminar, a posição dessas mulheres do passado é comparada e contrastada com a posição das mulheres da atualidade.

Capítulo 1

A mulher romana do final da República ao início do Império[7]

> *"[...] em 1918, em Londres, entrevistada em um estudo de história oral realizado por Joy Melville, recorda que sua mãe sussurrava-lhe toda noite quando ela ia dormir, que não deveria fazer sexo antes do casamento senão ficaria louca. Ela não questionava por que as mães solteiras eram colocadas em asilos; apenas pensava: 'Bem, elas mereceram; fizeram sexo e enlouqueceram'".*
>
> (Melville, 1991, p. 2 apud Giddens, 1992, p. 70)

O Ato de Deficiência Mental, promulgado em 1913, no Reino Unido, permitia que as autoridades locais autuassem e mantivessem presas as mulheres solteiras grávidas que fossem pobres, desamparadas ou apenas "imorais". Acreditava-se na ideia de que gravidez ilegítima era em si um sinal de subnormalidade. As mulheres solteiras da elite que ficavam grávidas podiam fazer abortos ilegais, assim como as pobres, estas, porém, com um risco maior. Consequentemente, esse era o resultado de uma sociedade que era ignorante em relação ao sexo e à reprodução, assumindo as mulheres, nesses critérios, como anormais (Giddens, 1992, p. 90). Na semana do dia 20 de junho de 2023, o *Time Out London* publicou em sua página do *Instagram* que milhares de manifestantes marcharam por Londres em oposição a uma lei de 1861, a qual ainda criminaliza o aborto no Reino Unido. Referente a essa lei, a legislação do Reino Unido coloca:

> Every woman, being with child, who, with intent to procure her own miscarriage, shall unlawfully administer to herself any poison or other noxious thing, or shall unlawfully use any instrument or other means whatsoever with the like intent, and whosoever, with intent to procure the miscarriage of any woman, whether she be or be not with child, shall

---

[7] Para a abordagem deste trabalho, considera-se o período da data de nascimento de Fúlvia (84 a.C.) até a morte de Agripina Menor (59 d.C.). Todavia, moedas de Lívia cunhadas em governos posteriores também são abordadas.

> unlawfully administer to her or cause to be taken by her any poison or other noxious thing, or shall unlawfully use any instrument or other means whatsoever with the like intent, shall be guilty of felony, and being convicted thereof shall be liable ... to be kept in penal servitude for life.
> Whosoever shall unlawfully supply or procure any poison or other noxious thing, or any instrument or thing whatsoever, knowing that the same is intended to be unlawfully used or employed with intent to procure the miscarriage of any woman, whether she be or be not with child, shall be guilty of a misdemeanor, and being convicted thereof shall be liable ... to be kept in penal servitude[8] (The National Archives, 1861).

Ao se pensar nas mulheres da elite romana, sempre são levadas em consideração as fontes que remetem à casa e à família, posto que os documentos sobre elas, tanto escritos como materiais, remetem a esse caminho. Com isso, ao dar importância ao feminino, nesse tempo, sociedade e *status* social, logo, pondera-se a oposição masculina, que reconheceu as mulheres como as "outras", largadas para o plano da alteridade e submissas perante a realidade social e em termos simbólicos. A Roma antiga proporcionou vários exemplos de matronas, caracterizadas como esposas, mães e procriadoras, e criou padrões femininos, que fizeram parte dos pressupostos de gênero, os quais perduraram no consciente coletivo romano por séculos. Muitos desses modelos femininos remeteriam ao pudor (*pudicitia*), que poderia ter feito com que elas cobrissem os corpos, agissem como recatadas, possuíssem autocontrole, castidade, severidade, firmeza, além de passarem a vida preparando-se para a espera de um marido (Cid López, 2011, p. 55-56).

Em termos gerais, a *pudicitia* estaria relacionada com a virtude sexual. Seu adjetivo seria *pudicus,* e outras palavras semelhantes em latim seriam: *castitas, sanctitas, abstinentia, continentia* e *verecundia, modestia* (Langlands, 2006, p. I). *Pudicitia* também era uma deidade relacionada à modéstia e caridade, aparecia segurando um cetro e, comumente, era velada (Sear, 2000, p. 40).

A *pudicitia* sempre esteve ligada ao comportamento sexual, contudo era o único termo relacionado ao orgulho na filosofia política. Ela era uma virtude que fortalecia tanto homens quanto mulheres, mas sua expectativa poderia atenuar as diferenças entre eles. Era um conceito romano, sem um equivalente grego, desenvolvido separadamente da filosofia tradicional grega, mas relacionada ao conceito grego de *sophrosyne* (autocontrole) e *aidos*

---

[8] Disponível em: https://www.legislation.gov.uk/ukpga/Vict/24-25/100/crossheading/attempts-to-procure-abortion. Acesso em: 2 jul. 2023.

(vergonha). A *pudicitia* governava a sexualidade individual e os relacionamentos com as outras pessoas e a sociedade como um todo, o que implicava o comportamento não sexual. A moralidade sexual promovia a oportunidade de examinar a virtude pública da sociedade de Roma e o desenvolvimento ético-individual. A *pudicitia* é derivada da palavra *pudor*, mas a primeira tem um campo de significado mais restrito, que está associado mais com as relações sexuais do que com as relações sociais. A relação com a *pudicitia* variava de acordo com os relacionamentos com outras pessoas e com a posse do próprio corpo, assim como o indivíduo livre tinha responsabilidade pelo próprio corpo e o escravo era mero instrumento das necessidades de seu dono. Na maioria das vezes, o termo é traduzido como "castidade", mas a castidade estaria mais associada a uma raiz cristã da abstinência sexual e repressão do desejo (Langlands, 2006, p. 2, 5, 19, 22 e 30).

Em outros contextos, *pudicitia* é traduzida como "um senso de decência" ou de "autorrespeito", enfatizando aspectos da moral do indivíduo, como se fosse um protocolo social para viver em comunidade. Também pode aparecer como ligado à modéstia, pureza e integridade sexual. A *pudicitia* era algo associado também à aparência, principalmente de mulheres casadas. O cometimento de uma mulher *univira*, que era viúva e não teve outro homem, também estava atrelado à *pudicitia*. As mulheres romanas se preocupavam com três coisas: a beleza (*forma*), sua conduta ou moralidade (*mores*) e sua reputação (*bona fama*) (Langlands, 2006, p. 31, 37, 46 e 67).

Diante disso, um critério que deve ser questionado é o uso dos pressupostos de gênero ou estereótipos como uma facilidade acadêmica, que são, muitas vezes, utilizados para uma imagem geral, para que o leitor compreenda de imediato a relação do caráter das mulheres e dos homens a que elas eram ligadas. Geralmente, esse critério as dividia entre boas e ruins. Destarte, a mulher boa seria a matrona ideal, de bom caráter, com atributos de beleza, castidade e lealdade, que teciam, que eram férteis, modestas, generosas, entre outros atributos. Enquanto isso, o homem deveria afirmar suas masculinidades por meio de coragem, *virtus* e outras características (McCullough, 2007, p. 78). A deidade Virtus era relacionada ao valor e à coragem e estava representada com armadura, segurando a Vitória ou *parazonium*[9] e uma lança, ou com uma lança e um escudo. Poderia aparecer com outra personificação masculina, como Honos (Sear, 2000, p. 42).

A virtude feminina poderia estar ligada à *pudicitia*, a qual colocaria tal mulher virtuosa da elite romana como aquela que deveria recusar a

---

[9] Tipo de adaga. Ver em: http://www.perseus.tufts.edu/hopper/text?doc=Perseus%3Atext%3A1999.04.0059%3Aentry%3Dparazonium. Acesso em: 23 maio 2022.

tentação sexual, estando amparada por várias proteções institucionais (Giddens, 1992, p. 16), como a tutela, a família e a religião. Consequentemente, ao tomar esse posicionamento, a mulher romana estava colocando-se em relação aos outros da sociedade, com inter-relações com outros indivíduos – intersubjetividades – que também determinariam as posições assumidas. As agências e as escolhas das mulheres da elite romana estavam relacionadas às questões de poder institucional dos discursos dominantes, havendo muitos benefícios a serem ganhos diante da construção do seu eu como tipo particular de pessoa, interagindo com outras pessoas de maneira específica. Acrescenta-se que o investimento era uma questão não apenas de satisfação emocional, mas também de benefícios materiais, sociais e econômicos reais, que eram atribuídos ao homem respeitável, à boa esposa, à mãe poderosa ou à filha bem-comportada (Moore, 2000, p. 37).

Os discursos dominantes e as diferentes posições dos sujeitos que esses discursos conferem a mulheres e homens atribuem a tais indivíduos estratégias que eles devem traçar (Moore, 2000, p. 40). Nas sociedades como a romana, os discursos dominantes sobre gênero construíram categorias como "mulher" e "homem" como exclusivas e hierarquicamente relacionadas, criando uma violência altamente sexualizada e inseparável da noção de gênero, ligada diretamente à diferença de gênero, podendo ser um modo de manutenção de certas fantasias de identidade e de poder (Moore, 2000, p. 43-44).

Todavia, deve-se atentar que os pressupostos de gênero surgem em distintos contextos culturais e históricos, estabelecendo padrões para o papel do homem e da mulher e sendo constituídos por meio educacional e familiar. Os padrões de gênero, dessa forma, são construções sociais que ocorrem em diferentes culturas e momentos históricos (Mead, 1969; Whitaker, 1995, Nolasco, 1993; Maia, 2005; Reis; Maia, 2009, p. 137). Eles são ligados à própria sociedade, que compartilha o mesmo pensamento, dentro de uma mesma cultura, e os reforça por meio da educação (Pereira, 2002, p. 52; Reis; Maia, 2009, p. 137).

Os pressupostos de gênero são um conjunto de crenças fixadas de acordo com o comportamento e as características sexuais, adquiridos no processo de socialização junto à família, educação e outros meios que transmitem valores e convicções (Zenhas, 2007; Reis; Maia, 2009, p. 138). Consequentemente, a sociedade acaba reforçando o processo sexista, estabelecendo concepções "naturais", em que a família, a religião, a educação e os meios de comunicação determinam ações, conceitos e estabelecem verdades absolutas, as quais reproduzem esses pressupostos (Souza, 2006; Reis; Maia, 2009, p. 138).

Isso acontece porque o ato de comunicação depende de um discurso comum ou ideológico sobre o que é esperado de membros de determinada identidade. Essas atividades são realizadas sob uma base repetitiva e se tornam parte de repetidas rotinas. As ações normativas e os papéis são reforçados por meio do consentimento dos outros membros da sociedade, em geral, para o indivíduo ser aceito no grupo social. A aprovação dos outros torna-se um dos caminhos em que são construídas as atividades. As rotinas são decretadas sob e por meio de bases repetitivas, pelas quais o grupo internaliza vários aspectos de sua identidade. Mesmo as pequenas ações executadas, feitas sem pensar, são de alguma forma produtos de normas sociais, e, dentro desses aspectos, há elementos identificadores da identidade (Revell, 2016, p. 11).

Seguindo esse pensamento, os textos literários romanos tendiam a transpassar a imagem de que suas mulheres eram passivas, subordinadas e com a necessidade de proteção. Entretanto, se executassem outros comportamentos, elas eram descritas como perigosas, adúlteras e que requeriam o controle masculino (Dieleman, 1998; Matić, 2021a; Orriols-Llonch, 2007 apud Matić, 2021b, p. 5).

Um exemplo foi Cornélia[10], que viveu no século II a.C. Ela foi um modelo de matrona, casada com Tibério Semprônio, que, depois da morte do marido, resolveu não se casar novamente (*univira*), passando sua vida a

---

[10] Cornélia era filha de P. Cornélio Scipio Africano Maior, conquistador de Hannibal e um dos homens mais prósperos e poderosos de seu tempo, conhecedor da cultura grega; e sua mãe era Aemilia, da próspera família *Aemilii Paulli*. Ela casou-se com Tibério Semprônio Graco (Gracchus), aproximadamente, em 175 a.C. e foi uma mãe devota de 12 filhos. Diferentemente de outras mulheres da elite romana, que eram confinadas à fiação, à tecelagem e a outras atividades domésticas, foi instruída e era fluente na língua grega. Seu tio, L. Aemilio Paulo Macedônico, foi o primeiro romano a trazer uma biblioteca inteira da Grécia para Roma, a qual ele utilizou para educar seus filhos, mas o que parece era que outros parentes também fizeram proveito dessa coleção. Cornélia também recebeu instruções em retórica latina e foi notada por seu excelente estilo de oratória e escrita, tendo suas cartas publicadas e admiradas. A educação estava sofrendo mudanças rápidas em seu tempo, e o ensino da retórica ainda não tinha sido institucionalizado, ou seja, não havia escola de latim. Os futuros políticos aprendiam a arte de falar em público durante o *tirocinium fori*, que eram cursos de retórica, dos quais as mulheres eram excluídas. Cornélia, assim como Semprônia, que poderia ter sido sua filha – a qual fez parte da Conspiração de Catilina, porém seu papel não é claro (Sall. *Cat.* 25 e 40.5) –, faziam parte de um pequeno grupo de mulheres dotadas da elite romana durante o fim da República e o início do Império. Pode-se acrescentar que seu papel como viúva e intelectual foi capaz de educar seus filhos, Tibério e Caio, sem a intervenção de nenhum tutor, e foi nesse período que suas qualidades intelectuais foram notáveis. Entretanto, parece que seus filhos tiveram tutores gregos bem escolhidos por ela. Contudo, na sociedade romana, a educação feminina era vista tanto com admiração como com crítica (Hemelrijk, 1999, p. 22, 61-62, 71 e 80). Provavelmente, Cornélia casou-se com *manus*, o que era costume durante o século II a.C., ficando sob a *potestas* de seu marido. Todavia, depois da morte de dele, ela se tornou *sui iuris* e juridicamente capaz de ter e administrar suas propriedades, mas ainda precisava do consentimento de um *tutor* para certas transações legais, sem contar com a retomada de seu dote. Ainda, como seus filhos morreram antes dela, ela também deve ter herdado parte de suas fortunas. Contudo, depois dessa parte de sua vida, ela pôde controlar uma grande riqueza e ter certa independência (Hemelrijk, 1999, p. 96-97).

se preocupar com a educação de seus filhos, Tibério e Caio Graco (Gracchi). Dessa forma, foi homenageada com uma estátua de bronze. Sendo assim, as mulheres que eram ditas respeitáveis eram aquelas amáveis esposas veneradas por seus maridos, as que sacrificavam suas vidas por sua família, as que eram sociáveis, urbanas, educadas e moralmente impecáveis (Riess, 2012, p. 492).

Os filhos de Cornélia acabaram por ser notáveis políticos romanos, mas foram assassinados por tentarem colocar medidas que não tinham consenso social nem político. Segundo Cid López (2011), não há dúvida de que houve um interesse por Sêneca de fazer uma biografia de Cornélia para servir de exemplo para as outras mulheres aristocratas. Entretanto, Cornélia também se interessou por política para entusiasmar a carreira de seus filhos (Cid López, 2011, p. 60), o que não foi bem visto e a fez ser caracterizada como uma figura controversa, que também exercia atividade de Patronato (Hemelrijk, 1999, p. 61).

Com isso, pode-se mencionar que a sociedade romana acabou criando mulheres influentes, mas que foram atreladas a um discurso religioso, cujas normas de conduta foram levadas à elaboração de leis presentes no direito romano, o que demonstrou que os procedimentos legais exemplificaram a demanda do controle masculino sobre a população feminina. Isso fez com que essas instituições, tanto a religiosa como a legislativa, passassem a ser ferramentas configuradoras e legitimadoras de uma organização social, que conferia à dominância masculina um poder sobre a população femi-nina, configurando uma sociedade patriarcal. A dominância masculina é uma forma particular da violência simbólica. Para a análise da dominância masculina, os corpos são considerados da maneira que são utilizados, e os cérebros, sob a forma de princípios de percepção dos corpos dos outros, que, consequentemente, leva à circularidade das relações de dominância simbólica. Isso faz com que não seja fácil livrar-se dessa dominância sim-bólica, a qual existe objetivamente sob forma de divisões objetivas e de estruturas mentais que organizam a percepção dessas divisões objetivas entre homem e mulher, por exemplo. Quando se percebe um mundo construído por meio de subjetividades e de acordo com as objetividades, tudo parece evidente. Para que tudo isso funcione, as objetividades devem ser capazes de se reproduzir nas mentalidades. Nesse sentido, a fim de que isso seja mudado, é preciso transformar o meio junto a ações psicossomáticas que tendem a transformar profundamente as mentalidades e as corporalidades (Bourdieu, 1996a, p. 30-31).

Seguindo o mesmo raciocínio, deve-se levar em conta que a sociedade romana atribuía às mulheres os trabalhos maternais conjugados com as funções de seu corpo e, por fim, com seu gênero, aquele que foi formulado ao longo da história e por discursos familiares, educacionais e religiosos, uma vez que esses discursos se tornaram essenciais à realidade social que os retratou (Giddens, 1992, p. 39). Por esse motivo, o gênero não deveria ser pensado como uma simples inscrição cultural de significados sobre o sexo, que é considerado "dado", mas visto como resultado de um aparelho de produção, desenvolvido pelo meio discursivo/cultural, em que o sexo "natural" também seria produzido e estabelecido como pré-discursivo (Butler, 1990, p. 6-7 apud Piscitelli, 2002, p. 27). Por conseguinte, deve-se pensar que as concepções de diferença biológica variam entre as culturas e dentro delas ao longo do tempo. Por esse motivo, nesse tipo de estudo, lida-se sempre com formas historicamente específicas de masculinidade ou feminilidade, bem como com outras noções de individualidade e identidade (Bahrani, 2005, p. 9).

Consequentemente, a identidade de gênero é construída e vivida (Moore, 2000, p. 15), posto que deve ser considerada a relação entre o indivíduo e o social, sendo que os indivíduos levam vidas coletivas relacionadas ao poder e à dominação. No entanto, a identidade não é totalmente passiva e adquirida apenas pela socialização. As identidades são diversas e forjadas pelo envolvimento prático em vidas vividas, porém têm dimensões individuais e coletivas. As representações sociais de gênero podem afetar as construções subjetivas e a construção social. Os indivíduos nascem em culturas e se tornam membros delas por processos de aprendizado e socialização, mas, como unidades, eles existem antes de seu contato com o social, sendo entidades singulares que requerem uma marca cultural. Nessa perspectiva, o gênero é ambíguo, pois ele não é totalmente definido por categorizações culturais e entendimentos normativos. Quando a identidade de gênero é vista como um enigma ou algo que requer explicação, tanto do ponto de vista subjetivo como do coletivo, torna-se óbvia a inadequação da categoria padrão (Moore, 2000, p. 21-22) para tal indivíduo dentro da sociedade, uma vez que mulheres com atitudes de liderança, políticas e que iam à guerra são descritas por autores antigos como inadequadas ou um modelo a não ser seguido, como Fúlvia, Cleópatra, Lívia, Agripina Maior e Agripina Menor.

A atitude dessas mulheres confirma que os sujeitos são multiplamente constituídos e podem assumir diversas posições de sujeito dentro de uma gama de discursos e práticas sociais. Nota-se o grande número de mulheres ligadas a homens de poder ou que estavam no foco público que receberam críticas nos textos literários, pois, em momentos diferentes, a maioria delas foi levada a representar uma variedade de posições e teve que construir suas práticas sociais. Tais práticas poderiam ter sido subversivas, visto que elas poderiam contradizer um conjunto concorrente de discursos sobre o que era ser uma "mulher". Diante disso, mulheres e homens poderiam ter diferentes entendimentos de si mesmos como pessoas marcadas por gênero, pois teriam posições distintas em relação aos discursos relativos ao gênero e à sexualidade, resultando em posições diversas para eles e para elas dentro desses discursos (Moore, 2000, p. 23, 25 e 36).

Portanto, pode-se mencionar que as sociedades não possuem um modelo único de gênero, mas uma multiplicidade de discursos sobre o gênero, que pode variar tanto contextual como biograficamente (Moore, 2000, p. 24).

1.1. O patriarcalismo estrutural romano

Os pressupostos de gênero criam grandes problematizações sociais. No caso romano, estavam presentes na base da formação da sociedade, com dispositivos estruturantes para a existência de um patriarcalismo estrutural, os quais foram especialmente delineados por conta de três sustentáculos: o discurso, que envolveria o discurso educacional, familiar e, principalmente, o religioso, o qual parece ter influenciado os outros dois primeiros; o histórico, considerando os "mitos de origem", uma vez que a história foi tomada como experiência; e, por fim, o jurídico, que se formou de acordo com as normas religiosas e como consequência de eventos históricos, que deixaram entender que as mulheres deveriam ser protegidas de alguma maneira.

Nessa sociedade, a matrona era vista como um ser fecundo, prolífico e cuidador da descendência, além de fiel ao marido. Entretanto, houve exceções, além do fato de que a matrona não era o único exemplo de mulher, na medida em que, em sua totalidade, deveria ser muito mais complexa do que esse conjunto pertencente apenas à elite romana, que, de forma diferente, foi educada para exercer sua função de esposa e reprodutora (Cid López, 2011, p. 56 e 58).

Os propósitos das funções femininas eram difundidos por meio da família, da educação e de outros modos de comunicação, como a religião, que contribuíram para perpetuar esses modelos tradicionais. Contudo, a religião foi muito eficaz diante desse papel, pois as divindades eram legitimadoras de práticas sociais e da propaganda ideológica do Estado. As deusas que destacavam a procriação assumiram um significado especial, ao idealizarem as funções femininas (Cid López, 2011, p. 56). Esses discursos foram atrelados à sexualidade e ao gênero, construindo mulheres e homens como tipos diferentes de indivíduos, que diferiam princípios de agência, porém os homens eram retratados como ativos, agressivos, impositivos e poderosos, e as mulheres, como passivas, fracas, submissas e receptivas. Tais discursos oferecem descrições acuradas de práticas e experiências sociais que atribuem o gênero para homens e mulheres e que os definem como pessoas baseadas na diferença, a qual é resultado da operação do significado do discurso, produzindo uma categorização de gênero (Moore, 2000, p. 16-17).

1.1.1. O discurso religioso

O discurso religioso era essencial para a sociedade romana, uma vez que a esfera divina deveria estar de acordo com a humana. A *pax deorum* e a *pax hominum* estavam no centro do entendimento da religião romana. Os rituais e cultos eram fundamentais à manutenção e ao sucesso de Roma. Quando Roma tinha problemas, eles eram tratados pela esfera religiosa, e a reintegração da *pax deorum* e da *pax hominum* era crucial. Contudo, quando uma mulher ou uma Vestal[11] se comportava de forma inapropriada, o sistema romano poderia quebrar, e a resolução envolveria uma ação político-religiosa da elite, do Senado e dos sacerdotes (Takács, 2008, p. 90).

A religião, assim como o Direito, foram aparelhos produtores de "verdades" que mascararam outras realidades, prontos para sustentar um discurso dessa "verdade" sobre tal sociedade. Nessa perspectiva, articulava-se a produção da "verdade" segundo o modelo religioso-jurídico. O jurídico pôde servir para representar um poder essencial que não funcionava pelo direito em si, mas pela normalização e pelo controle, extravasando a essência do Estado e seus aparelhos (Foucault, 1988, p. 55, 62, 63 e 85). Contudo, os direitos das mulheres percorriam o âmbito doméstico ou privado, enquanto o masculino, o público. Essa diferença, obviamente, implicou uma desigualdade, afetando todas as mulheres, independentemente do *status* social (Cid López, 2011, p. 57).

De acordo com um modelo social que discriminava as mulheres, difundido e preservado por concepções e práticas religiosas, por um lado, e por normas jurídicas, por outro, deve-se pensar no alcance e na eficá-

---

[11] Sobre as Virgens Vestais, ver Apêndice 2.

cia dele para essas mulheres romanas. O que era esperado era que elas assumissem o que a religião havia idealizado sobre o feminino e que foi, posteriormente, legitimado pelas leis. Conforme algumas características, pode-se inferir que, entre as mulheres aqui mencionadas, Fúlvia teria o caráter mais fora desse ideal e, por vezes, Agripina Maior. Na história de Roma, houve outras mulheres com características semelhantes, que foram apontadas como rebeldes por ocuparem lugares públicos, como Lívia, ou que usurparam espaços masculinos de poder. Com tais comportamentos, algumas personagens ainda figuraram como imagens paradoxais, mas muitos escritores antigos, devido a tais atos, as colocaram como atuantes na defensa, supostamente, de seus direitos como mães e esposas (Cid López, 2011, p. 57) para amenizarem a transgressão comportamental delas.

1.1.2. O discurso histórico

> *"Em uma pesquisa, as mulheres foram indagadas do que elas tinham mais medo. Elas responderam que sentiam medo de serem violentadas e assassinadas. Os homens, por sua vez, responderam que tinham mais medo de serem ridicularizados, ou seja, que as pessoas rissem deles".*
> (Noble, 1992, p. 105-106 apud Kimmel, 2016, p. 115)

Este trabalho tentará clarificar aspectos das mulheres romanas, principalmente da elite. No entanto, tais incursões parecem ser longínquas e até inexistentes sob a ótica da atualidade. Desde 2011, o Sistema de Informações de Agravo de Notificação do Ministério da Saúde (Sinan) do Brasil vem registrando as características de vítimas e autores de violência sexual. De 12.087 casos registrados naquele ano, a maioria das vítimas era do sexo feminino em todas as faixas etárias, sendo 81,2% de crianças, 93,6% de adolescentes, e 97,5% de adultos (IPEA, 2014a). Em todas as faixas etárias das vítimas, os agressores foram homens em mais de 90% dos casos, caracterizando a violência sexual como uma violência de gênero (Freitas; Morais, 2019, p. 113).

Ao voltar para a Antiguidade, observa-se que outro fator que contribuiu para a formação da base estrutural patriarcalista dessa sociedade foi o histórico, o que abarcava também os mitos de origem, que demarcaram eventos da formação de Roma como se fossem dados experienciais, proliferando-se no consciente coletivo romano. Por mais que os mitos de origem tenham seu lado fictício, essas "estórias" (ou não, pois há dúvidas se são reais) foram essenciais para a história e a sociedade romana. Elas continham um discurso subjacente para explicar e perpetuar Roma e um ideal dentro da moralidade, utilizado para evidenciar comportamentos que deveriam ser imitados ou rejeitados (Takács, 2008, p. xx, 9). Acentua-se, assim, a informação nesses mitos dos eventos de estupro contra a mulher, demonstrando que comportamentos sexuais e comportamentos violentos aparecem juntos, o que pode confirmar uma cultura patriarcal pela alta frequência desses atos.

1.1.2.1. O estupro de Reia Sílvia

> *"People often ask what the classic Greek myths reveal about rape. Actually, they reveal very little. For one thing, myths about any given god or goddess are often contradictory and impossible to date; and for another, it is far too easy to retell a Greek myth to fit any interpretation one chooses. It does seem evident that up there on Olympus and down here on earth and in the sea and below, the male gods, Zeus, Poseidon, Apollo, Hades and Pan, raped with zest, trickery and frequency. Yet on the other hand, the goddesses and mortal women who were victim to these rapes, Hera, Io, Europa, Cassandra, Leda, rarely suffered serious consequences beyond getting pregnant and bearing a child, which served to move the story line forward. Hera, Zeus's sister, wife or consort, had a foolproof method of recovery. She would bathe yearly in a river to restore her virginity and be none the worse for wear. Aphrodite was a champion seducer in her own right".*
>
> (Brownmiller, 1993, p. 283)

O primeiro evento desse tipo aqui considerado e o mais importante a ser comentado é o estupro de Reia Sílvia, também conhecida como Ilia (Takács, 2008, p. 7), o qual levou ao nascimento de Rômulo e Remo. O tio dela, Amulio, expulsou o irmão, Numitor, e matou os sobrinhos por poder, fazendo com que a sobrinha se tornasse uma Virgem Vestal, com o pretexto de tentar honrá-la, privando-a de todas as expectativas da vida. Ela acabou sendo violentada e deu origem a gêmeos. Todavia, ela disse que seu violador foi o deus Marte. Isso deveria ser algo em que ela mesma queria acreditar, ou a "falha" – como é colocado por Lívio, com um sentido dúbio, de que essa "falha" poderia ter sido dela ou todo estupro era considerado culpa da mulher – poderia parecer menos hedionda se uma divindade fosse a causa. Lívio acrescenta que nem os deuses nem os homens protegeram-na junto aos seus bebês da crueldade do rei, visto que ela acabou indo para a prisão, e as crianças receberam ordem de serem jogadas no rio (Livy, *History of Rome* 1.4).

Quando o tio da Virgem Vestal soube da gravidez, Ilia não pôde mais executar suas obrigações, porque a sentença para ela seria a morte, junto de seus filhos. De acordo com uma lei antiga, uma Vestal que tivesse transgredido os costumes teria que ser enterrada viva ou jogada da rocha Tarpeian, localizada no Sudoeste da colina Capitolina. Antho, seu primo, fez um apelo em nome dela, e a sentença foi modificada para a prisão na solitária (Takács, 2008, p. 7).

Arieti comenta que, se um deus era o responsável pela violação da moça, o ato seria enobrecido, ou talvez a densidade do estupro seria amenizada. A escolha do deus Marte pelo autor também poderia ter tido um significado especial, uma vez que esse era o deus da guerra. Nessas ocasiões de estupro, a culpa caía sobre a mulher, mas, como foi com um deus, seu crime seria mais leve. Além disso, a violência do deus traria algo que daria orgulho aos romanos ou algo que fosse grande (Arieti, 2002, p. 210-211) para a história de Roma, assim como a origem da cidade mais importante do futuro império. Nota-se também o fato de a religiosidade estar diretamente presente nesse episódio.

O fato de ter sido um deus ou de a violência sexual ter um resultado positivo, como a origem de Roma, faz com que práticas culturais aparentemente inofensivas contribuam para a manutenção de homens e mulheres nos papéis de gênero de dominação e submissão, respectivamente. Leva, dessa maneira, a uma aceitação das práticas violentas e abusivas, que contribuem para a manutenção da violência sexual em diversos graus (Freitas; Morais, 2019, p. 119).

No tempo de Augusto, quando esse evento foi escrito, era encorajador lembrar das origens do próprio *princeps*: acreditava-se que a *gens Iulia* era descendente de *Iulus*, filho de Enéias, e de Rômulo. Júlio César acreditava que era descendente dos dois deuses criadores de Roma. Consequentemente, Augusto construiu um templo comemorativo das origens e virtudes marciais do povo de Roma, o templo de *Mars Ultor*, perto do fórum de Augusto. O templo foi prometido pelo imperador quando ele lutou contra os assassinos de César, na cidade de Filipos. Dentro do templo, tinha a estátua do deus Marte, de *Venus Genetrix* e de Júlio César. Além disso, foi construído o *Ara Pacis*, que era um altar de paz, no *Campus Martius*, uma área com significância militar, em 9 a.C. Em alguns painéis ou frisos do altar, há imagens com conotações militares. Entretanto, em um dos painéis, há a loba amamentando Rômulo e Remo, enquanto Marte, o pai deles, e Faustulo, o camponês que os adotou, estão olhando. A demonstração dessa cena em um altar de paz corrobora um princípio de harmonização. Contudo, Marte e Rômulo são associados à guerra. Isso revela que Augusto certamente queria sua conexão com Marte[12] e Vênus, para ter progenitores divinos, uma vez que, se ele fosse descendente de um deus, ele seria um herói, mas, como ele seria descendente de dois deuses, ele seria duplamente herói (Arieti, 2002, p. 225) ou um deus.

1.1.2.2. O rapto das Sabinas

A sequência de uma tragédia para o resultado de algo ganho ou positivo, para os romanos, repete-se nos outros eventos de estupros, como se a virtude de uma moça tivesse que ser sacrificada para que os romanos prosperassem. Contudo, outra história de estupro, também relacionada com a origem de Roma, foi o rapto das Sabinas, evento que marcou nada mais do que o início da formação de Roma, por um estupro coletivo. Esse episódio foi contado por Cícero (Cic. *Rep.* 2.11-12), Virgílio (Virg. *Aen.* 8.635-638), Tito Lívio (Liv. 1.8-1.9) e Ovídio (Ov. *Ars* 1.101-132).

Conforme Tito Lívio, Rômulo planejou um aumento no número de habitantes da cidade (Livy, *History of Rome* 1.8). A cidade estava forte, mas sem perspectivas de crescimento, pois não tinha uma quantidade suficiente de mulheres para darem origem a uma nova geração. Com orientação do Senado, Rômulo enviou emissários para os povos vizinhos solicitando alianças, mediante casamentos, para a formação de um novo povo. Contudo, os emissários foram rejeitados, por esses grupos temerem por seus descendentes, devido ao grande poder que estava se formando. Essa atitude foi vista como um insulto por esses representantes, e, certamente, isso tenderia a terminar em violência. Em resposta, Rômulo providenciou a *Consualia*, que era um festival de jogos para comemorar a colheita, e convidou os grupos vizinhos para verem a nova cidade e participarem da festa, entre eles, os Sabinos. Quando o espetáculo começou e todos estavam atentos a ele, os ataques principiaram. Os homens de Rômulo pegaram e levaram

---

[12] Deus da guerra era uma deidade popular em Roma. Ele aparece com uma lança e escudo ou com um troféu como indicador de sucesso em batalha. Geralmente, ele é representado nu, exceto pelo elmo e pela capa, ou com armadura. Quando é dado o título de PACIFER, ele aparece como um ramo de oliva de paz. Outros títulos também são associados a ele, como: CONSERVATOR, PROPVGNATOR (o vencedor de Roma), VLTOR (o Vingador) e VICTOR (Sear, 2000, p. 31).

as mulheres dos convidados para suas casas. Ao fim dos jogos, os pais das mulheres repararam no fato e acusaram os romanos de violarem a religião e a honra. Rômulo foi até eles e mencionou que o orgulho deles é que foi a causa de tal ato, por não aceitarem casar suas filhas. Hercília, mulher de Rômulo, insistiu para que ele perdoasse os pais e os recebesse em harmonia, o que foi aceito por ele, mas não pelos grupos que sofreram tal desrespeito, entrando, assim, em guerra. O último e maior ataque foi o dos Sabinos. Tito Lívio acusou as Sabinas de terem iniciado a guerra e ainda disse que, ao perderem o senso de sua desgraça, ousaram se entremear na guerra para separar as forças hostis. Elas manifestaram que genros e sogros não podiam ser parte de um derramamento de sangue ímpio nem poluir com o parricídio as crianças suplicantes, netos de uma parte e filhos de outra parte. Em um prolongado discurso que fez cessar a guerra, as Sabinas clamaram que fossem elas as culpadas, que seria melhor que voltassem a raiva contra elas e que era preferível que elas morressem (Livy, *History of Rome* 1.9-13).

Esse episódio marcou o início da formação da cidade de Roma e foi evidenciado como um conto extraordinário de mulheres, um tipo de retórica utilizada ao descrever mulheres que saíam em campo de batalha para evitar uma guerra ou quando enfrentavam um inimigo, como no caso de Agripina Maior. O rapto das Sabinas retratou um exemplo da mulher pacificadora, recorrente na história de Roma (Cid López, 2011, p. 60). No entanto, é importante salientar que o estupro das Sabinas assegurou a continuidade populacional de uma nova cidade e, depois, uma aliança com os Sabinos. Dessa forma, o ato de violência pode ter sido considerado de grande sucesso. Além disso, o ato de paz que foi concluído pela intervenção das Sabinas mitigou o crime (Arieti, 2002. p. 209, 212).

1.1.2.3. O estupro de Lucrécia

O estupro de Lucrécia foi outro episódio polêmico que acabou por marcar o fim da Monarquia e a expulsão da dinastia etrusca para o início da República. A história de Lucrécia passou-se durante o século VI a.C., mais exatamente em 509 a.C., durante o Reinado de Tarquínio Superbo ou o Arrogante, e consagrou o ideal feminino de castidade em honra das mulheres romanas determinadas a morrerem por sua *pudicitia*. O evento iniciou quando a cidade de Árdea, muito rica, foi invadida pelo rei romano, com o intuito de reparar sua própria fortuna, que havia se esgotado. Entretanto, sua tirania já havia produzido descontentamentos. Com a cidade de

A FORÇA DAS MULHERES ROMANAS POR MEIO DAS MOEDAS E UMA CRÍTICA
FEMINISTA DO PASSADO PARA O PRESENTE

Árdea sitiada, as tropas estavam estacionadas, momento em que os homens de maior posição poderiam conseguir licenças facilmente. Os mesmos homens passavam o tempo em entretenimentos, como a festa do vinho, dada por Sexto Tarquínio, filho do rei, onde Collatino estava presente, quando começou uma conversa sobre suas mulheres e cada um começou a falar das virtudes de suas esposas. Collatino sugeriu que eles fossem averiguar o quanto Lucrécia, sua esposa, era superior às outras. Logo, foram visitar suas esposas para saber como elas estavam se portando. Acabaram por passar em Roma e depois seguiram para Collatia, cidade de Collatino, onde encontraram Lucrécia. Diferente das noras do rei, que estavam em banquetes e luxúrias, ela foi encontrada em seu trabalho de lã e deu boas-vindas ao seu marido e aos seus companheiros, o qual os convidou para permanecer (Livy, *History of Rome*, 1.57.1-1.57.9).

Sexto Tarquínio, filho do rei, se inflamou da beleza e pureza de Lucrécia de imediato. Depois, voltaram ao acampamento. Entretanto, após alguns dias, Sexto Tarquínio voltou a Collatia e foi recebido com hospitalidade. Após o jantar, ele foi até o quarto de Lucrécia, disse para ela ficar em silêncio e a ameaçou com uma espada, afirmando que, se ela proferisse uma palavra, morreria. Tarquínio falou de sua paixão, implorou-a, ameaçou-a e disse tudo para que pudesse influenciar um coração feminino, mas viu que ela era inflexível. Por fim, ameaçou-a de morte e relatou que colocaria seu corpo junto ao de um cadáver de um escravo e a denunciaria por adultério. Com essa ameaça terrível à sua honra, ele teve sucesso (Livy, *History of Rome*, 1.57.9-1.58.5).

Em seguida, Lucrécia chamou seu pai em Roma e seu marido em Árdea. Surio Lucrécio chegou com Públio Valério, e Collatino chegou com Lucio Junio Bruto, para que ela falasse de todo o ocorrido e pedisse para que eles a prometessem que o adúltero não ficaria impune. Todos lhe deram suas palavras. Tito Lívio diz que o marido tentava transferir a culpa da vítima do ultraje para o perpetrador, o que ficou dúbio, uma vez que o autor culpava a vítima pelo ato. Lucrécia continuou dizendo que, embora ela se livrasse do pecado, não se livraria da pena, que nenhuma mulher impura viveria doravante e que imploraria pelo seu exemplo. Nesse momento, ela tirou uma faca de seu vestido e a mergulhou em seu peito, caindo morta. Bruto pegou a faca com sangue e jurou expulsar Lucio Tarquínio Soberbo, com sua esposa e seus filhos. Todos os nobres homens o seguiram para abolir a Monarquia e reuniram uma multidão, na qual obtiveram voluntários armados. Os filhos do rei foram expulsos, e dois deles seguiram o pai para o exílio entre os etruscos em Cere (Caere). Sexto Tarquínio foi morto em Gabii, por vinganças de velhas rixas, marcando o fim dos Tarquínios (Livy, *History of Rome*, 1.57-60).

Esse evento é todo baseado na virtude da mulher romana, desde o significado simbólico de Lucrécia fiando. Tais instrumentos de fiação acabaram por fazer parte do casamento das matronas, as quais apareceriam carregando o fuso e a lã. Além disso, destaca-se o desafio do violador de destruir a virtude da moça (Arieti, 2002, p. 213).

1.1.2.4. A tentativa de estuprar Virgínia

O estupro também foi fator primordial na história de Virgínia, que levou à dissolução do Segundo Decenvirato ou da junta Decenviral, provocando uma reforma política e resultando no reestabelecimento da República (Arieti, 2002, p. 209; Takács, 2008, p. 14). Esse episódio é atribuído ao século V a.C., que apresenta Virgínia como a mais indefesa das mulheres de alto *status* social, porém, com caráter "independente", como o de Lucrécia. Tal evento foi contado por Tito Lívio; Dionísio de Halicarnasso, no Livro IV, seções de 64-85; e Dião Cássio. Para não passar pela vergonha social da filha estuprada e para libertá-la, seu pai decidiu tirar a vida dela (Rawson, 2006, p. 326-327).

Tito Lívio caracteriza esse evento como uma atrocidade e como o resultado de uma luxúria brutal. O episódio teve início quando Ápio Cláudio (Livy, *History of Rome*, 3.44), oficial devidamente eleito pelo povo (Arieti, 2002, p. 2016), se abateu de uma paixão por Virgínia, que tinha nascimento plebeu e era filha de L. Vergínio, que ocupava um alto posto no Exército em Algidus. O pai era um homem exemplar, e sua esposa foi criada com princípios igualmente elevados, como seus filhos. Vergínio tinha prometido a mão de sua filha a L. Icilio, que fora tribuno e era ativo, enérgico e corajoso. A jovem garota excitou as paixões de Ápio, e ele tentou comprá-la com presentes e promessas. Quando ele descobriu que a virtude dela era à prova de todas as tentações, ele recorreu à violência inescrupulosa e brutal. Ápio contratou um cliente, M. Cláudio, para reivindicar a moça como sua escrava e para reter a posse dela até que o caso fosse julgado, já que, com a ausência do pai, o qual estava em serviço no Exército, teria uma oportunidade para tal ação ilegal (Livy, *History of Rome* 3.44.1-3.44.5).

Ao ir para a escola, o alcoviteiro do decênviro colocou a mão sobre ela, declarando que ela era filha de uma escrava dele, com isso, ela seria uma escrava também. Ele a obrigou que o seguisse e a ameaçou, se ela hesitasse. A empregada da garota começou a gritar, e, em consideração ao seu pai e seu noivo, uma multidão foi ao apoio da donzela. O homem que a levou disse que ele estava procedendo de acordo com a lei, e o caso foi parar no tribunal de Ápio. O reclamante ensaiou uma história já familiar ao juiz, por ser ele mesmo o autor da trama, que mencionava que a garota tinha nascido em sua casa e tinha sido roubada e levada para a casa de Vergínio. Os defensores da garota insistiram para que esperasse a volta de seu pai. O juiz, Ápio, decidiu que seu pai deveria ser convocado e, durante esse período, a moça deveria ficar com o homem que reclamava seu direito de levá-la, o que foi contestado pela multidão. Seu noivo apareceu para defendê-la, pois estava determinado a se casar com uma moça casta. Ápio pediu para M. Cláudio renunciar ao seu direito de levá-la e permitiu que a garota ficasse sob a custódia de seus amigos até o dia seguinte. Ao chegar, Vergínio foi com sua filha e várias matronas ao fórum e lá ele apelou para que o povo o ajudasse (Livy, *History of Rome* 3.45.4-3.47.1).

Ápio montou o tribunal, e o reclamante iniciou seu breve protesto, que foi interrompido pelo próprio Ápio, o qual declarou que a moça era uma escrava. Vergínio praguejou que foi para Icilio, e não para Ápio, que ele prometeu sua filha. Quando o mestre foi tomar posse de sua escrava, o povo recuou, e Vergínio, não vendo saída, se voltou ao tribunal, pediu perdão a Ápio por ser pai, levou a moça para o templo de *Venus Cloacina* e enfiou uma faca em seu peito, dizendo para ela que era a única forma de lhe conseguir a liberdade. Além disso, devotou a cabeça de Ápio aos deuses infernais. Ápio ordenou imediatamente a prisão de Vergínio (Livy, *History of Rome* 3.44-48. 4).

O que chama mais a atenção nessa história é que a violência sexual contra Virgínia foi feita por meio de ameaças e que ela foi morta por seu próprio pai, isto é, não foi feito nem pelo violador nem por ela mesma. Ápio fez uso de meios tortuosos para a aplicação errônea da lei, utilizando seu poder como legislador para subverter os princípios legais (Arieti, 2002, p. 216).

1.1.2.5. Aspectos dos mitos de origem e o *stuprum* romano

> *"Um homem pode concordar com amigos que falam que uma mulher foi culpada por ter sido estuprada para receber atenção dos outros, ou mesmo evitar consequências aversivas da resposta de discordar, como receber menos atenção em suas futuras falas*

> *na roda de conversa, não ser mais chamado para sair com esses colegas ou mesmo ouvir chacotas sobre sua masculinidade. A esse respeito, em um experimento, foi demonstrado que homens sob a circunstância de ter sua masculinidade ameaçada têm maior probabilidade de dizer que a vítima teve culpa por ter sido estuprada".*
> (Munsch; Wiler, 2012 apud Freitas; Morais, 2019, p. 115).

Na sociedade atual, comportamentos verbais são emitidos e mantidos, o que faz com que as ideias dos discursos sofram um reforço social por intermédio de homens e de mulheres, numa tentativa de seguir uma regra mantida por meio de um esforço negativo e que dificilmente receberia um estímulo verbal de repressão, por se comportarem de determinada maneira. Nessa perspectiva, muitas mulheres acabam por concordar com alguns aspectos em relação às mulheres vítimas de violência sexual, assegurando a ideia de que, tomando os devidos cuidados, a violência não acontecerá com elas. Em uma análise no Brasil [3810] (IPEA, 2014b), 58,5% das pessoas entrevistadas concordaram que, se as mulheres soubessem como se comportar, haveria menos estupros; e 26% concordaram que mulheres que usam roupas provocantes merecem ser atacadas (Freitas, 2019, p. 115-116). É fundamental apontar o quanto o estupro e outras violências contra a mulher ainda estão presentes no nosso cotidiano, principalmente no contexto de pandemia. O isolamento social, tomado como medida para evitar o contágio do vírus Covid-19, trouxe indicativos alarmantes sobre a violência doméstica cometida contra a mulher, demonstrando que o lar pode ser um ambiente inseguro para mulheres presas com seus agressores.

Contudo, para compreender esses aspectos no mundo romano, é preciso definir o *stuprum* para se delimitar a extensão de tais atos e a marca social de tais histórias dessa sociedade. O verbo seria *stuprare (constuprare)*, e o substantivo agente *stuprator. Stuprum*, em si, poderia ter também o significado de fornicação. O verbo fornicar é intransitivo e pode ter um sujeito feminino, enquanto o verbo *stuprare* é transitivo e requer um sujeito masculino. *Stuprum*, dessa maneira, abrange tanto fornicação quanto sodomia. Dentro do significado, leva-se em conta a noção de penetração como uma agressão que prejudica a mulher/o menino/o homem penetrado (Fantham, 2011, p. 118-119).

A FORÇA DAS MULHERES ROMANAS POR MEIO DAS MOEDAS E UMA CRÍTICA
FEMINISTA DO PASSADO PARA O PRESENTE

Há registros de punições públicas e privadas pelo delito de *stuprum* desde os tempos mais remotos de Roma, quando a palavra tinha originalmente uma referência muito mais ampla, denotando qualquer desgraça pública ou ato infame, e era apenas secundariamente aplicada a relações sexuais não sancionadas. Em meados do terceiro século antes de Cristo, o *Bellum Punicum* de *Naevius* usou *stuprum* para estigmatizar a desgraça militar da deserção ou a covardia, mas também para denotar a vergonha da sedução sobre a solteira *Danae* em sua tragédia. *Danae Naevius* usou um eufemismo paralelo, *probrum* (reprovação). Dentro de uma geração, entretanto, *stuprum* estava substituindo *probrum* como o eufemismo para relações ilegais e, depois de Plauto, se tornou tanto a *vox propria,* que não é mais encontrado com nenhuma outra referência (Fantham, 2011, p. 117-118).

A maioria dos usos do substantivo *stuprum* em autores republicanos trata-o como uma forma de corrupção ou violação do parceiro passivo pelo penetrador ou (quando o parceiro passivo é acusado de reprovação) de autocorrupção. Nem a sociedade nem a lei reconheciam os escravos como pessoas jurídicas: eles pertenciam a seu senhor, que podia usá-los para suas próprias necessidades sexuais ou alugá-los para o prazer dos outros. Do mesmo modo, na prática, os estrangeiros não tinham legitimidade para fazê-lo, e até mesmo os cidadãos, mulheres ou homens, que uma vez aceitaram presentes em troca de favores sexuais, foram considerados afastados da proteção da lei. Não se encontra exemplos de estupros que não envolvam relações com cidadãos do sexo masculino ou feminino, porque os romanos não teriam visto nada de impróprio em tais atos. A lei romana considerava o jovem ou a jovem que ainda estava na casa do pai como não *sui iuris*, mas como sujeitos ao consentimento dele, demonstrando que o conceito de "consentimento sexual" era muito diferente do atual. Além disso, os pressupostos de gênero populares toleravam ou admiravam as iniciativas sexuais do homem em crescimento, mas, ao mesmo tempo, consideravam a timidez como uma virtude defensiva da mulher. Assim, o estupro não premeditado, desde que retificado por casamento subsequente, dava mais crédito aos homens (Fantham, 2011, p. 118-119).

Stuprum é conceitualizado por Mommsen como uma categoria de lesões contra o pudor das mulheres. Junto com *adulterium*, os dois termos indicam em fontes antigas relações sexuais ilícitas, que eram sujeitas a punições, como o sexo entre uma mulher casada e um homem que não fosse seu marido ou a relação sexual sem consentimento por algum dos pares – que seria uma concepção mais atual da palavra "estupro" (*stuprum per vim*).

Desse modo, *stuprum* se torna algo peculiar, abarcando o adultério e outras formas de relações sexuais ilícitas (Azevedo, 2014, p. 117).

No presente, a Organização Mundial de Saúde (WHO, 2014), com informações de 133 países, já denunciava, em 2014, que uma em cada cinco mulheres com até 18 anos já tinha sido vítima de violência sexual ou estupro. Para a atualidade, a OMS (2002) conceitualiza estupro como qualquer tipo de penetração, ou superficial, ou fisicamente forçada, ou por meio de coação, da vulva ou do ânus, ou com o pênis, ou outra parte do corpo, ou objeto (WHO, 2002, p. 149). No caso mais específico do Brasil, o conceito de estupro é definido pelo artigo 213 como sendo algo ligado a constranger alguém mediante violência ou grave ameaça a ter conjunção carnal. A "conjunção carnal" está associada à penetração peniana vaginal, enquanto o "outro ato libidinoso" é uma expressão ampla, possibilitando, ou não, acoplar maior diversidade de atos do que a definição da OMS. O estupro é compreendido quando se pratica um ato sexual com o toque do órgão sexual de outra pessoa por meio de qualquer parte do corpo do agressor ou objeto, com ou sem penetração, mas que não haja o consentimento da vítima. É importante mencionar o conceito dentro da Lei Maria da Penha (Brasil, 2006):

> [...] qualquer conduta que a constranja a presenciar, a manter ou a participar de relação sexual não desejada, mediante intimidação, ameaça, coação ou uso da força; que a induza a comercializar ou a utilizar, de qualquer modo, a sua sexualidade, que a impeça de usar qualquer método contraceptivo ou que a force ao matrimônio, à gravidez, ao aborto ou à prostituição, mediante coação, chantagem, suborno ou manipulação; ou que limite ou anule o exercício de seus direitos sexuais e reprodutivos (art. 7°, inciso III; Freitas, 2019, p. 110).

A existência da violência sexual compreende diversos comportamentos criados por um conjunto de contingências, que encorajam e/ou são permissivos diante de práticas sexuais violentas e abusivas existentes em uma sociedade. Tais aspectos enquadram o que hoje é conhecido como "cultura do estupro" (Buchwald; Fletcher; Roth, 1995; Connel; Wilson, 1974 apud Freitas; Morais, 2019, p. 110). Resumidamente, o conceito de "cultura do estupro" envolve um conjunto complexo de crenças que facilitam as agressões sexuais masculinas e a violência contra as mulheres; engloba comentários sexuais, contato sexual e estupro, além da agressão física e psicológica. Entretanto, em uma "cultura do estupro", a sociedade assume que a violência sexual é algo do cotidiano e inevitável. Consequentemente, muito do que é aceito como inevitável pode ser a expressão de valores e atitudes que poderiam ser modificados (Buchwald; Fletcher; Roth, 1995, p. XI). Como essas práticas e crenças foram bem arraigadas na sociedade, modificá-las exigiria uma intervenção cultural (Freitas; Morais, 2019, p. 119), que não ocorreria rapidamente. Tais características e práticas contribuem para a manutenção da dominação masculina e, assim, para uma sociedade estruturalmente patriarcal.

No caso dos mitos de origem romana, o primeiro estupro, de Reia Sílvia, uma mulher sagrada, trouxe a glória para Roma, capacitando a cidade para clamar por uma ancestralidade divina. Seu filho fundou Roma e se tornou um deus depois de sua morte. Acrescenta-se o estupro das Sabinas, essencial para o povoamento e crescimento da mesma cidade, por meio do provimento da primeira geração de romanos.

O terceiro estupro, de Lucrécia, trouxe vergonha à Monarquia romana e o estabelecimento da República (Arieti, 2002, p. 214). Lucrécia revelou sua vitimização em um conselho de família antes de se matar, fazendo com que autores como Cícero e outros do tempo de Augusto concedessem uma valorização a esse acometimento por suas consequências políticas (Fantham, 2011, p. 125). Ela se culpa pelo estupro, pois, de acordo com o Direito romano, esse era o único lugar possível onde ela poderia estar, uma vez que as mulheres não tinham acesso aos mecanismos jurídicos ao estarem excluídas das instâncias deliberativas. Contudo, esse seria considerado um comportamento exemplar ao convidar os homens de sua família para fazerem justiça por ela (Azevedo, 2023, p. 123).

Ela foi tida como um modelo de mulher casta e, consequentemente, um atrativo para o desejo de Sexto Tarquínio. Ou seja, é sua própria adequação ao ideal masculino de virtude feminina que é colocado como fator incitante, algo para se pensar sobre a culpabilização da vítima, fazendo uma apologia à punição de adúlteras, que refletiria uma estratégia subjetiva de uma opressão que legitimava as hierarquias de gênero (Azevedo, 2023, p. 124-126). Dessa forma, Lucrécia se transformou em um modelo de virtude pelo seu gesto de integridade. Entretanto, se ela tivesse ficado viva, ela teria provado um exemplo de *impudicitia* às outras mulheres, pois elas não poderiam ter sexo com homens que não fossem seus maridos e depois reivindicar que foram forçadas a fazer tal ato contra suas vontades (Langlands, 2006, p. 94-95).

No quarto evento, o de Virgínia, o estupro, além de ter sido prevenido e de não ter ocorrido, dissolveu o Decenvirato (Arieti, 2002, p. 214 e 218) e colocou em pauta a ação jurídica, suas leis e seus legisladores. Como ela era uma esposa em potencial, ela deveria ser *pudica*. O interessante é perceber o *status* passivo de Virgínia enquanto ela foi objetificada como uma recompensa, como um prêmio pelo qual os homens estavam lutando. Ela simplesmente esperou por seu destino (Langlands, 2006, p. 102), pois uma mulher em sua posição não teria mesmo como agir para se defender dentro de uma sociedade que não aceitaria tal atuação. Dessa forma, com todos os transtornos já ocasionados, se Virgínia tivesse tomado qualquer atitude, ela seria vista como transgressora, o que poderia desmoralizá-la. A *pudicitia* era algo tão importante para os romanos que Virgínio preferiu matar sua própria filha do que deixá-la viver com perturbações futuras que relembrariam essa ocasião, uma vez que sua *pudicitia* poderia sempre voltar a ser questionada socialmente.

O destino de Virgínia evidencia o senso de honra de seu pai, Vergínio, um mero plebeu com espírito patrício. Demonstra uma garota livre, de boa reputação, que não poderia ser seduzida com impunidade legal: assim, na versão de Tito Lívio, o decênviro luxurioso, Ápio Cláudio, precisava não apenas obter a garota em sua posse, mas também obter seu *status* de pessoa livre, anulado pela lei, posto que ela foi considerada uma escrava. Assim, o mandante de Ápio reivindica-a como sua escrava, na ausência de seu pai, mas reconquista seu direito de permanecer em liberdade até a decisão judicial, argumentando que, mesmo em um breve período, fora do lar paterno, destruiria sua reputação. Em uma segunda fase, o mandante de Ápio alegou que Vergínio havia roubado uma escrava e estava falsamente reivindicando-a como sua filha. Como Ápio era o magistrado presidente, ele mesmo decidiu o caso, e Virgínio, então, demonstrou suas convicções, esfaqueando publicamente sua filha até a morte, como a única maneira de defender não sua castidade, mas sua liberdade, que era sua proteção legal contra o abuso sexual. O papel do pai como chefe de sua família era proteger sua esposa, seus filhos e outros dependentes e garantir a aptidão de sua filha para servir a comunidade e a defender para um futuro casamento como mãe de filhos legítimos. O papel da comunidade era garantir o poder dos chefes de família, e a violação de Ápio desse direito justificou o levante popular que derrubou o regime dos Decênviros (Fantham, 2011, p. 125-126).

O evento ocorrido com Virgínia exibe os crimes de *iniuria* e *adulterium/stuprum*, além dos conflitos aristocráticos de Roma entre senadores, equestres e Augusto. Contudo, é elucidativo no que concerne à justiça e à idealização do cidadão e das instituições romanas, explicitando padrões de relações de gênero e poder. Esses elementos fornecem aspectos importantes para se pensar a realidade de Roma no final da República e início do Império. O crime de *iniuria* é evidenciado quando Virgínio acusa Ápio de reivindicar a tutela de Virgínia, utilizando falso testamento, além de demonstrar a intenção de conduta incorreta com relação ao agente tutelado. Ou seja, Ápio reivindica a tutela dela para manter relações configuradas de *stuprum* (Bryen, 2016, p. 331 apud Azevedo, 2023, p. 119-120).

Há um padrão nos episódios de Lucrécia e Virgínia: as mulheres são mortas, e os homens, políticos e legisladores que abusam do poder, são expulsos das cidades; a *pudicitia* é vingada, com mudanças na estrutura de poder. No tocante ao gênero, há a presença de crimes sexuais, confirmando legitimidade à legislação para a morte de mulheres. Tais mortes são definitivas, ao contraponto que os aspectos de mudanças políticas e jurídicas poderiam ser temporários, evidenciando respeito e preservação da vida deles sobre a vida das mulheres (Azevedo, 2023, p. 122).

Para acrescentar, nos dois acontecimentos, os homens monopolizam os mecanismos judiciários, a violência física e a agressão, comum diante de um poder bélico que ressaltava um ideal da masculinidade. Esse poder naturalizava comportamentos violentos, como se esse tipo de atuação fosse a única resposta para os desafios cotidianos. Essas mulheres não reivindicaram poder ou questionaram a estrutura, apenas convocaram os homens para que a justiça fosse feita. Logo, a vitimização das mulheres aparece como um discurso patriarcal relacionado à experiência feminina (Azevedo, 2023, p. 123 e 126).

O mais interessante dos eventos é que sempre é mostrada uma importância política e constitucional como consequência. Entretanto, vale salientar que, quando tais episódios foram escritos, se tratava do período de Augusto, momento em que se acreditava ter tido o ressurgimento e o reavivamento de ideias da antiga Roma (Arieti, 2002, p. 218), sem contar com a manipulação de novas leis produzidas para as mulheres nesse período e mesmo o incentivo para que elas procriassem como no passado. A ideia de uma cidade eterna, recorrente no período de Augusto, aparece em Cícero (*Pro Marcello* 22) e três vezes em Lívio (*History of Rome* 4.4.4, 5.7.10 e 28.28.11 apud Arieti, 2002, p. 224).

Tito Lívio demonstrou seus concernimentos textuais, sexuais e políticos, além de colocar a liberdade, o *status* social, o abuso de poder e a vulnerabilidade da integridade sexual como vitais para o bem-estar social como um todo. De outra forma, os "mitos de origem" romanos também evidenciaram que tais violências físicas corrompem a mente do homem, uma vez que, posteriormente, ele pode cometer atos piores. Contudo, os homens também deveriam ser protegidos, para que pudessem ser protetores adequados da sociedade romana (Langlands, 2006, p. 121-122).

Nesse sentido, nota-se que a religiosidade faz parte desses eventos mais uma vez, como um todo, demonstrando que ela era de grande importância para a sociedade romana, visto que, segundo Arieti (2002), esses episódios oferecem uma mistura nos significados da atuação de Marte e Vênus, ou seja, são violentos, forçados e destrutivos, mas, de outro modo, produzem algo positivo. Tais deuses podem representar Roma, sendo os dois progenitores desse povo, combinando as formas opostas do universo: destruição e criação, proporcionando forças concorrentes que compunham Roma (Arieti, 2002, p. 2019). O lado positivo de tais histórias poderia amenizar os atos de violência.

Tito Lívio (*History of Rome*, 1.5-9), Cícero (*Rep.* 2.25.46) e Juvenal (*Satires* 10.193-5) utilizaram esses relatos para fazer alusão ao posicionamento da mulher na sociedade. Além do interesse político, esses eventos perpetuaram a ideia da castidade feminina. Portanto, se uma mulher agisse de maneira independente, os homens dessa sociedade seriam criticados por não exercerem um controle sobre ela (Rawson, 2006, p. 326-327). O ato de Lucrécia de tirar sua própria vida também pode ser visto como um ato de independência da moça, na medida em que foi ela quem tomou partido para executar a própria morte.

De acordo com Riess (2012), Tito Lívio fez elogio à castidade de Lucrécia (*castitas*), assim como ao seu orgulho feminino (*decus muliebris*). Visando a salvar a filha de ser violentada, Vergínio, seu pai, a mata com as próprias mãos (Livy, *History of Rome*, 3.44-58; Cic. *Rep.* 2.63).

O estupro ou a sedução de meninas que ainda se encontravam sob a proteção do lar paterno ficava sob o controle do pai, estendido pela consulta do conselho de família (Fantham, 2011, p. 135). No caso de Virgínia, o pai é constrangido a matar a filha, parecendo uma conduta correta para um cidadão exemplar, ao agir de forma legítima, exercendo sobre a filha o *ius occidendi* (direito de matar), conferido pela *patria potestas*, o que confirma a jurisdição doméstica existente durante a República sobre sua tutelada (Bryen, 2016, p. 331). Entretanto, a reafirmação da *patria postestas* poderia revelar que ela estava ameaçada, uma vez que a legislação de 18 a.C. transferia a punição por *adulterium/stuprum* da jurisdição doméstica para a pública, o que gerou reação da aristocracia romana. A *Lex Iulia de Adulteriis* comprova tais prerrogativas pelo fato de que ela tinha a função de limitar a atuação do pai e do marido diante da punição de adultério (Azevedo, 2023, p. 93 e 120).

Além disso, a castidade de Virgínia foi elogiada por Lívio e Cícero em termos similares aos de Lucrécia. Nos dois casos, a castidade e a pureza da mulher romana, assim como a inviolabilidade sexual, simbolizavam a invulnerabilidade da própria Roma. Tais eventos mostram que a honra do corpo feminino suportou o corpo político de Roma como um todo, pelo senso de devoção (*pietas*), que foi considerado como essencial para a coesão política e social de Roma. A violência infligida contra essas mulheres pode ser entendida como uma violência fundacional. Entretanto, antes dessa classificação, há que incorporar esses atos em uma violência de gênero, ou seja, têm uma base fundamentada no gênero, tendo em vista que a violência em si é entendida como um comportamento que envolve força física com a intenção de machucar, danificar ou matar alguém; já gênero é comumente entendido como uma interpretação sociocultural entre indivíduos de diferentes sexos (Díaz-Andreu, 2005, p. 15 apud Matić, 2021a, p. 1). Diante do ato de violência, a mulher e o social ficam estranhos um ao outro, numa série cambiante de determinações hierárquicas (Moore, 2000, p. 21).

Esses contos criaram parâmetros de conduta feminina no imaginário romano (Riess, 2012, p. 492), sendo que tais eventos levaram as vítimas violentadas a optarem pelo suicídio e um pai a matar sua própria filha, pelo extremo afã de preservar a castidade e a virgindade, além do dano de que pudesse ter uma descendência ilegítima (Cid López, 2011, p. 59). Tais mitos foram descritos diante de uma linguagem masculina, que expressava tanto a privação quanto a dominação (Chodorow, 1978 apud Giddens, 1992, p. 129), resultando em narrativas configuradas de acordo com a origem cultural da sociedade romana, que era compreendida dentro de uma ordem social dominada pelo princípio masculino. Esse fato fez com que a oposição constituinte entre a natureza e a cultura e entre a "sexualidade" da natureza e a "sexualidade" da cultura considerasse o lugar feminino e a iniciativa da mulher como iniciadora perversa, que foi "naturalmente" instruída para as coisas da casa. O doméstico seria executado por exigência do homem, conforme a ordem das coisas e da hierarquia fundamental da ordem social, e realizado pela dominação legítima do princípio masculino sobre o feminino, que simbolizava a supremacia (Bourdieu, 1998, p. 28-29) masculina.

A coexistência de múltiplos discursos, para diferentes gêneros, produz discursos hierarquicamente ordenados (Moore, 2000, p. 28). Consequentemente, as diferenças sexuais se tornam naturalizadas por meio de práticas performadas continuamente pelos atos de gênero, os quais a sociedade prescreve como normativos para os diferentes sexos. Segundo esse pensamento, as práticas que poderiam ser feitas por ambos os sexos tornam-se prescritas e naturais para um dos sexos e inadequadas para o outro (Butler, 1990, p. 43-44 apud Matić, 2021, p. 2).

Presume-se que as mulheres foram utilizadas como objetos na construção social de Roma, o que as definiu como estatutos sociais e objetos de troca entre as famílias, destinadas a contribuir para a continuidade e os sucessos masculinos. As trocas desses "objetos" entre os homens compreendiam igual comunicação entre eles, de modo que elas eram instrumentos simbólicos da política masculina, destinadas a ser signos fiduciários e a instituir relações entre os homens, ficando reduzidas à condição de instrumentos de produção ou de reprodução do capital simbólico e social. Isso demonstra uma violência simbólica que repousava sobre essas mulheres, mas que também as legitimava como mulheres castas e ligadas à *pudicitia*. Uma vez que as práticas estruturam sutilmente as relações e as hierarquias de poder de gênero, privilegiando um gênero específico, elas são conhecidas como violência simbólica ou estrutural (Žižek, 2008, p. 1-2).

Bourdieu define a violência simbólica como uma "violência suave", imperceptível e invisível mesmo para as vítimas, exercida em grande parte por meio de canais puramente simbólicos de comunicação e cognição (Bourdieu, 2001, p. 1-2). No que diz respeito ao gênero, sua compreensão como violência simbólica pode ser exemplificada pelo fato de que os dominados assumem as categorias dos dominantes como naturais (Matić, 2021, p. 2). Contudo, entende-se que havia uma dimensão oculta da política da transação matrimonial (Bourdieu, 1998, p. 56), que, quando não era possível tal troca matrimonial, muitas vezes, a resposta era a violência física por meio do estupro, que também era uma maneira de tirar a honra de mulheres e de comprometer toda uma geração familiar.

Para Giddens, a violência é uma tentativa frustrada de dominação (Giddens, 1992, p. 15). A frustração pode ser entendida como a incapacidade de manter ou assumir uma posição de sujeito social marcada por gênero, resultando em uma crise, real ou imaginária, de autorrepresentação e/ou avaliação social. A frustração pode estar em um fracasso nas relações sexuais ou, até mesmo, nas provisões econômicas e pode caracterizar a incapacidade de receber as satisfações ou retribuições esperadas por assumir uma posição de sujeito ou modo de subjetividade marcados pelo gênero. Contudo, não é necessário haver a consciência de quais deveriam ser as satisfações ou retribuições do indivíduo para experimentar a frustração. Sendo assim, é o perpetrador da violência que experimenta a frustração (Moore, 2000, p. 39-40).

Um dos grandes exemplos de frustração foi o de Tarquínio. O sexo com Lucrécia foi uma afirmação de poder sobre ela, depois de ele ter sido humilhado quando sua família demonstrou a falta de qualidades morais básicas que os outros homens possuíam, principalmente Collatino (Langlands, 2006, p. 88).

A resposta das violências, entre elas, o estupro, parte da compreensão de que tal ocorrência aparece quando a masculinidade não consegue um controle sexual dos homens sobre as mulheres, o que parece ter sido mais uma característica incidental da vida social romana. A raiva pode vir de um não consentimento e de quando o controle começa a falhar, revelando um caráter compulsivo sexual masculino criado dentro daquela sociedade. Quando esse controle está em declínio, pode gerar também um fluxo crescente de violências sobre as mulheres (Giddens, 1992, p. 11).

O conceito de "consentimento" em relação às sociedades e ao tempo histórico deve ser considerado complexo e diverso, posto que o consentimento da Antiguidade, por exemplo, deveria acontecer entre as partes masculinas, e não como o consentimento feminino atual, o qual não era esperado pela sociedade romana. O que era aguardado da mulher era que ela cumprisse seu papel de subordinada, muitas vezes tendo que ser complacente com o ato sexual forçado dentro do casamento, por exemplo. Na sociedade romana, a mulher era vista como propriedade do homem, que poderia ser seu marido; ou, antes do casamento, seu pai, o que faz entender que o estupro poderia ter surgido para punir aqueles que tomassem para si algo que pertencia a outro homem, como no caso de Tarquínio. Nesse contexto, pouco importava se a mulher consentia em ter relações sexuais com o marido ou mesmo se tinha consentido em se casar com tal homem, uma vez que não era concebida nem questionada a possibilidade do estupro no casamento (Freitas; Morais, 2019, p. 118).

Para se ter uma ideia, no Brasil, o estupro dentro do casamento não foi reconhecido juridicamente até a Lei n.º 11.340 (Lei Maria da Penha). Em 1990, o jurista Noronha disse que o marido não podia ser acusado de estupro pela sua própria mulher, pois o Código Civil apresentava o dever dos cônjuges de manter relações sexuais. Consequentemente, a recusa sexual da mulher poderia fazer com que o marido a forçasse a fazer o ato sem responder pelo crime de estupro. Mesmo hoje em dia, com o reconhecimento da violência sexual no casamento e a criação de Delegacias de Defesa da Mulher (DDM), os efeitos nos processos de justiça ainda são precários. Há várias razões para as mulheres não denunciarem os agressores, como o medo de represálias, a necessidade de manter a agressão como um assunto pessoal e a proteção do agressor. Quanto maior a relação de proximidade entre as vítimas e os agressores, maior a probabilidade de as violências não serem reportadas (Tjaden; Thoennes, 2006).

Para adicionar, Vargas (2007) apontou que 71% dos boletins de ocorrência da cidade de Campinas (Brasil) foram arquivados e apenas 9% dos casos denunciados foram punidos legalmente. Segundo Andrade (2005), o Sistema de Justiça Criminal (SJC) continua a manter práticas patriarcais que apenas indiciam homens não brancos, de baixo poder aquisitivo, enquanto as mulheres que são vítimas são categorizadas como "honestas" ou "desonestas". Há ainda a falta de acolhimento adequado às vítimas, o que inclui humilhação e julgamento moral, fazendo com que elas sofram uma nova violência de ordem psicológica por parte do Estado (Bueno *et al.*, 2016, p. 13 apud Freitas; Morais, 2019, p. 117).

A força e a violência fazem parte de todos os tipos conhecidos de dominação, e somente se recorre à violência quando a ordem legítima entra em colapso. A violência sexual contra as mulheres, especialmente o estupro, é o principal esteio do controle dos homens sobre as mulheres (Griffin, 1973; Brownmiller, 1993). O estupro mostra a realidade da regra do falo e é uma violência que faz parte da antiga opressão masculina sobre as mulheres. Tal violência leva a dar importância ao fato de que as mulheres devem ser protegidas, principalmente na esfera pública, em que os próprios homens se submetem uns aos outros à violência. Entretanto, a violência contra as mulheres raramente pode ser diretamente relacionada contra elas, mas contra os homens com os quais tais mulheres são vinculadas. Desse modo, a violência é pronunciada, e o estupro é uma atividade envolvendo os homens, tidos como destruidores ou como destruídos. A violência também pode ser uma reação ao declínio da cumplicidade com o feminino (Giddens, 1992, p. 136-138).

Nesse contexto, os "mitos de origem" trouxeram conflitos que abarcaram o conceito de *pudicitia* no entrave entre a consciência subjetiva masculina e feminina, entre corpo e mente, entre o controle moral interno e externo e entre a necessidade de ver a virtude e o potencial de sinais enganosos (Langlands, 2006, p. 93).

1.1.3. A posição feminina e o discurso jurídico

De acordo com esses princípios romanos, nota-se que a família era a base da organização social romana, composta por pai, mãe, filhos, bem como escravos, animais e a própria propriedade, em que o pai exercia o domínio sobre todos e decidia seus destinos (Sampaio; Venturini, 2009, p. 2). A palavra *familia*, para os romanos, tinha o mesmo sentido de casa e compreendia todos os membros, inclusive os escravos, que estariam sob um poder legal (*potestas*) do homem da casa. O conceito de *domus* estaria mais ligado ao significado que temos de família na contemporaneidade (Grubbs, 2002, p. 17).

No início da República, tudo permanecia sob o poder (*potestas*) do pai, o *paterfamilias*, que poderia ser o avô ou até o bisavô, os quais possuíam a *potestas* de algumas pessoas (Gardner, 1990, p. 5), como da mulher e dos filhos. O poder do *pater* sobre a *familia* tem origem primitiva na sociedade romana, de quando a proteção do grupo dependia de esforços próprios, e não das regras da lei (Gardner, 1990, p. 6). Diante da morte do *pater*, seus filhos e esposa tinham que ficar sob o controle de outro tutor (*alieni iuris*) ou independentes, sob a proteção da justiça do Estado. O filho adulto se tornava o *paterfamilias* e a mãe, a *materfamilias* (casada sob *manus*) (Gardner, 1990, p. 6-7). O termo *materfamilias* tem alguns significados interessantes, pois, de início, descrevia uma esposa que era casada *in manu*, ou seja, que estaria sob o poder legal do marido. Quando esse tipo de casamento ficou obsoleto, o termo passou a se referir a uma matrona respeitável, casada ou não. O fator definidor seria o comportamento da mulher, principalmente a propriedade social dela e o que seria concernente à sua honra sexual (Grubbs, 2002, p. 19).

Era a família paterna que definia severamente a identidade dos filhos e os vínculos de herança, assim como nome, culto e residência. Na prática, irmãos e irmãs eram considerados iguais perante o testamento. Entretanto, cada irmão, com a morte do *pater*, tornava-se *pater* da sua própria *familia*, com absoluto controle de sua propriedade e com as finanças dos que estavam sob sua *potestas* (Gardner, 1990, p. 172), assim como da irmã, quando não era casada, pois ela precisava de um protetor para guardar seu dote. Se a filha fosse única, era perfeitamente legal ao pai apontar um herdeiro de fora, mesmo deixando para ela um legado de até metade de sua propriedade (Gardner, 1990, p. 174). Já a família da mãe, sem vinculações institucionais, estabelecia relações mais ternas com seus afilhados, netos e sobrinhos (Funari, 1993, p. 44). Os pais tinham o poder de decisão sobre o destino das mulheres e das crianças, que eram consideradas objetos de sua propriedade, assim como os animais e as plantações (Omena, 2007; Sampaio; Venturini, 2009, p. 2). No caso de impureza das filhas, por exemplo, o *pater* poderia condená-las à morte (Gardner, 1990, p. 7), algo que durou até o final da República.

As filhas não podiam possuir propriedades ou assinar um contrato. Depois da morte do pai, ficavam independentes (*sui iuris*), mas, de qualquer modo, elas eram sujeitas a um tutor (Rawson, 2006, p. 332), continuando ligadas à tutela masculina. A *tutela muliebris*, sobre as mulheres da elite, passou a ser conhecida como a *patria potestas*, em que os poderes eram outorgados aos homens mais velhos de uma família (Cid López, 2011, p. 64). O que se percebe é que a *patria potestas* era significante e marcava as relações de poder do pai dentro da família romana, classificando a mulher como desigual ao homem, bem como as crianças. A ideologia através de cada identidade de gênero era legitimada diferentemente, com valores desiguais entre homens e mulheres, o que era aceito pelos dois grupos e internalizado mediante atividades cotidianas.

O marido poderia casar-se com a esposa sob a forma de *manus*, que, em latim, quer dizer, literalmente, "mão" e correspondia a um tipo de acordo de casamento em que a esposa ficava em poder (*potestas*) de seu marido. Ela tinha os mesmos direitos que os filhos do marido quando este não fazia o testamento antes de sua morte. No entanto, o poder do marido sobre ela era mais limitado do que sobre os filhos, além do que ele não tinha o direito de vida, morte ou venda sobre a esposa (como no *coemptio*,[13] outro tipo de acordo de casamento que estabelecia que, quando a esposa era vendida, todos os seus bens iam junto dela, mesmo suas dívidas). A *lex Voconia*, de 169

---

[13] *Coemptio fiduciae causa*, um modo de se vender uma mulher com o consentimento do tutor para um homem da escolha dela, o qual se tornava o *tutor fiduciarius*. Isso significava o fim da *potestas*, finalizando com o *pater* como tutor, tornando-se um *tutor legitimus*, o qual protegia sua família em relação aos direitos de sucessão sem testamento (Gardner, 1990, p. 17).

A FORÇA DAS MULHERES ROMANAS POR MEIO DAS MOEDAS E UMA CRÍTICA
FEMINISTA DO PASSADO PARA O PRESENTE

a.C., a qual se passou em um período de conquistas e prosperidade, proibia as mulheres de receberem herança, a não ser quando era da vontade do falecido pai deixar algo para sua filha (Gardner, 1990, 164-170). Com isso, as mulheres não podiam ter uma propriedade, e tudo o que recebiam de presente ou de noivado, por exemplo, era investido por seus maridos, com exceção de alguns direitos sobre seus dotes. O que elas recebiam da vontade de seus maridos dependia de suas generosidades (Gardner, 1990, p. 11-15).

As mulheres eram vistas como seres que precisavam de amparo, o que levou essa sociedade a impor sua reclusão na *domus*, e da presença obrigatória de um tutor, considerado como um protetor por toda sua vida. Isso significa que, para se casarem ou se divorciarem em qualquer idade ou condição, elas tinham que pedir permissão a ele, receber ou transmitir herança e controlar ou dispor de seus bens (Cid López, 2011, p. 64). Contudo, em sociedades como a romana, a virilidade construída trazia uma dominação masculina sobre a feminina, mantendo as mulheres como objetos simbólicos e colocando-as em permanente estado de insegurança corporal ou de dependência simbólica. Esperavam-se ações delas, que também deveriam ser construídas socialmente, além de que elas deveriam ser femininas, leais, submissas, férteis e estar de acordo com uma *pudicitia*. De outro modo, tudo isso dependeria do *status* social dessa mulher. No caso da mulher da elite romana, a qual é referida neste trabalho, ela era exposta a todos os efeitos da ansiedade em relação ao olhar social, atingindo a forma extrema da alienação simbólica, ou seja, dos efeitos da sua posição social, que poderiam reforçar os efeitos de gênero ou atenuá-los, mas nunca anulá-los (Bourdieu, 1998, p. 82-83).

Essa norma do recolhimento da mulher ilustrou precisamente a consolidação de uma sociedade patriarcal (Cid López, 2011, p. 57). As únicas que ficavam livres da *tutela muliebris* eram as Vestais, algumas princesas imperiais e, a partir do governo de Augusto, as cidadãs que tivessem tido mais de três filhos ou aquelas libertas com quatro ou mais filhos, de acordo com o direito *ius trium liberorum*, que reduzia o poder do guardião e dava à mulher um controle efetivo sobre sua propriedade (Hemelrijk, 1999, p. 97). Destarte, essa medida, do tempo de Augusto, não foi pensada para ajudar as mulheres de alguma forma, mas para potencializar uma política pró-natalidade, a qual enfatizava o papel da maternidade para as mulheres (Cid López, 2011, p. 64) e o bélico para os nascidos homens.

Nesse sentido, quando a mulher estivesse sob a *postestas* de algum *pater famílias*, poderia ganhar uma independência relativa depois de sua morte, pois ela se tornava *sui iuris*. Além disso, poderia acontecer de o *paterfamilias* libertá-la de sua *potestas* voluntariamente, em qualquer momento que ele considerasse isso proveitoso, mas essa não era uma prática comum. De qualquer modo, a mulher teria que estar sob uma guarda (*tutela mulierum*). Durante a República, o guardião (*tutor*) era comumente um parente, assim como um tio paterno. O tutor se tornava o responsável legal e de negócios em nome da mulher. Esse fato não significava que eles moravam juntos (Berdowski, 2007, p. 285).

As filhas não tinham independência legalizada, mesmo atingindo a idade adulta, que, no período republicano, era quando a mulher fazia 12 anos de idade ou quando ela se casasse. O pai, ao exercer o poder da *patria potestas*, tinha liberdade de vender sua filha como escrava, escolher com quem ela se casaria, impor um divórcio ou até matá-la, se surpreendida em um adultério. Com Augusto, esse julgamento saiu da esfera privada, tornando-se uma lei chamada *lex Iulia de adulteriis*. Após o casamento, era o marido que exercia a mesma função ou, por algum problema, assumia os parentes mais próximos, como irmão ou filhos (Cid López, 2011, p. 65). Mais tarde, a vida doméstica feminina no tempo de Augusto tomou o caminho de uma profunda ideologia e de elementos reacionários. Contudo, seus efeitos transformaram o que a política romana compreendia sobre o significado feminino (Milnor, 2005, p. 34).

Nos tempos de Rômulo, para consagrar o direito de um homem ao divórcio, sua esposa deveria ser pega utilizando de magia ou drogas (presumivelmente abortivas) sem seu consentimento ou pega em adultério (Lefkowitz; Fant, 1992, p. 9). O adultério era julgado pelos parentes, e tanto ele quanto beber vinho eram punidos com a morte. A mesma ordem proibia a mulher de se divorciar de seu marido. Em 166 a.C., o cônsul Valerius Maximus conseguiu divorciar-se de sua mulher por ela ter aparecido fora de casa sem o véu na cabeça. Esse caso mostra o quanto a lei romana podia variar. Ulpiano, ao redigir *On Adultery* 1, no *Digesto* (48.5.24), comenta que juristas anteriormente já tinham especificado que o casal culpado por adultério deveria ser pego em flagrante para confirmar o ato. Todavia, no tempo de Augusto, o divórcio não seria uma ofensa pública se o marido não tomasse ação em se divorciar da mulher (Tac. *Ann.* 2.85.3).

Antes de Augusto, apenas a mulher que não tivesse família era punida pelo Estado. Além disso, o envenenamento de maridos circulava no consciente coletivo como sendo relacionado ao adultério. Registros examinados por Fantham mostram que as mulheres cidadãs foram tratadas pelos tribunais em primeira instância. Adiciona-se o fato de que, se seu comportamento causasse um escândalo público, mulheres sem parentes seriam convocadas para julgamento *aedile*. Se uma crise pública generalizada provocasse uma investigação senatorial, as mulheres incriminadas e consideradas culpadas seriam novamente devolvidas às suas famílias para serem punidas e somente seriam tratadas pelo Estado quando elas não tivessem família. Como a maioria dos casos tinha implicações sexuais, a disciplina das mulheres era um bom fator para se levar em consideração pelas autoridades masculinas públicas e privadas. No entanto, não há evidências de quaisquer leis que autorizassem as acusações criminais contra o adultério pelo marido ou pelo pai da mulher, mas há evidências, desde o terceiro século antes de Cristo, de que havia uma lei que se referia à restituição do dote à família da esposa em caso de divórcio (Fantham, 2011, p. 133-134).

Fragmentos dos discursos de Catão, o Censor, do século II a.C., atestam o destaque dado aos processos civis entre a família da esposa e seu ex-marido após o divórcio e a avaliação de um sistema de deduções da soma em questão por culpa de ambos os lados. No último século da República, o jurista Sérvio Sulpício dedicou um livro inteiro às questões jurídicas do dote. Há evidências muito mais substanciais do interesse dos tribunais romanos no dote durante a República tardia do que de qualquer preocupação em punir o adultério ou a sedução como tal. No entanto, o mesmo Catão, como árbitro de um caso de divórcio, relatou um caso que foi avaliado como uma pena a ser paga pela esposa por beber vinho e, assim, cometer um ato vergonhoso ao seu marido. Além disso, também reafirmou o direito do marido de matar a esposa se ele a pegasse no ato (Fantham, 2011, p. 135).

Conclui-se que nesse período havia um reconhecimento continuado do adultério como um crime privado, que justificava a ação extrema do marido injustiçado contra a sua esposa, mas não da ordem do tribunal criminal. De outra forma, os tribunais civis mostravam que a preocupação de suas ações estava no aspecto financeiro do casamento, o qual envolvia a transferência de propriedades entre famílias (Fantham, 2011, p. 134).

Augusto promulgou a *lex Iulia de adulteriis* em 18 a.C., 20 anos depois de ter se divorciado de Escribônia, quando ela tinha acabado de ter sua filha, Júlia, para poder se casar com Lívia, esposa de Tibério Cláudio Nero, que estava grávida de seis meses de seu filho, Druso. Essa foi a primeira lei a tornar o adultério um crime sujeito a processo público, o que antes era uma questão de família (Fantham, 2011, p. 115). Augusto transformou o adultério em um crime público e que estabelecia uma nova corte criminal para ofensas sexuais (Barrett, 2002, p. 123).

Segundo essa lei, o marido confrontado com a infidelidade de sua esposa não tinha a opção de perdoar ou ignorar sua ofensa. Ele ou o pai da mulher tinham 60 dias para iniciar o processo de adultério. O marido, o amante, ao obter sua condenação, e a "ex-esposa", na falta do marido ou do pai, eram encorajados a fazer acusações contra o amante, a esposa e o próprio marido, por sua cumplicidade. O pai da mulher era autorizado a matar o amante pego em flagrante no lar paterno ou conjugal, desde que ele também matasse sua filha na mesma ocasião. Os direitos do marido eram mais limitados. Ele tinha o direito de matar sua mulher e poderia matar também seu amante, se ele tivesse o surpreendido na casa do casal e se o homem fosse de um *status* de má fama. Os adúlteros considerados culpados eram condenados ao confisco de uma parte substancial de suas propriedades e enviados para uma ilha (Fantham, 2011, p. 115-116).

A *lex Iulia de adulteriis* determinava o adultério como uma relação sexual entre uma mulher casada e um homem que não era seu marido. Ambos eram incriminados, pois era compreendido que eles tinham cometido uma ofensa contra o marido da mulher. Condenados, eles seriam enviados para ilhas diferentes, e partes dos bens eram confiscadas. Essa lei fazia parte de uma reforma de caráter moral e político, a qual foi iniciada por Augusto ao término das Guerras Civis de 31 a.C. Era parte de um projeto maior, com a finalidade de reestruturar a política romana para legitimar uma nova forma de governo, que seria baseada em ideais dinásticos, e, consequentemente, concluir a transição da República para o Império (Azevedo, 2014, p. 1-2). A *lex Iulia de maritandis ordinibus*, que também se passou no mesmo período, regulava a validade dos casamentos entre diferentes classes sociais (Barrett, 2002, p. 123). O desenvolvimento de uma dinastia imperial tornou a associação sexual com princesas uma forma de alta traição, algo que se estabeleceu como o propósito da *lex Iulia de adulteriis* (Fantham, 2011, p. 121-122).

A vítima mais famosa da *lex Iulia de adulteriis* foi a filha de Augusto, Júlia, condenada em uma audiência privada, mas denunciada publicamente a um Senado constrangido. Ela foi deserdada e enviada para a ilha árida de Pandatária, sem a permissão para retornar a Roma ou reingressar na vida civil normal. Não era surpreendente encontrar no adultério de esposas severamente punidas a aprovação de seu assassinato pelas mãos do próprio pai (Fatham, 2017, p. 116).

Dessa forma, o adultério julgado por parentes deveria ter sido superado no tempo de Augusto, mas, em 17 d.C., Tibério depositou a responsabilidade de punição pelo adultério de Apuleia Varília nas mãos de seus parentes, assim como Nero colocou Pomponia Graecina nas mãos do marido e de sua família quando foi acusada de superstição (Tac. *Ann.* 2.50.3 apud Levick, 2012, p. 101). Entretanto, a mesma lei aplicava-se a um número muito menor de mulheres ainda não, ou não mais, casadas, cuja atividade sexual era designada como *stuprum*: a proibição básica era que ninguém deveria cometer fornicação ou adultério intencionalmente ou com malícia premeditada (*Digest* 48.5.13). Tanto o adultério de uma esposa quanto a atividade sexual de uma mulher solteira de *status* respeitável eram vistos sob o termo *stuprum* (Fantham, 2011, p. 116 e 119).

A *lex Iulia de adulteriis*, assim como outras leis do período de Augusto, parece ter sido promulgada por um apelo aos costumes ancestrais (*mos maiorum*) para a legitimação do poder, com princípios honrados pelo tempo, pelos modelos tradicionais e pelas leis de condutas apropriadas. Augusto implementou um programa extraordinário sobre o casamento e a moral. Parte do legado da República parece ter caído sobre ele para sua própria legitimação como herdeiro de Júlio César. Desse modo, ele ganhou a lealdade dos soldados e dos apoiadores de César (Barker, 2020, p. 6).

Havia uma preocupação masculina sobre o controle da descendência, chamada de "custódia do ventre", que demonstrava que a mulher era tratada como um mero receptáculo, para a produção de descendentes, dos quais o pai era proprietário (Cid López, 2011, p. 58). Esse controle estava atrelado ao fato de que o estupro e o adultério podiam perturbar o seguimento de parentesco da sociedade (Matić, 2021, p. 7). O interesse do controle da descendência foi uma das razões que impulsionaram a reclusão doméstica das mulheres ao longo da História romana, com a desculpa de protegê-las dos perigos do exterior. Um dos trabalhos para mantê-las em casa seria o de tecer, de modo que o símbolo feminino por excelência passou a ser o fuso. As aristocratas também faziam o trabalho de cuidado de pessoas enfermas, além de receberem instrução para poder educar os filhos, especialmente o filho homem, com o controle do *pater* (Cid López, 2011, p. 59).

O ponto de honra era o princípio do sistema de estratégias de reprodução pelo qual os homens, detentores do monopólio dos instrumentos de produção e reprodução do capital simbólico, visavam a assegurar a conservação das estratégias de fecundação, matrimoniais, educativas, econômicas e de sucessão, orientadas em um sentido de transmissão de poderes e dos privilégios herdados. O resultado era a exclusão das mulheres de todos os lugares públicos nos quais eram executados todos os jogos da honra (Bourdieu, 1998, p. 62).

Para a elite romana, ser homem, no sentido do *vir*, implicava certos deveres ligados a *virtus*, semelhantes à nobreza e à honra, as quais foram construídas socialmente e tomaram disposições, aparentemente, do *habitus*. Essas disposições, normalmente, poderiam ser visíveis na postura do corpo, ao se colocar de pé, ao erguer a cabeça ou nas atitudes, na maneira de pensar, em suas crenças, ou seja, em seu *éthos*. Contudo, quem governava, independentemente do *status* ou da patente, mais baixa ou alta, era o homem de honra. A honra funcionava como um dirigente de pensamentos e práticas, como se fosse uma força, mas sem o obrigar automaticamente. Essa força guiava sua ação, que era ligada a uma necessidade lógica, como se aquele homem não pudesse agir de outro modo. Essa força o levava a executar atos de forma inevitável, que seriam vistos pelos outros como impossíveis ou impensáveis, como se uma transcendência social o tivesse tomado, funcionando como *amor fati* ou amor do destino, em que o corpo realiza algo que está de acordo com uma identidade construída dentro de uma essência social, a qual assim se transforma em seu destino, como foi o caso da ação de Vergínio contra sua filha, Virgínia. A nobreza e/ou a honra são resultado de um trabalho social de nominação e de inculcação, em que uma identidade social foi construída, de maneira a ter sido conhecida e reconhecida por todos daquela sociedade, tornando-se um *habitus* ou uma lei socialmente incorporada (Bourdieu, 1998, p. 63-64).

De acordo com esses critérios, a vinculação entre a prática sexual e a prática social na formação da masculinidade romana estabelecia que o corpo do homem aristocrático era como se fosse inviolável, e seu papel sexual era idealizado no sentido de legitimar uma postura ativa e de dominação. Essa idealização estaria vinculada a uma projeção da prática social que lhe atribuía o comando e a manutenção da ordem vigente atrelada à conquista, ao domínio e à autoridade sobre outros indivíduos e povos (Feitosa, 2008, p. 219). Isso explica que o ideal de masculinidade era associado à performance pública do homem romano, que a utilizava como forma de negociar o poder (Azevedo, 2023, p. 129-130).

Em relação à formação da masculinidade, é preciso saber que ela não é estática, nem atemporal, mas histórica, assim como a feminilidade. Não é uma manifestação de uma essência interna, mas construída socialmente. Ela não surge na consciência do ser humano por meio da constituição biológica, mas é criada culturalmente. A masculinidade possui sentidos distintos em tempos distintos às diferentes pessoas, podendo ser a masculinidade romana distinta da masculinidade do século XIX ou ter algumas semelhanças. O que se deve levar em conta é que a masculinidade está em constante mudança, sendo materializada em um espaço em que as relações entre as mulheres e outros homens acontecem (Kimmel, 2016, p. 99).

A masculinidade pode ser igualada ao poder sobre as mulheres e sobre outros homens. Em uma perspectiva de comparação do passado com o presente, é importante considerar os aspectos das mulheres feministas atuais em relação ao poder. Conforme Kimmel, elas têm teorizado que a masculinidade diz respeito à pulsão por dominação, por poder e por conquista. Esse ponto de vista é como as mulheres experienciam a masculinidade. As feministas, em geral, observam que as mulheres, como grupo, não detêm o poder. Individualmente, as mulheres não se sentem poderosas. O que elas sentem é medo, pois se percebem vulneráveis. De outra maneira, o feminismo também lembra que os homens, como grupo, estão no poder (Kimmel, 2016).

No entanto, Kimmel aponta que o feminismo tendeu a assumir que os homens individuais deveriam sentir-se poderosos (Kimmel, 2016, p. 118). Hannah Arendt menciona que o poder corresponde à habilidade humana de não agir só, mas em conjunto. Consequentemente, o poder não é propriedade de um indivíduo, mas de um grupo. Isso posto, o poder somente continua a existir se tal grupo continua junto. Quando alguém está no poder, essa pessoa está empoderada por certo número de pessoas, que agem a seu favor (Arendt, 1970, p. 44 apud Kimmel, 2016, p. 120). Essa proposição de Kimmel não pode ser levada como uma verdade absoluta, uma vez que ele considera a questão masculina e feminina como igual para todos os feminismos, tangenciando um "feminismo global". Todavia, o fato de os homens agirem em grupo é algo relevante para se prestar a atenção e observar a tendência de tal comportamento.

Dito isso, o privilégio masculino também pode ser uma cilada, pois impõe ao homem o dever de se afirmar, em toda e qualquer circunstância, por meio de sua virilidade. Além disso, a virilidade tem que ser validada por outros homens, dentro da verdade da sociedade, sendo violenta ou potente, atestada e reconhecida por um grupo, que tem a capacidade de julgar os "verdadeiros homens". Os homens encontram seu princípio no medo de perder a estima ou a consideração do grupo, sendo, assim, remetidos às categorias femininas, dos fracos e/ou dos delicados. Contudo, o que é reconhecido como "coragem" muitas vezes tem suas origens em uma forma de covardia, diante de atos como matar, torturar ou violentar, os quais se baseiam no medo "viril" de serem deixados de lado do "mundo dos homens" – que é aquele lugar sem fraquezas e o espaço para os duros. Consequentemente, a virilidade é construída dentro de uma noção relacional diante de outros homens e para outros homens, contra a feminilidade, como uma espécie de medo do feminino, elaborado, inicialmente, dentro de si mesmos (Bourdieu, 1998, p. 64-67). Essa abordagem é válida tanto para o presente quanto para o passado romano.

A própria relação heterossexual,[14] vigente no casamento entre a elite social romana, era ligada à procriação e à hereditariedade, em que as mulheres eram submetidas a uma construção social, elaborada como padrão universal para as mulheres da elite romana. Esse era um trabalho garantido por instituições como a família, a religião e a política, para afirmar a reprodução da dominação e da visão masculina, além de assegurar as divisões das funções entre os sexos. Esse sistema continha uma moral familiar, de valores patriarcais, e, principalmente, uma crença na inferioridade das mulheres. Todas essas importâncias foram construídas de maneira histórica no inconsciente coletivo e por signos comunicados, certificando a confiança nos pressupostos patriarcais, os quais, de início, serviram para justificar uma hierarquia familiar (Bourdieu, 1998, p. 103-104).

Porém, deve-se atentar que a subordinação feminina varia de acordo com a época histórica e com o lugar do mundo onde tais mulheres viveram. Não se deve pensá-la como universal, com se ela ocorresse em todas as partes e em todos os períodos históricos (Piscitelli, 2002, p. 9). Todavia, a produção disciplinar social do gênero dá origem a estabilidades falsas para os interesses da construção heterossexual e à regulação de uma sexualidade dentro de um domínio reprodutivo (Butler, 1990, p. 134-139).

---

[14] Deve-se ter em mente que tal termo não era utilizado durante a Antiguidade, mas é usado aqui para uma explicação e para se ter uma compreensão didática da situação vivenciada no passado por mulheres da elite romana, o que não nega o fato das possíveis relações homossexuais fora do casamento.

A FORÇA DAS MULHERES ROMANAS POR MEIO DAS MOEDAS E UMA CRÍTICA
FEMINISTA DO PASSADO PARA O PRESENTE

Esse sistema era o que organizava o mundo social da elite romana, o qual envolvia categorias de parentescos, mítico-rituais, de reprodução, de jogos e de acesso à reprodução social, garantidas por um tipo de troca que visava a acumular estatutos genealógicos, nomes de linhagens ou ancestrais, os quais eram componentes do capital simbólico e estavam relacionados a poderes e direitos duradouros sobre as pessoas. As trocas feitas entre os homens estavam, dessa forma, ligadas à honra e, assim, à dominação. Por vezes, a mulher era vista não como agente, mas apenas como o local, a ocasião e o suporte, condenada a permanecer ignorada, sendo seus atos, em geral, trabalhados fora da vista, na obscuridade da casa, uma vez que sua atuação pública poderia ser contraditória. Era atribuído aos homens o monopólio de todas as atividades oficiais, públicas, de representação, de trocas de honra, de trocas de palavras, de trocas de dons, de trocas de mulheres, de trocas de desafios e de mortes. Era por conta desses investimentos que o homem conquistava sua honra e sua virilidade, com todos seus deveres submetidos para si mesmo, os quais deveriam ser cumpridos para estar agindo corretamente e para ser digno, de acordo com um *habitus* construído (Bourdieu, 1998, p. 58-61).

O casamento da mulher da elite romana colocava-a na única posição aceitável que a sociedade lhe permitia e envolvia importantes transferências de propriedade por meio da lei do dote (Fantham, 2011, p. 116-117). Nesse sentido, a transmissão dos bens também era algo preocupante nessa sociedade, o que demarcava a autoridade do *pater* e o desejo de sempre manter a propriedade da *familia* o mais intacta possível. Para o requerimento do consentimento de casamento e do dote, era revelada toda uma origem em relação ao controle romano da propriedade entre *familiae*. O dote era, basicamente, uma maneira que a família da esposa tinha de ajudar o marido nos gastos da casa e de manter o *status* social de cada um, ou seja, era um acordo entre famílias, e não entre indivíduos. Quando a mulher entrava em um casamento por meio do *manus*, toda a sua propriedade era absorvida pelo seu marido ou pelo *pater* dele, mesmo este último ainda estando sob sua *potestate*. Assim, com a morte do pai, o dote ia diretamente para o marido (Gardner, 1990, p. 13-18, 97-98 e 108).

A declaração do dote poderia ser feita pela própria mulher, pelo seu pai, pelo ascendente paternal ou por uma terceira pessoa que estivesse em débito com a mulher. A promessa do dote poderia ser feita por outros que estivessem ligados à mulher ou ao seu pai, mas era o *pater* do futuro marido que questionava se as partes da mulher prometiam dar certa quantidade pelo dote. No entanto, por mais que o dote fosse considerado uma propriedade sob a proteção do marido, seu propósito servia para a manutenção da esposa. Em um evento de dissolução do casamento, a família da esposa tinha todo o direito de reclamar e ter o dote de volta, o que fez com que houvesse restrições para seu uso. Quem reclamava pelo retorno desse dote era o pai da esposa, ainda quando estivesse vivo, mas ele somente poderia fazer isso com o consentimento da filha. Para Gardner, Ulpiano ressaltava que o dote era patrimônio da filha; já Tryphoninus, jurista romano, mencionava que o dote era parte da propriedade do marido, apesar de ele ser da esposa (Gardner, 1990, p. 99, 102 e 112).

Em contrapartida, Saller trabalha com outro ponto de vista sobre a *patria postestas*. Ele argumenta que, primeiramente, ela não deve ter sido empregada por muito tempo, como é considerado, e aponta o lado dos filhos do *pater*. Segundo o estudioso, Caio, um jurista romano do século II d.C., a *patria postestas* era uma característica especial do cidadão romano de acordo com a sua virtude. Seus filhos não teriam esse poder, e, no período imperial, as mulheres não passavam mais para o poder do marido, mas, como seus irmãos, permaneciam sob o poder do seu pai até o fim da vida dele. Após a morte do pai, seus filhos se tornavam *sui iuris*, sob seus próprios controles ou poder. Entretanto, Saller reconhece que a *patria postestas* dava um caráter forte, autoritário e patriarcal à família romana (Saller, 1986, p. 7). Por causa da opressão da *patria potestas*, muitos filhos homens cometiam o parricídio[15]. O romano de sorte seria aquele cujo pai morria cedo (Veyne, 1978), uma vez que os mais velhos poderiam manter sua dominância política de forma indireta, ou seja, utilizando a *patria postestas* contra filhos desobedientes (Daube, 1969). Um filho que se rejeitasse a seguir a orientação do pai na vida pública poderia ser deserdado, ou este poderia suspender a carreira política do filho com a retenção de recursos, o que fazia com que esses pais prevenissem qualquer enfraquecimento da *patria potestas* (Saller, 1986, p. 9-11).

Dentro desse sistema, provavelmente, as matronas se serviram da religião como pretexto para sair da *domus* e se reunirem com outras mulheres, como uma abertura para poderem assistir a espetáculos, o que era algo reprovável (Cid López, 2011, p. 63). Além disso, elas poderiam divertir-se

---

[15] Há poucas evidências sobre o parricídio (Saller, 1986, p. 19).

no contexto religioso, entreter-se com músicas e beber vinho sem água (*temetum*), o que era reservado aos deuses e homens. Era permitido que elas bebessem esse vinho de sacrifício durante os festivais, pois elas estavam em uma posição de culto, sendo suas ações simbólicas, que garantiam a fecundidade e a continuação da vida, como as Vestais durante todo os seus mandatos (Takács, 2008, p. 110).

Para essas mulheres, não era algo respeitável sair de casa, a menos que fosse para fazer trabalhos como piedosas. Outro fato é que os rituais e até mesmo suas organizações acabaram conferindo espaços próprios fora da *domus*. Dessa forma, possivelmente, as atividades religiosas favoreceram a organização das matronas para reclamar alguns direitos aos homens, já que haviam adquirido experiência com as tarefas culturais que realizavam para honrar as divindades. Isso deu origem a protestos que protagonizaram a revisão de leis, que implicavam a privação do exercício de atividades políticas e o controle de suas vidas e fortunas, além de se mostrarem contra a posição subalterna em relação aos homens (Cid López, 2011, p. 63).

Um dos protestos ocorreu em 195 a.C. e alcançou o fórum, lugar por excelência dos homens e de suas discussões políticas, ocasião em que esses receberam críticas por não cuidarem de suas mulheres (Livy, *History of Rome* 34.1-8). As matronas mostraram seu repúdio à *lex Oppia*, que foi declarada depois de um período de guerra, em 215 a.C. A lei servia para checar as extravagâncias das mulheres em relação à herança, além de proibir que elas usassem joias e vestidos chamativos. O tribuno L. Valerius argumentou que a lei tinha o objetivo de limitar a quantidade de ouro que uma mulher poderia possuir, a cor de seus vestidos e o uso da carruagem, exceto em festivais religiosos (Levick, 2012, p. 102). A sua abolição foi em 195 a.C., depois que houve uma abertura para as mulheres mostrarem seu *status* em um momento de austeridade e crise, mas, logo com o término desse episódio e quando tudo foi superado, se considerou que as mulheres deveriam voltar à normalidade em Roma, tendo em vista que o ato de esbanjar prosperidade era para ocultar a crise. Entretanto, com a lei, seus objetos preciosos deveriam voltar para as mãos dos homens, ou seja, dos seus protetores, e as mulheres não podiam destacar-se ou se exibir. Contudo, o que elas queriam era continuar a exibir suas posições sociais privilegiadas e, assim, conseguiram seu objetivo (Cid López, 2011, p. 68; Takács, 2008, p. 16).

Outro episódio de protesto ocorreu em 48 a.C., quando as mais ricas saíram para reivindicar o alto preço dos impostos que pagavam. Chegaram ao fórum para pedir uma redução, pois nem ao menos podiam gerir os assuntos públicos, nem intervir em decisões que as afetavam. Ao final, conseguiram um êxito parcial com a diminuição dos impostos. O que chama a atenção nesses eventos é a carência de direitos políticos, como a impossibilidade de ir à guerra, de exercer uma função pública, entre outros. Esses protestos foram feitos pelas aristocratas, caracterizadas como *axitiosae*, que foram em defesa de seus interesses econômicos e da demonstração de sua posição social. Certamente, houve outros episódios de conflitos sociais (Cid López, 2011, p. 68) entre as mulheres, junto dos homens, porém não devem ter sido escritos pelos antigos historiadores, os quais narravam seus documentos de acordo com o interesse da elite masculina, além de privilegiarem os modelos de matronas a serem seguidos.

Para acrescentar, as mulheres da elite romana instituíram o *ordo matronarum*, que era um "ordo de matronas", o qual foi criado em analogia ou imitação ao ordo masculino, porém não era uma ordem formal e não era bem definido. Suas origens são do início da República, caracterizando-se como uma insígnia representante de uma organização de mulheres, um ordo que veio à tona, principalmente, durante o Império. Ele foi usado livremente nas fontes escritas para denotar mulheres casadas da classe alta, agindo em um grupo público, diferentemente das mulheres das "ordens" inferiores (Hemelrijk, 1999, p. 11).

O critério para fazer parte do *ordo matronarum* era ser uma mulher da elite, próspera e casada, características muito parecidas com a ordem senatorial masculina, além da excelência moral, que também era presente na ordem masculina. Além disso, elas tinham um distinto modo de se vestir, que era com *stola*, *vittae* e o uso da cor roxa, equivalente à *toga* e ao *latus clavus* da camada senatorial masculina. Elas também usavam certas carruagens, como o *carpentum*, de duas rodas; e o *pilentum*, de quatro rodas e mais luxuoso (Hemelrijk, 1999, p. 11).

Durante o Império, o uso do *carpentum* na cidade de Roma era uma marca especial da distinção social, permitido ser usado apenas por algumas matronas, principalmente da família imperial. Havia uma hierarquia dentro da ordem que era baseada no nascimento, na prosperidade, na carreira e no *status* social do marido. Além disso, durante o Império, houve o *conventus matronarum*, que era uma assembleia de matronas, e havia grande competição para se conseguir fazer parte dele. O *ordo* e o *conventus* se reuniam para fins religiosos e outras coisas ligadas a dias festivos, ocasiões especiais e assuntos distintos de importância feminina (Hemelrijk, 1999, p. 11-12).

A FORÇA DAS MULHERES ROMANAS POR MEIO DAS MOEDAS E UMA CRÍTICA
FEMINISTA DO PASSADO PARA O PRESENTE

As atividades de mulheres, que eram ligadas à riqueza e à proeminência, demonstraram que essa limitação a *domus* era mais teórica do que real e o controle poderia sempre ser evitado por vários dispositivos, como a apelação a um magistrado. Até restrições formais de mulheres que tinham parido três filhos foram, eventualmente, removidas por Augusto (Barrett, 2002, p. 116). Todavia, no final da República e início do Império, a *tutela mulierum* diminuiu sua importância, devido ao direito instituído por Augusto, em 9 d.C., *ius (trium) liberorum*, que libertava a mulher da *tutela mulierum*, se ela tivesse tido três ou quatro filhos. No caso das mulheres livres, o direito somente valeria quando a criança tivesse nascido depois de ele ser instituído. O imperador Cláudio aboliu a *tutela legitima* para liberar completamente as mulheres para fazerem negócios. A *tutela mulierum* apenas desapareceu dos textos legais no início do século IV, e a última fonte a mencioná-la foi *Rules of Ulpian* e uma coleção de fontes legais conhecidas como *Fragmenta Vaticana* (Evans Grubbs, 2002, p. 43-46; Arjava, 1996, p. 143-156 apud Berdowski, 2007, p. 286).

Essa demora em se escrever as leis aconteceu pelo fato de que, para os romanos, o costume (*mos*) era forte e tinha o poder de estabelecer direitos (*iura*). Tais costumes seriam estabelecidos culturalmente, estariam intrínsecos àquela sociedade e não deveriam ser fáceis de serem abolidos, mas poderiam ser afirmados por lei, editada por um magistrado ou decretada pelo Senado (*senatus consultum*). Consequentemente, a lei e o costume eram diretamente ligados às normas que asseguravam a ordem. Tácito fez um pronunciamento em um de seus trabalhos, *Germania*, sobre as relações sexuais dos "bárbaros", em que menciona que a boa conduta (*mores*) seria mais efetiva do que uma boa lei em qualquer lugar (Tac. *Germania*, 19.1).

Com o império, esses modos foram deixando de existir por conta das decisões do imperador, as quais tinham um impacto profundo no povo. Conselhos e interpretações foram fornecidos por juristas-consultores autorizados durante três séculos, a partir de meados do primeiro século antes da Era Cristã: se tem, por exemplo, os *Institutes* de Caio, de meados do século II, e o *Digesto*, publicado em 533 d.C., como parte da codificação de Justiniano. Contudo, as mulheres eram vistas como inimigas da ordem e aquelas que requeriam controle, uma vez que os romanos acreditavam que Rômulo já haveria decretado uma única lei que levaria as mulheres à prudência e a uma conduta ordeira (Lefkowitz; Fant, 1992, p. 95 apud Levick, 2012, p. 96-97).

Foi apenas no Alto Império, com o jurista Ulpiano, que a situação legal da vida pública das mulheres foi delineada em papel. O jurista contestava, em II d.C., que as mulheres eram barradas de toda a vida cívica e pública. Além disso, prosseguiu dizendo que elas não poderiam ser julgadas, ter uma magistratura, intervir por outro alguém ou ser representante em um julgamento. Porém, o modo como essas mulheres desenvolveram influência e honra pública certamente foi bem complexo. Algo que as mulheres conseguiram ainda na República foi em relação ao conceito de nobreza, em que o sobrenome do ancestral da família começou a ser passado tanto pelo homem quanto pela mulher (Brennan, 2012, p. 362 e 363).

Contudo, ainda no final da República e início do Império, as mulheres podiam casar-se *cum manu* ou *sine manu*. O casamento *cum manu* era aquele em que a *potestas* do pai da mulher passava para o marido, o qual se tornaria o *paterfamilias*. Entretanto, esse tipo de casamento caiu em desuso por volta do século I a.C. O casamento *sine manu* significava que a mulher permanecia sob a *potestas* do pai, mantendo seus direitos na sucessão intestinal de sua família de nascimento. Ela continuava a não poder ter propriedades, mas, com a morte do pai, se tornava *sui iuris*, necessitando de um tutor para autorizá-la a fazer certas transações, apesar de ela poder administrar e ter controle de suas propriedades (Hemelrijk, 1999, p. 97). De outra forma, no casamento *cum manus*, a mulher não poderia ter uma propriedade ou mesmo compartilhar de uma propriedade com seu marido (Gardner, 1990 apud Evans Grubbs, 2002, p. 20-21).

Para a mulher passar para o casamento em forma de *manus*, o marido dependia do contínuo "uso" (*usocapio*). Tal fato poderia ser evitado, para vantagem da propriedade do pai romano, se a mulher se abstivesse três noites de cada ano, o que levou o nome de *trinoctium*, feita obsoleta por Caio (Gaius, *Institutes* 1.111). Consequentemente, a forma *manus* de casamento decaiu e prevaleceu aquela que não envolvia a transferência da *potestas*. Contudo, a opinião de Caio em relação a essa conduta foi a de que as mulheres não seriam tão desordeiras (Gaius, *Institutes* 1.144f., 190f), e, em seus dias, a *tutela* era algo meramente formal. Do mesmo modo, instituído pelos *Institutes of Justinian*, era dito que as mulheres não poderiam adotar pelo fato de que elas não tinham o poder sobre seus próprios filhos (Justinian, *Institutes* 1.11pr), porém, com a indulgência do imperador, elas poderiam adotar por conta de uma consolação se a mulher tivesse perdido algum filho (Levick, 2012, p. 99).

Durante o Império, as mulheres, geralmente, não transferiam mais a autoridade de seus pais para seus maridos pelo casamento, incorporando casamentos *sine manu*. Elas passaram a se tornar proprietárias independentes e recebiam uma quantidade substanciosa de recursos por causa da morte do pai; além disso, presentes entre marido e esposa tornaram-se proibidos por lei, adequando a mulher a ter uma vida financeira independente diante da sociedade agrária. Uma prática nada comum era tornar os filhos ou as filhas independentes pelo *paterfamilias,* por meio de um ritual de venda fictícia provido por lei (Saller, 1986, p. 15-16).

Com as imagens de mulheres romanas e seus nomes lembrados por meio de estátuas, placas e moedas, deu-se conta que homens e mulheres poderiam ter construído diferentes significados sobre a ideologia de gênero dominadora e da cultura material. O ato de as mulheres romanas da elite serem retratadas em moedas, por exemplo, bem como de outras maneiras, foi de grande estima à vida pública delas, além de que, desde o período mais tardio da República, elas raramente entravam no domínio do poder dos maridos (*manus*) ou recebiam posses quando eles morriam. Sendo assim, demonstra-se neste estudo que as mulheres não apenas viviam sob a dominância masculina, mas também foram agentes sociais, que tentaram criar suas próprias identidades e ideologias (Spencer-Wood, 1999).

Nessa perspectiva, as mulheres nunca deixaram de ser um adorno para seus maridos e suas famílias, de modo que suas atitudes não poderiam ofuscar a masculinidade do homem, mas deveriam enaltecê-la da melhor maneira possível. Portanto, atividades como o Patronato poderiam ter as ajudado a alcançar novas posições e, consequentemente, causado tensões e modificações nas estratégias dos poderes. Contudo, os homens, principalmente os imperadores, como Augusto, as ajustaram nessas novas posições, por intermédio de Lívia, com o intuito de uma propaganda governamental.

As tensões apareceram devido ao fato de que essas mulheres passaram a ter maior controle sobre suas economias. Destarte, é preciso aceitar que os múltiplos aspectos da identidade de um indivíduo venham junto de outro indivíduo, permitindo salientar que uma mulher da elite romana, por exemplo, pudesse apropriar-se de elementos da identidade masculina, criando níveis de tensões dentro da hierarquia social de Roma (Revell, 2016, p. 15).

Isso significa que, com maior acesso econômico, as mulheres da elite romana passaram a se ocupar com outras atividades que, de certo modo, estavam conectadas com os negócios da família, por exemplo, o Patronato. Diante disso, elas passaram a ter as próprias imagens em forma de estátuas, camafeus, moedas e outras artes. Essa nova posição as levou à utilização dos espaços público e privado, de certa maneira. Entretanto, essa divisão do público/privado deve ser questionada, uma vez que a afirmação de que um era masculino e o outro feminino contraria as negociações de gênero, limitando a visão romana através dessa divisão como fator-chave para delinear, definir e medir tanto o masculino quanto o feminino. Deve-se ter em mente que o poder é inerentemente instável e constantemente trabalhado (Foucault, 1979 apud Revell, 2016, p. 15).

O discurso da prática, que cria o senso de identidade, também era usado em uma revelação contínua e de renegociação do poder social para cada indivíduo (Revell, 2016, p. 15). O poder era exercido em inúmeros pontos e em meio a relações desiguais e móveis. Geralmente, as relações de poder não se mostram expostas como os outros tipos de relações, como a econômica, a de conhecimento ou as sexuais. As relações de poder são efeitos imediatos das partilhas, das desigualdades e dos desequilíbrios que foram produzidos na própria relação, na medida em que, para compreender as relações de poder, se deve considerar que elas não estão na posição de supraestruturas, com o simples papel de proibição ou de recondução, mas possuem um papel diretamente produtor onde elas são acionadas. Essas relações são intencionais e não são, de forma alguma, subjetivas, podendo causar resistência, a qual está presente em toda a rede de poder e pode transformar o próprio poder (Foucault, 1988, p. 89-91). Todavia, é importante refletir sobre quem controla os diferentes papéis culturais de gênero e os relacionamentos, visto que o poder não é uma hierarquia estática, mas uma negociação dinâmica entre indivíduos (Spencer-Wood, 1999).

Conclui-se que a perspectiva deste capítulo foi demonstrar qual era o contexto vivido pelas mulheres que vão ser tratadas neste trabalho, suas abrangências culturais, seus modos de vida, como elas estavam inseridas na sociedade, seus papéis sociais, as relações e responsabilidades que possuíam, seus costumes e obrigações, para que seja entendida a cultura material aqui trabalhada. Nessa perspectiva, as moedas cunhadas com as imagens dessas mulheres apresentam elementos e símbolos pertinentes a todo o contexto de vida e a como elas eram vistas nas sociedades de Roma e provinciais.

Capítulo 2

As representações femininas, o Patronato, a propaganda e as moedas

"[...] relations between political enemies stand for relations between men and women".

(Strathern, 2016, p. 21)

Em razão das categorias simbólicas de "mulher" e "homem" criadas na sociedade romana, a diferença inscrita dentro delas e entre elas está ligada às representações e às autorrepresentações, assim como às práticas cotidianas dos indivíduos. Essas reproduções eram marcadas por categorias de gênero, produzidas por meio do resultado de discursos e práticas dominantes.

O que deu origem a algumas representações de mulheres foi o Patronato, que era uma das características próprias de Roma e, primeiramente, específica dos homens. Por mais que o Patronato seja reconhecido como uma atividade típica da República, ele acabou existindo tanto na República quanto no Império. Havia duas formas de Patronato: a primeira era concernente a um indivíduo rico e poderoso da comunidade, que era tido como *patronus* e que oferecia proteção legal ou dinheiro para construções públicas, como casa de banho, anfiteatro, porto, e assim por diante. Por tal atuação, ele era homenageado pela comunidade com uma estátua ou uma inscrição em que ele era denominado de *patronus*, no sentido de "protetor" ou "benfeitor" (Hemelrijk, 1999, p. 93-94).

O segundo tipo de Patronato era de um indivíduo para outro indivíduo, em que teria que haver um relacionamento entre duas pessoas de *status* diferentes, que era chamado de Patronato pessoal. Entretanto, tais pessoas deveriam ser livres, existindo uma amizade entre elas e trocas recíprocas de produtos e serviços. O patrono utilizaria seu poder, seu *status* e sua prosperidade superior para ajudar na carreira de seu cliente, por meio de sua influência política e conselho, oferecendo assistência e proteção jurídica ou para apoiá-lo financeiramente. Em retorno do *beneficium*, o cliente oferecia sua *gratia*, que poderia ser demonstrada pela divulgação dos benefícios do patrono, resultando no aumento de sua reputação, por seguir seu conselho, por lealdade a ele (no período republicano, muitas vezes, era expressa pelo voto), por comparecimento à saudação matinal ou mesmo por estar à sua disposição o dia inteiro (Hemelrijk, 1999, p. 94).

Durante o período de Augusto, os políticos se envolveram em um sistema de Patronato e nepotismo (Syme, 1939, p. 386), em que ao imperador era esperado que interviesse em assuntos de cidadãos proeminentes, que precisassem de ajuda e assistência. Dessa forma, a expectativa era de que ele demonstrasse generosidade em larga escala para o povo e o Exército romano. Esse subsídio passou a ser uma tradição romana. Quando uma família proeminente passasse por dificuldades, as contribuições seriam comumente feitas pelos amigos do pai (Barrett, 2002, p. 188).

No que concerne ao Patronato, as mulheres demoraram a integrar a atividade devido à vida reclusa que esperavam que elas seguissem e ao conflito que a atividade designava com a vida pública, além da restrição de algumas mulheres em relação ao controle de seus bens. Consequentemente, as que seguiram a atividade de matronas tiveram que lidar com o conflito entre o papel público do Patronato e os valores tradicionais femininos. Dessa maneira, como elas não tinham suporte legal ou político, o Patronato delas era limitado, restringido a recompensas materiais e encorajamento literário, com menos efeito às mulheres da família imperial. A ligação com o imperador trouxe certo poder, e, como intermediadoras do imperador, elas garantiam boas recompensas, uma vez que o próprio imperador era o patrono universal, e conexões com ele eram vitais para o sucesso político. Devido à posição próxima ao imperador, elas eram tidas como figuras públicas, de forma que aniversários, casamentos, assim como nascimentos de filhos eram comemorados em versos, de acordo com um Patronato cultural existente. Contudo, os poemas somente poderiam ser retribuídos com presentes em dinheiro, propriedades ou incentivo literário (Hemelrijk, 1999, p. 95-96, 98 e 137-138).

A retratação da própria imagem tinha muita conexão com o Patronato, principalmente depois do século II d.C., quando aumentou a demanda de assuntos públicos para as mulheres imperiais e não imperiais. As mulheres que doavam fundos para prédios públicos, festas públicas e jogos recebiam como recompensa um retrato de si mesmas em um local proeminente da cidade (Meyers, 2012, p. 453). Em comparação com o Patronato do imperador, o delas era bem limitado. Entretanto, o Patronato de mulheres não imperiais era mais limitado ainda, além do que elas não poderiam receber recompensas equivalentes a uma posição pública poderosa (Hemelrijk, 1999, p. 138).

Independentemente dos limites, do meio para o final da República e início do Império, foi reconhecido que as mulheres poderiam "livremente" ser úteis para dar conselhos privados para homens de suas famílias e ser uma influência familiar aos amigos. No período turbulento do triunvirato, várias mulheres foram recrutadas para ajudar seus maridos ou filhos. Além disso, elas podiam intervir em alguns assuntos no lugar de seus parentes através da *amicitia* (Barrett, 2002, p. 186-187). Todavia, as representações e aparições dessas mulheres em público ou dentro de atividades como a do Patronato ainda singularizavam uma postura que deveria ser contida e dominada, privada de propriedades que, em sua maioria, qualificavam tais agências dentro da esfera masculina. Esta poderia englobar desde o nome próprio, que vinha de um *pater-familias*, até uma reprodução de imagem restrita, com apelo de normas a serem seguidas para tal divulgação e outras restrições. Nesse período, a construção da identidade feminina ainda se enraizaria na interiorização das mulheres em normas enunciadas pelos discursos masculinos (Chartier, 1995, p. 40).

No entanto, a restrição não conteve o fato de que, no final da República, as mulheres exerceram o Patronato e usaram dessa posição para influenciar os homens de suas famílias em assuntos políticos. Essa atividade era tolerável e conforme o ideal, pois as circunstâncias concerniam a assuntos familiares (Dixon, 1983; Fischler, 1994, p. 118). Destarte, não se pode negar que isso deu origem a uma série mais complexa de interações que teriam que ser constantemente negociadas e cuidadas (Giddens, 1992, p. 17).

A conquista do espaço público provavelmente aconteceu porque mulheres como Lívia e Agripina, muitas vezes, tiveram que lidar com demandas de atividades que estavam fora dos limites dos afazeres da casa para preencher as responsabilidades familiares, momento em que elas entraram em contato com assuntos domésticos e públicos (Fischler, 1994, p. 122). O consentimento de as mulheres trabalharem nessa esfera demonstra a anuência delas em se dedicarem às representações dominantes da diferença entre os sexos. Mesmo tomando novas atividades, a divisão de atribuições e dos espaços, a inferioridade jurídica, a inculcação dos papéis sociais e a exclusão da esfera pública afastaram-nas do real e de ter apenas figuras masculinas no imaginário, contribuindo para a inferioridade feminina, incansavelmente repetida e demonstrada, a qual era inscrita nos pensamentos e nos corpos de umas e de outras (Chartier, 1995, p. 40) mulheres.

A diferenciação nas atividades das mulheres não significa que as novas esferas afastaram as manipulações. O reconhecimento dos mecanismos, os limites e os usos do consentimento são boas estratégias para corrigir o privilégio amplamente concedido pela história das mulheres às "vítimas ou rebeldes", "ativas ou atrizes do seu destino", em detrimento "das mulheres passivas", vistas muito facilmente como consentidoras de suas situações, embora a questão do consentimento seja o ponto central no funcionamento de um sistema de poder, seja social, seja sexual. O mais importante é tomar consciência de que nem todas as fissuras que corroem as formas de dominação masculina tomam a forma de dilacerações espetaculares, nem se exprimem pela irrupção de um discurso de recusa ou de rejeição. Elas nascem, geralmente, no interior do próprio consentimento, quando a incorporação da linguagem da dominação encontra-se reempregada para marcar uma resistência. Diante disso, a submissão imposta às mulheres como uma violência simbólica ajuda a compreender como a relação de dominação é afirmada, radical, irredutível e universal. Dessa maneira, a dominação possui configurações históricas e mecanismos que anunciam agências e representações como "naturais", portanto, biológicas, o que decorre de uma divisão social e, assim, histórica dos papéis e das funções (Chartier, 1995, p. 42), enquadrando o patriarcalismo como estrutural, tal como já o era em Roma.

A diferença sexual é construída pelo discurso que a funda e a legitima. É assim que a divisão do trabalho segundo os sexos foi produzida por todos os discursos, como o econômico, o político, o legislativo, os estatais e outros tipos de falas, que enraízam a oposição entre a atividade doméstica e a pública ou entre a função reprodutora e o trabalho produtivo. São esses discursos que provocam uma divisão sexual da mão de obra, reunindo as mulheres em certas atividades e colocando-as sempre abaixo na hierarquia profissional (Scott, 1991, p. 428 apud Chartier, 1995, p. 43). Entretanto, tal proposição não está de acordo com um "determinismo biológico", que postula uma relação direta entre a biologia, aspectos da personalidade e comportamento, em que a biologia determinaria a personalidade e o comportamento individual (Piscitelli, 2002, p. 35), uma vez que a divisão de trabalho pelo sexo é feita por várias sociedades para camuflar um fenômeno essencialmente cultural.

O fato de o patriarcalismo em Roma ser estrutural está ligado à dificuldade de percepção das articulações específicas em tal história, remetendo-a à inércia, nas longas durações, das representações que fundam a essência da estranheza, à inferioridade e à exclusão feminina. Essas representações inspiram discursos de vários séculos, que são modelos de compreensão com variações restritas e repetições incansáveis, os quais somente se modificam quando se transforma todo um mundo social, senão os poderes femininos sempre estarão numa situação de sujeição e de inferioridade, detendo uma esfera limitada. A esse respeito, observa-se que a cultura feminina se constrói no interior de um sistema de relações desiguais e reativas aos conflitos, enquadrando tempos e espaços em suas relações sociais (Chartier, 1995, p. 45-47).

Consequentemente, as novas atividades das mulheres e o direito de terem seus nomes lembrados por meio de estátuas, placas e moedas era algo recente, que ludibriava e camuflava uma dominância simbólica durante o final da República e início do Império. As novas atividades, em sua maioria, foram estabelecidas mediante o Patronato, isto é, quando um indivíduo provia uma doação vinda de suas riquezas em benefício da cidade ou de um pequeno grupo dentro dela (Meyers, 2012, p. 461) e, em troca, recebia uma homenagem. Entretanto, aqueles que foram alçados a altos cargos, mas que se mostraram indignos de suas honras, como foi o caso de Messalina, podiam ser apagados da memória do povo romano[16] (Bélo; Funari, 2017, p. 79), tendo suas obras descontruídas ou eliminadas de alguma maneira.

O primeiro estudioso a utilizar os termos "Patronato" e "solidariedade voluntária" foi Fustel de Coulanges (1890), que descreveu as relações de obrigações mútuas, como *fides* (confiar em outro), que era a mais comum. Tanto os favores (*beneficia*) e serviços ou as marcas de gratidão (*officia*) necessariamente implicavam uma ética de reciprocidade que influenciava o envolvimento das pessoas e a reputação, a qual era medida de acordo com suas respectivas obrigações privadas e habilidades em preservar as redes de relações dos patronos(as), passando esse ato de geração para geração. A troca de serviços e benefícios não pertencia apenas à moralidade privada, mas também à moralidade pública de Roma (Deniaux, 2006, p. 401-402).

Sendo assim, o conceito de evergetismo e Patronato na Antiguidade estariam associados à prática de receber presentes ou reciprocidade. A reciprocidade seria a base dos clientelismos gregos e romanos, influenciando a "doação" religiosa e cívica. O conceito de evergetismo seria ligado à transliteração da palavra *évergétisme*, que seria um neologismo a partir da apropriação moderna do grego εὐεργετέω, que significa "eu faço boas obras" (Hornblower; Spawforth; Eidinow, 2014, p. 293). A palavra é designada para

---

[16] A essa prática deu-se o nome de *damnatio memoriae*, "o apagar da memória", pelo desaparecimento de todas as referências à existência daquele ser em passagem pela face da Terra. Excluir qualquer referência aos mortos era como deixar o seu cadáver insepulto, uma das piores coisas que poderiam ocorrer para os romanos, pois suas almas ficariam sem porto e sem direção (Gonçalves, 2014, p. 12-13).

definir um fenômeno de benfeitoria voluntária a uma comunidade antiga, como uma construção, uma doação de grãos, um monumento honorífico ou uma reforma em benefício da comunidade (Perissato, 2018, p. 116 apud Sales, 2022, p. 55).

O conceito de "Patronato" (do latim *patronus*, patrono) está ligado a um suporte dado por uma pessoa influente. Não tendo um equivalente dessa palavra em grego, o termo mais próximo seria "euergetismo" (do grego *euergetes*, benfeitor) ou evergetismo, que significa todos os atos de boa vontade de um indivíduo aos outros cidadãos. O termo descreve o papel público feito por um indivíduo enraizado em um sistema de referência masculino. Esses termos são de difícil aplicação para as mulheres, ou seja, no latim, a palavra *patrona* é derivada do masculino *patronus*, que é formado por *pater* e se refere essencialmente à autoridade masculina (Bielman, 2012, p. 239).

As trocas de presentes no período homérico antecederam o evergetismo helenístico e expandiram-se nesse período para regiões orientais, enquanto no período romano se mantiveram pelas necessidades econômicas, sociais e políticas do Império. Durante o período helenístico, com a reciprocidade religiosa e social de longa data, a utilização da reciprocidade política e econômica fez do evergetismos um elemento para a legitimação hierárquica. Dessa forma, o evergetismo helenístico pode ter influenciado de alguma maneira o Patronato romano[17] (Sales, 2022, p. 55).

Ao mencionar a ação do Patronato, Hermelrijk menciona a "munificência cívica" como algo comum às pessoas de "bem" romanas. A munificência cívica era geralmente vista como envolvendo duas partes: o beneficiador, que providenciava à comunidade prédios, entretenimentos e outros serviços; e os beneficiados, que expressavam seu agradecimento com uma recompensa honrosa e privilégios. Diferentes motivos têm sido sugeridos aos beneficiadores cívicos, quais sejam: competição entre a elite, ganho de prestígio social, pressão financeira das cidades e legitimação de leis políticas da elite, os quais mostraram que a munificência cívica era um fenômeno complexo, que servia a muitos propósitos, como promover a união cívica, aliviando a tensão entre a elite próspera e aqueles que não eram da elite (Hermelrijk, 2015, p. 112).

A munificência cívica contribuía para a estabilidade e a atratividade da vida cívica. Os benefícios podiam ser desde o embelezamento das cidades, dos prédios públicos ou dos trabalhos de infraestrutura, como estradas e aquedutos. Esses atos de generosidade contribuíam para a aparência e a

---

[17] Para se saber mais sobre reciprocidade, ver: MAUSS, M. Ensaio sobre a dádiva: forma e razão da troca nas sociedades arcaicas. *In:* MAUSS, M. **Sociologia e Antropologia**. São Paulo: EPU/EDUSP, 1974. p. 224.

facilidade das cidades, havendo uma grande quantidade de prédios públicos financiados por mulheres, assim como prédios religiosos, como templos. Além disso, foram realizados trabalhos de infraestrutura, como o de suprimento de água, estradas, pontes, muralhas de cidades, comportas, arcos, pavimentação de áreas públicas, estruturas para entretenimentos, bem como teatros, anfiteatros, praças, prédios utilitários e outras instalações, que incluem casas de banhos, livrarias, portos, basílicas, *chalcidica* (galerias), *curiae* (prédio onde o Senado se reunia) e outros. De acordo com o estudo feito por Hermelrijk (2015), foi percebido que a maioria dos prédios que receberam patrocínio de mulheres eram construções religiosas, assim como templos e santuários de diversos tipos e tamanhos, além da doação de estátuas de deidades para esses lugares e de toda uma estrutura ligada ao templo, como cozinhas, portos, salões com mobília, extensão de cômodos, móveis, colunas, altares, calçadas, portas, bancos e outros equipamentos (Hermelrijk, 2015, p. 112-119).

É interessante o fato de que, na República, as doações vindas de mulheres eram restritas ao campo religioso, mas essa restrição foi deixada de lado durante o Império, quando as mulheres doavam uma larga proporção a prédios públicos. No caso dos templos, eles foram utilizados por vários propósitos e eram, em sua maioria, financiados por dinheiro privado. Os templos serviam como repositórios para tesouros e bens valiosos. Eram usados também para guardar tratados e outros documentos; realizar banquetes sagrados; funcionar como senados (*collegia*) locais de algumas cidades, para suas questões sociais e políticas; proporcionar em seus arredores centros de atividades comerciais, entre outros. Os templos eram o coração da religião e da vida social das cidades romanas, e os doadores atraíam muito a atenção (Hermelrijk, 2015, p. 120).

A forma extrema de resposta ao benefício de governantes era a oferta de adorações, ou seja, aqueles que recebiam benefícios exaltavam seus patronos como dignos das honras destinadas às divindades. Adiciona-se o fato de que a relação de Patronato nas províncias envolvia a necessidade da elite local de preservar suas propriedades e seus privilégios, contribuindo para que lideranças sempre fossem favoráveis à paz e, desse modo, a Roma (Sales, 2018, p. 41 apud Sales, 2022, p. 56).

A munificência não era estática, mas um processo dinâmico, em que as mulheres receberam estima pública e reconhecimento, além de trazê-las à arena pública, com o ganho de distinção social e alguns privilégios, demonstrando a integração delas na sociedade cívica com distinção (Hemelrijk,

2015, p. 179). Os benefícios aos(às) doadores(as) poderiam acontecer em forma de estátuas ou, até mesmo, em placas de homenagem. Essas estátuas tendiam a celebrar os assuntos das conexões familiares, mas as mulheres imperiais recebiam alguma característica física vinda do imperador, já que elas deviam sua posição ao membro da família que exercia a função imperial, o que evidenciava uma coesão da família imperial e do projeto de continuação dinástico, além de temas como maternidade, felicidade e fertilidade. A atividade pública feminina contribuiu para a vida das suas cidades por meio de trabalhos de escritório, doações de dinheiro ou outros recursos, subsidiando o entretenimento público e a construção de prédios (Meyers, 2012, p. 460-461).

Os(as) beneficiários(as) também eram comemorados por suas ações de generosidade pública, mediante inscrições honorárias, em que se omitia a explicação do motivo pelo qual o benefício era feito. Para as mulheres, esse processo foi mais intenso no período imperial, quando elas passaram a acumular grandes quantias em dinheiro, as quais, muitas vezes, eram transmitidas para seus filhos ou herança paterna. Entretanto, havia aquelas que decidiam investir em atos públicos de generosidade. O retorno do benefício, geralmente, causava um impacto memorável, desde os menores, como uma placa com o nome, pelo fato de se ter doado óleo para uma casa de banhos, até os maiores, como a construção de um edifício na cidade com o nome do doador em tamanho gigantesco na fachada, de modo a ser lembrado por gerações. Isso também ajudava a moldar uma personalidade do doador (Meyers, 2012, p. 463). Na maioria das terminologias utilizadas em placas de homenagem, não dá para saber ao certo quais foram as atividades de reforma feitas pelo benfeitor ou pela benfeitora. As placas de homenagem, geralmente, diziam que os doadores tinham pagado pela reforma ou outra atividade com seu próprio dinheiro (Hermelrijk, 2015, p. 117-119).

Hermeldijk, ao estudar as mulheres doadoras de algumas províncias romanas, salienta alguns termos que foram usados para lembrar dos méritos delas ao providenciarem uma contribuição cívica importante, mas as razões que provaram essa honra, geralmente, são vagas. Os termos mais concretos apresentados são: *munificentia, liberalitas, beneficia*; os mais comuns são: *merita, munificentia, liberalitas* e *beneficia*; há também os dizeres de seus parentes próximos, como o marido e o pai, mas nenhuma informação a mais; ainda, os termos são reforçados por superlativos correspondentes a mérito, à generosidade e à honra; há as virtudes morais (*pudicitia, castitas, pudicissima*), cívicas e religiosas, como integridade, prudência, piedade ou devoção (*innocentia, sapientia, pietas*); além de suas emoções e distinção social (*honestissima*). Outros termos são ainda mais vagos, como simplesmente falar de seus méritos (*merita*) e da combinação de *ob merita et beneficia, et munificentiam*. Contudo, essas inscrições eram imprecisas (Hermelrijk, 2015, p. 155-156), o que sugere que o fato de não se saber ao certo os atos de tais mulheres parece encobrir as ações por questões políticas e de gênero.

Essa última hipótese está em concordância com o trabalho de Hermelrijk, quando a estudiosa menciona que teria convenções de gênero que levariam à concisão das inscrições e dedicações às mulheres doadoras. Além disso, ela aponta que, para inscrições maiores de mulheres, eram colocados os nomes dos membros masculinos juntos, como o nome dos maridos, algo que pode remeter à perseverança da dominância masculina e ao uso de artifícios para se ganhar maior espaço para o sucesso masculino. Além disso, esses dizeres mais prolongados também enumeravam o quanto de trabalho elas já tinham feito. Para acrescentar, o fato de mencionar os membros masculinos de suas famílias também estava atrelado à importância de se salientar quais eram suas origens. Outras deixavam claro que o dinheiro doado era diretamente seu. Entretanto, para a existência dessas honrarias, teria que haver o consentimento do Senado ou do cônsul local. Eles também decidiam que tipo de mérito deveria ser utilizado para o doador(a) e como ele seria demonstrado, além de determinarem o material, os custos e seus dizeres (Hermelrijk, 2015, p. 157-158)

Muitas vezes, as mulheres tinham parceiros como doadores, ou seja, geralmente eles eram membros da família, como o marido, o pai, o irmão ou o avô. E havia uma hierarquia de nomes nas inscrições honorárias, uma vez que os nomes dos doadores masculinos aparecem sempre em primeira instância do que o nome da doadora. No caso de os nomes de todos os membros da família do doador aparecerem, havia a sequência de nome masculino primeiro, seguido pelo nome da doadora, dos filhos adolescentes e, por último, das crianças. Pelo motivo de que os casamentos *sine manu* eram de separação estrita, a doação desse tipo de casal era vista como um negócio em conjunto, e não como um presente do marido para sua mulher, além de que havia a cooperação entre pais e filhas. Todavia, a mulher com o pai vivo estaria sob sua *potestas* e seria incapaz de possuir uma propriedade (Hermelrijk, 2015, p. 131).

Quase todas as mulheres munificentes deveriam ser *sui iuris*, o que poderia indicar que elas teriam recebido ganhos por testamentos feitos pelos pais ou avós. Dessa forma, devido à separação de propriedade entre marido e esposa, em casamentos *sine manu*, essas mulheres *sui iuris* contribuiriam em sua maioria para suas próprias posses. O dinheiro empregado para doações de construção de prédios, por exemplo, seria deduzido de parte da herança dos filhos. Consequentemente, as placas honorárias relembravam a generosidade dessas pessoas, mas também eram parte de uma propaganda favorável a toda a família envolvida (Hermelrijk, 2015, p. 131).

Colocar estátuas de si mesmas e de outros membros da família em espaços públicos reforçava o lugar da família na história da cidade, comunicando as suas ideias e crenças para os visitantes e residentes do local. As mulheres começaram a realizar esse tipo de atividade, pois talvez tivessem o mesmo desejo que os homens, de receber glórias ao participarem da vida pública. Além disso, pode ter sido um modo de reação ao sistema de divisão, que formava um tradicionalismo entre o "público" e o "privado" e que as permitiu entrar nos negócios urbanos da mesma maneira que os homens. Tais eventos do período de Augusto corroboraram para que houvesse mudanças na cultura romana, fazendo com que tais mulheres tivessem a oportunidade de serem aclamadas, além de passarem a ser tidas como exemplos para outras mulheres. Essas ações foram imprescindíveis para a continuação da linhagem dinástica das famílias a que pertenciam (Meyers, 2012, p. 464-465), pois tais atos guardavam a estima e o valor de certa família.

Em geral, uma estátua pública era erigida por motivos religiosos, para demonstrar lealdade ao imperador, por honra ou por comemoração de alguém notável do lugar. Financiada com o dinheiro público ou de particulares, a escolha de se colocar uma estátua e a sua localidade estavam de acordo com o poder do Senado local. Desde que a estátua fosse um embelezamento à cidade, esse ato era tomado como um benefício cívico. Uma estátua pública não somente conferia um reconhecimento da pessoa, mas também trazia prestígio para os que eram nomeados juntos à inscrição honorária (Hermelrijk, 2015, p. 134 e 161).

A munificência trouxe várias aberturas à mulher dessa época, pois ela era considerada um ser desqualificado pelo ofício cívico e pelo ganho da honra pública. Contudo, o motivo para esse ato poderia ser mais complexo, envolvendo diferenças de prosperidades de famílias, *status* social, ambição, tradição familiar, sentimentos religiosos e outros, mas a honra parece ser o mais importante. Nesse sentido, muitos membros de famílias, conhecidas pelo costume de doação, deveriam sentir-se pressionados para fazer o ato de generosidade, visto que a munificência garantia a reputação familiar. Em relação às mulheres doadoras, além da manutenção da reputação familiar, parece que havia uma disputa entre elas, já que algumas delas se tornaram modelos a serem seguidos por outras mulheres. Sendo assim, a munificência era essencial para a honra e o reconhecimento público, objetivando alcançar a fama póstuma. Em Roma, esse espaço era tomado pelas mulheres ligadas à família imperial, enquanto nas províncias esse grupo poderia incluir mulheres livres e aquelas que faziam parte da elite local. Entretanto, o *status* de tais mulheres não era indicado (Hemelrijk, 2015, p. 165-176).

Contudo, a promoção dessas mulheres ao corpo imperial encorajou a atitude de ligá-las ao Estado, o que ajudou a explicar a aparição delas na literatura. O que parece é que mulheres atuantes, como Fúlvia, que organizou conferências de cúpula, comandou exércitos e implementou políticas de proibições, e outras, que até atuaram menos politicamente, parecem ter sido perseguidas pelos antigos autores, como Tácito e Suetônio, de forma a alertar os homens romanos das perturbações e ameaças delas à ordem política (Hallett, 1984, p. 10).

Nessa perspectiva, as mulheres e mães de imperadores descréditos foram representadas como aquelas que tinham tudo para ser "boas" e se tornar "más". Todavia, a esse tipo de interpretação decorrente de uma bilateralidade pode ser considerada obsoleta academicamente. Entretanto, essas representações apontadas por estudiosos(as) podem demonstrar de forma simplificada uma tensão gerada dentro da própria sociedade romana acerca do *status* da mulher, sobre o papel que elas exerciam e sobre se tais papéis eram aceitos pela sociedade. Tanto a elite como os imperadores se sentiam ambivalentes a respeito do lugar ideal para as mulheres imperiais, de modo que a representação delas na literatura foi uma reação a essa tensão e ao produto contraditório da natureza do papel da mulher imperial (Fischler, 1994, p. 129-130).

As atividades que envolviam as mulheres imperiais tornaram-se padrões de categoria que eram utilizados por esses autores para qualificar os imperadores, retratando, dessa forma, a qualidade e a natureza do governante "ruim". Para os romanos, os "bons" imperadores tinham mulheres e mães que eles podiam controlar e que nunca ultrapassariam os limites. No entanto, pelas suas atividades tradicionais, elas estavam sujeitas à reinterpretação quando eram executadas por mulheres imperiais. Inerentemente, essas mulheres faziam parte do império e eram vistas pelos homens da elite como ameaças a um "bom" governador. Por essa razão, escritores como Tácito e Dião Cássio utilizaram as "más" mulheres imperiais como sinônimos de Estado em desordem (Fischler, 1994, p. 127-128). Contudo, dividir tais mulheres entre "boas" ou "más" e os imperadores em "bons" ou "ruins" parece limitar como essas pessoas foram descritas, como uma interpretação restrita a uma ótica dual, mesmo levando em consideração o ponto de vista dos autores que as caracterizaram.

Nesse contexto, a lei, como a *lex Oppia*, foi aceita, pois as herdeiras de grandes riquezas eram vistas como ameaças à estrutura social patriarcal romana. Elas ficariam em uma forte posição para tomar decisões em relação à família publicamente e, por fim, influenciariam nas interações familiares com a sociedade romana (Hallett, 1984 apud Gardner, 1990, p. 171).

Em relação às mulheres de origem provincial, essas eram tidas como membros embaraçosos para a elite senatorial de Roma, porém sinônimo de orgulho patriota em suas terras natais, tanto para os homens quanto para as mulheres. Geralmente, elas eram de famílias senatoriais ou equestres, em que o membro masculino tinha uma carreira em Roma. As cidades as homenageavam com estátuas públicas e esperavam tirar proveito de suas altas posições sociais. Esse tipo de *status* honorário era impossível de ser conseguido na capital, em que as homenagens eram diretamente para a família imperial. Sendo assim, na capital, não há, praticamente, vestígio dessas mulheres que não eram imperiais. Todavia, as homenagens eram mais comuns em províncias do Norte da África, Itália, Espanha, Gália, *Gallia Narbonensis*, Germânia Superior, Damatia e nas províncias dos Alpes; nada foi encontrado nas províncias da Britânia, Gália Belga e Germânia Inferior (Hemelrijk, 2012 p. 156, 478-479 e 487).

Entretanto, os autores antigos não se atentavam quase às mulheres de fora de Roma, a não ser aquelas mais moralistas, que eram ligadas à elite senatorial e a suas famílias. As mulheres provinciais, geralmente, copiavam aquelas da capital, e alguns testemunhos mostram a vida pública delas como beneficiadoras cívicas, associadas ao sacerdócio, "mães da cidade" e ligadas a associações (*collegia*), geralmente em cidades da Itália e de províncias latinas nos três primeiros séculos depois de Cristo. Elas financiavam prédios públicos, bem como faziam festas, jogos, doações para a cidade e outros em troca de grande prestígio público. O *status* delas variava desde a elite senatorial, mulheres livres, de famílias romanas antigas até aquelas que tinham conseguido a cidadania romana. Elas poderiam derivar, ainda, de uma elite decurial ou subdecurial. O culto pelo sacerdócio também poderia trazer grande promoção social, que geralmente era praticado pelo sentimento da obrigação social e moral. O mais importante era a proteção do interesse da cidade ou *collegium* junto às autoridades locais ou de Roma, para suas conexões sociais (Hemelrijk, 2012, p. 479-481).

A aceitação do Patronato da cidade de origem traria os benefícios e a consideração de uma cidadã digna. Os títulos *mater municipii* e *coloniae* eram de grande honra e merecimento para as mulheres (sub)decuriais, mas parecem ter sido restritos às cidades centrais da Itália. O mais alto grau de homenagem era quando se construía uma estátua da pessoa, que, por fim, estimulava e influenciava outros membros da cidade. O prestígio e a lembrança perpétua da estátua pública representavam garantia de cobiça. Poucas dessas estátuas, nas províncias, foram preservadas e poucas pertenciam a famílias que não eram de Roma ou que tinham recebido recentemente a cidadania romana, o que indica que essas mulheres eram de um grupo especial (Hemelrijk, 2012, p. 482-485).

Por esse viés, a aplicação de leis romanas para cidadãos romanos deve ter capacitado o aumento do número de cidadãs mulheres nas cidades das províncias e a facilidade de herança e de serem proprietárias, administradoras e controladoras de uma vasta quantidade de bens sem quase interferência masculina. Fazia-se difícil a negligência dessas mulheres, que, junto à capacidade legal do controle, eram bem recebidas, especialmente quando as cidades estavam em dificuldades financeiras, adquirindo, assim, uma face pública (Hemelrijk, 2012, p. 488).

A recompensa ao(à) doador(a) era demonstrada por meio de menções em placas que acompanhavam estátuas, por exemplo, conforme ressalta Hermelrijk (2015). No entanto, isso não é visto nas moedas, ou seja, as legendas das moedas não esclarecem a correlação entre a cunhagem das moedas de imagens femininas e o Patronato, sugerindo que a moeda poderia não estar ligada diretamente ao Patronato, mas que teria um vínculo propagandístico maior e em favor do imperador. Por fim, essas mulheres poderiam ser patronas, e suas imagens em moedas aumentariam a recepção pública de suas figuras, ou seja, a amostragem de uma figura feminina que tivesse contribuído para benefício da cidade também seria algo honroso e de orgulho para o imperador, principalmente se ela fizesse parte da família imperial, e, assim, permitiria a concessão de sua face em moedas. Diferentemente, nas províncias, imagens femininas em moedas parecem uma forma de celebração dos atos delas realizados pelo Patronato e uma celebração da esposa, irmã ou mãe do imperador.

2.1. As moedas e a propaganda

Com o intuito de demonstrar a imagem pública das mulheres romanas por meio das moedas, ao longo do período que cobre o final de República e início do Império, este trabalho ilustra como, nesse contexto, mulheres de cinco gerações conseguiram melhorar sua visibilidade na vida pública por meio de afazeres ligados à família imperial, que as levaram ao Patronato. Consequentemente, elas fizeram parte da propaganda imperial, a qual incluía a própria imagem em moedas, que era uma forma de se demonstrar o poder, tendo em vista que não há dúvidas de que os romanos usavam símbolos, inscrições e imagens em moedas para promover ideias políticas, eventos sociais, religiosos e mensagens militares ou econômicas (Porto, 2014).

Além disso, bater moedas era sinal de autoridade, e o direito de fazê-lo era disputado ora pelo Senado, ora por generais que tinham o intuito do poder imperial, ora por províncias que desejavam ser independentes em relação ao poder central. Ainda, os imperadores, principais agentes do poder romano, potencializavam o espaço nas moedas para reforçar sua autoridade, divulgando suas conquistas militares, suas virtudes e as maneiras como beneficiavam a população (Florenzano, 2015, p. 17-18)

Inicialmente, estar em público e manter uma imagem pública eram uma projeção crucial para o ideal da masculinidade e faziam parte da definição de ser masculino. O imperador não somente detinha o controle sobre o espaço público, mas também forçou os aristocratas a responderem a essa masculinidade por meio de outras alternativas, como pelo serviço militar, o que se tornou um dos ideais romanos de virtude (*virtus*), força, coragem e glória. A oratória também era um aspecto de masculinidade, além da vestimenta e da toga, que simbolizavam o ideal romano do *vir*, sendo que a figura do cidadão deveria aparecer no Fórum e nas áreas ao redor, que faziam parte do coração da política e da vida social de Roma. Augusto, por sua vez, moldou uma imagem de dominância, identidade e masculinidade, delineando e reforçando o gênero masculino na mesma proporção que suas responsabilidades e utilizando de uma figura apropriada de homem masculino romano, que incluía o visual, os gestos, o andar e o discurso. Consecutivamente, o homem efeminado também era determinado pela sua aparência visual, por qualidades femininas e por outros aspectos concernentes ao poder, descrito como *mollitia*, um termo que denota suavidade do corpo, caráter, fraqueza e efeminação (McCullough, 2007, p. 13-18).

Apesar da posição em que essas mulheres se encontravam e de terem de lidar com o patriarcalismo da época, elas alcançaram certa abrangência pública, a qual está marcada na cultura material dessa sociedade. As mulheres imperiais sabiam o valor da imagem para se promoverem, uma vez que a prática de colocar a imagem de um indivíduo em moedas vem de antes de os próprios romanos iniciarem essa atividade nas últimas décadas da República. Essa era uma prática já iniciada por sucessores de Alexandre, o Grande, que já a fazia por um século e meio, mas Júlio César iniciou a prática em Roma, em 44 a.C. (Harvey, 2020, p. 18-19).

Na Grécia Helenística, não somente os governadores tinham suas imagens em moedas, mas também as mulheres, prática incorporada pelos romanos da mesma forma. As imagens em moedas Helenísticas eram desenhadas com características de deuses ou deusas, mas com alguns elementos para mostrar quem era a pessoa representada; como exemplo, tem-se as séries de moedas dos Ptolomeus. Moedas com mulheres podiam apresentar roupas e estilo de cabelos semelhantes ao de deusas como Afrodite e Demeter, fato que torna, às vezes, difícil a identificação. As esculturas serviam como modelos para a definição dos rostos em moedas e acabavam também ajudando na identificação dos rostos nas próprias moedas pelos numismatas quando o nome não era identificado. Era costume, no início da cunhagem de moedas na Grécia, séculos VI e V a.C., serem colocadas imagens da deidade padroeira da cidade como um marco de identidade e autoridade, sugerindo que, posteriormente, os reis Helenísticos não queriam quebrar totalmente essa tradição, fazendo com que as imagens fossem híbridas e, geralmente, com uma beleza idealizada (Harvey, 2020, p. 20-26).

Em geral, a imagem de uma pessoa era importante em uma sociedade na qual a maioria da população não sabia ler ou escrever. Além disso, as imagens em moedas tinham uma força e um grande impacto. As ideias e as informações embutidas nas imagens que circulavam em sociedades desse tipo chegavam aos usuários de maneira direta e eficaz. Os agentes de produção desses objetos conheciam bem esses mecanismos que transformavam as moedas em elementos importantes da propaganda política e buscavam aproveitá-los ao máximo (Florenzano, 2015, p. 18).

Para acrescentar, o mais antigo tesouro de moedas conhecido da Antiguidade Clássica foi encontrado escondido em um pote enterrado nas fundações do templo de Ártemis em Éfeso, em meados do século VI a.C. As divindades e seus atributos regularmente adornavam as moedas das cidades gregas. Mesmo no início dos retratos de moedas dos reis Helenísticos, os ancestrais míticos Zeus e Hércules foram aqueles que dominaram as moedas de prata, e Atena e Nike (Vitória), as de ouro. Mesmo antes de Alexandre, alguns governadores provinciais persas e outros governantes da Ásia Menor usurparam sugestivamente o lugar dos retratos divinos, suplantando-os no anverso com suas próprias semelhanças. Além disso, a iconografia grega foi a mesma durante séculos, variando apenas no estilo ou nos detalhes ao longo do tempo. Os primeiros tipos de moedas romanas, do final do século IV e início do século III a.C., basearam-se fortemente no repertório grego, principalmente com deuses como Marte, Hércules ou Apolo e símbolos que também eram ligados à religião, como o tripé, a águia, o raio, o caduceu e outros elementos (Williams, 2007a, p. 143).

Apenas na metade do século II a.C., as figuras das mulheres em moedas começaram a ganhar atribuições mais individualizadas, retirando um pouco do aspecto das deusas, o que poderia evidenciar um aumento delas em atividades políticas. Em relação às moedas com rostos cunhados em Roma, o uso individualizado da face tornou-se uma norma durante a República tardia (Harvey, 2020, p. 18-26), em que as figuras das mulheres romanas da elite eram demonstradas com o fim de uma propaganda sobre a família imperial.

Em Roma, a cunhagem de moedas foi um meio importante para a propaganda imperial, que ajudou a formar a imagem de Augusto como governante (Bruun, 1999, p. 26). Primeiramente, as autoridades dependiam de uma competência dinástica para influenciar as mentes sociais, mas as mensagens em moedas eram parte de uma legitimação do poder. Os símbolos eram convalidados pelo fato de apresentarem imagens que levavam ao respeito, uma vez que governantes reivindicavam por ele (Levick, 1999, p. 44-45). As esposas de imperadores tiveram um importante papel na legitimação de seus maridos. Elas se tornaram importantes de serem vistas em grupos de estátuas, dedicações, festivais e moedas imperiais. Também era importante que seus ancestrais tivessem sido imperadores ou membros proeminentes da família do governo imperial (Claes, 2013, p. 125).

De acordo com o tema proposto, é interessante notar que o termo *propaganda* vem do verbo latino *propagare* e do substantivo *propagatio*, que tem o significado de ampliar, alargar, estender, difundir, implantar ou prolongar e prorrogar tempos. *Propagator* era o título de um magistrado, que tinha a função delineada como um dos epítetos de Júpiter, ou seja, aquele que amplia, que engrandece e que conquista o Império (Busino, 1980, p. 275-276; Gonçalves, 2002, p. 69). Segundo Huici Módenes, propaganda é uma atividade quase consubstancial à política desde os primórdios da humanidade e parece ter nascido ao mesmo tempo que o aparecimento dos primeiros intuitos de organização e de hierarquização social. Assim sendo, a propaganda vem afirmando suas técnicas de persuasão, que podem ir desde a extrema intimação física até as mais elaboradas construções verbais, por meio da retórica. Entretanto, nem sempre a persuasão é sinônimo de manipulação, mas de convencimento e de resultar em certas condutas construídas sobre a realidade (Huici Módenes, 1996, p. 21-42 apud Gonçalves, 2002, p. 70-71).

Para Marta Sordi, a propaganda sempre é feita de forma oculta, por meio de uma persuasão sub-reptícia. Não é uma simples difusão de notícias, mas também de gestos, ações, discursos, imagens, escritas e outras representações artísticas, as quais se propõem a executar uma pressão psicológica sobre um grupo para enfatizar ou desacreditar uma ideia, uma pessoa, um produto, uma política ou uma religiosidade, com intuito de obter consenso (Sordi, 1974, p. 5). De acordo com Busino, propaganda é um modo de formular, difundir e propagar mensagens tendenciosas, visando a conquistar e/ou manter uma hegemonia por meio da persuasão, para o uso do poder (Busino, 1980, p. 276). Conforme Godechot, a propaganda é a arte da persuasão, e sua maior característica é ser um processo temporário (Godechot, 1952, p. 515). Para Bobbio, é um esforço sistemático e consciente de influenciar opiniões (Bobbio; Matteucci; Pasquino, 1986, p. 1018 apud Gonçalves, 2002, p. 71-74).

Na Antiguidade, já se articulavam os símbolos existentes para criarem uma imagem de si para seus súditos, a qual deveria estar de acordo com os padrões culturais aceitos por tal sociedade. As imagens necessitavam de uma comunicação calculada, com efeitos precisos, que desvendavam uma parte da realidade, pois o poder também deve sua existência à apropriação de informações e dos conhecimentos para governar, administrar e dominar (Balandier, 1980, p. 13). Por meio da propaganda, os imperadores romanos conseguiram prestígio, consideração, fidelidade, adesão e obediência (Busino, 1980, p. 276 apud Gonçalves, 2002, p. 58-60).

Tais imagens não eram efetivadas para uma propaganda de agitação, que tem o intuito de mudar as atitudes, mas de uma propaganda de integração, que tinha como desígnio reforçar ideologias, ou seja, estabilizar o corpo social como instrumento do governo. Isso explica o fato de o governo se importar com a comunicação de ideias e valores associados ao imperador e a sua legitimação. Diante disso, a propaganda era de valor positivo às regras do governante, com um grau de persuasão, mesmo se fosse apenas implícito. No entanto, o resultado desse recurso teria que ser uma motivação à idealização do imperador por meio de uma série de ideais e valores associados a ele (Noreña, 2011, p. 18 apud Elkins, 2019, p. 111).

A propaganda ajudava a justificar o governo de um só e sua proeminência sobre os outros seres humanos. Além disso, a justificativa do poder derivava da lei, da estrutura constitucional garantida pela plebe e pelo Senado e da natureza que o soberano demonstrava ter. O sentido era de que o imperador mostrasse ser melhor aos súditos e deter a anuência divina para seu culto (Mazza, 1970, p. 3-93). Praticar as virtudes e divulgar essa prática transformavam-se em importantes ações propagandísticas, que davam coesão ao sentido público, propagando a continuidade do sistema imperial e seus valores, além da ligação do príncipe com os súditos e deuses (Hidalgo de La Vega, 1995, p. 19-25, 108-125 apud Gonçalves, 2002, p. 59-60).

As imagens carregam poder, e o soberano as utiliza como obrigação para fundamentar seu próprio poder. Contudo, a política é geradora de efeitos de ordem e segurança, acabando por se impor não apenas pela coerção, mas também pelas imagens, as quais são capazes de reforçar a adesão e colocar as pessoas em movimento. Com atos e imagens, o governante mostra sua grandeza e suas qualidades, atuando segundo as regras da virtude, como a competência em governar (Balandier, 1997, p. 15 e 110). Desse modo, ele se sente intimado a se mostrar conforme sua posição e função, notificando à população a sua identidade, com advento de sua autoridade, quem ele é e o que ele deve ser (Bourdieu, 1997, p. 101). A criação de imagens e símbolos é feita por conta do soberano e daqueles que o cercam, pois o que será revelado e explicado por imagens e símbolos é criado e organizado (Balandier, 1997, p. 62) com o objetivo de estabelecer uma imagem de permanência, continuidade e tradição. Destarte, a força deve ser mantida inativa enquanto o soberano usa seu poder simbólico (Luttwak, 1999, p. 266-267). Essas maneiras de persuasão por meio da comunicação explicam-se pelo intuito de se manter o comando, pois pode haver tensões sociais (Elias, 2001, p. 140-151 apud Gonçalves, 2002, p. 60-62).

O simbólico é utilizado como um poder de fazer ver e crer, que confirma e que pode transformar a visão de mundo e a ação sobre o mundo, consequentemente, modificando o próprio mundo por meio de um efeito específico de mobilização (Bourdieu, 1989, p. 14-15). Para a recepção desses símbolos, supõe-se seu conhecimento. Ou seja, para que uma troca simbólica funcione, é preciso que ambas as partes tenham categorias de percepção e avaliação iguais (Bourdieu, 1996b, p. 168). Entretanto, há uma enorme variabilidade e pluralidade de compreensões ou incompreensões de representações antigas (Chartier, 1990, p. 21). Os sistemas simbólicos agem dentro do conhecimento e da comunicação (Bourdieu, 1989, p. 9).

A FORÇA DAS MULHERES ROMANAS POR MEIO DAS MOEDAS E UMA CRÍTICA
FEMINISTA DO PASSADO PARA O PRESENTE

Os símbolos transmitem mensagens que auxiliam os seres humanos a demonstrarem a visão de sua própria posição no mundo. Com isso, a visão de sua identidade social confere à política o lugar, por excelência, da eficácia simbólica, pois as ideias sobre o mundo social encontram-se subordinadas à lógica da conquista do poder. O processo simbólico cumpre a função de legitimar e justificar o poder, fornecendo-lhe os símbolos necessários à sua expressão, fazendo com que a manutenção da ordem simbólica contribua para a manutenção da ordem política, com o envolvimento nas relações de produção, circulação e consumo, que ajudam na ordenação das relações sociais (Bourdieu, 1999, p. 69, 99, 159, 175 e 354).

Todavia, a autoridade é normalmente confundida com a legitimidade, por estarem bem próximas. O poder passa, muitas vezes, a ser o critério central da autoridade, enquanto o sucesso serve como legitimidade. A autoridade conquistada ajuda a legitimar o poder e a capacidade de emitir comunicações, elaboradas por razões convincentes, assegurando a posição de governante (Friedrich, 1974, p. 94-100). Para a legitimação do governante, faz-se necessário divulgar sua imagem por meio da propaganda (Gonçalves, 2002, p. 62-65).

A legitimidade do poder político não se apoia apenas em impostos e no Exército, mas também nas crenças dos seres humanos. A população imperial via o soberano idealizado, que simbolizava uma ordem imutável do mundo (Hopkins, 1978, p. 232). Para o governante conseguir seus desígnios, a propaganda deve passar uma informação positiva; a mensagem deve informar a existência do poder; facilmente, deve-se perceber quem a emite; os atributos do governante devem ser mostrados; as realizações de quem está no comando devem ser demonstradas. Desse modo, analisar o poder também é considerar o imaginário e o simbólico (Balandier *et al.*, 1989, p. 147-153). Isso posto, manipular os símbolos políticos incide em uma forma de propaganda (Kaplan; Lasswell, 1979, p. 148). No Império romano, o governante precisava de um apoio, tanto é que se estabeleceram relações como a do Patronato, da clientela, entre outras alianças que auxiliaram nesse sentido (Gonçalves, 2002, p. 66-67).

Contudo, as imagens, os símbolos e as alegorias deveriam ser representações claras e compreensíveis à população, com o devido controle. Alguns membros da aristocracia local que queriam homenagear o imperador dedicavam-lhe uma estátua, mas a representação deveria ser aceita pelo governante. Para tanto, desde a República, havia normas (*ius imaginum*) que regulavam o direito de expor publicamente retratos individuais, que, geralmente, eram colocados em lugares públicos, como fóruns, santuários e outros, com fins propagandísticos e de exaltação da família da pessoa representada. Com a instauração do culto dinástico[18] por Augusto, aumentaram os retratos do príncipe e de sua família (Gonçalves, 2002, p. 76). Segundo Tácito, nenhuma honra foi deixada aos deuses quando Augusto escolheu ser adorado com templos e estátuas, como as deidades, e com sacerdotes (Tac. *Ann.* I.10). O culto ao imperador constituía uma cerimônia ou um ritual que dava uma aura divina a esse ser humano, representado como um deus em terra. Em teoria, sua autoridade era ilimitada e a noção de *divus augustus* desenvolveu-se até tempos Bizantinos (Brubaker; Tobler, 2000, p. 574).

Augusto foi o primeiro a se preocupar com a sistematização das imagens junto da política, procurando expor de forma pública suas qualidades militares como *divi filius* e seus méritos do Estado (Gonçalves, 2001, p. 57), ao colocar a estética a serviço da política (Porto, 2012, p. 17; Porto, 2018, p. 141). Associado à imagem do deus Apolo, Augusto se fez crescer, já que o divino era superior a qualquer ser humano, o que se aperfeiçoou após sua morte e com sua deificação. Mesmo vivo, a partir de 27 a.C., Roma assistiu ao surgimento do culto imperial, rito nascido das reverências aos *manes* dos antepassados e ligado à esfera privada, que reverenciava a força do governante. Entretanto, Otávio se transformou em um *paterfamilias* "público" a partir da institucionalização do culto imperial. Ele construiu sua imagem pública a partir de suas conquistas, ou seja, com seu *cursus honorum*, dentre as quais estão suas atividades civis, militares, políticas e religiosas, que construíram as características próprias de sua representação, que, ao final do seu governo, se somaram de forma que somente poderiam ser sintetizadas por meio da divinização (Martins, 2011, p. 69-72 e 179).

No Ocidente, depois da morte de César e de se ter proclamado seu filho adotivo, Augusto teve que implementar uma política de encorajamento ao culto do deificado Júlio e do culto ao seu próprio *Genius*, em que a gratidão e a reverência do povo sobre seu líder trouxeram de volta paz e prosperidade. Lívia nunca foi oficialmente incluída no culto de *Genius Augusti*, mas ela era relacionada a Juno, pois a outra parte do *Genius* de uma família estaria na mãe, que seria Juno (Grether, 1946, p. 224-225). *Genius* estaria associado ao espírito, que poderia aparecer segurando uma cornucópia e uma *patera*, às vezes, com um altar aos seus pés. Era frequentemente ligado ao *Genius* do povo romano (GENIVS POPVLI ROMANI) e representado de várias formas,

---

[18] Sobre a deificação do imperador e o culto dinástico, ver Apêndice 3.

como *Genius* do Senado (com barba e toga), *Genius* dos imperadores (e Césares) e *Genius* do Exército (como o exemplo militar padrão) (Sear, 2000, p. 41).

A divulgação do culto imperial foi imprescindível para a difusão de imagens imperiais. Com Augusto, diversas cidades do Ocidente erigiram templos e estátuas em homenagem ao *Genius* do governante, e no Oriente a homenagem era à própria pessoa do imperador. Em várias cidades, havia lugares dedicados ao culto da casa imperial, podendo-se erguer templos diferenciados para cada membro da família imperial. Ao homenagear o príncipe, os financiadores podiam comparecer frente ao imperador, uma maneira de as elites municipais terem acesso direto ao governante (Lintott, 1993, p. 171-185), o que trazia o sentimento de pertencer ao Império. O culto não era um ritual de simples submissão e fidelidade, mas as cidades acabaram por transformá-lo em grandes cerimônias públicas, jogos, procissões, entre outros. Toda essa atividade servia para atrair a atenção do soberano e como oportunidade de a elite mostrar a força de sua munificência (Zanker, 1989, p. 319-321 apud Gonçalves, 2002, p. 79-80).

Podem ser encontrados nas moedas os símbolos augustanos, que estavam, direta ou indiretamente, ligados ao culto imperial, relacionados a *pax deorum*, ou seja, a paz entre os deuses e os cidadãos, além dos *signa imperii*, signos e símbolos de Augusto (Porto, 2018, p. 139). Desde 27 a.C., os símbolos de Augusto foram combinados de vários modos e com símbolos da vitória ou salvação (Zanker, 1992, p. 74 e 87) para homenagear, por exemplo, a batalha de Ácio (31 a.C.), a qual foi significante para o governo de Augusto (Silva, 2013, p. 37 apud Porto, 2018, p. 139).

O culto imperial foi uma reapropriação feita por Augusto de um culto já conhecido, o qual foi introduzido em seu governo no momento da *restauratio augustana*, que envolveu modificações nos aspectos culturais, jurídicos, políticos e religiosos. O culto inicial era em devoção aos deuses Lares, e, a partir de 7 a.C., houve a inclusão da divindade de Augusto, *Genius Augusti*, passando a se chamar *Lares Augusti* (Scheid, 2003, p. 163-165). Nesse sentido, Augusto deveria ser um exemplo tanto para os cidadãos quanto para os futuros governantes do império (Porto, 2018, p. 140).

No Oriente, havia a tradição de veneração ao poder, mas, no Ocidente, o culto era imposto por Roma (Porto, 2012, p. 17). No Oriente, o culto era diferenciado, uma vez que havia a interação com os deuses locais (Beard; North; Price, 1998, p. 334 apud Porto, 2018, p. 141). Para adicionar, Augusto propagandeou seu culto por meio de moedas, com elementos simbólicos que o caracterizavam, o que fez com que ele garantisse ao seu governo mérito e prestígio (Zanker, 1992, p. 18).

Eram as moedas que provinham as faces e proclamavam, antes de outras artes, a publicidade e os valores daqueles que governavam o mundo romano. Entretanto, para a realidade do império, deve-se admitir que as moedas eram essencialmente importantes para seu papel primário, que estava ligado à circulação, em especial, entre os soldados, enquanto no império tardio circulavam entre os burocratas (Brennan, 2007, p. 8). Esse fato pode sugerir que esses grupos seriam aqueles nos quais a propaganda deveria estar em primeira instância e aos quais a faceta do poder deveria ter o desígnio de alcançar.

As moedas de materiais mais baratos, como as de cobre, eram vistas como um veículo de disseminação de ideias aprovadas pelo Estado para uma ampla base popular. Contudo, as de ouro, por exemplo, tinham uma audiência mais restrita, cobrindo grupos específicos da elite (Brubaker; Tobler, 2000, p. 573), apesar que não ser confirmado que havia especificamente moedas que circulavam mais em um grupo do que em outro.

Na República, a decisão de bater uma moeda romana e sua quantidade era, provavelmente, tomada pelo Senado. Três oficiais ou moedeiros eram responsáveis pela produção desses objetos e parecia que eles eram eleitos para isso (Burnett, 1987, p. 17). Eles eram os *tresviri*, um título que era representado pela abreviação III VIR ou III VIR A.A.A.F.F. Os moedeiros da República eram geralmente de famílias estáveis de Roma e estavam no início de suas carreiras políticas. Eles eram como oficiais menores, da parte inferior do *cursus honorum* ou do caminho tradicional, seguidos por homens da elite romana (Crawford, 1974, p. 598-599). Parece que os moedeiros trabalhavam como os *quaestors*, que eram oficiais conectados com o tesouro. Na República e no início do Império, havia moedeiros que assinavam suas moedas, porém, mais tarde, esses nomes desapareceram da cunhagem (Rowan, 2019, p. 14).

No que concerne à escolha do tema de uma moeda ou a quem decidia a cunhagem de tal moeda, Levick (1982) e Wallace-Hadrill (1986) concordam que as moedas deveriam ser escolhidas por oficiais do governo (*tresviri monetales*, três magistrados de cunhagem), por um secretário (*a rationibus*, ministro financeiro encarregado do tesouro imperial) ou por outros oficiais elevados que desejavam honrar o imperador. Roma começou a produzir suas próprias moedas seguindo os modelos gregos no final do século IV a.C. O lugar de cunhagem de Roma era administrado por *triumviri monetales*, ou seja, os mesmos três magistrados de cunhagens, que eram responsáveis pelo modelo, pelo desenho e pela emissão das moedas. Eles eram selecionados pelos cônsules, os quais, geralmente, escolhiam parentes ou clientes. A escolha dos tipos de moedas da República foi bem conservadora, aderida ao intuito de promover Roma, com sua personificação feminina como cidade-estado e com deuses e deusas do panteão romano. No início do II século a.C., esses magistrados de cunhagem começaram a querer se promover, colocando seus nomes em denários romanos de prata. No mesmo século, as moedas passaram não somente a ter seus nomes como também os de ancestrais famosos e de deuses associados a suas famílias (Harvey, 2020, p. 33).

Sutherland (1986) não concorda com esse posicionamento em relação aos *tresviri monetales*, apontando que essa tarefa deveria ter sido feita por um oficial de posição mais elevada e ter uma audiência com o Senado e o Exército para esse tipo de escolha. Provavelmente, nas províncias, essa responsabilidade ficaria a cargo das elites locais e dos magistrados de cunhagem, com a intenção de a representação ser aceita pelo governo de Roma para lisonjear o imperador (Harvey, 2020, p. 10-11). A esse respeito, Harvey (2020) cita esse tema como se ainda não houvesse uma conclusão definitiva entre os(as) estudiosos(as) sobre quem era responsável por tais escolhas.

Os *tresviri* eram os magistrados anuais responsáveis pela cunhagem romana, mas a casa de moedas também tinha uma rede de trabalhadores mais ampla. A *familia monetalis*, como eram chamados, consistia em inspetores e superintendentes, como *officionatores* ou trabalhadores de setores. Eles eram uma mistura de trabalhadores livres e escravos (Burnett, 1987, p. 29). A casa de moedas também deveria contratar os moldadores, já que, para bater uma moeda, era preciso três pessoas: uma para segurar o martelo e bater o molde (*malliator*); outra para segurar o metal entre os dois moldes; e outra para segurar a matriz superior, que daria origem ao reverso. Cidades provinciais que não produziam moedas regularmente, provavelmente, faziam uso de cunhagem e batedores de moedas que viajavam (Rowan, 2019, p. 16).

Rowan também demonstra dúvidas acerca de quem escolhia os temas das moedas no final da República e início do Império, mas salienta que deveria ser um oficial de alto *status*, que compreendesse a ideologia oficial imperial e tivesse a capacidade de produzir uma imagem para um indivíduo em particular e/ou para um evento. A estudiosa compara a moeda com monumentos, os quais não eram feitos pelo próprio imperador, mas por quem sabia da percepção ideológica do imperador (Rowan, 2019, p. 15-16). De outra forma, o imperador deveria ter agentes, para os quais ele poderia apresentar suas vontades, e tais artistas reproduziriam suas ideias.

Na verdade, sabe-se muito pouco ou nada a respeito dos mecanismos de como a iconografia monetária era feita. É curioso que, na área da arte, o termo propaganda foi abandonado, o que implicou o uso da "persuasão", do "convencimento" de certo ponto de vista político e de uma agência governamental, ou até do envolvimento direto do imperador (Zanker, 1988, p. 3; Zanker, 2010, p. 108-112 apud Steward, 2008, p. 112). De outro modo, pensa-se que a imagem era formulada na casa de moeda (Wolters, 1999, p. 290-308 apud Cheung, 1988-1989, p. 58-60). Além disso, ao se planejarem as moedas provinciais, sugere-se que as tradições locais influenciavam a agência das casas de moedas (Elkins, 2013 apud Elkins, 2019, p. 111).

Muitas vezes, era necessário produzir um dinheiro extra, e a decisão era feita pelo Senado, que era representado em moedas pelas legendas S C (*senatus consultum*) ou EX S C (*ex senatus consulto*), as quais significavam "pelo consentimento do Senado". Entretanto, a necessidade de marcar as moedas dessa forma sugere que esses objetos poderiam ser elaborados fora de Roma, sem a aprovação do Senado, podendo ser ilegais. Mesmo que esse fosse o caso, tesouros desses tipos foram encontrados junto de denários legalmente em Roma, o que sugere que essas moedas tinham uma atividade prática e eram aceitas socialmente (Rowan, 2019, p. 14-15).

Há dúvidas se no Império as moedas tinham realmente a anuência do Senado para serem cunhadas ou se isso era algo que apenas o imperador podia decidir. No entanto, se o Senado estivesse fora desse consentimento, dificilmente seria possível encontrar um motivo para essas letras continuarem a ser cunhadas. Konrada Kraft (1969) menciona que o S C poderia aludir honras ao *princeps*, mas tais letras começaram a ser utilizadas de forma muito deliberada. Por um lado, Burnett (1977) sugere que, se o Senado tivesse abertura para decidir sobre as moedas, isso criaria uma diarquia de autoridade, mas, de outra maneira, isso poderia causar uma preservação senatorial (Levick, 1999, p. 50). Por outro lado, se o consentimento estivesse nas mãos do imperador, as letras S C poderiam ser utilizadas para legitimar as moedas por um poder governamental, mostrando que foram cunhadas por uma casa de moedas oficial ou, simplesmente, as letras eram utilizadas, pois elas já vinham sendo empregadas por muitos anos, como um *habitus*. De acordo com King, os criadores monetários não eram inovadores no desenvolvimento do estilo de moedas (King, 1999, p. 127) e de seus elementos.

Para Elkins, as imagens e mensagens eram formuladas para persuadir ou manipular a população. Os romanos não tinham ministros da propaganda,

A FORÇA DAS MULHERES ROMANAS POR MEIO DAS MOEDAS E UMA CRÍTICA
FEMINISTA DO PASSADO PARA O PRESENTE

e o imperador estava muito ocupado administrando o império, porém o que parece é que o indivíduo responsável por formular as moedas deveria ser próximo ao imperador, uma vez que, além da propaganda, elas legitimavam o governo e estavam ligadas às expectativas imperiais e às relações positivas entre os grupos constituintes (Elkins, 2017, p. 7 e 10).

Parecia que o imperador tinha uma audiência para ser glorificado por meio da imagem, sendo que várias imagens eram relacionadas com a sua base de poder, como o Senado, os pretores (*praetorians*), os militares, a massa urbana de Roma e os habitantes da Itália e das províncias. Além disso, muitas moedas apresentavam o imperador como patrono e benfeitor desses grupos, carregando seus títulos e demonstrando-os no anverso. Em retribuição, esses grupos sempre mostravam uma reciprocidade ao imperador, como louvando-o, fazendo sacrifícios para ele, dedicações e honrando-o em inscrições e monumentos. Muitas moedas honravam o imperador por aquilo que ele tinha feito ou por aquilo que era esperado que ele fizesse. Esses objetos serviam para lembrar dos benefícios positivos da relação com o imperador. Mesmo com a dúvida acerca de quem escolhia os elementos das moedas, percebe-se que a cunhagem tinha uma agência imperial para selecionar as imagens e seu significado, com o efeito de glorificar o imperador (Elkins, 2017, p. 10-11).

No entanto, os tipos de moedas e as formas, ou seja, como as personagens femininas foram retratadas, tornam-se essenciais para se constituir uma classificação monetária junto à contemporaneidade política em que o material foi elaborado. Muito do que se passava na época pode estar relacionado com a produção do objeto. Por exemplo, a imagem reproduzida na moeda deveria ser algo aceitável para os padrões de representação que o público teria como expectativa, ou seja, o tipo de figura teria que ser algo que demonstrasse que a família imperial era bem-cultivada ou bem-sucedida. No caso específico das mulheres, elas deveriam ser reportadas evidenciando suas virtudes domésticas. Sendo assim, é importante levar em consideração quem gerou essas imagens e para qual audiência.

No caso de Lívia, suas imagens a legitimavam com poder e *status*, mas, de outra forma, a produção também carregava símbolos de poder masculino, o que também legitimava o governo em que as moedas foram cunhadas. Alguns imperadores até comemoravam as mães que já tinham morrido, como fez Calígula. Tal ato não era apenas uma demonstração de *pietas*, mas de se legitimar por meio da linhagem materna (Claes, 2013, p.

94). Essas imagens refletiam o desejo e o interesse de grupos dominantes (Harvey, 2020, p. 157), sendo as cunhagens de Roma diretamente ligadas ao imperador, enquanto as das províncias seguiam os modelos das de Roma e/ou homenageavam o imperador e sua família. Os motivos simbólicos romanos, geralmente, se referiam à boa fortuna, paz, abundância, ordem e prosperidade, que era o que se acreditava derivar tanto do favor divino obtido pela piedade romana quanto do sucesso secular das armas romanas, que inclui símbolos como caduceu, cornucópia, leme e espigas de milho, os quais aparecem tanto sozinhos, quanto, frequentemente, combinados entre si e como atributos de várias divindades apropriadas. As personificações, geralmente, se enquadravam em duas categorias: aquelas que se referiam às virtudes dos imperadores: *Aequitas* (Justiça), *Clementia* (Misericórdia), *Liberalitas* (Generosidade), *Pietas* (Religiosidade), e assim por diante; e aquelas que se referiam às qualidades ou aos atributos desejados pelo império como um todo: Salus (Bem-estar), *Spes* (Esperança), *Securitas* (Segurança), *Felicitas* (Prosperidade), *Hilaritas* (Alegria) etc. (Williams, 2007a, p. 155-156).

Duncan-Jones (1999) coloca que muitos reversos que possuem personificações de deuses e deusas estão relacionados à estrutura da casa de moeda e à falta de conteúdo propagandístico, sugerindo uma interpretação questionável. Segundo Elkins, não é pelo fato de que a imagem não denota um evento histórico ou político específico que ela não comunica algo ou que não tenha um valor ideológico. A arte romana é repleta de personificações, com seus significados, que podem abranger um maior número de categorias sociais (Elkins, 2017, p. 23).

Para Elkins, as personificações e os emblemas eram os modos de comunicação que obtinham mais sucesso, devido ao seu caráter não específico, disponibilizando o império e sua população a darem seus próprios significados, mas com um poder central e os benefícios que a população imperial recebia do imperador (Elkins, 2017, p. 103).

A personificação está muito ligada à religiosidade. Callataÿ, ao tratar de moedas gregas com deuses e deusas, menciona que essas divindades eram importantes, pois eram os fiadores finais da troca, contribuindo para a não enganação comercial, visto que os comerciantes estariam fazendo suas trocas sob os olhos de autoridades reverenciadas (Callataÿ, 2022, p. 246). As figuras humanas personificadas ganharam um significado por meio de um formato visual e um corpo concreto, para uma grande variedade de ideias abstratas (Noreña, 2001, p. 153). Além disso,

A FORÇA DAS MULHERES ROMANAS POR MEIO DAS MOEDAS E UMA CRÍTICA
FEMINISTA DO PASSADO PARA O PRESENTE

toda personificação recebia honras em cultos e era considerada deidade (Manders, 2008, p. 33).

As moedas romanas não eram tratadas como objetos religiosos, apesar de muitas vezes serem decoradas com imagens de deuses, imperadores e outros símbolos da religião e do culto romano. Na verdade, as moedas eram normalmente descritas em contextos jurídicos como coisas públicas, não sagradas. Os elementos escolhidos para representar o tipo público eram parte do que tornava as moedas algo público e as identificavam como romanas. Entretanto, a religião forneceu a maioria dos motivos-chave que constituíam tal tipo público. As moedas eram um dos símbolos mais definidores da identidade pública na Antiguidade, e a religião foi absolutamente fundamental (Williams, 2007b, p. 163) para esses objetos. De outro modo, não dá para separar totalmente a moeda do aspecto religioso, pois, além de instrumento de troca e medida de valor, elas eram objetos impregnados de funções mágicas ou religiosas, funcionando como amuletos ao pescoço e outras funções. Eram deixadas em lugares sagrados, além de que cumpriam a função de aplacar alguma divindade para dar sorte e/ou proteção. Na maioria das sociedades humanas, os objetos de trocas, como pedras, plumas, sementes e outras materialidades, tornam-se indispensáveis à vida e foram vistos como manifestações de poder e força especial (Florenzano, 1995, p. 223-228).

Em relação à estética das mulheres imperiais em representações públicas, Júlia, por exemplo, teria a liberdade para escolher suas roupas e seus cabelos, mas era seu pai quem controlava a última aprovação de suas representações, com a intenção de garantir que suas imagens sobrevivessem. Desse modo, ela sempre aparecia com o mesmo tipo de cabelo severamente modesto, igual ao de sua madrasta, Lívia (Wood, 1999, p. 20). O tipo de cabelo ligava as mulheres a certo período e conectava os indivíduos a um classicismo genérico e a um senso de valor social conservador. Todavia, entende-se que as identidades honorárias eram construídas pelo visual e por pequenos textos, que se repetiam desde que os primeiros tinham funcionado socialmente. Construía-se, assim, uma confiança sobre aquele tipo, resultando na replicação e constante repetição, desde que fossem elaborados de forma que sustentassem as preferências sociais e classificassem essas mulheres como da família imperial. Elas eram unificadas em uma ideologia da elite, que clamava por um conjunto compartilhado de valores e legitimidade das categorias governamentais (Trimble, 2011, p. 192-202).

Os penteados das rainhas Helenísticas em moedas eram parecidos com os penteados das deusas, ou seja, aquele cabelo encaracolado em curva solta com um coque atrás. Esses estilos de cabelos mais reservados poderiam ter sido utilizados para passar a impressão da moralidade da mulher representada, de um *status* alto, e para ligá-las a um papel social e político específico. Entretanto, às vezes, o cabelo não era parecido com os das deusas, mas, sim, com características únicas, talvez para a mulher ser identificada de fato. Um tipo de cabelo que foi uma marca da matrona romana ideal foi o em *nodus*, o qual somente as romanas usaram, marcando um caráter mortal e não divino da figura ali representada (Harvey, 2020, p. 48).

Além do penteado, essas mulheres apresentavam outras variedades de atributos, incluindo o cetro e outros símbolos, que teriam associações divinas e que mais tarde seriam assumidos pela figura de Lívia em moedas, por exemplo. Muitas dessas figuras femininas helenísticas eram influenciadas pelas imagens de Hera, Afrodite e Demeter. Diversas mulheres gregas teriam sido deificadas e depois comparadas com as deusas (século II a I a.C.) (Harvey, 2020, p. 26-30). O que sugere é que essa foi uma fórmula encontrada para que as mulheres gregas pudessem aparecer publicamente, uma vez que as mulheres da elite de Atenas, por exemplo, raramente apareceram na história política e não eram demonstradas no meio social masculino, o que fez com que a invisibilidade social delas criasse dificuldades para estudá-las. Em Roma, as mulheres não se envolviam politicamente, a não ser que elas fossem da elite e tivessem algum membro masculino da família com autoridade e prestígio (Hallett, 1984, p. 12 e 35).

Todavia, a imagem poderia não corresponder ao que a pessoa era em si. Eram atribuídas qualidades físicas ou morais que poderiam ter sido aumentadas ou maculadas, mutáveis, transformadas e plenas de significados que lhes eram dados de acordo com as lembranças, as quais eram estabelecidas, mas também ligadas ao imaginário. Este poderia ser mobilizador e evocador de imagens, utilizando o simbólico, que pressupunha a capacidade imaginária. A imagem poderia ser formada a partir de um eixo real, sendo que o imaginário traduziria a representação mental em que o exterior era percebido (Laplantine; Trindade, 1997 apud Gonçalves, 2002, p. 57).

A conclusão imediata é de que houve uma construção visual da identidade, sendo que essas representações de mulheres, tanto em estátuas como em moedas e outras artes, não deveriam ser entendidas como elas realmente eram em sua essência. Elas corresponderiam à demonstração de suas virtudes, como castidade e virtude sexual, sugerindo a manutenção de um propósito honorário dentro de uma rede de relações públicas equivalente à alta posição social, sendo representantes das famílias da elite imperial e benfeitoras cívicas. As representações tomaram forma de acordo com a construção de gênero daquela sociedade (Trimble, 2011, p. 153-154).

Em relação às representações das mulheres antigas, o gênero não é uma identidade estável ou um lócus de agência de onde vários atos saem, mas é uma identidade tenuamente constituída no tempo, uma identidade instituída por meio de uma repetição estilizada de atos. Além disso, o gênero é constituído por meio da estilização do corpo e, consequentemente, deve ser entendido como um jeito mundano em que os gestos corporais, os movimentos e as suas variedades constituem a ilusão da permanência do próprio gênero. Esse pensamento está de acordo com a concepção básica do modelo substancial para aquele que requer a concepção que constitui uma temporalidade social. Significantemente, se gênero é instituído por atos, que são internamente descontínuos, a substância da aparência é precisamente aquela da identidade construída, uma realização performativa em que a audiência mundano-social, incluindo os próprios atores, vem a acreditar e efetuar um modelo de opinião. Se o fundamento da identidade de gênero é a repetição estilizada dos atos por meio do tempo, e não uma identidade aparentemente perfeita, as possibilidades de transformações de gênero devem ser encontradas em uma relação arbitrária entre seus atos, na possibilidade de diferentes tipos de repetições e na quebra ou repetição subversiva daquele estilo (Butler, 1990 apud Trimble, 2011, p. 155).

É como se existissem, na sociedade, duas dimensões que são atuantes em um mesmo tempo e espaço: uma seria aquela em que o conservadorismo aplaude e afirma uma constituição moldada de gênero que se deve seguir e representada nas manifestações artísticas; enquanto a segunda seria a realidade, com sua distribuição de variedade de gênero existente dentro de um grupo. Constitui-se, assim, sempre uma sociedade de atritos entre o pensamento e as crenças coletivas em relação ao gênero idealizado, contra a transmutação e a realidade de gênero existente. Essa tensão pode causar adversidades comuns na sociedade que envolvem o preconceito de gênero e uma imposição ditatorial pelas partes que compartilham a primeira dimensão.

Por mais que as reproduções dessas mulheres apresentem alguma característica que as distinguem, não se tem ideia de como elas aparentavam de fato, uma vez que seus aspectos estariam atrelados a uma fórmula, ligada a uma figuração voltada para a honra. Contudo, é compreensível que as primeiras moedas com rostos femininos estariam associadas à religião, sendo que o sacerdócio era uma parte central da honra das mulheres da elite (Trimble, 2011, p. 157-165). Sugere-se, assim, que as representações femininas estariam voltadas a uma agência totalmente ligada às atividades públicas e civis, as quais estariam correlacionadas a uma identidade de gênero voltada para os valores do grupo.

Além das representações figurativas das mulheres, deve-se levar em consideração as legendas das moedas quando elas existem e observar suas características. Elas podem apresentar características individuais, assim como nome e a qual imperador elas eram ligadas; como também aspectos genéricos, associados à religião ou mitologia, e escritos de louvor ao imperador e conexões familiares, com a possibilidade de relacionar a imagem com o texto. Infelizmente, as características reais dessas mulheres nesses objetos são pobres ou nulas, privilegiando aspectos da aristocracia evidenciada de um ponto de vista exclusivo da elite, aceitos pelo público. Contudo, o gênero na representatividade é construído por meio de interações similares e seus efeitos, demonstrando que é edificado como um aspecto social e coletivo da identidade (Trimble, 2011, p. 191). Dessa forma, as moedas e suas legendas oscilam entre polos da individualidade e da coletividade, o que deveria ter sido agenciado de forma consciente em relação à honra da pessoa ao privilégio do governante.

2.2. As imagens das mulheres romanas nas moedas provinciais e de Roma

A iconografia das moedas analisadas pode mostrar as disposições de gênero referentes à mulher representada. Esse aspecto será exemplificado pela relevância dos elementos figurativos que a acompanham, assim como aqueles relacionados à mitologia, aos deuses, deusas e outros atributos, além dos dizeres nas legendas das moedas. Ou seja, se o nome da mulher é mencionado sozinho, acompanhado de seus títulos ou de títulos das figuras masculinas e as relações dessas mulheres com tais títulos, contando com o enquadramento da relação de gênero, ao ser acompanhada por uma figura masculina, do papel de gênero e do seu *status* social, na medida do possível.

Kampen (1991) notou na arte romana que a iconografia de gênero tinha sido utilizada em moedas romanas para expressar concernimentos programáticos do Estado e do imperador. Harvey também é convencida de que as representações de Lívia em moedas evidenciam que as imagens das mulheres imperiais romanas eram parte de uma ideologia complexa de gênero e poder, comunicando ao Império romano os propósitos da manutenção social e política das estruturas de poder. Para essa interpretação, a estudiosa acabou por analisar, nas figuras femininas de Lívia, o estilo de cabelo, as características faciais, o vestido, a posição corporal, entre outros, além de traçar padrões de imagens (Harvey, 2020, p. 64).

Os últimos anos da República foram de guerras civis em Roma, primeiro entre Júlio César e Pompeu e depois entre Marco Antônio e Otávio. As imagens em moedas foram utilizadas por eles para se autopromoverem como ícones de poder, para ganharem autoridade governamental e para fazerem crescer o império. Nos anos 40 a.C., eles começaram a colocar seus parentes e mulheres para a promoção da própria família. Antônio cunhou Cleópatra VII, e Otávio, sua irmã Otávia, como se elas já tivessem um lugar público, tonando-se símbolos de poder e autoridade. Dessa maneira, esses membros femininos da família imperial foram utilizados como indivíduos-chave para perpetuar a dinastia (Harvey, 2020, p. 33-34). As primeiras mulheres doadoras de prédios públicos eram das últimas décadas da República, com auge no início do segundo século d.C., seguido de um declínio no terceiro. Desde que o imperador e sua família se formaram em Roma, gradualmente monopolizaram os trabalhos em prédios públicos e de estátuas honorárias (Hermelrijk, 2015, p. 127).

As mulheres imperiais foram geralmente conectadas com a ideia da maternidade e a virtude da fertilidade ou formas personificadas de deidades ligadas a esses aspectos, como Ceres, Diana (*Lucifera*), Juno (*Lucinae*) e Vênus (*Genetrix*). A virtude da castidade, a *pudicitia*, também foi atribuída a elas. Essa virtude comunicava a relação de sangue genuína entre o imperador e seu herdeiro, o que era um importante elemento na transferência do poder imperial. Quando o herdeiro era adotado, a castidade não era como se idealizava, mas se tinha *concordia* dentro da família de acordo com o caráter puro feminino (Claes, 2013, p. 188).

Dessa forma, o papel da mulher imperial também era visto como o de protetora, que poderia garantir a paz, a *concordia*, o bem-estar e o contentamento ao Estado romano. Portanto, ela estaria diretamente ligada à "ideia de fertilidade", pois carregar um filho seria um ato de garantir a sucessão do imperador e uma transição de poder pacífica. Além disso, a *pudicitia* delas também era relacionada com atos filantrópicos, que vinham de suas próprias finanças, incluindo projetos de caridade ou prédios públicos dentro e fora de Roma (Claes, 2013, p. 188).

Contudo, parece que os imperadores utilizavam as figuras femininas de suas famílias para clamar por poder ou para legitimar seus reinos. Para tanto, eles precisariam de uma mídia, que seriam as moedas, para todos saberem a abrangência do poder imperial. A propagação de familiares do imperador foi influenciada pelas circunstâncias históricas, mostrando, no caso das mulheres, como elas estavam entrando na vida pública. As circunstâncias históricas provocaram a disseminação de mensagens persuasivas nas moedas, principalmente quando o imperador ou o candidato a imperador precisava de instrumentos para legitimar seu governo ou poder (Claes, 2013, p. 236-237).

Imperadores dos séculos I, II e III usavam de uma retrospectiva de parentes póstumos como mensagens para legitimar seus reinos, junto de circunstâncias históricas em moedas. Na família Júlio-Claudiana, as mensagens de retrospectivas eram utilizadas para legitimar a sucessão depois de Augusto, alegando a descendência e empregando legendas como *divi filius* ou *divi pronepos*, que se referiam a Augusto ou a alguém da linhagem da sua família (Claes, 2013, p. 238). Portanto, as mulheres imperiais também eram incluídas nesse tipo de moedas, que contavam com ancestrais femininas do imperador, como a mãe, a avó, sua esposa e outras. Muitos imperadores recorriam à retrospectiva e à descendência de mulheres das famílias Júlio--Claudiana e Flaviana para legitimar suas posições. As mulheres, como mães, esposas e irmãs, eram colocadas nas mensagens como benfeitoras, mas, acima de tudo, para elucidar a harmonia familiar (Claes, 2013, p. 241).

Capítulo 3

Fúlvia, a sanguinária

Fúlvia (84 a.C. - 40 a.C.), que parece ter nascido em Túsculo, foi a única filha de M. Fúlvio Bambalio (Cic. *Phil.* 3.16) e Semprônia, filha de Semprônio Tuditano (Asc. *Mil.* 35). Não é claro qual Semprônia foi a mãe dela (Welch, 1995, p. 197), porém não deixa de ser possível que a mãe de Fúlvia tenha sido a irmã da Semprônia da Conspiração de Catilina (Bauman, 1992, p. 83). A Semprônia da Conspiração de Catilina, assim como Fúlvia, foi retratada como aquela que adotou papéis inapropriados de gênero. Ela cometeu crimes de ousadia masculina, repudiou suas dívidas e tomou a iniciativa em questões sexuais, sem qualquer consideração pelas virtudes "femininas" de modéstia, castidade e sobriedade (Hemelrijk, 1999, p. 86). Com relação à família do seu pai, *Fulvii* era uma família distinta, que teve L. Fulvio Curvo como cônsul, em 322 a.C. Seu pai, Bambalio, que era orador e político, foi demitido por M. Túlio Cícero, sendo considerado um homem insignificante (Cic. *Phil.* 3.16 apud Weir, 2007, p. 3).

Fúlvia foi muitas vezes descrita como uma mulher politicamente agressiva e esposa dominadora. Entretanto, de acordo com Babcock (1965), seria uma visão de acadêmicos modernos lançar a prominência de Fúlvia como a esposa de Antônio na primeira fase do segundo triunvirato[19] e limitar o fato de que apenas com esse casamento ela se lançou no campo político. Esse pensamento pode ter vindo do fato de que mulheres como Tanaquil, Cornélia e a própria Fúlvia foram as que começaram a ter mais liberdade, devido às promoções conquistadas por seus maridos, ou seja, nenhuma delas tinha um poder autônomo para se promover (Zager, 2014, p. 36). Sendo assim, elas se tornaram participantes ativas na glorificação de suas famílias, de modo que o registro de suas imagens em moedas e em outras representações foi uma maneira de homenageá-las e de ostentar suas famílias.

Babcock ainda questiona como ela conseguiu ter três casamentos importantes e ser influente. Ele demonstra que os três maridos de Fúlvia foram de família consular e tiveram distinguíveis perspectivas (Babcock,

---

[19] O segundo triunvirato teve início depois da morte de Júlio César, quando Otávio ficou com a região da Itália, para lidar com os veteranos; Antônio ficou com as províncias do Leste; e Lépido, com o Norte da África (Moore, 2017, p. 72).

1965, p. 3). Primeiramente, Fúlvia foi viúva de Publio Clódio Pulcro, o demagogo, com o qual teve uma filha, que foi a primeira esposa de Otávio César, Clódia. Ela levou uma grande soma de dinheiro para o dote do casamento com P. Clódio Pulcher (Brennan, 2012, p. 357), cujo *transitio ad plebem* apenas enfatizava sua origem patrícia por meio da ligação que tinha com a família Cláudia. Ele era filho e neto de cônsul, neto de juiz e irmão de futuro cônsul juiz, além de que suas três irmãs se casaram com cônsules (Babcock, 1965, p. 3).

Clódio se tornou tribuno em 58 a.C. (Weir, 2007, p. 2) e era um político extremamente popular entre o povo (Val. Max. 3.5.3). Consequentemente, foi considerado um demagogo (Plut. *Ant.* 10.1), e uma de suas leis aprovadas foi a *lex Clodia frumentaria* (Lintott, 1967, p. 163; Tatum, 1999, p. 151), a qual provia milho de graça para todos os plebeus. No entanto, a visão negativa, antes de ser famoso, era a de que ele tinha profanado um ritual sagrado de Bona Dea, em 62 a.C., o qual era exclusivo para mulheres (Cic. *Mil.* 72). Na ocasião, vestiu-se de mulher e roubou a casa de César durante o ritual, com o intuito de seduzir a esposa dele (Plut. *Cic.* 28.2; Cic. *Att.* 1.12.3). Porém, César se recusou a prestar queixas (App. B. Civ. 2.2.14; Cass. Dio, *Roman History* 37.45.1; Plut. *Cic.* 29.9; Plut. *Caes.* 10.10; Suet. *Iul.* 74), visto que não queria arranjar problemas, o que poderia afetar a popularidade de Clódio.

Outra lei que o tornou famoso foi a *lex de capite civis Romani* (Tatum, 1999, p. 153), a qual foi feita diretamente contra Cícero. Ela punia, enviando para o exílio, qualquer um que declarasse a morte de um cidadão romano sem julgamento, pois Cícero tinha ordenado a execução sem julgamento dos conspiradores de Catilinia, dentre os quais estava o padrasto de Antônio, P. Cornélio Lentulo Sura. Outra lei de sua autoria foi a *lex Clodia de exsilio Ciceronis*, que confirmou a punição de Cícero de ser exilado depois de ele ter fugido de Roma por causa da acusação decorrente da lei anterior (Tatum, 1999, p. 156 apud Weir, 2007, p. 4-5).

As tensões com Milo iniciaram-se em 52 a.C., com sua candidatura para pretor. Depois que Clódio morreu violentamente nas mãos de seu adversário político, no mesmo ano, Fúlvia, com dois filhos, gerenciou um funeral que ficou na memória social por muitos anos, em que o corpo dele foi levado à casa Senatorial, cremado em uma pira (Brennan, 2012, p. 357), e ela lamentou dramaticamente. Essa foi a primeira aparição de Fúlvia em público. No julgamento da morte de Clódio, Ascânio lembrou que esse ato de Fúlvia causou desordem. Depois, ela levou evidências para o julgamento de Milo, quando Cícero a reconheceu e manifestou que ela, antes do ocorrido, não saía do lado de seu marido em vida (Cic. *Mil.* 28.55), dando a entender que teria sido Clódio que tramou contra Milo e, para matá-lo, teve que ficar sem a presença de sua esposa. Em contrapartida, é possível entender que, se Fúlvia estava sempre com ele, poderia ter sido considerada cúmplice de suas atitudes. Contudo, viúva de um líder popular, Fúlvia ganhou uma posição de prestígio entre o povo (Weir, 2007, p. 35-37).

Após ficar viúva, ela se casou com Caio Escribônio Cúrio, por volta de 51 ou 49 a.C., que também era popular entre os plebeus e tinha vindo de uma família que havia alcançado o consulado apenas com seu pai, em 76 a.C. (Babcock, 1965, p. 3), e foi um tribuno em 50 a.C. Ele teve papel crucial na guerra civil junto a César. Além disso, ele foi como tribuno no Norte da África, durante o conflito civil, ao seguir César (Brennan, 2012, p. 357). Provavelmente, Cúrio tinha ligação com Clódio, uma vez que Cícero lhe escreveu em 53 a.C. pedindo suporte para o caso da eleição de Milo para o Consulado (Cic. *Fam.* 2.6.3), mas Cúrio já estava dando apoio a Clódio (Cic. *Att.* 2.12.2; Cass. Dio, *Roman History* 38.16.4). Cúrio foi morto pelo Exército de Juba, rei da Numídia, enquanto lutava para César, na África, em 49 a.C. (App. *B. Civ.* 2.7.45). Cícero proclamou que Clódio e Cúrio teriam morrido por causa de Fúlvia (Cic. *Phil.* 2.1).

Em seguida, ela se casou com Marco Antônio – por volta de 45 a.C., segundo Babcock (1965), ou 46 a.C., conforme Weir (2007) –, que também era amigo de Clódio (Cic. *Phil.* 2.48) e Cúrio (Cic. *Phil.* 2.45; Huzar, 1978, p. 26; Tatum, 1999, p. 116 apud Weir, 2007, p. 7), sendo que Cícero acabou tendo rivalidade com ele também (Weir, 2007, p. 37). Antônio tinha origem antiga e obscura e parece ter vindo de uma família da nobreza plebeia, que voltou a se fortificar no início do primeiro século (Babcock, 1965, p. 3). Ele já tinha se tornado tribuno antes do casamento, em 49 a.C., comandou o Exército de César em Farsalos, em 48 a.C., e se tornou Mestre de Cavalo, em 47 a.C., co-cônsul com Júlio César, em 45 a.C. (Moore, 2017, p. 53), e cônsul, em 44 a.C. (Weir, 2007, p. 2 e 7).

O que parece é que ele tinha uma avó maternal que era da família Fúlvia (Brennan, 2012, p. 357), dois avôs consulares, dos quais um era juiz, bem como dois tios, entre os quais um deles também se tornou juiz (Babcock, 1965, p. 3). Fúlvia teve dois filhos com Antônio: M. Antônio Antilo, que foi escolhido por Otávio para se casar com sua filha Júlia, em 36 a.C., mas foi morto em 31 a.C.; e Julo Antônio, que se casou com Marcela, sobrinha de Augusto, alcançando o consulado em 10 a.C., mas foi morto em 2 a.C. (Brennan, 2012, p. 357). Todos os maridos de Fúlvia tinham carreira promissora, tendo em vista que suas conexões familiares a levariam a bons casamentos (Babcock, 1965, p. 3).

Como Clódio e Cúrio, Antônio teve entraves com Cícero. Além da questão com seu padrasto, ele começou a se opor a Cícero depois que este não apareceu em um compromisso requerido por Antônio, que seria um encontro no Senado para votar uma medida em honra de César, a qual Cícero considerou vergonhosa e faltou para não ter que votar (Cic. *Phil.* 1.12; 5.19). Cícero respondeu as ofensas de Antônio, e este mencionou que ficou insultado e sugeriu que ele tinha traído o legado de César (Weir, 2007, p. 39).

Babcock (1965) salienta que a família de Fúlvia era uma das mais distintas da nobreza plebeia republicana. Todavia, nenhum cônsul de sua família foi reconhecido desde 125 a.C. É significante que seu pai, M. Fulvio Bambalio, possivelmente o último de sua linhagem, se casou com a última filha de outra nobre família plebeia, os *Sempronii Tuditani*, cujo nome é retratado pelo avô de Fúlvia, que não parece ter tido uma boa carreira. Ele foi filho e tio de um cônsul em 129 a.C., por meio do casamento de sua irmã com Q. Hortênsio Hortalo, o orador. Essas não são características que parecem ter favorecido Fúlvia a um casamento com um bom dote. Contudo, Babcock (1965) acredita que ela era rica e menciona uma passagem em que Cícero afirmava que seu avô Tuditano apareceu louco no Fórum, malvestido e espalhando dinheiro ao povo, além do fato de ele ter sido, provavelmente, o único herdeiro, o que poderia ter levado Fúlvia a ter tido boa quantia de dinheiro, visto que ela era a única filha da família Fúlvia e Semprônia. Era filha de M. Fulvio Bambalio e Semprônia, sendo a última dos Sempronio Taditano (Brennan, 2012, p. 357), ou seja, a última de cada uma dessas linhagens, *Fulvii* e *Sempronii Tuditani*. Consequentemente, sua herança não seria desprezada por nenhum jovem nobre de hábitos caros e de renda escassa (Babcock, 1965, p. 3-5). Para adicionar, Cícero a descreve como uma boa mulher e, certamente, rica (Cic. *Phil.* 3.16). Weir (2007) caracteriza essa passagem como sarcástica, uma vez que parece que Cícero estaria sugerindo que Antônio se casou com ela por causa de sua fortuna (Babcock, 1965, p. 4 apud Weir, 2007, 1965, p. 57).

3.1. A importância de Fúlvia e suas moedas

Fúlvia assumiu papel político depois do assassinato de César, em 44 a.C. Ela teve que representar os interesses de Antônio em Roma, enquanto ele guerreava no Leste e entrava em um relacionamento com Cleópatra

(Brennan, 2012, p. 358). Fúlvia acabou tendo participação especial nas tramas de seu marido, Marco Antônio. Vista como aquela que tinha presença constante ao lado do marido morto, Clódio, também foi conhecida por suas múltiplas interferências nas ações de Antônio. Depois do casamento com o triúnviro, ela foi recoberta de descontentamentos diante de sua presença na esfera política. Isso pode ter ocorrido devido a suas ações em um momento conturbado, no qual teve que demonstrar uma autoridade feminina ao representar seu marido ausente, para não deixar que seus interesses fossem sucumbidos (Rohr Vio, 2015, p. 62-63).

Foi no contexto do casamento de Fúlvia com Antônio, em 44 a.C., que ela primeiramente apoiou seu marido contra Cícero, que estava querendo convencer o Senado de que Antônio era inimigo do Estado, com desígnios despóticos (App. *B. Civ.* 3.8.51). No mesmo ano, ela teve sua primeira aproximação com o mundo militar, quando Antônio teve que enfrentar a sedição de duas legiões, em Brundísio: a IV e a Márzia. Otávio investiu consideráveis somas de dinheiro na tentativa de obter a deserção dessas tropas a seu favor (Cass. Dio, *Roman History* 45.12.1). Entretanto, Antônio optou pela linha dura e, em cumprimento ao código militar, tendo mandado entregar os registros das legiões para identificação dos desordeiros, procedeu a uma dizimação (Cristofoli; Galimberti; Rohr Vio, 2014 apud Rohr Vio, 2015, p. 64)

Cícero e Dião Cássio declaram que Fúlvia presenciou tal execução (Cic. *Phil.* 5.22; Cass. Dio, *Roman History* 45.35.3). Esse episódio contribuiu para creditar a Fúlvia a característica de uma mulher cruel e sanguinária e para atentar às ocasiões em que houve interferências dela na política do marido, sendo que Cícero a caracterizou como a mulher mais ambiciosa e cruel (Cic, *Phil.* 2.113, 2.95, 6.4 e 13.18), como o fez com seu inimigo Antônio (Cic. *Phil.* 5.2), acrescentando que ele a contaminou (Weirs, 2007, p. 59). Todavia, ela apenas foi espectadora de tal ato de Antônio, que ocorreu dentro de uma *domus*, lugar tradicional das mulheres, que levou a desenvolver o pensamento de que Antônio, inadequadamente, misturou a vida privada com suas funções públicas (Rohr Vio, 2015, p. 66-67). Na verdade, a *domus* e a atuação da mulher nesse espaço eram ambíguas, uma vez que a mulher teria nesse local uma posição de autoridade, além de sua participação na vida social que ali circundava. Havia alguns cômodos, como o *atrium*, que era a parte central e mais pública da casa, onde o marido recebia seus convidados e também onde a esposa supervisionava o trabalho de escravos em diferentes ocasiões. Além disso, o casamento em si proporcionaria à mulher a participação na vida social, pois era esperado das mulheres que elas entretivessem os convidados dos seus maridos e os acompanhassem em visitas sociais e em jantares (Hemelrijk, 1999, p. 8).

Contudo, a integração das mulheres na casa e na vida social da família ainda é interpretada academicamente de maneira pouco complexa ou diversa, por meio de uma divisão, marcada por gênero, das tarefas e atividades sociais, apontando para uma segregação do marido e da mulher em parte ou na maior parte de suas atividades diárias. Essa separação é algo que tal sociedade também acreditava existir, mas, na prática, a funcionalidade da *domus* poderia ser outra, até mesmo totalmente distinta. Cícero demonstrou um exemplo de como a casa poderia ser usada na República Tardia. Era considerada um potente material e um símbolo discursivo da posição de um homem em sua vida privada (Milnor, 2005, p. 67), o que sugere argumentos contra a divisão entre o público e o privado, que vem sendo tomada de forma estrita, sem levar em conta a complexidade da subjetividade espacial e de gênero.

É pressuposto que o casal recebia hóspedes, e a esposa, a mãe, a filha ou a irmã agiam como anfitriãs das mulheres convidadas. No entanto, era inapropriado o marido receber convidados dos dois sexos. A mulher passava o tempo na *domus*, geralmente, em sua toalete, supervisionando o trabalho doméstico, cuidando dos filhos, das necessidades de seu marido ou de algum parente doente, enquanto o marido poderia engajar-se em discussões de sua carreira pública, política e intelectual com amigos, nas quais suas mulheres poderiam estar presentes. Além disso, não ficavam confinadas em casa ou ligadas apenas a atividades domésticas, principalmente quando elas eram prósperas, pois suas elevadas posições de filhas, esposas e mães obscureciam suas vidas sociais e dentro da política, mas elas poderiam exercer tais atividades de forma indireta. Dessa maneira, suas posições eram incertas, pois elas faziam parte de uma camada social que governava e tinha poder, mas eram subordinadas. Elas não deixavam de compartilhar prestígio e distinção na sociedade, mas, ao mesmo tempo, eram socialmente inferiores aos homens da mesma esfera social. Elas eram ligadas a ordens senatoriais, equestres e decuriais por meio dos homens da família ou dos maridos (Hemelrijk, 1999, p. 8-10).

Diante desse ponto de vista, Cícero criticou Antônio por levar negócios do Estado para sua casa (Cic. *Phil.* 2.95; 3.10; 5.11), aproveitando para blasfemar que quem estaria conduzindo os negócios não seria Antônio, mas sua mulher (Skinner, 1983, p. 276). Plutarco já mencionava que a mãe de

Antônio restringia os atos filantrópicos de seu pai, por ele ser um homem rico, mostrando o balanceamento da mãe e os atos de caridade do pai (Plut. *Ant.* 1) e comprovando que Antônio poderia ter aprendido a obedecer a uma mulher com a sua própria mãe. O autor afirma que Cleópatra deveria agradecer a Fúlvia por tê-lo ensinado a obedecê-la (Plut. *Ant.* 10.1). Com isso, Cícero acabou por sugerir que Antônio fosse um fraco e que não estava nem no controle de si mesmo (Weir, 2007, p. 40-41).

Cícero ainda declarou que a aproximação de Antônio e Cúrio sugeria uma relação homossexual, o que faria de Antônio um passivo, subjugado por outro homem, tendo o *status* de uma mulher (Cic. *Phil.* 2.44; Butler, 2002, p. 121 apud Weir, 2007, p. 41), o que reforçou a maledicência feita por Cícero sobre a subjugação de Antônio por Fúlvia. Esse tipo de argumento era comum entre os inimigos, notando-se uma feminização atribuída por Cícero em relação ao seu oponente. Essa situação era constantemente reforçada pela utilização de metáforas populares, que conjugavam a difamação com a perda da potência sexual e da masculinidade, como a emasculação, a castração e a impotência (Moore, 2000, p. 32). Isso acontecia porque a sexualidade estava intimamente ligada ao poder, de tal modo que o próprio poder e a própria força eram sexualizados, ou seja, estavam inscritos na diferença e na hierarquia de gênero (Moore, 2000, p. 35). Fantham (2011) também reafirma tal questão, pois ela menciona que os romanos facilmente recorriam às acusações de efeminação quando queriam insultar uns aos outros ou desacreditar a oratória e a posição política do outro (Fantham, 2011, p. 141).

As características que Cícero atribuiu a Antônio demonstram que este era atrelado à luxúria, leviandade e insanidade, além de um bêbado. Toda essa descrição servia para indicar que Antônio seria submisso, especialmente, à sua mulher (Cic. *Phil.* 6.4; Craig, 2004, p. 191). A maioria das invocações acerca de Fúlvia em Cícero era para mostrar a fraqueza de Antônio, bem como que Fúlvia estava executando um papel masculino, e não aquele tradicional de uma mulher, ao tratar de negócios na sala de fiar (Cic. *Phil.* 3.10). Cícero também alegou que suas transações eram ilícitas (Cic. *Phil.* 2.95 apud Weir, 2007, p. 42, 46 e 59). Muitas vezes, mulheres que se distinguiam por executarem papéis masculinos eram chamadas de masculinas ou vistas como masculinizadas. Entretanto, se as características masculinas eram desejáveis em uma mulher, ela teria que exibir as principais virtudes femininas também. Além disso, a masculinidade em uma mulher não era vista como elogio. As mulheres em que a masculinidade não era balanceada por virtudes femininas e que publicamente transpassavam o campo masculino ou empregavam o que era considerado um mal hábito masculino eram tidas como "diferentes" (Hemelrijk, 1999, p. 84-85). Dessa maneira, Fúlvia não escapou dos estigmas comuns dados pela sociedade romana ao executar tais papéis, mesmo contribuindo como mãe e esposa para suas virtudes de esposa.

Fúlvia também foi descrita como perversa e com sede de sangue, durante as proscrições que seguiram a criação do Segundo Triunvirato, em 43/42 a.C. (App. *B. Civ.* 4.4.29; Cass. Dio, *Roman History* 47.8.2), com Marco Antônio, Lépido e Augusto. Depois do assassinato de César, em 44 a.C., Roma encarou uma guerra civil, uma vez que a primeira ação dos triúnviros foi a proscrição, que eliminou 130 senadores e 2000 *equites*, os quais eram cavaleiros da segunda ordem social de Roma. A escolha dos proscritos e mortos estava diretamente ligada aos três homens. Os ganhos materiais das proscrições foram para financiar os esforços de guerra contra os assassinos de César, Marco Iunio Bruto e Marco Licinio Crasso (Takács, 2008, p. 21).

Os impostos também foram cobrados das classes de proprietários, sendo uma taxa instituída sobre as mulheres ricas. Consequentemente, mulheres, sob a liderança de Hortênsia, filha de um dos oradores mais proeminentes, se levantaram em desafio. Primeiro, as mulheres rebeldes buscaram a ajuda das parentes dos triúnviros. Otávia, irmã de Augusto, e Júlia, mãe de Antônio, as receberam. Entretanto, Fúlvia as esnobou. Em seguida, as mulheres lideradas por Hortênsia fizeram uma manifestação no fórum e dirigiram-se ao tribunal. Lá, Hortênsia se manifestou, mas foram expulsas. Contudo, seus protestos reduziram o número de mulheres a serem tributadas de 1 mil para 400, enquanto homens em posse de mais de 100 mil dracmas foram tributados. É interessante notar que a mãe de Antônio, Júlia, não se opôs às manifestantes, embora sua nora, Fúlvia, o tenha feito (Takács, 2008, p. 21).

Brennan acusa Apiano e Plutarco de a caracterizarem como uma mulher cruel e gananciosa na ausência de seu marido, acrescentando o seu papel nas proscrições e na decapitação de Cícero (Brennan, 2012, p. 358). Fúlvia tinha se tornado alvo principal dos inimigos de Antônio, primeiramente por Cícero (44-43 a.C.) e depois por Otávio (42-41 a.C.) (Weir, 2007, p. 8), os quais utilizaram a estratégia de insultar Fúlvia para atingir Antônio. As cartas de Cícero para e sobre Terência e outras matronas republicanas, bem como aquelas do início da carreira de Fúlvia, são uma prova de que as mulheres, durante e no final da República, estavam longe de ser apáticas ou relegadas ao domínio privado. Contudo, tais documentos as apresentam em segundo plano (Moore, 2017, p. 132).

A FORÇA DAS MULHERES ROMANAS POR MEIO DAS MOEDAS E UMA CRÍTICA
FEMINISTA DO PASSADO PARA O PRESENTE

Ao falar das proscrições, Dião Cássio lembra aquelas de Sula, voltadas para os que traíram o Estado, e dá mais razão para essa do que a mais recente (Cass. Dio, *Roman History* 47.4.1). O autor coloca Lépidos e Antônio como articuladores da matança (Cass. Dio, *Roman History* 47.7.1), posto que sua retórica deve ter sido elaborada para adular Otávio, amenizando sua participação nas proscrições. O autor continua a relatar que César salvou muitas vidas, enquanto menciona que Antônio foi um selvagem e impiedoso, além de adicionar que ele adorava ver a cabeça dos mortos, mesmo se estivesse comendo, e se saciava com sua visão profana e lamentável. Menciona que Fúlvia também causou a morte de muitos e se satisfazia com o fim de seus inimigos, visando a ganhar riqueza, muitas vezes, com mortos que seu marido não conhecia nem o rosto. Durante essa atividade, a cabeça de Cícero também foi trazida a eles. O autor cita que Antônio proferiu palavras amargas a ela e ordenou que fosse exposta de forma mais proeminente possível, em um local onde Cícero foi muitas vezes ouvido fazer declarações contra Antônio, junto à sua mão decepada.

Antes disso, Dião Cássio salienta que Fúlvia tomou a cabeça em suas mãos, colocou sobre seus joelhos, cuspiu nela, abriu a boca e puxou a língua, furando-a com alfinetes que ela usava no cabelo e proferindo palavras brutais (Cass. Dio, *Roman History* 47.8.1-4). Satisfez-se pela vingança contra Cícero e por todas as palavras que ele proferiu contra ela e seus maridos. Apiano constata que teria sido Laena, um centurião de Antônio, que teria caçado Cícero, e ele mesmo teria removido sua língua e suas mãos para apresentar a Antônio, ganhado algum favor em troca (App. *B. Civ.* 4.4.19-20). Plutarco não menciona Fúlvia e afirma que era Antônio quem queria vingar-se (Plut. *Ant.* 20.3 apud Weir, 2007, p. 105).

Apiano cita outro episódio que revela a brutalidade e a ganância de Fúlvia. O autor narra que ela tinha o desejo de possuir a casa de seu vizinho, o que fez com que ela o tivesse proscrito. Nesse sentido, ela ordenou que ele fosse decapitado em frente de sua casa no Palatino, evidenciando seu desejo de vingança contra Rufus, por não cumprir seus desejos imediatamente. O que parece é que esse ato foi um aviso público para aqueles que queriam cruzar seu caminho, e Apiano demonstra que Fúlvia também adicionava nomes na lista de homens proscritos (App, *B. Civ.* 4.3.15-16), sugerindo que ela também participou das proscrições para poder se vingar de pessoas que perseguiram sua família. Entretanto, Dião Cássio relata diretamente que ela matou muitos (Cass. Dio, *Roman History* 47.8.2-3).

Segundo Plutarco, enquanto Cleópatra conseguia cativar Antônio completamente, Fúlvia, sua esposa, por volta de 41 a.C., liderava uma rebelião contra Otávio César para defender os interesses de seu marido (Plut. *Ant.* 28.1). Plutarco, assim como fez com Otávia (Plut. *Ant.* 53.5), sempre colocou as mulheres de Marco Antônio em contraposição, como se elas agissem por ciúmes dele (Plut. *Ant.* 30.1, 53.2 e 57.1). Em comparação a Fúlvia, mulheres como Cleópatra, Agripina Maior e Agripina Menor parecem ter tido uma deslegitimação feminina por escritores antigos, o que pareceu canônico diante da repetição de tais argumentos em relação às matronas próximas a homens de poder, pela alegação de uma interferência inadequada (Rohr Vio, 2015, p. 79). Outra reação de oradores contemporâneos, como Cícero, e escritores antigos era caluniar as esposas, com a intenção de desonrar e atingir o homem. Cícero não foi exceção, pois precisou insinuar que Fúlvia era adúltera para atacar Antônio (Kennedy, 1972, p. 271; Wier, 2007, p. 34). Contudo, o adultério seria com o próprio Antônio, durante o período em que estava casada com Clódio e Cúrio (Cic. *Phil.* 2.48), e Antônio, com Antônia, quando ele acusou sua esposa de infidelidade para se divorciar dela, casando-se com Fúlvia logo em seguida (Weir, 2007, p. 61).

Fúlvia foi uma mulher influente que teria mostrado características de liderança e estava envolvida em negócios militares enquanto se encontrava na Gália. Teve um papel ativo para administrar as políticas de Antônio, depois que ele assumiu o controle de afazeres no Leste. Além disso, ela deu suporte à causa de seu marido na Itália, junto do irmão de Antônio, Lúcio, durante a Guerra da Perúsia (41 - 40 a.C.), em que ela teve considerável influência político-militar, lançando ataques a Roma. Barrett (2002) menciona que ela pegou em espada, lançou palavras de ordem, fez um discurso para os soldados e deu conselhos de guerra para senadores e cavaleiros. Essa última ação foi interpretada como a pior atitude dela na interferência da lealdade das tropas (Barrett, 2002, p. 117).

Segundo Brennan, seu comportamento foi extremamente transgressivo. De acordo com Dião Cássio, Fúlvia se acostumou a conduzir todas as suas deliberações com a ajuda de Antônio e seu irmão Lúcio, bem como a enviar ordens para onde fosse preciso. Nesse ponto, ninguém deveria surpreender-se com ela, pois ela já estava se armando com espada, dando ordens e discursando para os soldados (Brennan, 2012, p. 360). Além disso, foi para essa guerra com suas crianças, armou-se e lançou ordens militares (Cass. Dio, *Roman History* 48.10).

Ao se referir a Fúlvia, Plutarco criticou os seus modos, por parecer que ela não tinha interesse em fiar, administrar o lar ou mesmo dominar um marido que não tivesse ambição para a vida pública. Seu real desejo, conforme o autor, teria sido dominar aqueles que governavam ou aqueles que comandavam. Plutarco demonstra que Fúlvia era um modelo de mulher da elite que não deveria ser seguido. No entanto, ele não esclarece que mulheres desse período, como esposas de governantes, desempenhavam um papel crucial na esfera econômica, pois tinham que administrar as finanças de suas famílias e seus lares, além do que, sem sombra de dúvidas, elas teriam um impacto político de alguma forma, longe dos centros usuais. Contudo, era natural para tais mulheres representarem os interesses de seus maridos em Roma, diante de qualquer ausência deles (Brennan, 2012, p. 359).

A atitude de Fúlvia comprova a existência de uma pluralidade de feminilidades (Connell, 1987, p. 177) na sociedade romana, bem como atitudes transgressivas dentro do pressuposto feminino de lealdade ao marido. É pelo envolvimento com posições oferecidas pelos discursos sociais que "mulheres" e "homens", individualmente, conseguem reproduzir o discurso cultural dominante, ao mesmo tempo que se mantêm distantes das categorias desse discurso. De outra maneira, cada indivíduo tem sua história pessoal, e é na interseção de história, situações, discursos e identidades coletivas que reside a problemática entre o social e o indivíduo, de modo que a resistência – ou o agir de outra maneira, diferente do esperado – e a obediência não são apenas tipos de agências, mas também formas ou aspectos da subjetividade (Moore, 2000, p. 16, 29 e 31).

Desde o começo, em tempos de César, quando Dião Cássio descreve Fúlvia, já a menciona com imponência, comentando que, quando Publio Servilio e Lúcio Antônio se tornaram cônsules, Marco Antônio e ela eram os que eram ativos. O autor continua a descrevê-la como a sogra de César[20] e afirma que ela não tinha nenhum respeito por Lépido, devido à sua preguiça. Por essa razão, acabava por administrar os negócios ela mesma, fazendo com que nem o Senado nem os outros negociantes fossem contra sua vontade. Em 41 a.C., quando interferiu em contexto militar (Rohr Vio, 2015, p. 67), o poder de Fúlvia já era respeitado até mesmo pelos vencedores,

---

[20] César, para Dião Cássio, nesse período, era Otávio. Essa informação é para não se confundir com Júlio César. Otávio tinha sido noivo de Servília, filha de Público Servílo Isáurico, e depois, com uma reconciliação com Antônio, desposou sua afilhada, Cláudia (ou Clódia), filha de Fúlvia e Público Clódio, chegando apenas à nubilidade, e se casou definitivamente com Escribônia, com a qual teve Júlia, mas se separou e depois raptou Lívia, grávida de seu marido Tibério Nero (Tac. *Ann.* 5.1).

uma vez que Lúcio tinha derrotado certos povos dos Alpes, e ela, por um tempo, não lhe concedeu o triunfo. Nesse caso, esse triunfo somente foi concedido como se fosse conquistado por Antônio, e parece que foi Fúlvia que o concedeu para seu marido, ato que sugere alta importância a ela, uma vez que teve poder para escolher quem seria o triunfante. De acordo com o autor, a presença de Fúlvia era tão imponente que ela era quem parecia dar o espetáculo, enquanto Lúcio vestia o traje triunfal, subia na carruagem e fazia os rituais esperados (Cass. Dio, *Roman History* 48.4.1-5).

Depois do episódio de Brundísio, Fúlvia se aproximou mais da esfera militar e sofreu uma deslegitimação do modelo da matrona, principalmente com a Guerra da Perúsia, quando adquiriu um papel operacional no campo. Durante essa guerra, que aconteceu nos anos de 41 a 40 a.C., assumiu traços de uma verdadeira *dux femina*, sendo que era uma matrona, que se apropriou do papel de soldado, oficial e comandante do Exército (Rohr Vio, 2015, p. 68-69). Dião Cássio a caracteriza com todos os elementos de uma *dux femina*, mas não a classifica com uma palavra grega em especial que pudesse corresponder ao mesmo sentido. Em Plutarco e em outros autores, ela também poderia ser próxima a um *vir militaris* ou uma matrona ativa em um cenário de homens armados, além de sua expressão feminina ter sido classificada como um antimodelo, mas as excepcionalidades das condições político-institucionais legitimavam comportamentos alheios aos tradicionais. Ela seria uma matrona que tinha se tornado comandante no campo de batalha e uma mulher que foi levada pela necessidade de agir militarmente por ter sido cuidadosa, em colaboração ao seu marido e no lugar de herdeiros ainda muito jovens, como Antilo e Julo Antônio (Rohr Vio, 2015, p. 78-79).

A importância de Fúlvia poderia ter a levado a ser a primeira romana a ter sua imagem retratada em moedas, logo depois que Júlio César apareceu cunhado, em 44 a.C. Sua figura apareceu primeiramente sob a personificação de Vitória/Nike, porém a identificação, se é ou não Fúlvia, é questionável (Harvey, 2020, p. 18). É possível que Fúlvia tenha sido cunhada por meio dessa personificação, uma vez que era costume utilizar a imagem de deusas para comemorar as conquistas e pelo motivo de que nenhuma mulher havia sido cunhada em moedas antes. Considerando a *pudicitia* e o não costume de as mulheres aparecerem em público, pode-se ter tentado camuflar a imagem de Fúlvia, mas, ao mesmo tempo, homenageá-la ou seu marido, utilizando-se do fato de que, naquele momento, as imagens femininas que apareciam em moedas eram apenas de deusas.

A deusa Vitória foi, antes de tudo, a Nike grega, isto é, as duas são as deusas da vitória, mas uma é romana, e a outra, grega. Nike era filha de Titan, Pallas e Styx, a ninfa presente no rio do submundo. Ela era reconhecida por suas asas e por, em sua mão esquerda, segurar uma coroa de louro e, na direita, um ramo de palmeira. Nas esculturas da Antiguidade, era normalmente conectada com as estátuas colossais de Zeus ou Pallas-Atena, sendo representada em tamanho natural, em cima de uma bola e sobre a palma da mão aberta da divindade que a acompanhava. Às vezes, ela era ligada às inscrições de vitória nos escudos dos conquistadores, com seu pé direito ligeiramente levantado. Nike foi altamente honrada como Vitória pelos romanos, os quais a atrelavam às suas conquistas. O santuário principal da deusa era o do Capitólio, onde era comum que os generais, depois de terem sucesso em batalha, fossem erigir estátuas a ela em comemoração a suas vitórias, sendo uma delas aquela construída por Augusto depois da batalha de Ácio (Berens, 2009, p. 98-99). Vitória, geralmente, aparecia alada, segurando uma guirlanda e um ramo de palmeira; às vezes, aparecia segurando um escudo, que mostrava inscrições, ou erigindo um troféu (Sear, 2000, p. 41).

Moedas apareceram cunhadas em Lugduno, por volta dos anos 40 a.C., com o nome de Antônio no reverso, e possuíam um busto alado na figura feminina do anverso. Nesse tipo de moeda, a imagem feminina tinha o cabelo tipo *nodus*, que poderia sugerir uma mulher mortal, possivelmente Fúlvia, esposa de Marco Antônio, por estar ligada às conquistas da Gália. No mesmo período, casas de moedas de Roma passaram a fazer o mesmo busto de Vitória com cabelo tipo *nodus*, parecendo que foi inspirada no tipo de Lugduno (Barrett, 2002, p. 140).

A próxima moeda é um quinário[21], cunhado em Lugduno em 43 e/ou 42 a.C. Essa série de moedas, às vezes, aparece batida com o nome da *colonia* ou com o nome de Antônio (Rowan, 2019, p. 82). Antônio poderia ter usado Fúlvia como modelo para o rosto de Vitória no anverso, sendo esse quinário tomado como a primeira imagem em moeda de uma mulher. No reverso, encontra-se o leão, símbolo do nascimento de Antônio (Brennan, 2012, p. 358), o qual estava comemorando seu 41º aniversário. Se a elite cívica de Lugduno era responsável pelos tipos monetários, essa era escolhida para homenagear a mulher de Antônio. Entretanto, o fato de as moedas trazerem o nome de Antônio sugere que ele é que era a autoridade para escolher a cunhagem de acordo com o tipo ideal de Roma. Para Rowan, o leão estaria

---

[21] O quinário de prata não foi batido durante o período Júlio-Claudiano, mas foi reavivado em 68 d.C., durante o governo de Galba, e continuou durante o período Flaviano (Sear, 2000, p. 20).

mais ligado às moedas da Gália de prata, mas dentro do sistema romano. O leão apareceu nas moedas gregas mais antigas antes da República Tardia da mesma cidade (Rowan, 2019, p. 82-83).

Figura 1 – Quinário,[22] de Lugduno, 43 - 42 a.C. Anverso: busto de Fúlvia como personificação de Vitória voltado para a direita. Legenda: III·VIR·R·P·C (*Triumviri Rei Publicae Constituandae* = Triúnviro para a Restauração do Governo[23]). Reverso: leão andando, com borda de pontos. Legenda: ANTONI IMP XLI (*Antoni Anno quarantegesimus unus Imperator*[24] = Comandante Antônio, [comemorando] seu quadragésimo primeiro [aniversário][25]).[26]

Fonte: cortesia da *American Numismatic Society*

Em todas as moedas que possivelmente retratavam a imagem de Fúlvia, mas com a personificação de Vitória, ela aparece com um coque na parte de trás da cabeça e um topete grande e cheio acima da testa, formado por pentear uma ampla seção de cabelo para frente ao longo do meio da cabeça, varrendo-o na linha do cabelo e, em seguida, puxando-o de volta em uma trança que ia ao longo do centro da copa da cabeça. Esse penteado aparece em muitos retratos públicos e privados de mulheres do final da República e início do Império e é comumente conhecido como penteado *nodus*, porque parece corresponder à moda que Ovídio recomendou para

---

[22] Referência: RPC 1 513 = RRC: 489/6, disponível em: http://numismatics.org/collection/1944.100.4491. Acesso em: 21 jul. 2021. A moeda foi catalogada tanto em RRC quanto em RPC, mostrando ser tanto um exemplar provincial quando de uma série de Roma. Tanto a divisão entre as moedas provinciais quanto as de Roma pode ser tomada como algo artificial e não útil (Rowan, 2019, p. 82). CRI 126, BMCRR Gaul 48. RSC 3.

[23] Disponível em: https://en.numista.com/catalogue/pieces66597.html. Acesso em: 29 jun. 2021.

[24] *Imperator*, que aparece como IMP em legendas de moedas, é um título que originalmente significava "comandante" e era utilizado para descrever as vitórias. O título foi usado, em períodos imperiais, como *praenomen* ou nome pessoal do imperador por sua virtude de seu comando supremo sobre legiões, auxiliares e oficiais navais. Outro uso do título seria para enumerar as vitórias durante o curso do reinado do imperador. Quando havia alguma batalha de sucesso, o imperador era aclamado, mesmo se ele não estivesse presente. O número dessas aclamações era geralmente colocado em inscrições de moedas (Sear, 2000, p. 72-73).

[25] Disponível em: https://en.numista.com/catalogue/pieces58848.html. Acesso em: 11 jul. 2021.

[26] Disponível em: http://numismatics.org/crro/results?q=489%2F6. Acesso em: 29 jun. 2021.

A FORÇA DAS MULHERES ROMANAS POR MEIO DAS MOEDAS E UMA CRÍTICA
FEMINISTA DO PASSADO PARA O PRESENTE

mulheres com rostos curtos e redondos, que ele descreveu como um *exiguus nodus*. O nome pode ou não ser apropriado, posto que Kockel acredita que Ovídio estava descrevendo uma moda mais antiga, em que o usuário puxa o cabelo para cima da parte de trás da cabeça e o torce em um pequeno topete na copa da cabeça (Ov. *ArsAm.* 3.139-140; Kockel, 1993, p. 37-38 apud Wood, 2001, p. 42).

Dito isso, a relação das moedas com a vida de Fúlvia foi compreensível, devido à sua atuação na esfera militar. A Guerra da Perúsia ocorreu porque Lúcio e Fúlvia contaram com o parentesco com César para serem parceiros na supremacia (Cass. Dio, *Roman History* 48. 5. 1), o que já demonstrava uma malícia estratégica por parte de Fúlvia, segundo Dião Cássio. Fúlvia, além de atuar na esfera pública, tinha uma dinâmica política como matrona, ou seja, ela tinha as posições de esposa de Antônio e sogra de Otávio, que foram apresentadas de forma como que ela ultrapassasse os limites da atividade feminina (Rohr Vio, 2015, p. 69).

Todavia, de acordo com o mesmo autor, Lúcio e Fúlvia brigaram, pois não garantiram a porção de terra que pertencia a Antônio e César. Consequentemente, seu parentesco por casamento foi dissolvido, e eles foram levados à guerra aberta. César não suportou o temperamento difícil de sua sogra e utilizou isso para demonstrar que estava em desacordo com ela em vez de Antônio, além de aparentar um repúdio tanto a Clódia quanto, principalmente, a Fúlvia. Nesse sentido, mandou a filha de Fúlvia de volta, com a observação de que ela ainda era virgem, algo que ele confirmou por juramento. Entretanto, isso foi algo difícil de se imaginar, pois a questão que se levanta seria ligada ao motivo pelo qual ela teria permanecido virgem em sua casa por tanto tempo ou se isso pode ter sido planejado com antecedência para se preparar para o futuro. Depois desse acontecimento, as relações se esfriaram, e Lúcio, junto de Fúlvia, tentou assumir o controle dos negócios, dando a parecer que era em nome de Antônio e afirmando que não se renderiam a César em nenhum momento. Além disso Lúcio, em devoção a seu irmão Antônio, passa a utilizar o cognome *Pietas*. Astutamente, César não tinha feito nenhuma acusação contra Antônio, uma vez que ele estava no comando das províncias da Ásia, mas acusou Lúcio e Fúlvia e tomou medidas contra eles, sob o argumento de que eles estavam agindo em todos os aspectos contrários ao desejo de Antônio e almejavam suas próprias supremacias (Cass. Dio, *Roman History* 48.5.2-5).

Houve uma grande disputa da distribuição das terras, de modo que César queria agir por conta própria na distribuição do território e junto daqueles que haviam feito campanha com ele e Antônio. Contudo, Dião

Cássio menciona que Lúcio e Fúlvia reivindicaram o direito de ceder às suas tropas as terras que lhes cabiam e de colonizar as cidades, para se apropriarem da influência das colônias, pois esse parecia ser, para ambos os lados, o método mais simples de dar posses territoriais às tropas que haviam lutado (Cass. Dio, *Roman History* 48.6.1-4).

Lúcio e Fúlvia estavam conquistando essas pessoas com problemas com suas terras e, ao mesmo tempo, não estavam em conflito com os adeptos de César, pois, em vez de fingir que não havia necessidade de os soldados receberem suas recompensas, eles tentaram mostrar que os bens daqueles que lutaram contra eles eram suficientes para os soldados (Cass. Dio, *Roman History* 48.7-5). O que se pode perceber por meio dos escritos de Dião Cássio é que houve disputa pelos melhores prêmios entre os veteranos de guerra, os senadores e os latifundiários, mas o que parece é que César não podia prender-se a nenhum dos lados (Cass. Dio, *Roman History* 48.8.1).

Em todas as direções, Lúcio foi organizando quem tinha perdido suas terras e separando todos de César, enquanto Fúlvia ocupava *Praeneste* e, com senadores e cavaleiros, como seus associados para conduzir todas as suas deliberações, enviou ordens para quaisquer pontos que os solicitassem. César não tinha como derrotar seus oponentes, sendo muito inferior a eles não somente em tropas, mas também no que diz respeito à boa vontade dos cidadãos, pois ele estava causando aflição a muitos, ao passo que Fúlvia e Lúcio enchiam todos de esperança (Cass. Dio, *Roman History* 48.10.1-4 e 48.11.1-4). Os veteranos se reuniram no Capitólio em Roma e ordenaram que o pacto entre Antônio e César fosse lido. Quiseram ratificar o acordo, além de votar que eles próprios deveriam ser considerados árbitros das diferenças entre eles, e deram ordem a César e à outra parte, por meio de uma embaixada, para se apresentarem para o julgamento em Gabii, em um dia determinado (Cass. Dio, *Roman History* 48.12.1-5).

Tal fato levou tanto César quanto Lúcio e Fúlvia a reunirem forças para uma guerra (Cass. Dio, *Roman History* 48.13.1). Após várias movimentações de ambos os lados, Lúcio se retirou de Roma e partiu para a Gália, mas encontrou o caminho bloqueado e voltou para Perúsia, uma cidade etrusca, onde foi sitiado por César e seus tenentes. Muitos vieram em defesa de Lúcio, dando origem a vários ataques. O líder e outros conseguiram perdão, mas a maioria dos senadores e cavaleiros foi condenada à morte, sendo conduzidos ao altar consagrado ao ex-César e ali sacrificados (300 cavaleiros e muitos senadores). A própria cidade, exceto o templo de Vulcano e a estátua de Juno, foi totalmente destruída pelo fogo (Cass. Dio, *Roman History* 48.14.1-5).

Depois da captura em Perúsia, os outros lugares da Itália também ficaram sob domínio de César, em parte como resultado da força e em parte por vontade própria. Por esse motivo, Fúlvia fugiu com os filhos para encontrar o marido, e muitos dos homens mais importantes seguiram-na – uma parte foi para Antônio, e outra parte, para Sexto, na Sicília. Júlia, a mãe dos *Antonii*, foi recebida por Sexto com extrema gentileza; depois, ela foi enviada por ele para seu filho Marcus, levando-lhe propostas de amizade, emissários e Tibério Cláudio Nero. Este estava no comando de uma guarnição na Campânia e, quando o partido de César levou a melhor, se retirou com sua esposa Lívia Drusila e com seu filho Tibério Cláudio Nero. Lívia, que então fugiu de César, mais tarde se casou com ele. Já Tibério, filho de Lívia e Tibério, que então fugiu com seus pais, sucedeu César no cargo de imperador (Cass. Dio, *Roman History* 48.15.1-4).

Um pouco antes da guerra da Perúsia, a moeda que aparentemente poderia ser Fúlvia começou a aparecer em Roma. A figura feminina nunca apareceu em uma representação puramente ideal de uma deusa ou de uma personificação. Essa "Vitória", que poderia ser Fúlvia, parece também ter alguma identidade humana. Além disso, seu rosto invariavelmente mostra sinais de meia-idade, principalmente bochechas e linhas do queixo caídas, bem como características físicas como nariz arqueado e lábio inferior recuado, que não apareceriam na imagem ideal de uma deusa (Wood, 2001, p. 42).

Figura 2 – Denário[27] de prata, Roma, de 42 a.C. Anverso: busto de Vitória ou Fúlvia, com bordas pontuadas. Reverso: Vitória sobre uma biga, segurando as rédeas de dois cavalos com as mãos, e borda pontuada. Inscrição: L·MVSSIDIVS LONGVS (*Lucius Mussidius Longus*[28] = Lúcio Mussidio Longo[29]).

Fonte: cortesia da *American Numismatic Society*

---

[27] Referência: RRC 494/40, CRI 186, BMCRR 4229, RSC Mussidia 4.
Disponível em: http://numismatics.org/crro/results?q=494%2F40. Acesso em: 29 jun. 2021.

[28] Provavelmente, seria o nome da casa de moeda, com o nome do dono da casa ou da família, que teria tal atividade por gerações. A *gens* Mussidia era uma família pouco conhecida, exceto pelas moedas de Roma cunhadas durante os últimos dias da República. Disponível em: https://en.numista.com/catalogue/pieces66660.html. Acesso em: 11 jul. 2021.

[29] Tradução nossa.

Esse denário, que foi cunhado por uma casa de moeda oficial de Roma, como indica a legenda do reverso do objeto, L·MVSSIDIVS LONGVS, possui um busto feminino alado e drapeado no anverso, que pode ser de Fúlvia, e no reverso aparece a deusa Vitória sobre uma biga, segurando as rédeas de dois cavalos com as mãos. Essa casa de moedas fez cunhagens em homenagem aos três triúnviros, mas as moedas provinciais oferecem evidências de que, se a Vitória retratada seria um indivíduo real, ela poderia ser uma mulher da família de Antônio (Wood, 2001, p. 41). A diferença dessa moeda de outras que também podem ser de Fúlvia é a de que ela possui joias, como o colar e o brinco de pérolas, como as deusas costumavam aparecer. Entretanto, as joias dessa imagem não são iguais ao padrão de joias que Vitória/Nike apresentam, além de o cabelo também ser diferente do da divindade, sugerindo que tal imagem em moeda poderia ser de uma mortal.

Figura 3 – Denário[30], Júlio César, Roma, 46 a.C., 3,48 g, 18,4 mm de diâmetro. Anverso: busto drapeado da deusa Vitória voltado para a direita com bordas de pérola e brincos, S.C (*Senatus Consultum*). Victoria em carruagem de quatro cavalos à direita, rédeas na mão esquerda, coroa na mão direita, T. CARIS(IUS) (*Titus Carisius*[31] = Tito Carísio[32])

Fonte: © KBR *cabinet des monnais et médailles*

Esse último denário, do tempo de Júlio César, demonstra como era comum tais governantes utilizarem a deusa Vitória para apresentarem suas conquistas. Como pode ser visto, mais uma vez, a figura de Vitória aparece com um tipo de cabelo diferente daquele instituído para a personificação de Fúlvia como Vitória, além das joias, que são indicadas comumente em figuras de deusas diferentes das de Fúlvia, assim como a própria imagem da

---

[30] Proveniência: Vente E. Muschietti, lista de fevereiro de 1965, nº 175; RRC 464/5, Inv. II, 53.383; 2B22 / 33. Disponível em: https://opac.kbr.be/LIBRARY/doc/SYRACUSE/10042078. Acesso em: 13 maio 2022.

[31] Nome do moedeiro. Disponível em: http://numismatics.org/crro/id/rrc-464.5?lang=pl e https://ikmk.smb.museum/ndp/person/1938. Acesso em: 13 out. 2022.

[32] Tradução nossa.

deusa, que parece mais artificial daquela que pode ser uma mortal. A figura do reverso é parecida com a moeda cunhada por L·MVSSIDIVS LONGVS, com algumas diferenciações, em que Vitória aparece em um biga ou carroça, com um objeto na mão direita e as rédeas na mão esquerda com três cavalos; provavelmente, o moedeiro era Titus Carisius.

Figura 4 – Moeda de bronze[33], Júlio César, 45 a.C., 13,86 g, 29 mm de diâmetro. Anverso: Busto drapeado de Vitória, com estrela à esquerda e borda pontuada, CAESAR. DIC. TER (*Caesar Dictator Tertium* = César Ditador pela terceira vez[34]). Reverso: aparenta ser Atena ou Minerva, C. CLOVI – PRAEF (*Gaius Clovius Praefectus* = O Prefeito Caio Clóvio[35])

Fonte: © KBR *cabinet des monnais et médailles*

Mais uma vez, no período de César, uma moeda que possui a deusa Vitória em seu anverso aparece para comemorar as conquistas do governante. Em seu reverso, aparenta ser Atena segurando um escudo com o braço esquerdo. Entretanto, de acordo com o KBR, seria Minerva em pé, voltada para a esquerda, segurando um troféu sobre o ombro com a mão direita, além de lança e escudo na mão esquerda. O escudo está decorado com *gorgoneion*[36] e fitas, cobra à esquerda, aro de pérola, com legenda C. CLOVI – PRAEF, que provavelmente seria a indicação da casa de moedas pela qual o objeto foi cunhado.

A moeda evidencia uma similaridade com a moeda que Fúlvia está como a personificação de Vitória e, em seu anverso, há a presença de Atena, a qual foi cunhada na cidade de Eumenéia, demonstrando duas deusas ligadas às conquistas. Barbato (2015) salienta que Vitória estava atrelada a Vênus no

---

[33] Bibliografia: RRC 476/1b. Número no catálogo: 2B22 / 44. Disponível em: https://opac.kbr.be/LIBRARY/doc/SYRACUSE/10042138. Acesso em: 28 jul. 2022.

[34] Tradução nossa.

[35] Disponível em: https://en.numista.com/catalogue/pieces67085.html. Acesso em: 3 out. 2022.

[36] Uma representação do rosto de uma górgona, frequente como símbolo apotropaico na arte grega. Disponível em: https://www.merriam-webster.com/dictionary/gorgoneion. Acesso em: 28 jul. 2022.

contexto Cesariano (Barbato, 2015 apud Rowan, 2019, p. 20). Isso posto, muitas vezes, a figura do reverso é interpretada como Vênus, e não como Atena.

Contudo, deve-se ponderar que Vênus era a deusa da beleza e do amor, que também era comum em cunhagens republicanas. Ela aparecia, geralmente, com títulos de CAELESTIS, FELIX, GENETRIX e VICTRIX, com roupas ou quase totalmente com roupas. Ela poderia aparecer segurando uma maçã, com um elmo ocasionalmente, e um cetro, bem como, às vezes, aparecia com um cupido. Quando ela surgia seminua, era mostrada de costas. A única relação com Vitória era que Júlio César, que clamava ser descendente da deusa, a representou em várias de suas moedas, comumente segurando uma pequena figura de Vitória (Sear, 2000, p. 35).

Figura 5 – Denário[37], de uma casa de moeda incerta, 32 - 29 a.C., 3.59 g, 20,4 mm de diâmetro. Anverso: busto de Vitória alada. Reverso: Otávio como Netuno (?), com o pé direito sobre um globo segurando *aplustrum*[38] e um centro, CAESAR DIVI F (*Caesar Divi Filius* = filho do deificado César[39])

Fonte: © KBR *cabinet des monnais et médailles*

Nessa última moeda, é elencado o busto da deusa Vitória à direita, com asas abertas, para se ter uma comparação com as outras moedas que podem representar Fúlvia. Um dos primeiros elementos a ser percebido é a diferença do tipo de cabelo e o uso de brincos em forma de cruz, além da roupagem caída aos ombros. Zanker interpreta o reverso como se fosse a personificação de Otávio como o divino ou, mais claramente, como o deus

---

[37] RIC I² 256; BMC 615. Disponível em: https://opac.kbr.be/LIBRARY/doc/SYRACUSE/20734095. Acesso em: 28 jul. 2022.

[38] A popa curva de um navio, com seus ornamentos (fitas, flâmulas e bandeirinhas em um mastro). Disponível em: http://www.perseus.tufts.edu/hopper/text?doc=Perseus:text:1999.04.0059:entry=aplustre. Acesso em: 24 ago. 2022.

[39] Tradução nossa. Em janeiro de 42 a.C., César foi oficialmente divinizado, e isso fez com que Otávio se tornasse o filho de um Deus (Koortbojian, 2013, p. 8). Entre 41 e 39 a.C., Otávio começou a usar o título DIVI IVLI F (filho do deificado Júlio) em suas moedas (Alföldi; Giard, 1984 apud Rowan, 2005, p. 61).

Netuno. Parece que essa moeda o assimila com o divino, tanto pela imagem quanto pela legenda, CAESAR DIVI F. Sugere-se que essa imagem representa uma estátua erigida por Otávio depois de sua vitória sobre Sexto Pompeu, na batalha de Naulochus (Zanker, 1988, p. 39-40), mas não há provas da sua existência. A personificação de Otávio como Netuno poderia ser uma alusão a Pompeu, o qual aparecia antes em denário como Pompeu, o Grande, com a personificação de Netuno. A imagem poderia também se referir à iconografia de moedas Helenísticas do século III a.C. (Pollini, 1990, p. 347). As similaridades estão no *aplustre* e no globo, e a diferença é que o cetro está no lugar do tridente, mostrando que a figura se modificou para apresentar uma vitória naval de Otávio (Rowan, 2019, p. 119-120).

Otávio poderia estar inspirado pelas ideologias contemporâneas, pois era algo do seu tempo retratar-se não somente como filho de um deus, mas também como um deus em seu próprio direito. Direta e indiretamente, a assimilação de Otávio com o divino é vista posteriormente na série IMP CAESAR (Rowan, 2019, p. 120). Em relação a Marco Antônio, ele poderia ter usado Fúlvia como modelo para representar suas vitórias – visto que ela estava envolvida com suas conquistas – e tê-la utilizado como a personificação de Vitória/Nike pelo costume dos conquistadores em glorificar essa deusa.

Em 41 a.C., foi cunhado um áureo por *C. Numonius Vaala* com uma imagem similar à de Lugduno (Harvey, 2020, p. 35-36). Esse tipo de moeda parece ter ecoado no Leste (Barrett, 2002, p. 140).

Figura 6 – Áureo[40] cunhado por *C. Numonius Vaala*, Roma, 41 a.C., de 8,1g. Busto aceito como se fosse de Fúlvia como Vitória no anverso. Legenda do reverso: C. NUMONIUS VAALA (*Gaius Numonius Vaala* = Caio Numonio Vaala[41])

Fonte: © *The Trustees of the British Museum*

Esse áureo possui, em seu anverso, o busto de uma figura feminina alada, que é um atributo da deusa Vitória. As características do rosto e a iconografia são opostas às de uma deusa, feitas com uma beleza significativa, mas não uma beleza divina. O penteado é aquele do tipo *nodus* romano, utilizado pelas matronas, identificando-a como uma mulher romana. Grueber (1910), que datou essa moeda de 40 a.C., não acredita que seja Fúlvia, pois, no período em que foi cunhada, Antônio não havia recebido essa honra, visto que, na Gália Cisalpina e Transalpina, começaram a cunhar moedas de Antônio por volta de 43 a.C. e, em Roma, por volta de 42 a.C. (Harvey, 2020, p. 36-37). Sydenham (1952), diferentemente de Grueber (1910), datou essa moeda de 43 a.C., e a da casa da moedas de *Longus*, de 42 a.C. (Sydenham, 1952, p. 180). Contudo, a da casa de moedas de *Vaala* tem um problema para essa data, pois, em 43 a.C., Antônio estava em guerra com o Senado, ou seja, as moedas de Roma estavam sendo batidas para pagar as tropas que estavam lutando contra ele. Para Crawford, 42 a.C. seria mais provável, mas ele não acredita que a figura feminina seria Fúlvia e afirma que poderia ser qualquer outra mulher (Crawford, 1974, p. 100 e 742 apud Wood, 2001, p. 43). No entanto, se for Fúlvia, o fato de ter sido cunhada em uma moeda de ouro e em Roma lhe traz grande importância e poder.

---

[40] Número de registro: R.9272; número do catálogo C&M: RR1p570.4215; número no museu: R.9272. RR1 / Coins of the Roman Republic in the British Museum: vol. 1 aes rude, aes signatum, aes grave, and coinage of Rome from B.C. 268. (4215, p. 570), RRC / Roman Republican Coinage (514/1). Disponível em: https://www.britishmuseum.org/collection/object/C_R-9272. Acesso em: 24 ago. 2022.
Ghey, Leins & Crawford 2010 / A catalogue of the Roman Republican Coins in the British Museum, with descriptions and chronology based on M.H. Crawford, Roman Republican Coinage (1974) (514.1.1)
Available at: https://research.britishmuseum.org/research/collection_online/collection_object_details.aspx?-objectId=3071501&partId=1&searchText=Vaala&page=1. Acesso em: 18 jan. 2020.

[41] Tradução Nossa, 12/10/2022.

A FORÇA DAS MULHERES ROMANAS POR MEIO DAS MOEDAS E UMA CRÍTICA
FEMINISTA DO PASSADO PARA O PRESENTE

O áureo foi cunhado por *C. Numonius Vaala*, que era uma casa de moedas oficial de Roma. Como outras, ela tinha uma longa tradição de seleção de tipos que ilustravam os destaques de sua história familiar. No reverso, há um soldado guerreando, conhecido como *promachos*, o qual se encontra na primeira linha de batalha, ou seria um soldado correndo ou fazendo força contra uma "muralha", segurando um escudo com a mão esquerda e uma espada com a direita, contra dois soldados que estão segurando um escudo com a mão esquerda e erguendo espadas com a mão direita. A inscrição *C. Numonius Vaala* seria o nome do dono da casa de moedas, que a cunhou na Gália. Dessa forma, presumivelmente, essa ilustração poderia ser uma homenagem ao ato de heroísmo de um ancestral, uma vez que o cognome *Vaala* vem de *vallum*[42] (Crawford, 1975a, p. 523). O que parece é que o reverso não possui ligação direta com a ilustração do anverso nem com os atos de Fúlvia, pois tal desenho aparece em outras cunhagens, que não são ligadas a Fúlvia. As moedas da República representam um tipo de séries de competitividade de imagens monumentais, que tinham por intuito lembrar uma personalidade ou um evento do passado da família, da qual o magistrado monetário em desígnio pertencia (Williams, 2007b, p. 58).

Os donos da casa de moedas de *C. Numonius Vaala*, ou mesmo *Lucius Mussidius Longus*, de uma das moedas mencionadas anteriormente, poderiam ser moedeiros (*tresviri monetales*) que poderiam ter sido considerados magistrados júniores, os quais usavam as imagens nas moedas para mostrar as necessidades de seus ancestrais e ligar suas famílias ao passado mítico e legendário de Roma. As moedas eram favoráveis a esse aspecto por causa da ligação da cunhagem com a deusa Juno Moneta (Meadows; Williams, 2001). A deidade garantia a qualidade e a autenticidade de pesos, medidas e moedas, autenticando suas mensagens também, o que fez com que as moedas se tornassem um instrumento político útil durante as guerras civis de I a.C. e na transição da República para o Império (Kemmers, 2019, p. 19-20).

O uso de Vitória/Nike em moedas demonstra a ênfase no militarismo, caracterizando tais moedas como do tipo militar, comum durante a República e o Império. Essas moedas poderiam aparecer com alegorias que vão desde frotas navais até quadriga. Comandantes como Antônio e Otávio comumente representavam em suas moedas as forças armadas

---

[42] O significado de *vallum*, segundo o dicionário online de latim, *Perseus Digital Library*, seria uma linha de paliçadas, muralha em paliçada, circunvalação (Disponível em: http://www.perseus.tufts.edu/hopper/resolve-form?type=exact&lookup=vallum&lang=la. Acesso em: 29 dez. 2021).

em campanhas militares, expedições militares em diferentes cidades, a partida à guerra e a ênfase do imperador na posição superior do império como comandante militar. A imagem de Vitória/Nike ou a inscrição do seu nome em legendas de moedas continuaram a aparecer posteriormente em cunhagens de imperadores, como Sétimo Severo, Heliogábalo, Gordiano III, Galieno, Probo, Caro e outros (Manders, 2008, p. 84 e 90).

Figura 7 – Moeda de bronze[43], de Trípolis, de 42/41 a.C., 20 mm de diâmetro. Anverso: cabeça de Antônio. Reverso: busto feminino que parece ser Fúlvia, ΤΡΙΠΟΛΙΤΩΝ LTK (de Trípolis LTK[44])

Fonte: (Rowan, 2019, p. 108)

O exemplar anterior com Antônio no anverso e um busto feminino, que parece ser Fúlvia, no reverso pode ser o único encontrado sem que ela estivesse como a personificação de Vitória/Nike, além de ser a única moeda em que ela aparece junto de Antônio. É interessante que, em 36/35 a.C., aparece no mesmo local uma moeda com Cleópatra no anverso (RPC 1 4510) e o reverso com Nike em uma proa, segurando uma coroa de flores. O que parece é que, nesse local, as mulheres de Antônio foram homenageadas mais de uma vez.

As moedas que demonstravam o busto de uma mulher com a personificação da deusa Vitória, mas com algumas características individualizadas, foram atribuídas a uma assimilação com Fúlvia. A falta de uma legenda de identificação pode levar a uma gama de interpretações (Harvey, 2020, p. 39), e não se tem uma deliberação concreta e um acordo de que seja realmente Fúlvia. Se o busto for mesmo de Fúlvia, isso marca a primeira retratação feminina em moedas de Roma, representando uma inovação, pois mesmo os triúnviros apenas apareceram em moedas na metade dos anos 40 a.C.

---

[43] RPC 1 4509.
[44] Tradução de Juarez Oliveira. A legenda parece denominar uma coligação de três cidades fenícias, em que as letras LTK podem ser suas iniciais, ou as letras podem indicar uma data ou um valor monetário.

(Barrett, 2002, p. 140; Kahrstedt, 1910, p. 291-292; Kleiner, 1992, p. 358-360; Wood, 1999, p. 41; Bartman, 1999, p. 37 e 58). A explicação de que Fúlvia pode ter aparecido como a personificação de Vitória seria devido às suas ações, o que refletiria na sua influência política e na lealdade das tropas e dos magistrados por Antônio, atitude que abriu espaço para outras mulheres na esfera pública (Harvey, 2020, p. 39).

Moedas de Fúlvia também foram cunhadas na província da Frígia, cidade de Eumenéia (*Ishekli*), fundada por *Attalus II*, de Pérgamo, por volta de 159-138 a.C., para contrabalançar a cidade vizinha *Peltae*, que era uma fortaleza Seleucida. O fundador a nomeou de acordo com o nome de seu irmão, Eumenes. O território dessa cidade consistia em uma rica planície entre o baixo *Glaucus* e sua junção com o alto *Maeander*. Nessa planície, havia, em *Attanassos*, o *Hieron* de um dos deuses nativos da Frígia. As primeiras moedas cunhadas em Eumenéia eram de bronze, do segundo século antes de Cristo (Head, 1906, p. lx). O fato de a mesma iconografia aparecer em territórios diversos, os quais Antônio estava conquistando, sugere que a imagem era mesmo de Fúlvia e que vinha de uma fonte romana. De outra forma, Antônio, por meio da representação de Fúlvia como Vitória/ Nike, poderia estar evocando o costume da época, do uso dessas deusas e chamando a atenção de Augusto, pois tanto este último como Júlio César chegaram a usá-las para exaltarem suas glórias. Acrescenta-se que as imagens de mulheres em moedas apareceram primeiro nas províncias e depois em Roma (Rowan, 2019, p. 83).

Eumenéia trocou seu nome em homenagem a Fúlvia (Zager, 2014; Harvey, 2020; Barrett, 2002, p. 140). Essa informação é encontrada em trabalhos como o de Zager (2014) e o de Harvey (2020), sem maiores explicações de como ocorreu a troca do nome da cidade em questão. O que parece é que Antônio foi quem conferiu o nome de sua mulher, Fúlvia, à cidade de Eumenéia (Head, 1906, p. 213). Para Brennan (2012), Antônio deu apoio à troca de nome da cidade para "Fulviana" em homenagem à sua mulher, ato que foi o primeiro feito para uma mulher. Após essa troca de nomes, as moedas locais começaram a ser cunhadas com o nome de "Fulviana", e uma contramarca com o nome antigo, Eumenéia (Brennan, 2012, p. 358). Com essa troca de nomes da cidade, e depois de um século e meio de cunhagem de moedas locais com inscrição EVMENEΩN, a legenda passou a ser ΦOVΛOVIANΩN (Head, 1906, p. lxi), além de que essa cunhagem de moedas de Fúlvia aconteceu por volta de 41 a.C.

Figura 8 – Moeda de Fúlvia,[45] Frígia, Eumenéia, 41 - 40 a.C., 4,83 g, 17 mm de diâmetro. Anverso: busto drapeado de Fúlvia como Vitória/Nike. Reverso: coroa de Hera. Legenda: [F]OULOUI/ANWN/ZMEPTOPI (Zmertorix dos fulvianos[46])

Fonte: cortesia do *WildWinds*

A figura anterior é uma moeda cunhada na Roma provincial, na região da Frígia, mais especificamente na cidade de Eumenéia, datada de, aproximadamente, 41 a 40 a.C., que apresenta no anverso uma figura feminina com o busto voltado para a direita e que parece ser a representação de Fúlvia como Nike/Vitória. Em seu reverso, há uma coroa de Hera e, em seu centro, a legenda [F]OULOUI/ANWN/ZMEPTOPI.

Portanto, essa é uma prova do enaltecimento que Fúlvia obteve. O que parece é que essas moedas foram batidas para adular Marco Antônio (Grether, 1946, p. 223). Mesmo Lívia, no início do governo de Augusto, nunca teve suas moedas cunhadas em Roma, mas em províncias do Leste, que já tinham o hábito de comemorar mulheres reais helenísticas em moedas do período de IV a II a.C., o que pode ter influenciado o início da cunhagem de mulheres em moedas romanas (Harvey, 2020, p. 18).

---

[45] Referência: RPC I 3140; SNG Cop -; SNG von Aulock 8367; BMC Phrygia. Disponível em: https://www.wildwinds.com/coins/imp/fulvia/i.html, https://www.wildwinds.com/coins/imp/fulvia/RPC_3140.jpg, e https://www.wildwinds.com/coins/imp/fulvia/RPC_3140.txt. Acesso em: 30 jun. 2021.

[46] Tradução de Juarez Oliveira, que diz que, em função do genitivo plural, parece designar os cidadãos de Fúlvia.

Figura 9 – Moeda da Frígia[47], cidade de Eumenéia, 41 - 40 a.C., 3,19 g; 14 mm de diâmetro. Anverso: figura feminina alada. Reverso: Atena, [Z]ΜΕΡΤΟΡΙΓΟΣ/[Φ]ΙΛΩΝΙΔΟΥ (Zmertorix, filho de Filonides[48])

Fonte: cortesia do *Classical Numismatic Group*

Essa é mais uma moeda cunhada em Eumenéia, cidade da Frígia, Galatea, datada de, aproximadamente, 41 a 40 a.C., que apresenta no anverso uma figura feminina, com o busto voltado para a direita e que repete a representação de Fúlvia como Nike/Vitória. No reverso, encontra-se outra figura feminina, que pode ser Atena, andando à direita, segurando um escudo com o braço esquerdo e uma lança com a mão direita, além da legenda: [Z]ΜΕΡΤΟΡΙΓΟΣ/[Φ]ΙΛΩΝΙΔΟΥ. O nome Zmertorix é de origem celta, o que faz com que a tradução da legenda fosse "Zmertorix, filho de Filonides". Essa informação é importante, pois mostra que a moeda grega não trouxe o nome da polis, mas, sim, que é dos cidadãos da cidade, nesse caso, dos frígios. Valerius Zmertorix parece ter sido um magistrado, sob o qual a moeda foi cunhada.[49]

Além disso, foi encontrado o rosto de Vitória em medalhas de Filomélio, uma cidade entre a fronteira da Frígia e Galácia, como também em medalhas de Dëiotarus, rei da Galácia. Tal fato sugere que Fúlvia aparecia, às vezes, em parte da Frígia Oriental e que algumas cidades dessa porção da Ásia cunhavam seu nome em sua honra por ser a mulher de Marco Antônio. As ações de Fúlvia são pertinentes às representações que são dedicadas a ela nessas moedas, como Vitória/Nike e Atena. Sobre outro exemplar com Atena no reverso da mesma série, a legenda da direita, que nessa moeda está cortado, há a legenda ΦΟΥΛΟΥΙΑΝΩΝ (Waddington, 1853, p. 248), que seria o nome de Fúlvia e que poderia ter sido cortado ou apagado intencionalmente, sugerindo que o nome dela poderia ter sido abandonado

---

[47] ID: 79000614. Denominação AE14. Referências: RPC 1 3139, SNG München – cop – *Classical Numismatic Group*. Disponível em http://www.cngcoins.com/Coin.aspx?CoinID=127125 e http://www.coinproject.com/coin_detail.php?coin=247324. Acesso em: 30 jun. 2021.

[48] Tradução de Juarez Oliveira.

[49] Informação disponível em: https://www.numisbids.com/n.php?p=lot&sid=4683&lot=575. Acesso em: 23 ago. 2022.

quase imediatamente (Head, 1906, p. 213). Essa atitude também sugere que a mudança de nome da cidade poderia demonstrar algo que não teria sido bem aceito pela população, ou seja, poderia ter contribuído para uma desestabilidade identitária, consequência de uma imposição dessa mudança.

Em relação à iconografia dessa moeda, Atena era filha de Zeus, que, na mitologia, sempre se mostrou de acordo com seu pai ou do seu lado, sendo leal a ele, mas também como um instrumento dele, sendo vista como filha e pai em um só ser e tirando dele seus melhores conselhos. Ela era uma deusa conhecida como reconciliadora entre os homens e os deuses, homens e mulheres. Tanto na *Teogonia* de Hesíodo (924-926) quanto no hino homérico a Atena, ela nasceu da cabeça inchada de Zeus, já vestida com seu equipamento de batalha. A aparência de Atena era tão potente quanto a arma de Zeus, de modo que os dois juntos eram invencíveis. Atena foi tratada como o filho amado de Zeus na literatura épica, ou seja, ela foi armada com elmo, lança e escudo. Como um rei, ela residia o palácio de Erecteu. Ela era adepta a habilidades masculinas, domesticando cavalos, fundindo o bronze, cuidando das oliveiras, além de que guiou uma carroça e lutou do lado de seu pai na batalha contra os gigantes. Ela guiou os heróis da terra do sol para o submundo e era capaz de torná-los imortais. Geralmente, era invocada depois de seu pai e antes de Apolo. Essas três deidades eram quem poderia usar o *aegis*[50] e o balançavam para produzir medo na Ilíada, bem como representavam a manifestação extrema do patriarcado (Harrison, 1912). Como filha de Zeus e Metis, ela era dotada de uma dose extra de sabedoria que a capacitava a se conter e a não se perder no mundo. Na arte grega em geral, Atena não deixa de aparecer com o elmo, a lança, o escudo e pronta para a guerra. Ela era, em sua maioria, acompanhada nas artes por Zeus (Neils, 2001, p. 219-220 e 223), o que, no caso de ela acompanhar Fúlvia, diverge com Marco Antônio, uma vez que ele era sempre atrelado a Dioniso.

A representação de Atena em moedas de Fúlvia pode marcar a liderança bélica dela ou de seu marido, que poderia trazer em suas concepções uma aparência dúbia, feminina ou masculina. As características de Atena são, em sua maioria, masculinas, assim como as armas, a liderança, a inteligência e a belicosidade, que, no Leste, poderiam ser aceitas como femininas, diferente do pensamento do centro, ou seja, de Roma. Contudo, a lealdade e o dom da reconciliação eram características extremamente femininas para Roma, mas atreladas à mulher dentro de seu casamento. A imagem de Atena em

---

[50] Um escudo ou peitoral emblemático de majestade que foi associado a Zeus e a Atena. Disponível em: https://www.merriam-webster.com/dictionary/aegis. Acesso em: 28 jun. 2021.

moedas de Fúlvia poderia demonstrar a força, a determinação e o poder que ela levou enquanto estava em uma disputa com Otávio ou a força de Marco Antônio em conquistar regiões do Leste. Essas características podem, por vezes, elucidar quem ela era e não enfatizar a questão masculina ou feminina de tal personagem, mas a moeda era, primeira e especialmente, uma homenagem a Fúlvia.

Costuma-se pensar nas deidades femininas como seres ligados quase sempre às tarefas das mulheres, como a maternidade e ao matrimônio. Entretanto, quando se impõe essa concepção, significa que já está arraigada uma interpretação de um modelo social patriarcal, em que os papéis dos homens e das mulheres estão totalmente definidos (Cid López, 2011, p. 61). Todavia, a presença de pressupostos de gênero em uma sociedade não diz respeito a como tais mulheres são de verdade, mas ao que a maior parte daquela sociedade pensa que é certo ser. Nessa perspectiva, deve-se ter em mente que mesmo a elite romana fazia parte de um grupo complexo de pessoas e que nem todas agiam da mesma forma.

As representações de Fúlvia em moedas distinguem-se sobremaneira de outras representações de mulheres, como as de Lívia, por exemplo, que foi sempre ligada às deidades que caracterizavam a matrona, a esposa, a mãe. Fúlvia aparece em todos os lugares onde foi cunhada como a personificação de Vitória/Nike, além de acentuar alguns caracteres comportamentais, diferentemente da matrona, com a imagem de Atena no reverso, em moedas do Leste. Suas deidades, em contrapartida, estão vinculadas com atividades bélicas e poderosas, ligadas ao exercício da soberania e da conquista, as quais eram comumente atreladas ao homem romano, o *vir* ou *uir,* e seriam intoleráveis a uma mulher.

Desde os primórdios dos tempos romanos, as deusas apresentaram atributos que lembravam esses exemplos de mulheres idealizadas, ou seja, os estereótipos femininos. Havia as deusas ligadas à guerra, ao poder e à liderança, mas, quanto mais ganhavam poder masculino, elas iam perdendo força, de modo que a guerra e a tutela passaram a ser atributos dos deuses, quase exclusivamente. Nesse meio tempo, surgiram novas deusas, cujo culto se ligava às atividades maternais, que se desassociavam das velhas divindades femininas para reduzi-las à proteção das mulheres em trabalhos de parto e às funções domésticas (Cid López, 2011, p. 61).

Outro aspecto que chama a atenção nas moedas que poderiam ser de Fúlvia é que sua imagem aparece sempre sozinha no anverso, sem a presença masculina, demonstrando que a homenagem é direta à sua pessoa e aos seus atos, sem considerar Marco Antônio e sua posição, com exceção daquela de Trípoli e aquela que, no reverso, aparece a legenda ANTONI. Geralmente, em Roma, a moeda, primeiramente, celebrava o indivíduo masculino e no reverso, por exemplo, ou do seu lado; além disso, era comum que as legendas enfatizassem os títulos masculinos, e não os femininos. Entretanto, as ações das mulheres imperiais ligadas ao Patronato, por exemplo, que favorece-ram essas regiões, poderiam ter sido fundamentais para homageá-las e, consequentemente, cunhá-las em moedas.

No entanto, os atos de Fúlvia poderiam ter contribuído para sua figura ter aparecido como a personificação da deusa Vitória, uma vez que essa caracterização aproximaria a pessoa humana de um respeito e uma *pudicitia* em relação à sua representação. Além disso, a marca de Vitória foi sempre um símbolo masculino, ligado ao triunfo e o *virtus*, característica que poderia estar associada ao ato de coragem e decisão dessa mulher, e não ao consenso da matrona romana ideal. Esse ideal carrega em suas represen-tações símbolos voltados à fertilidade, segurança e estabilidade dinástica, uma vez que se esperava que o papel delas seria garantir herdeiros, tomar conta da casa e das coisas do marido, além da lealdade.

Diante dos critérios ideológicos comuns da sociedade romana, Fúlvia foi caracterizada como uma mulher leal, que fez tudo para garantir o futuro político do marido e zelou por seu casamento, defendendo seu marido contra Otávio. Mesmo sabendo do caso de Cleópatra e Antônio, ela cumpriu seu papel com honra e assim foi homenageada. Porém, isso não significa que os atos de Fúlvia não foram criticados. No final de sua vida, ela foi descrita como uma megera louca por poder (Barrett, 2002, p. 117).

Contudo, o que se pode afirmar, considerando que a personificação de Vitória seja mesmo Fúlvia, é que, durante o Segundo Triunvirato, tanto Marco Antônio quanto Otávio iniciaram uma campanha de autopromoção, experimentando publicamente os valores de suas mulheres, representadas por meio das diferentes artes e expressões. Como as moedas de Fúlvia, cuja cunhagem se iniciou por volta de 43 até 40 a.C., também houve as de Otávia, que teve a cunhagem iniciada por volta de 40 a.C. e/ou 39 a.C.

É importante se ter em mente que essas moedas, em sua maioria, não foram cunhadas em Roma, mas em cidades provinciais, principalmente em cidades Helenísticas do Leste, provavelmente para acalentar os espíritos de conquista das populações da região, sugerindo que a presença de Antônio nessa área incentivava a cunhagem das figuras de suas esposas. O aparecimento da figura dessas mulheres, ligadas aos governantes romanos, em moedas e em outros tipos de representações, como estátuas, mostra uma mudança nos papéis femininos, tanto quanto a obtenção de uma influência política e um novo *status* social (Harvey, 2020, p. 6).

Segundo Plutarco, Antônio recebeu a notícia de que seu irmão, Lúcio, e Fúlvia juntaram forças contra Otávio, mas foram derrotados e expulsos da Itália. Quando estava indo derrotar Labieno, comandante do Exército da Pártia e quem estava se tornando o mestre da Ásia, Antônio recebeu notícias de Fúlvia, cheia de lamentações, o que fez com ele mudasse seus planos e fosse ao encontro dela. Em seu caminho, Antônio ficou sabendo que a causa de todo o transtorno com Otávio era culpa de Fúlvia. Plutarco a chama de teimosa e afirma que adorava intrometer-se em assuntos políticos, bem como coloca que a única forma de Fúlvia fazer com que Antônio largasse Cleópatra seria causando hostilidades, marcando, mais uma vez, um conflito entre mulheres, o que demonstra que o ciúme entre mulheres assinalaria atitudes desequilibradas delas. No entanto, Fúlvia adoeceu em seu percurso para se encontrar com Antônio em Sicião. Esse evento fez com que houvesse uma reconciliação de Otávio com Antônio, sendo que o autor reproduz o fato como se tudo tivesse sido culpa de Fúlvia, pois, antes, Antônio acreditava que Otávio era o culpado pela guerra. Consequentemente, o resultado foi um acordo em que Otávio deu os territórios do Leste para Antônio, as províncias da África para Lépido, e ele próprio ficou com o resto (Plut. *Ant.* 30.1).

A morte de Fúlvia também foi descrita por Dião Cássio, que relatou que, enquanto os líderes estavam em estado de guarda, Fúlvia morreu em Sicião, onde estava hospedada. Dião Cássio culpa Fúlvia pela guerra civil e afirma que, por mais que Antônio se sentisse responsabilizado por sua morte, por causa de seu envolvimento com Cleópatra e sua devassidão, quando essa notícia foi anunciada, ambos os lados depuseram as armas e efetuaram uma reconciliação, pois, nas palavras do autor, Fúlvia foi realmente a causa de toda a divergência até então. Todavia, o próprio autor menciona que talvez fosse preferível fazer da morte dela uma desculpa, em vista do medo que cada um inspirava no outro, na medida em que as forças que possuíam, bem como suas ambições, eram igualmente correspondidas, ficando César com a Sardenha, a Dalmácia, a Espanha e a Gália; Antônio, com todos os distritos que pertenceram aos romanos através do mar Jônico, tanto na Europa como na Ásia; Lépido, com as províncias da África; e Sexto, com a Sicília (Cass. Dio, *Roman History* 48.2-4).

A interpretação dos antigos escritores é de que Fúlvia continha vários ingredientes de uma mulher ambiciosa, como avareza, crueldade, subordinação de tropas e, por último, ingratidão de seu marido, Antônio, pelo qual ela fez grandes sacrifícios. Além disso, todas as desavenças entre Otávio e Antônio tornaram-se responsabilidade de Fúlvia a partir da eclosão da guerra, de acordo com Plutarco e Dião Cássio. Eles demonstraram uma retórica voltada a prejudicar a imagem feminina em detrimento da masculina, algo que também ocorre com Cleópatra nos discursos dos mesmos autores. Isso sugere que seria muito mais pertinente para Otávio ir contra tais mulheres, para atingir Antônio, do que perder a oportunidade de se reconciliar com ele para manter vivo o acordo entre os triúnviros, que marcaria uma atitude potencialmente útil para sua política.

Tais argumentos teriam o efeito de minimizar as ações dessas mulheres, dando um lugar menos privilegiado para elas, além de classificá-las como precipitadas, como Tácito também caracteriza Boudica em sua obra *Anais*, demonstrando em outras narrativas a recorrência desse tipo de tratamento hostil voltado a mulheres com poder. A representação de Antônio por Fúlvia diante de seus negócios é usada por esses autores como desculpa para eles julgaram tal atitude em uma mulher, considerando que seu comportamento ultrapassaria os limites delineados para seu gênero. Todavia, isso foi amenizado, pois as ações de Fúlvia foram colocadas como sendo atividades que protegeriam seu marido e, consequentemente, sua família, o que seria aceitável para uma esposa leal. Fúlvia é qualificada com um comportamento que seria adequado apenas para um homem, indo contra as características de uma matrona (Rohr Vio, 2015, p. 76).

Ela morreu acusada de ter sido responsável pelas divergências entre Otávio e Antônio e causadora de todos os erros da guerra da Perúsia. Isso também mostra o resultado de uma manipulação parcial da memória dessa mulher, por meio da ênfase em fatos descontextualizados, demonstrando uma deslegitimação da matrona para que os autores pudessem moldar uma história que estivesse de acordo com seus interesses contingentes e ajustadas às suas visões políticas (Rohr Vio, 2015, p. 77) e de gênero. Contudo, as questões de gênero são menos acaloradas, mas utilizadas para manter um acordo político.

Segundo Dião Cássio, por mais que o povo estivesse satisfeito com a reconciliação de Antônio e César, com a esperança de harmonia entre esses homens, eles ainda estavam descontentes com a guerra que travavam contra Sexto (Cass. Dio, *Roman History* 48. 31.2). Antônio se casou com Otávia, irmã de César, a qual tinha acabado de ficar viúva enquanto estava grávida (Cass. Dio, *Roman History* 48.31.3-4). Plutarco a caracterizava como a matrona romana ideal. No entanto, anos depois da guerra da Perúsia, Otávia teve que lidar com tropas algumas vezes, mediando tal tarefa entre seu marido e seu irmão, em Taranto; além de negociar trocas de suprimentos, em 35 a.C.; e havia trazido a Atenas 2 mil homens para Antônio a mando de Otávio. Contudo, nenhuma dessas atividades prejudicou sua imagem (App. *Civ.* V 94; Plut. *Ant.* 35, 2 e 4; Cass. Dio, *Roman History* 49.33. 4 apud Rohr Vio, 2015, p. 81).

O casamento entre Antônio e Otávia selou um novo acordo entre ele e Otávio, enquanto a imagem de Fúlvia foi menosprezada, com características socialmente negativas, fortemente assinaladas por uma desigualdade de gênero, marcando indevidamente sua memória. No entanto, acabou por enriquecer uma propaganda designada para contemplar o pacto entre os dois triúnviros.

Capítulo 4

Otávia, a matrona romana ideal

Otávia (69/66 a.C. - 11 a.C.) era a irmã mais velha de Otávio, cujos pais eram Ácia e seu primeiro marido, Caio Otávio. Depois, ela teve um padrasto, que foi Lucio Márcio Filipo. Ácia era filha de Júlia, irmã de Júlio César e Marco Ácio Balbo, o qual veio da Arícia e era relacionado com Pompeu por parte da família de sua mãe. Ele vinha da camada senatorial à qual sua família pertencia. Entretanto, ele nunca foi cônsul, foi um dos 20 homens selecionados para a comissão da *lex Iulia agraria* para distribuir terras na Campânia (Suet. *Aug.* 4.1). A mãe de Ácia era filha de Caio Júlio César e Aurelia, da família *Aurelii Cottae*, que era da antiga nobreza plebeia. O pai de Otávia já tinha sido casado com Ancharia, com quem teve Otávia Maior. Em 61 a.C., ele se tornou pretor e foi lhe atribuído o governo da Macedônia. Em 58 a.C., antes de se tornar cônsul, ele morreu de repente. Ácia, por sua vez, em 57 a.C., se casou novamente com Filipo, associando-o a Pompeu e Júlio César. Ele veio de família da nobreza plebeia, *Marcii Philippii*, cujo pai tinha sido cônsul em 91 a.C. Sua família era de múltiplos cônsules e pretores (Moore, 2017, p. 12-15).

Provavelmente, em 54 a.C., Otávia, com 15 anos, tinha sido oferecida por Caio Júlio César como uma provável noiva para Cneo Pompeo Magno, o que mostra que seu nascimento poderia ter sido em 69 a.C. (Suet. *Iul.* 27 apud Wood, 2000, p. 30-35). Tal fato evidencia que ela não poderia ter tido Marcelo até 42 a.C., pois 27 anos parece ter sido tarde para uma mulher que teve cinco filhos que sobreviveram até a fase adulta. Ela poderia ter nascido em 66 a.C. e tido Marcelo em 42 a.C., quando ela tinha 24 anos e foi oferecida para ser noiva de Pompeo, aproximando-a da idade de seu irmão (Moore, 2017, p. 8-10). Essa era uma atitude típica da política romana, ou seja, tanto homens quanto mulheres da elite, muitas vezes, tiveram que dissolver as uniões existentes em favor de combinações dinásticas desejáveis. Nesse caso, Pompeu recusou a oferta de César, e Otávia permaneceu casada com Cláudio Marcelo até a morte dele (Wood, 2001, p. 31).

O primeiro casamento de Otávia foi em 54 a.C., com Caio Cláudio Marcelo, da família *Claudii Marcelli*, da nobreza plebeia. Ele foi um correspondente de Cícero, cônsul e um oponente político da família de sua esposa, em 50 a.C. Sua sogra, Júnia, também foi um exemplo de matrona a ser seguido (Moore, 2017, p. 27-28). A filha mais velha do casal foi Claudia Marcela Maior, que se casou com Agripa em 28 a.C. (Cass. Dio, *Roman History* 53.1.2), teve filhos com ele (Suet. *Aug.* 63.1), mas se divorciou em 21 a.C., para que sua prima, Júlia, se casasse com ele (Cass. Dio, *Roman History* 54.6.5; Plut. *Ant.* 87.4; Vell. Pat. 2.100.4). Depois, Marcela Maior se casou com o filho mais novo de Antônio e Fúlvia, Julo, em 21 a.C., tendo Lúcio Antônio e outra filha (Syme, 1986, p. 144). O que parece é que Julo cometeu adultério com Júlia, filha de Otávio, acabando por ser morto ou por cometer suicídio (Moore, 2017, p. 147).

O segundo filho de Otávia com Caio Cláudio Marcelo foi Marcus Claudius Marcelo. Ele foi prometido, aos três anos de idade, para a filha de Sexto Pompeu (Cass. Dio *Roman History* 48.38.5), mas esse casamento nunca aconteceu. Ele morreu aos 19 anos, em 23 a.C., apenas dois anos depois de se casar com Júlia, filha de Augusto, tirando a perspectiva de ele ser um de seus herdeiros. Esse episódio deixou Otávia desolada. Marcelo, em 24 a.C., recebeu do Senado a habilidade de se tornar Senador e de representar o consulado anos antes do que o de costume (Moore, 2017, p. 137). Otávio deu ao seu sobrinho e genro um funeral público e o levou para ser enterrado em seu mausoléu, bem como pediu para ser feita uma imagem dourada de Marcelo com uma coroa que também era dourada, solicitando que essa imagem fosse colocada no palco para os jogos *aedile*, que o próprio Marcelo deveria ter presidido (Cass. Dio, *Roman History* 53.30.4-6). Depois da morte de Marcelo, a própria Otávia sugeriu que Júlia se casasse com Agripa, porém ele teria que se divorciar de sua filha, Marcela Maior (Plut. *Ant.* 87.2-3; Suet. *Aug.* 63.1), a qual depois se casaria como Julo, filho mais novo de Antônio e Fúlvia. Esses casamentos acabaram por acontecer em 21 a.C. (Cass. Dio *Roman History* 54.6.5; Plut. *Ant.* 87.4; Vell. Pat. 2.100.4).

Contudo, a figura de Otávia como uma esposa virtuosa e que estava de luto pode ter escondido uma mulher que tinha recebido educação e mantinha a atividade de Patronato (Hemelrijk, 1999, p. 99-100). Ela dedicou uma biblioteca inteira à memória de Marcelo, com a separação de obras gregas e latinas. A construção foi feita dentro do recinto do *Porticus Octaviae*, que Augusto construiu em homenagem à sua irmã (Plut. *Ant.*

30.6). De acordo com Dião Cássio, tanto a biblioteca quanto o *Porticus Octaviae* teriam sido construídos por Augusto, em 33 a.C., em homenagem a Otávia, com os ganhos de guerra da campanha de *Dalmatia* (Cass. Dio, *Roman History* 49.43.8).

Augusto construiu o Teatro de *Marcellus* e o *Porticus Octaviae* para honrar sua irmã e seu sobrinho. Essas construções estavam dentro de uma política de Augusto de se criar lugares públicos (Barrett, 2002, p. 199-201). Marcelo era o parente masculino mais próximo de Otávio, assim, os privilégios concedidos a ele marcavam-no como alguém de suma importância para o tio (Moore, 2017, p. 133). A construção do *Porticus Octaviae* iniciou-se na metade dos anos 20 a.C., provavelmente para celebrar a magistratura de Marcelo em 23 a.C., mas poderia ter ocorrido mais cedo, em 27 a.C. Esse pórtico foi restaurado sobre o antigo *Porticus Metellus*, construído em 146 a.C. pelo general Metelo, que tinha ido na campanha da Macedônia (Vell. Pat. 1.11.3). O pórtico novo foi elaborado para ter os dois templos do antigo pórtico, em que *Juno Regina* e *Jupiter Strator* eram celebrados.

Nesse período, o *Campus Martius* era a área focada pelo programa de construções de Otávio, em 33 a.C., em que ele restaurou o *Porticus Gn. Octavius* e iniciou a elaboração de seu mausoléu. Otávio também retomou a construção de um teatro iniciado por Júlio César, que posteriormente foi dedicado a Marcelo, passando a se chamar Teatro de Marcelo. No pórtico de Otávia, nada do original sobreviveu à modernidade, uma vez que a construção foi danificada com fogo duas vezes, em 80 d.C. e em 191 d.C., quando foi reparado por Sétimo Severo e, depois, por seu filho, Caracala, em 203 d.C. (Moore, 2017, p. 166-168). Esse pórtico acabou sendo parte de um conjunto da propaganda imperial romana, uma vez que recebeu o nome da irmã de Otávio e uma dedicatória a Marcelo.

Em relação ao Patronato, Otávia parece ter financiado alguns artistas, pois, de acordo com Plutarco, Atenodoro de Tarso, um filósofo estoico que vivia como assessor de Augusto, dedicou um livro a ela em homenagem à morte de seu filho. Esse tipo de obra era chamado de *consolatio*, produzido para mulheres que estavam em luto por seus filhos (Plut. *Publ.* 17.5). Tal fato mostra que Otávia pode ter dado ao autor dinheiro ou algum presente em troca de seu livro endereçado a ela, ou talvez seu trabalho tenha sido dedicado a ela para retribuir algum *beneficium* passado. Sêneca, o mais jovem, em sua obra *Ad Marciam*, descreveu Otávia como inconsolável, pois parecia que ficaria para sempre de luto, como se ela nunca tivesse saído do funeral de seu filho. O autor declara que ela odiava todas as mães e que não podia ouvir falar do nome do filho (Sen. *Ad Marc.* 2.1-4).

Augusto concedeu a ela o direito de dispensar o guardião que estava no controle de suas finanças para que ela pudesse gastar seu dinheiro à vontade (Cass. Dio, *Roman History* 49.38.1; Purcell, 1986; Flory, 1993 apud Hemelrijk, 1999, p. 101-102). Essa atitude pode ter facilitado sua entrada na atividade de benfeitora, já que a benfeitoria de Otávia estava intimamente ligada ao seu *status* de irmã do imperador (Hemelrijk, 1999, p. 102), funcionando como uma forma de propagandear a família imperial.

A filha mais nova de Otávia e Caio Marcelo foi Claudia Marcela Menor, que nasceu por volta de 40 ou 39 a.C. Ela parece ter se casado duas vezes: primeiro com Messala Appiano, que foi cônsul em 12 a.C. e com o qual teve dois filhos, Cláudia Pulcra e Massala Barbato. Seu filho parece ter se casado com Domícia Lépida Menor, os quais aparentam ter sido pais da famosa Valeria Messalina, esposa do imperador Cláudio, acusada de ter cometido adultério (Balsdon, 1962, p. 97-107; Syme, 1986, p. 182-184). Depois, Marcela parece ter se casado com Paulo Aemilio Regilo (Moore, 2017, p. 148).

O segundo casamento de Otávia foi com Marco Antônio, em 40 a.C., que foi o maior rival de seu irmão, Otávio. Ele também tinha sido marido de Fúlvia e tinha uma ligação com Cleópatra (Moore, 2017, p. 5). A filha mais velha do casal foi Júlia Antônia Maior, que nasceu em 39 a.C., logo antes de o casal partir para viver em Atenas, onde moraram por alguns anos, voltando, depois do Tratado de Tarento, para Roma, em 37 a.C. Ela nunca chegou a rever seu pai depois que ele foi para o Leste. Otávio acabou por conceder a Antônia Maior e à sua irmã, Antônia Menor, parte das propriedades de seu pai após a morte deste (Cass. Dio *Roman History* 51.15.7). Antônia Maior foi prometida para Lúcio Domício Enobarbo para selar o Tratado de Tarento, de 37 a.C., que deu origem a Domícia Lépida Maior, Domícia Lépida Menor e Cneo Domício Enobarbo. Domícia Lépida Menor foi a mãe de Valeria Messalina com seu primo, Messala Barbato, o filho de Marcela Menor. Além disso, Cneo Domício Enobarbo casou-se com Agripina Menor, neta de Antônia Menor, dando origem a Nero, que depois se tornaria imperador (Barrett, 1996; Ginsburg, 2006). Antônia Maior, Antônia Menor e Marcela Maior nunca se casaram novamente depois das mortes de seus maridos (Moore, 2017, p. 149).

A segunda filha do casal foi Júlia Antônia Menor, que nasceu em 36 a.C., logo depois do Tratado de Tarento, seguido da volta de Otávia para Roma. Como o pai tinha ido para o Leste, ela nunca se encontrou com ele. Ela se casou com o filho mais novo de Lívia, Nero Cláudio Druso, com quem teve Germânico Júlio César, Cláudia Lívia Júlia (Lívila) e Tibério Cláudio Druso. Seu filho Germânico se casou posteriormente com Agripina Maior, levando a ter como filha Agripina Menor, o imperador Calígula e outras crianças, como Nero Júlio César, Druso César, Júlia Drusila e Júlia Lívila. Depois que seu marido, Druso, morreu, em 9 a.C., ela não voltou a se casar (Bauman, 1992, p. 138-156; Moore, 2017, p. 150). Antônia Menor era forte, influente e com uma modéstia como a da mãe (Hemelrijk, 1999, p. 102-103).

Julo Antônio, filho de Fúlvia e Antônio, que nasceu por volta de 43 a.C., tinha apenas 3 anos quando sua mãe morreu. Junto de seu irmão mais velho, Antilo, passou a ser enteado de Otávia em 40 a.C., quando ela se casou com Antônio. Julo recebeu apoio de Otávia como se fosse o seu próprio filho, Marcelo, e foi educado no mesmo padrão, passando a ficar somente atrás de Agripa e dos filhos de Lívia na estima por Otávio (*Plut. Ant.* 87). Casou-se com Marcela Maior em 21 a.C. Seguiu a carreira política e tornou-se *praetor* em 13 a.C. (Cass. Dio, *Roman History* 54.26), cônsul em 10 a.C. e procônsul da Ásia em 7 a.C. (Vell. Pat. 2.100.4). Entretanto, em 2 a.C., ele foi acusado de adultério com a filha de Otávio, Júlia, evento que o fez suicidar-se ou forçaram-no que se suicidasse (Fantham, 2006; Hallett, 2006; Moore, 2017, p. 152). Segundo Veleio Patérculo, Julo se suicidou, mas, de acordo com Tácito, ele foi executado por adultério. Dião Cássio menciona que Augusto tinha executado Julo com base no fato de que ele possuía planos para a monarquia, mas ambos os autores escreveram depois de Patérculo, cujo relato parece mais confiável (Vell. Pat. 2.100.4; Tac. *Ann.* 4.44; Cass. Dio, *Roman History* 55.10.15).

Outra filha que Otávia teve que criar foi Cleópatra Selene, filha de Cleópatra VII. Ela cresceu em sua casa e depois se casou com Juba II. Este foi mantido na Itália como garantia do bom comportamento de seu pai, Juba I, após sua derrota para Júlio César. Os dois jovens, membros da realeza, retornaram à terra natal de Juba II, Mauritânia, na África, onde construíram uma biblioteca impressionante (Moore, 2017, p. 153).

Otávia nunca foi colocada na categoria de mulher que foi mal falada pelos escritores antigos, bem como nunca foi acusada de adultério, de ter envenenado algum(a) rival, de ter atitudes "que não eram femininas"

(Moore, 2017, p. 1) ou de ter interferido em ações políticas. Ela nunca desejou glória pública ou algum tipo de notoriedade. Entretanto, isso deve ter acontecido pelo fato de que ela era irmã de Augusto. Ela foi caracterizada por Plutarco como uma mulher maravilhosa, bonita, digna e de bom senso, que tinha sido viúva de Caio Marcelo (Plut. *Ant.* 31.1). Na maior parte das vezes, ela foi descrita junto de Lívia, o que fez com que não houvesse uma análise extensiva de sua pessoa. As descrições eram de uma mulher que não era problemática (Moore, 2017, p. 7) e se enquadrava no padrão considerado pelos antigos como o da matrona romana ideal.

A matrona era aquela mulher da elite romana associada a valores femininos tradicionais, como beleza e fertilidade; que cuidava da casa; que fazia caridade; que era modesta; que estava ligada a *pietas*, severidade, simplicidade, sobriedade e autocontenção; que era reservada, domesticável e tinha total devoção ao marido e aos filhos. Esperava-se que essas mulheres vivessem uma vida em retiro, fossem castas, esposas e mães devotas, além de se casarem apenas uma vez, ou seja, *univirae,* sendo viúvas fiéis depois da morte do marido, o que já tinha mudado no tempo de Otávia. A ênfase em qualidades morais estava atrelada à educação tanto de meninos como de meninas, mas, para as meninas, a perspectiva eram o casamento e a maternidade (Hemelrijk, 1999, p. 13 e 57-58).

Exemplos apropriados de mulheres romanas do final da República modificaram-se bastante, mas elas ainda tinham que cumprir o fato de serem dedicadas aos seus filhos, como Cornélia, e obedientes, cumprindo sua *pietas*. Como as mulheres não podiam ter papéis ligados diretamente à política, elas eram honradas sendo mães (Moore, 2017, p. 14). Quando estavam em público, usavam uma roupa especial, assim como era permitido que vestissem a *stola,* ou *insita,* um longo sobretudo que cobria os tornozelos. Nos cabelos, elas usavam *vittae,* que eram filetes ou faixas de lã. Tais vestimentas saíram de moda no período de Augusto e eram utilizadas em ocasiões especiais. Dessa forma, a *stola,* a *instita,* a *vittae* e a *matrona* foram usadas para denotar a mulher cidadã romana casada (Hemelrijk, 1999, p. 13).

Ao descrever Semprônia, a qual não era um modelo a ser seguido, Salústio ressalta que ela apresentava todas as características, como beleza, riqueza e fertilidade, para ser como uma matrona ideal, embora não tenha sabido usá-las. Dessa forma, caracteriza-a como o oposto ideal, expondo

A FORÇA DAS MULHERES ROMANAS POR MEIO DAS MOEDAS E UMA CRÍTICA
FEMINISTA DO PASSADO PARA O PRESENTE

que ela era fraca, imoral e queria derrubar o Estado (Fischler, 1994, p. 118-119). Não se pode deixar de considerar o papel oposto manifestado nessas mulheres da elite imperial de Roma nos textos antigos, o que sugere que a mulher que não seguia os padrões impostos pela sociedade também era uma construção cultural comum, da mesma maneira que a matrona ideal (Fischler, 1994, p. 118-120). Contudo, a matrona ideal era uma idealização social, utilizada para construir críticas sobre as outras mulheres.

Algumas matronas poderiam ter recebido educação, embora, na sociedade romana, a educação e o estudo fossem tipicamente masculinos. Os conhecimentos da cultura literária e das artes eram geralmente reservados aos homens da elite. Para eles, a educação era valiosa para a carreira política, que era um campo de competição e um instrumento de diferenciação social (Hemelrijk, 1999, p. 6).

O termo *matrona docta*, que seria uma matrona instruída, muitas vezes, não era tomado como um elogio. A mulher romana da elite passava por diferentes estágios, desde a filha, esposa[51], mãe e viúva; havia normas de comportamentos prescritas que elas deveriam seguir. Entretanto, a posição dessas mulheres era marcada por ambiguidades, resultado de demandas contraditórias de *status* e gênero. Em contrapartida, suas vidas eram circunscritas pela origem de suas famílias e por vários papéis que elas deveriam executar dentro da família durante os diferentes estágios de suas vidas. A idade do marido e da esposa, no segundo ou no terceiro casamento da mulher, como é o caso de Otávia, deveria ser próxima, uma vez que, provavelmente, nessa fase, a mulher seria menos complacente e submissa do que durante seu primeiro casamento (Hemelrijk, 1999, p. 6-7).

4.1. A vida e as moedas de Otávia

Depois da morte de Fúlvia, houve uma reconciliação de Antônio com Otávio. Este último viu que um casamento de Antônio com sua irmã, Otávia, seria uma maneira de selar essa harmonia, enquadrando

---

[51] As mulheres da elite romana casavam-se na adolescência. A idade mínima durante a legislação de Augusto era de 12 anos. Entretanto, as garotas fora da elite casavam-se mais tarde. O casamento era a maior transição de vida dessas garotas, em que elas se tornavam *matronas*; na véspera do casamento, elas acabavam dedicando suas bonecas a Vênus. O casamento era arranjado pelo pai e, muitas vezes, uma junção entre parentes. O consentimento formal era feito aos 15 anos. Elas tinham que fazer o desejo de suas famílias. No primeiro casamento, o marido teria que ser por volta de 10 anos mais velho que ela (Hemelrijk, 1999, p. 8).

tal acordo ao famoso Pacto de Brundísio, de 40 a.C. Nesse período, homens da elite romana exploravam o casamento de suas parentes mulheres como uma forma de estabelecer um vínculo político entre aliados, por meio da união de homens maduros com garotas inexperientes e cheias de vida e energia, o que não era o caso de Otávia, pois ela já havia passado por um casamento e tinha certa idade. Esse elemento demonstra que tais tipos de acordos também reverberavam entre as mulheres mais velhas. De outro modo, mulheres menos maduras, ao se casarem em tais circunstâncias, acabavam sendo pegas na tentação de fuga adúltera (Fantham, 2011, p. 141), o que também não era o caso de Otávia, pois sua posição de matrona romana ideal não a caracterizava nesses moldes. Era esperado que Otávia fosse casada com alguém que seu irmão arranjasse para suprir suas necessidades políticas. Alianças políticas eram feitas como algo comum para assegurar a lealdade entre as famílias e para proteger o interesse mútuo em relação aos filhos desse casamento (Wood, 2001, p. 27).

Compreende-se que essas mulheres foram utilizadas como ferramentas na política de Roma, contribuindo para a continuação dinástica e os acordos políticos, além de que elas eram destinadas a atuar para cumprir a relevância e o desenvolvimento masculinos. Tal posicionamento contribuía para o entendimento entre os homens de um acordo firmado, resultando no fato de elas serem reduzidas a instrumentos manipuláveis de tratados entre os indivíduos masculinos e aparelhos de reprodução, assegurando a nova geração e a continuidade do sistema. Esse posicionamento também garantia a elas uma posição social, mesmo submetidas a uma hierarquia de gênero, sendo as vítimas ideais de uma violência simbólica (Bourdieu, 2001, p. 1-2) para a manutenção desse sistema.

Ela não foi nomeada em nenhuma moeda em que seu rosto apareceu, mas o contexto do objeto permitiu a ligação com a personagem. Há muitas moedas que a representaram de forma inquestionável por evidências circunstanciais. Todas as suas imagens são associadas às figuras de Antônio ou de Antônio e Otávio, além de serem todas datadas dos anos 40 até 36 a.C. (Erhart, 1980, p. 125). As únicas moedas com o retrato de Otávia apareceram depois que ela se casou com Antônio, nas cidades e em territórios que ele controlava, provavelmente cidades gregas da Ásia Menor, no coração do mundo Helenístico, uma área que abrangia o conceito de realeza divina, com celebrações e homenagens ao casal real. Segundo Wood, tais moedas poderiam ter servido como propaganda para seu marido, e não para seu

A FORÇA DAS MULHERES ROMANAS POR MEIO DAS MOEDAS E UMA CRÍTICA
FEMINISTA DO PASSADO PARA O PRESENTE

irmão (Wood, 2001, p. 32 e 41). Todavia, mesmo sua moeda sendo cunhada em territórios de Antônio, ela transmitia a paz concluída por Antônio e Otávio por meio de tal casamento, sendo, portanto, uma propaganda também para seu irmão.

Retratos de Otávia existiam, indiscutivelmente, do ano 35 a.C. em diante, quando o Senado votou formalmente a honra *sacrosanctitas* para ela e para Lívia, junto de outros direitos importantes. Porém, a escassez de inscrições sobreviventes implica que tais retratos nunca foram abundantes. A autorização do Senado para que esses retratos fossem feitos sugere a natureza sem precedentes de tais honras públicas para mulheres em 35 a.C. Entretanto, essas figuras serviram como objetos de propaganda, os quais permitiram a Otávio homenagear as esposas romanas dos triúnviros. Após o estabelecimento de Augusto como *princeps*, os retratos dos membros masculinos de sua família podiam legitimamente ser distribuídos e exibidos, uma vez que os homens geralmente ocupavam cargos públicos que tornavam essa apresentação pública apropriada, ao contrário das representações das mulheres, que poderiam ter parecido uma declaração muito aberta de intenções dinásticas. Augusto desejava que membros de sua própria família eventualmente herdassem seus poderes, sabendo que eles deveriam repousar sobre os cargos constitucionais e ser estabelecidos sob as tradições da República, que ele afirmava ter restaurado (Wood, 2001, p. 27-29).

Em suas representações, Otávia era identificada com o papel de boa mãe, um exemplo de uma matrona apropriada, o que era uma característica a ser comemorada pelo império. Sua posição, muito elogiada como um modelo moral, foi pouco elusiva, posto que até mesmo moedas com sua imagem foram cunhadas apenas durante a vida de Antônio. Inclusive, as moedas com seu retrato somente foram cunhadas no Leste da Grécia (Harvey, 2020, p. 39).

O mais interessante é que as moedas foram cunhadas para homenagear a união de Marco Antônio e Otávia, na medida em que essa união representava o fim das desavenças entre os triúnviros. Contudo, moedas do casal começaram a ser cunhadas depois do Pacto de Brundísio, de 40 a.C., e do Tratado de Tarento, em 37 a.C. Esse é um exemplo de que tais mulheres da elite romana, como Otávia, eram, muitas vezes, colocadas para serem casadas com homens para, simplesmente, cumprir alianças de negociações políticas. Contudo, mesmo nessas ocasiões, as partes que os casavam desejavam que houvesse harmonia e afeto (Hemelrijk, 1999, p. 8).

Figura 10 – Áureo[52], de 40 - 39 a.C., Roma, 8,01 g; 22 mm de diâmetro. Anverso: Marco Antônio: M ANTONIVS IMP III VIR R P C (*Marcus Antonius Imperator Triumviri Rei Publicae Constituandae* = Comandante Marco Antônio, Triúnviro para a República Constitucional[53]). E Otávia no reverso. Peça nomeada: *De Quelen Aureus*

Fonte: ©*Münzkabinett der Staatlichen Museen zu Berlin-Preußischer Kulturbesitz*
Fotograf/In: Dirk Sonnenwald

Esse áureo, conhecido como *De Quelen Aureus*, marca o início das cunhagens de moedas de Marco Antônio e Otávia. Como as próximas moedas, esse objeto simbolizava a união do casal, mais especificamente a harmonia de Otávio e Antônio. O objeto traz Antônio no anverso, com a legenda indicando um aspecto político, que seria o Triunvirato; no reverso, está Otávia, com o cabelo do tipo *nodus*, comum entre as matronas romanas desse período. Ela possui um pescoço curto e esguio, estrutura óssea delicada, maçãs do rosto salientes, um queixo pequeno e pontudo e um penteado semelhante, mas não é idêntico aos exemplares que Fúlvia aparece como Vitória. Otávia usa seu coque na parte de trás da cabeça, logo acima da nuca. O cabelo ao redor de seu rosto forma um amplo rolo de ondas varridas para fora e para trás e uma pequena mecha escapa do penteado na nuca (Wood, 2001, p. 45). O reverso, com a estampa de uma mulher viva, poderia ser visto como parte do crescimento no número de retratos de mulheres em moedas, do aumento dos papéis públicos femininos e de algumas liberdades legais que elas ganharam nesse período (Wood, 2001, p. 13 apud Rowan, 2019, p. 81).

---

[52] Número de identificação: 18202297. Disponível em: http://www.smb-digital.de/eMuseumPlus?service=direct/1/ResultLightboxView/result.t1.collection_lightbox.$TspTitleImageLink.link&sp=10&sp=Scollection&sp=SfieldValue&sp=0&sp=1&sp=3&sp=Slightbox_3x4&sp=12&sp=Sdetail&sp=0&sp=F&sp=T&sp=13; http://www.smb-digital.de/eMuseumPlus?service=ExternalInterface&module=collection&objectId=2355002&viewType=-detailView; http://www.smb-digital.de/eMuseumPlus?service=ExternalInterface&module=collection&objectId=2355002&viewType=detailView; https://id.smb.museum/object/2355002/r%C3%B6m--republik-m--antonius. Crawford No. 527.1 (esta peça); Schultz (1997) No. 326 (esta peça). Para o tesouro de 1883, veja M. H. Crawford, *Roman Republican Coin Hoards* (1969) 138 nº 527.

[53] Tradução nossa.

Segundo Pollini, embora emitido sob a autoridade de Antônio como triúnviro, o *De Quelen Aureus* é, sem dúvida, baseado em um retrato particular de Otávia, que provavelmente tinha a intenção de comemorar seu casamento com Antônio em 40 a.C. por causa do tratado de Brundísio entre Otávio e Antônio no final do mesmo ano. Todas as características desse áureo único, sobrevivente de seus traços faciais e de suas semelhanças numismáticas, concordam com as do retrato de Velletri. Em ambas as imagens, seu penteado *nodus*, exibido com uma longa trança de cabelo escapando do lado do pescoço, é virtualmente o mesmo. Existem apenas pequenas diferenças: no retrato de Velletri, duas pequenas mechas escapam na frente das orelhas, e o cabelo na parte de trás da cabeça é puxado para trás sob o coque, que é colocado mais abaixo na imagem da moeda do que no retrato escultural (Pollini, 2002, p. 32).

Figura 11 – Áureo[54], datado de 38 a.C., da República romana, com o rosto de Marco Antônio voltado para a direita no anverso, com a inscrição: M·ANTONIVS·M F·M·N·A·VGVR·IMP·TER (*Marcus Antonius Marcus Filius Marcus Nepos Augur[55] Imperator Tertium* = Marco Antônio, filho de Marco, neto de Marco, áugure[56], Comandante pela Terceira vez). No reverso, está o rosto de Otávia, voltada para a direita, com a inscrição: COS·DESIG-N·ITER·ET·TER·III·VIR·R·P·C (*Consul Designatus Iterum Tertium Triumviri Rei Publicae Constituandae* = Cônsul designado novamente, pela terceira vez, como Triúnviro para a manutenção da República Constitucional[57])

Fonte: © *The Trustees of the British Museum*

---

[54] Bibliografia: RRC / Roman Republican Coinage (533/3a) RR2 / Coins of the Roman Republic in the British Museum, vol. 2. Coinages of Rome (continued), Roman Campania, Italy, the social war, and the provinces. (144, p. 507) PCR / Principal coins of the Romans: Volume I: The Republic c. 290-31 BC; Volume II: The Principate 31 BC-AD 296; Volume III: The Dominate AD 294-498. (302) Ghey, Leins & Crawford 2010 / A catalogue of the Roman Republican Coins in the British Museum, with descriptions and chronology based on M.H. Crawford, Roman Republican Coinage (1974) (533.3.1). Disponível em: https://www.britishmuseum.org/collection/object/C_1842-0523-1. Acesso em: 29 out. 2020.

[55] Áugures era quem carregava o *lituus* (Elkins, 2017, p. 106), que era um tipo de cajado.

[56] Marco Antônio é *imperator, augur* e *triumvir. Augur* é aquele que prevê, que reconhece os presságios. Áugure é aquele que faz o presságio. O adjetivo é derivado de Augustus, consagrado por áugure ou sob augúrios favoráveis (Martins, 2011, p. 66 e 75).

[57] Tradução nossa, com consulta em https://en.numista.com/catalogue/pieces66597.html. Acesso em: 9 nov. 2019.

Essa última moeda, com Marco Antônio no anverso e Otávia no reverso, também marca a união do casal. Entretanto, a moeda demonstra, especialmente, a harmonia entre Antônio e Otávio, devido ao pacto de Brundísio, em 40 a.C., uma aliança que marcou o Segundo Triunvirato, uma vez que se estabeleceu um acordo político por esse vínculo por meio de um acordo matrimonial. Além disso, as legendas da moeda dizem respeito à vida política de Antônio e nada sobre Otávia, evidenciando o ideal esperado de passividade feminina diante dos laços políticos ali estabelecidos.

Otávia apresenta nessa moeda um cabelo do tipo *nodus*, símbolo do *status* da matrona romana, sem nenhum atributo divino, muito próxima das figuras de mulheres Helenísticas, que tinham como objetivo demonstrar a promoção das relações familiares. Segundo o estilo das mulheres Helenísticas, as figuras das mulheres de Antônio, Otávia e Cleópatra, podiam aparecer com algumas características físicas do marido (Hekster, 2015; Harvey, 2020, p. 41). Nesse áureo e em moedas pequenas de bronze de Tarento, datadas de 37/36 a.C., há uma pequena diferença na aparência de Otávia, revelando um rosto mais carnudo e com um queixo proeminente, características que parecem ter surgido das imagens de Antônio. Todas as imagens dela aparecem com o cabelo tipo *nodus*, possuindo um rolete de cabelo acima de sua testa e um coque na parte de trás, que podiam mudar ao longo do tempo (Erhart, 1980, p. 125).

Os desvios nos estilos de cabelo e até nas características faciais são dificilmente desconhecidos na cunhagem romana. Nesse áureo, o coque é menos proeminente e usado na parte superior da cabeça, enquanto os traços faciais de Otávia foram de alguma maneira assimilados aos de seu esposo. Tal assimilação é encontrada em outros retratos numismáticos e escultóricos. Embora geralmente não observado, talvez um dos casos mais extremos seja visto nas feições fisionômicas de Cleópatra, que foram assimiladas às de Antônio em moedas emitidas sob a autoridade de Antônio no Oriente. O penteado tipo *nodus* de Otávia também parece ser um pouco diferente do *De Quelen Aureus*, não apenas no coque colocado mais alto, mas também nos padrões de cabelo nas têmporas e na lateral da cabeça, em que o cabelo não forma ondas, mas parece ser continuamente puxado para trás em direção ao coque (Pollini, 2002, p. 32-33).

Segundo Wood (2001), a imagem de Otávia sofreu uma metamorfose. O arranjo do cabelo agora é puxado diretamente para trás, em vez de formar um rolo de ondas completas ao redor do rosto, e o coque é usado um pouco mais alto na parte de trás. Otávia pode realmente ter alterado seu penteado ou os artistas podem ter o simplificado para sua própria conveniência. Seu rosto e pescoço parecem mais carnudos, seu queixo maior e mais proeminente e sua cabeça está mais erguida sobre um pescoço mais grosso. A mudança em sua aparência da moeda anterior para a posterior provavelmente reflete a assimilação da aparência de uma pessoa a outra, revelando a harmonia do casal, visualmente reforçada pela semelhança. Assim, Otávia adquire pescoço grosso e mandíbula protuberante como os de seu marido.

A notável semelhança da imagem de Otávia no *De Quelen Aureus* com a de seu irmão também é atestada em representações de Otávia em moedas cistóforas, emitidas entre 40 e 35 a.C., o que pode evidenciar a submissão dela ao seu marido e irmão ou que ela era vista como submissa a eles. Moedas de prata com Otávia foram cunhadas na Ásia, em Éfeso e em Pérgamo, com o formato cistóforo, que era um tipo de moeda emitida por várias cidades do reino de Pérgamo desde II a.C. O nome deriva dos objetos que estão representados na moeda, como a cista mística, que era uma cesta cilíndrica com itens sagrados para o culto de Dioniso e outros elementos voltados ao deus. Edições anteriores da época da independência do reino de Pérgamo geralmente exibiam a cista, com uma serpente emergindo de sua tampa, no anverso, emoldurada por uma coroa de hera, e um par de serpentes entrelaçadas com cabeças erguidas no reverso. No entanto, depois que Pérgamo e seus territórios se tornaram parte da província romana da Ásia, as moedas também incorporaram referências da nova autoridade (Mørkholm, 1991, p. 36-37 e 171-173 apud Head, 1910, p. 534-537). Dessa forma, durante a hegemonia de Antônio sobre essa região, seu retrato, que aparecia com uma coroa de hera de Dioniso, foi substituído pela cista dentro da guirlanda de hera e cachos de uva no anverso, enquanto a cesta sagrada se movia para o reverso, entre as duas serpentes empinadas (Wood, 2001, p. 46-47).

A denominação de cistóforo foi introduzida na região de Éfeso pelos reis Helenísticos de Pérgamo. O reverso da próxima moeda possui uma cista mística ou um cexto sagrado de onde cobras emergem, que é o que dá o nome às moedas (Rowan, 2019, p. 83). Durante o período de Augusto e de alguns de seus sucessores, continuou-se a bater esses tipos de moedas em grandes pedaços de prata, com o valor de três denários. No período imperial, os tipos cistóforos estavam mais de acordo com o estilo de Roma e eram reconhecidos pelo povo da província (Sear, 2000, p. 20).

Figura 12 – Tridracma[58] cistóforo de prata, de 39 a.C., Éfeso (?), Turquia, 12,24 g. No reverso, há o busto de Antônio, que está voltado para a direita, possuindo uma coroa de hera; acrescentando um *lituus*[59] na parte de baixo da moeda, envolto por heras e flores, com a legenda: M ANTONIVS IMP COS DESIG ITER ET TERT (*Marcus Antonius Imperator Consul*[60] *Designatus Iterum Tertium* = Comandante Marco Antônio nomeado como Cônsul novamente, pela terceira vez). No reverso, há o busto drapeado de Otávia, voltado para a direita, sobre uma cista, ladeado por cobras, com a legenda: III VIR R P C (*Triumvir Republicae Constituendae* = Triúnviro da República Constitucional)[61]

Fonte: © *The Trustees of the British Museum*

Esse último exemplar é uma moeda do tipo cistóforo de Éfeso, datada de 39 a.C., a qual também foi cunhada em Pérgamo, entre 40 e/ou 35 a.C., assim como outras semelhantes a essa. Nela, o casal aparece com elementos divinos junto às categorias mitológicas. Antônio é representado, às vezes, associado a Netuno, mas a afinidade com Dioniso é

---

[58] Número de referência: G.2204. RPC 1 2201. Número do catálogo C&M: RR2 (502) (133) (502). Bibliografia: RR2 / Coins of the Roman Republic in the British Museum, vol. 2. Coinages of Rome (continued), Roman Campania, Italy, the social war, and the provinces. (p502.133) PCR / Principal coins of the Romans: Volume I: The Republic c. 290-31 BC; Volume II: The Principate 31 BC-AD 296; Volume III: The Dominate AD 294-498. (301) RPC1 / Roman provincial coinage. Vol.1, From the death of Caesar to the death of Vitellius (44 BC-AD 69) (2201/1). Disponível em: https://www.britishmuseum.org/collection/object/C_G-2204. Acesso em: 28 out. 2020.

[59] Seria um cajado torto carregado por áugure, cajado de áugure, báculo, varinha inaugural. Disponível em: http://www.perseus.tufts.edu/hopper/resolveform?type=exact&lookup=lituus&lang=la. Acesso em: 5 maio 2022. O simbolismo do elemento *lituus* estava relacionado com a implementação do *pontifices* e do *augures*, respectivamente (Elkins, 2017, p. 107).

[60] Cônsul geralmente aparece como COS nas legendas de moedas. As atividades anuais do cônsul foram estabelecidas logo depois da abolição da Monarquia em Roma, em 510 a.C. Geralmente, havia dois cônsules durante o ano, e eles eram os magistrados com cargos mais altos. Entretanto, seus poderes foram diminuídos consideravelmente pela presença dos tribunos da plebe, que não estavam sob o poder deles. A autoridade deles também foi diminuída no último século da República, devido ao poder dos comandantes militares, os *imperatores*. Contudo, seus poderes foram consideráveis enquanto a República persistiu. Mesmo durante o império, os cônsules continuaram a ser escolhidos, porém com poderes reduzidos. Às vezes, o imperador era quem levava o consulado, o que fazia com que o título aparecesse em suas moedas. Nas legendas das moedas, também pode aparecer quantas vezes a pessoa foi cônsul, como COS III, que indica que ela foi três vezes cônsul (Sear, 2000, p. 73).

[61] Tradução nossa.

maior e mais bem atestada na arte e na literatura. Esse tridracma de prata mostra a conexão de Antônio e Otávia com Dioniso, com a representação de símbolos religiosos para o culto do deus. O busto de Antônio está no anverso, com uma coroa de hera, e no reverso está o busto de Otávia, em uma figura menor, sobre uma cista mística, além de que as serpentes são símbolos sagrados representantes de Dioniso. Poderia ser uma associação do deus Dioniso com sua companheira, Ariadne, representados por Antônio e Otávia, que é reconhecida por seu coque (Harvey, 2020, p. 45-46).

A presença do nome de Antônio em moedas marca-o como autoridade legal, com a ausência do nome de Otávia, mostrando que não haveria nenhum tipo de homenagem a ela. Contudo, sua imagem não deixa de representar que sua figura tinha importância sociopolítica, evidenciando também que a concessão do Senado restringia-se a promover essas mulheres (Harvey, 2020, p. 45-46). Esse era um tipo comum de figura para o Leste e o período Helenístico, no qual o retrato de Otávia aparece sobre a cista (Barrett, 2002, p. 140). Ela aparece mais uma vez em segundo plano na moeda, já que o reverso estaria reservado às figuras de menor importância, além de que as legendas nem ao menos a mencionam, contribuindo apenas para celebrar e caracterizar Antônio.

Otávia aparece no próximo exemplar desse tipo de moeda, ligeiramente atrás de Antônio. A lateral e a parte de trás de seu penteado não são visíveis. No entanto, em todos os outros aspectos, seus traços faciais e a parte frontal de seu penteado *nodus* concordam com sua imagem, quando comparada ao *De Quelen Aureus* (Pollini, 2002, p. 34). O que parece ser plausível de se observar é que, nessa série cunhada em Éfeso e em Mileto, Otávia aparece com um *status* mais proeminente, posto que ela desponta no anverso, mesmo sendo atrás de Marco Antônio (Wood, 2001, p. 48), o que não a tira de uma posição secundária em relação ao marido. O reverso mostra, novamente, a cesta de utensílios sagrados entre um par de serpentes entrelaçadas, mas dessa vez o objeto acima da cista é uma pequena figura de corpo inteiro de Dioniso. Antônio, no anverso, novamente, usa a coroa de hera de Dioniso (Wood, 2001, p. 48), demonstrando sua ligação com o deus.

Figura 13 – Tridracma cistóforo,[62] de prata, de 39 a.C., cunhada em Éfeso (?), Turquia. No anverso, há o busto de Marco Antônio, ao lado do busto de Otávia, com legenda: M ANTONIVS IMP COS DESIG ITER ET TERT (*Marcus Antonius Imperator Consul Designatus Iterum et Tertium*[63] = Comandante Marco Antônio, Cônsul nomeado novamente, pela terceira vez). No reverso, há Dioniso sobre uma *cista* mística, segurando uma taça e com um tirso na outra mão, e a legenda: III VIR R P C (*Triumvir Republicae Constituendae* = Triúnviro da República Constitucional[64])

Fonte: © *The Trustees of the British Museum*

Nesse tridracma cistóforo, cunhado em Éfeso, em 39 a.C., e em Mileto, entre 40 e/ou 35 a.C., a figura de Antônio está se sobrepondo à de Otávia. Ele está usando uma coroa de hera, que o associa ao seu patrono, o deus Dioniso, o qual aparece no reverso parado sobre uma cista mística, com um tirso na mão esquerda, ladeado por duas cobras entrelaçadas com as cabeças eretas. Antônio foi proclamado como "o novo Dioniso" em Éfeso (Rowan, 2019, p. 84). Esse tipo de moeda poderia ter sido utilizado pelo próprio culto dos objetos da cista mística de Dioniso. Otávia aparece no objeto ao lado de Antônio, com parte de seu cabelo visível, e sua posição é secundária em relação ao seu marido, em um retrato de valores positivos romanos (Harvey, 2020, p. 43). Além disso, a figura do casal no anverso apresenta a importância da união, visto que esse casamento teria reunido a relação de Otávio e Marco Antônio. Outro elemento a se levar em consideração é a legenda do anverso, M ANTONIVS IMP COS DESIG ITER ET TERT, que atribui valores a Marco Antônio e nenhum a Otávia, bem como a legenda do reverso, III VIR R P C. Além de tudo, Otávia não é demonstrada com características ligadas às deusas, como, anteriormente, as representações de

---

[62] Número de referência: G.2206. Catálogo C&M: RR2 (503) (136) (503). Bibliografia: RR2 / Coins of the Roman Republic in the British Museum, vol. 2. Coinages of Rome (continued), Roman Campania, Italy, the social war, and the provinces. (p503.136) RPC1 / Roman provincial coinage. Vol.1, From the death of Caesar to the death of Vitellius (44 BC-AD 69) (2202/1). Disponível em: https://www.britishmuseum.org/collection/object/C_G-2206. Acesso em: 28 out. 2020.

[63] Disponível em: https://en.numista.com/catalogue/pieces66597.html. Acesso em: 27 out. 2020.

[64] Tradução nossa.

Fúlvia distinguiram-na, assim como as figuras em moedas de Lívia também o fizeram posteriormente.

Moedas elaboradas localmente em casas de moedas provinciais, como os cistóforo, produzidos em Éfeso, eram feitas para uso regional e não tinham uma legenda que se referia à cidade. As moedas de bronze eram batidas para uso local e eram denominadas de moedas da cidade (Butcher, 2005 apud Rowan, 2019, p. 88).

Voltando ao contexto histórico de Otávia, ao se casar com Antônio, ele não negou sua conexão com Cleópatra, mas nunca admitiu que ela fosse sua esposa. Cleópatra foi a mais notável dos sucessores de Alexandre, e a relação de Marco Antônio com ela certamente envolveria interesses ligados à conquista de novos territórios. Ela se esforçou para manter a independência do Egito e restaurar a grandeza dos séculos anteriores. Entretanto, raramente, sua história foi contada como tal. Sua imagem foi sempre de uma mulher tentando agir como um homem, consumida pela ambição, usando sua sexualidade para manipular primeiramente César e depois Marco Antônio (Burstein, 2004, p. 88).

Ela se atrelou a César, pois não teria outra maneira de sobreviver, uma vez que foi deposta pela corte e fugiu do Egito para o deserto a fim de não ser assassinada. Contudo, ela percebeu uma oportunidade de se aliar a César contra seu irmão. Plutarco e Dião Cássio relatam que os dois se tornaram amantes imediatamente (Vieira, 2012, p. 21). De acordo com Bradford (2002), a tal sedução de Cleópatra jamais teria sido o único motivo para tamanho envolvimento entre os líderes, levando em conta o potencial das terras egípcias. César necessitava do auxílio do Egito para custear os gastos gerados em guerra, e nada mais oportuno do que juntar seu Exército com o de Cleópatra. Consequentemente, deu-se origem ao filho do casal, Ptolomeu César, mais conhecido como Cesário, em 47 a.C. Em 46 a.C., Cleópatra se instalou em Roma, causando controvérsias, pois temiam que ela pudesse influenciar César e o governo (Vieria, 2012, p. 22).

Embora César reconhecesse seu filho com Cleópatra, os romanos não viam positivamente a ideia de Cesário ser o herdeiro dos impérios de Roma e do Oriente, o que beneficiaria o Egito mais do que Roma. Esse fato levou ao assassinato de César pelos republicanos em 44 a.C. (Vieira, 2012, p. 22).

Na conjuntura do casamento de Otávia com Marco Antônio, Plutarco deixou claro que ele não era a favor da relação de Cleópatra com ele e torcia pela união de Otávia e Antônio, para a restauração da harmonia do mundo romano. A viúva teria que esperar 10 meses para se casar novamente, mas, nesse caso, essa lei foi transpassada para a ocorrência desse casamento (Plut. *Ant.* 31.1). Esse intervalo de tempo tinha por intuito proteger a legitimidade de qualquer filho com o marido morto de uma viúva. Contudo, possivelmente, foi dada a Otávia essa permissão, devido ao fato de que ela estava grávida (Cass. Dio, *Roman History* 48.31.3). Esse casamento era simbolicamente a garantia da *concordia* entre Otávio e Antônio, além da *pax* para o povo (DuQúesnay, 1976, p. 24). O Senado concedeu *ovationes*[65] para Otávio e Antônio, fazendo com que os dois entrassem como vitoriosos em Roma (Cass. Dio, *Roman History* 48.31.2; Suet. *Aug.* 22). O Senado concedeu esse prêmio para celebrar uma vitória de paz, sem a necessidade de uma batalha, mas parece ter sido algo inusitado. Dessa forma, era esperado que a beleza, a inteligência e a dignidade de Otávia seriam suficientes para manter a atenção de Antônio e a paz entre ele e seu irmão, Otávio (Plut. *Ant.* 31.2-3 apud Moore, 2017, p. 88-92).

Quando Plutarco se referiu a Otávia, dizia que ela continuou a agir como uma mulher exemplar, ficando em Roma e trabalhando para os benefícios do marido, enquanto ele fazia negócios com Cleópatra. Em seus escritos, Plutarco sempre mencionava os ciúmes entre as mulheres de Marco Antônio (Plut. *Ant.* 30.1 e 53.2). Quando o autor citou a cidade de Atenas, apontou que tal lugar estava enamorado da maravilhosa Otávia, onde ela ganhou honras, o que supostamente deve ter causado ciúmes em Cleópatra anos depois, quando ela foi com Antônio à cidade (Plut. *Ant.* 57.1). As virtudes de Otávia exemplificavam a matrona romana ideal, em contraste com o decadente tipo de imagem criado pelos antigos escritores sobre o Oriente de Cleópatra, assegurado pelo ponto de vista romano (Fischler, 1994, p. 118).

De toda forma, o relacionamento de Otávia com seu marido dependia da relação entre seu irmão e Antônio. Para o Tratado de Tarento, Antônio deixou Atenas em 37 a.C. para ir para a Itália. Pelo próprio pedido de Otávia, que estava grávida, ela foi à frente de seu marido para encontrar seu irmão em Tarento (App. *B. Civ.* 5.93; Plut. *Ant.* 35.1). Ela se encontrou com

---

[65] *Ovatio* era uma versão menor do triunfo, dado como prêmio para grandes vitórias militares (Moore, 2017, p. 89).

Otávio e com seus amigos Agripa e Mecenas. Somente depois de conquistar os amigos, ela foi capaz de discutir as questões divisórias que persistiam entre seu irmão e Antônio (App. *B. Civ.* 5.93; Plut. *Ant.* 35.2). Otávio tinha se sentido abandonado por Antônio quando ele precisou de ajuda, além de traído por Antônio ter enviado um liberto a Lépido. Otávia sabia que o liberto tinha sido enviado a Lépido para arranjar um casamento entre Antônia Maior e o filho de Lépido, e não para conspirar contra Otávio. Para apoiar essa afirmação, Antônio se ofereceu para enviar o liberto a Otávio, com permissão para torturá-lo até que a verdade aparecesse (App. *B. Civ.* 5.93).

Otávia implorou para seu irmão não a tornar a mulher mais miserável, pois todos os olhos estavam sobre ela, uma vez que, se houvesse um entrave entre os dois, sendo ela esposa de um e irmã de outro, apenas um prevaleceria (Plut. *Ant.* 35.3). Os apelos de Otávia suavizaram a raiva de seu irmão, que concordou em se encontrar com Antônio pacificamente (App. *B. Civ.* 5.93; Cass. Dio, *Roman History* 48.54.3; Plut. *Ant.* 35.3-4). Os dois homens chegaram ao encontro combinado de lados opostos do rio ao mesmo tempo. Antônio saltou de sua carruagem e, sem escolta, embarcou em um pequeno esquife, remando em direção a Otávio. Vendo a confiança de Antônio e acreditando que ele era um amigo, Otávio fez o mesmo. Os dois triúnviros se encontraram no meio do rio. Eles discutiam entre si sobre para qual margem do rio deveriam retornar. Otávio prevaleceu, acompanhando Antônio até seu lado do rio, dizendo que desejava ver sua irmã. Colocando sua confiança em Antônio, Otávio cavalgou com seu companheiro em sua carruagem desprotegido, até mesmo passando a noite no acampamento de Antônio sem guarda. Para retribuir o favor, Antônio passou a noite seguinte de forma semelhante no acampamento de Otávio (App. *B. Civ.* 5.94).

Consequentemente, a intervenção de Otávia ocasionou um tratado que fez com que Otávio e Antônio somassem esforços militares para um ajudar o outro. Dentro do acordo, Antônio daria navios a Otávio para serem usados contra Sexto Pompeu (App. *B. Civ.* 5.95; Cass. Dio, *Roman History* 48.54.2; Plut. *Ant.* 35.4). Otávio disponibilizava mais tropas a Antônio para a sua empreitada em Pártia (App. *B. Civ* 5.95; Cass. Dio 48.54.2; Plut. *Ant.*

35.4), bem como forneceria a Antônio 1 mil homens adicionais, a serem selecionados por este (App. *B. Civ.* 5.95; Plut. *Ant.* 35.4). Antônio, em troca, forneceria a Otávio navios adicionais (App. B. Civ. 5.95; Plut. Ant. 35.4). Além disso, o acordo originalmente feito em 42 a.C. tinha expirado no início de 37 a.C., mas, consequentemente, foi renovado por mais cinco anos (App. *B. Civ.* 5.95; Cass. Dio 48.54.6). Para fortalecer ainda mais os laços entre Otávio e Antônio, ele colocou sua filha Júlia para se casar com o filho mais velho de Antônio e Fúlvia, Antilo. Do mesmo modo, Antônio prometeu noivado da filha que teve com Otávia, Antônia Maior, com Lúcio Domício Enobarbo, filho de Domício Enobarbo (Cass. Dio, *Roman History* 48.54.4).

De acordo com o Tratado de Tarento, houve moedas como sestércios, dupôndios, ases e tremisses que apresentaram imagens náuticas no reverso, com um número variável de navios, que são, frequentemente, chamadas de "moedas da frota". Essa escolha do tema marítimo lembra o fato de que os navios faziam parte do acordo de Tarento, de 37 a.C., bem como de Otávia ter tido que negociar navios extras para Otávio em troca de tropas para Antônio. Essas moedas foram batidas por Lúcio Calpúrnio Bibulo, Lúcio Semprônio Atratino e Marco Oppio Cato. Algumas letras gregas aparecem nas moedas, indicando o seu valor, como o *delta* representando quatro, o *gamma*, três, o *beta*, dois e o *alpha*, um. O sestércio (quatro ases) traz uma quadriga (uma carroça com quatro cavalos) no reverso; o tremisses (três ases), três navios e *triskeles*; o dupôndio (dois ases), dois navios e duas coberturas de *Dioscuri*[66], o ás que possui apenas um navio; o semisse (meio ás), a proa do barco; e o quadrante (um quarto de *as*), a haste da proa do navio. O sistema poderia ter o intuito de comunicar os valores dessas moedas para novos usuários (Amandry, 1990, p. 84) e era uma inovação. O sestércio, que tinha sido previamente somente batido na prata, passou a ser batido no bronze; e o tremisse e o dupôndio não foram batidos desde o século III a.C. (Amandry, 1986). Contudo, o sistema de cunhagem de frotas foi abandonado depois da derrota de Antônio e de outras inovações do final da República, mas poderia ter servido de inspiração para Augusto em sua reforma do sistema monetário (Amandry; Barrandon, 2008 apud Rowan, 2019, p. 86-87).

Os anversos dessas moedas mostram Otávia, Otávio e Antônio em diversas configurações. No anverso do quadrante, ficam evidentes Antônio

---

[66] Seria o nome grego de Castor e Pollux ao aparecerem juntos (Disponível em: https://www.collinsdictionary. com/dictionary/english/dioscuri. Acesso em: 21 abr. 2023.

e Otávio, podendo haver uma resposta direta a Pompey-Janus da emissão de Sextus. As legendas nomeiam três *prefects* de frotas e Antônio como *Triumvir*. No sestércio, há duas figuras: a quadriga de hipocampos, comumente acreditada por representar Antônio e Otávia como Poseidon e Anfitrite (Bahrfeldt, 1905, p. 35 apud Rowan, 2019, p. 87).

Figura 14 – Ás[67] de liga de cobre, de 36 - 35 a.C., da República Romana, cunhada em Acaia (*Achaea*), Peloponeso, Grécia. No anverso, há o busto de Antônio e, ao seu lado, o de Otávia, além de legenda ao redor: M·ANT·IMP·TERT·COS·DESIG·ITER·ET·TER·III·VIR·R·P·C (*Marcus Antonius Imperator Tertium Consul Designatus Iterum Tertium Triumvir Reipublicae Constituendae* = Comandante Marco Antônio, nomeado cônsul pela terceira vez e novamente triúnviro, pela terceira vez, para a manutenção da República Constitucional[68]). No reverso, há um navio a vela à direita; abaixo, marca denominacional[69] e cabeça da Medusa; e a legenda ao redor: M·OPPIVS·CA[PITO·PRO·PR·PRAEF]·CLASS·F·C[70] (*Marcus Oppius Capito Pro Prætore Præfectus Classis* = Marco Ópio Capito, propretor e comandante da frota[71])

Fonte: © *The Trustees of the British Museum*

---

[67] Número de referência: R.9591; número no catálogo: RR2 (519) (169). Referências bibliográficas: RPC1 / Roman provincial coinage. Vol.1, From the death of Caesar to the death of Vitellius (44 BC-AD 69) (1470), RR2 / Coins of the Roman Republic in the British Museum, vol. 2. Coinages of Rome (continued), Roman Campania, Italy, the social war, and the provinces. (169, p. 519) (Disponível em: https://www.britishmuseum.org/collection/object/C_R-9591. Acesso em: 28 out. 2020).

[68] Tradução nossa com averiguação em: https://www.davidrsear.com/academy/roman_legends.html. Acesso em: 27 out. 2020.

[69] A, letra grega e inscrição de numeral um.

[70] Casa de cunhagem.

[71] Tradução nossa.

Figura 15 – Dupôndio[72] de liga de cobre, de 38 - 37 a.C., de Acaia. No anverso, estão os bustos de Antônio e de Otávia se encarando, com a legenda: [M·ANT·IMP·TERT·COS·-DESIG·ITER·ET·TER·III·VIR·R·P·C] (*Marcus Antonius Imperator tertium Consul Designatus Iterum Tertium Triumvir Reipublicae Constituendae* = Comandante Marco Antônio, nomeado cônsul pela terceira vez e triúnviro para a manutenção da República Constitucional novamente, pela terceira vez[73]). No reverso, há dois navios navegando à direita; abaixo, a marca denominacional[74]; acima, dois gorros do *Dioscur* e a legenda: M·OPPIVS·CAPITO·PRO·PR·PRAEF·CLASS·F·C[75] (*Marcus Oppius Capito Pro Prætore Præfectus Classis* = Marco Ópio Capito, propretor e comandante da frota[76])

Fonte: © *The Trustees of the British Museum*

Esse dupôndio[77] possui duas galeras em seu reverso, enquanto, provavelmente, os *ases* teriam apenas uma galera. Os navios desempenharam um papel fundamental no acordo entre Antônio e Otávio em Tarento, visto que Antônio havia feito uma demonstração de força ameaçadora navegando para a Itália com 300 navios, mas, no final, trocou 100 de suas naus por duas legiões de homens para sua campanha na Pártia. Além disso, Otávia garantiu um presente adicional de 20 navios de Antônio para seu irmão e uma promessa de mais 1 mil soldados de Antônio para Otávio (Plut. *Ant*. 35.1-4).

---

[72] Número de referência: R.9565; número no catálogo: RR2 (518) (159). Um dupôndio valia 2 ases (Wood, 2001, p. 49). Bibliografia: RR2 / Coins of the Roman Republic in the British Museum, vol. 2. Coinages of Rome (continued), Roman Campania, Italy, the social war, and the provinces. (159, p. 518)RPC1 / Roman provincial coinage. Vol.1, From the death of Caesar to the death of Vitellius (44 BC-AD 69) (1464). Disponível em: https://www.britishmuseum.org/collection/object/C_R-9565. Acesso em: 28 out. 2020.

[73] Tradução nossa com averiguação em: https://www.davidrsear.com/academy/roman_legends.html. Acesso em: 27 out. 2020.

[74] Inscrição em grego [B] e um numeral, dois.

[75] Indica a casa de moeda onde foi cunhada.

[76] Tradução nossa.

[77] O dupôndio e o ás, apesar de seu tamanho semelhante, podiam ser distinguidos pela cor do metal: um seria o latão amarelo, e o outro, o cobre vermelho (Sear, 2000, p. 20).

Figura 16 – Sestércio[78] de liga de cobre, de 36 - 35 a.C., 12,40 g, Acaia, Grécia, Peloponeso, da casa da moeda *L. Sempronius Atratinus*. No anverso, há o busto de Antônio e o de Ctéria se encarando, com a legenda: M·ANT·IMP·TER·[COS·DES·ITER·ET·TER·III·VIR·R·P·C] (*Marcus Antonius Imperator Consul Designatus Iterum Tertium Triumvir Reipublicae Constituendae* = Comandante Marco Antônio, nomeado cônsul e triúnviro novamente pela terceira vez para a manutenção da República Constitucional[79]). No reverso, há duas figuras frente a frente em quadriga de hipocampos à direita; à esquerda, inscrição; abaixo, marca denominação[80] e objeto quadrado; ao redor, a legenda: L·ATRATINVS·AVGVR·COS·DESIG[81] (*Lucius Atratinus augur consul designatus*[82] = Lúcio [Semprônio] Atratino áugure e nomeado cônsul)[83]

Fonte: © *The Trustees of the British Museum*

Nos dois últimos exemplares, Otávia não fica atrás de Antônio, mas à sua frente, demonstrando um *status* quase igual ao dos membros masculinos da família, o que sugere que o casal era parceiro no casamento e na política. A moeda foi cunhada por uma casa de moedas incerta de Acaia. Esse tipo de figura, em que os casais estão se encarando, implica transmitir uma ideologia ligada ao divino casal real, como já tinha ocorrido em imagens de reis Helenísticos e suas esposas, como dos Ptolomeus e dos Selêucidas. Essa figura não somente está ligada às tradições Helenísticas, mas também é politicamente significante para Antônio (Harvey, 2020, p. 44).

O reverso do sestércio merece atenção especial. A imagem náutica ilustrada na moeda é um casal divino, Poseidon e Anfitrite novamente, abraçan-

---

[78] Número de referência: 1860,0328.251. Número do catálogo: RR2 (515) (151). RPC 1 1453. Bibliografia: RR2 / Coins of the Roman Republic in the British Museum, vol. 2. Coinages of Rome (continued), Roman Campania, Italy, the social war, and the provinces. (151, p. 515), RPC1 / Roman provincial coinage. Vol.1, From the death of Caesar to the death of Vitellius (44 BC-AD 69) (1459). Disponível em: https://www.britishmuseum.org/collection/object/C_1860-0328-251. Acesso em: 28 out. 2020.

[79] Tradução nossa com averiguação em: https://www.davidrsear.com/academy/roman_legends.html. Acesso em: 27 out. 2020.

[80] HS, Δ, e numeral indicando quatro *asses*.

[81] Indica a casa de moeda.

[82] Disponível em: https://www.cngcoins.com/Coin.aspx?CoinID=232808. Acesso em: 3 out. 2022.

[83] Tradução nossa.

do-se em uma carruagem puxada por quatro hipocampos. Essa é uma imagem surpreendentemente romântica, e, por ter sido cunhada após o Tratado de Tarento, a série de moedas talvez deva ser vista como outra indicação de que Antônio não enviou Otávia de volta a Roma após as negociações devido à falta de consideração por sua esposa (Moore, 2017, p. 158 apud Wood, 2001, p. 50).

Para Manders, a figura de uma quadriga pode ser ambígua, pois, às vezes, não fica claro se um tipo de moeda em particular com uma carroça traz conotações militares. Quando o imperador está na quadriga, é plausível que haja conotações militares e se refira a vitórias imperiais (Manders, 2008, p. 91). Entretanto, quando a quadriga está constituída por deuses, como é o caso da última moeda, pode-se interpretar como uma homenagem divina à vitória conseguida.

A figura de Otávia da próxima moeda parece que ela está usando um colar, que contrasta com as primeiras figuras de mulheres em moedas que apareceram sem joias em Roma. Contudo, o fato de ela ter sido cunhada em uma casa de moeda desconhecida em Acaia pode ir contra a regra de que era comum, nas moedas de figuras reais de mulheres Helenísticas, elas aparecerem sem joias, o que poderia ligá-las a um caráter divino, pois as figuras de deusas em moedas apareciam sempre com joias (Harvey, 2020, p. 49).

Figura 17 – Tremisse (três ases[84]) de 38 - 32 a.C., 22,35g, cunhada em lugar incerto da Grécia, possivelmente em uma base naval em Piraeus. Anverso: Marco Antônio ao lado de Otávio e encarando Otávia; M ANT IMP TERT COS DESIG ITER ET TER III VIR RFC (*Marcus Antonius Imperator Tertium Consul Designatus Iterum Tertium Triumvir Republicae Constituendae* = Comandante Marco Antônio, nomeado cônsul e triúnviro novamente pela terceira vez para a manutenção da República Constitucional)[85]. Reverso: M OPPIVS CAPITO[86] PRO PR PRAEF CLASS FC (*Marcus Oppius Capito Pro Prætore Præfectus Classis* = Ópio Capito pró pretor e comandante da frota[87]) e 3 galeras navegando para a direita

Fonte: cortesia do *WildWinds*

Essa última moeda com Marco Antônio e Otávio encarando Otávia é a grande prova de uma marca política identificada nesse tipo de cultura material. Dessa forma, pode-se interpretar que a junção dos três seria a prova de paz imperial e que a imagem de Otávia, mais uma vez, estaria sendo utilizada em benefício de seu irmão. Para Barrett, esse tipo de moeda seria uma inovação devido ao aparecimento das três figuras (Barrett, 2002, p. 140). Segundo Erhart, a figura revela a semelhança entre o irmão e a irmã, ou seja, possuem testas largas e lisas, narizes longos e retos e queixos pequenos e redondos (Erhart 1980, p. 124). A esse respeito, Wood menciona que seu rosto mostra a mesma tendência de assimilar sua aparência à de Antônio, como no *áureo* e no cistóforo. O pescoço alto, espesso e colunar é particularmente notável nos sestércios e dupôndios, nos quais a imagem é maior e não está obscurecida por outra imagem em primeiro plano (Wood, 2001, p. 51), além do cabelo tipo nodus. Isso demonstra que muitas interpretações podem ser precipitadas ao seguir explanações passadas, porém é interessante observar os vários pontos de vista sobre uma cultura material.

---

[84] Referência: RPC 1 1463; CRI 286; AE 32. Um denário seria igual a dez ases (disponível em: https://www.dictionary.com/browse/denário#:~:text=Word%20Origin%20for%20denário,WORD%20OF%20THE%20DAY. Acesso em: 6 out. 2020). Objeto Disponível em: http://www.wildwinds.com/coins/imp/marc_antony/i.html, http://www.wildwinds.com/coins/imp/marc_antony/RPC_1463.jpg e http://www.wildwinds.com/coins/imp/marc_antony/RPC_1463.txt. Acesso em: 16 ago. 2019.

[85] Tradução nossa.

[86] Mestre de cunhagem M OPPIVS CAPITO (Von Hahn, 2008, p. 43 e 96).

[87] Tradução nossa.

Antônio e Otávio, presentes no anverso dessa moeda, representam o acordo feito por eles em Tarento, adicionando a figura de Otávia como inevitável para que esse acordo ocorresse. No reverso, há três galeras, indicando que é um tremisse. As moedas de frota e cistóforo eram exclusivamente usadas no Leste do Império. As pessoas dessa região provavelmente viram o retrato de Otávia em moedas mais frequentemente do que as pessoas do Oeste. Esse fato mostra que cada região deveria ter experiências diferentes em relação ao triunvirato e às suas ideologias. Desse modo, essas pessoas também tiveram diferentes experiências durante o Principado (Rowan, 2019, p. 88).

Seguindo as fontes documentais, Antônio desistiu de levar Otávia a Pártia quando estava em Córcira (*Corcyra*), na costa ocidental da Grécia. Ele a enviou grávida de volta a Roma com todos os seus filhos, para que ela não ficasse exposta ao perigo de sua campanha (App. *B. Civ.* 5.95; Cass. Dio, *Roman History* 48.54.5; Plut. *Ant.* 35.5). Entretanto, em 37 a.C., Antônio voltou a se juntar a Cleópatra em Antioquia e a engravidou mais uma vez, dando origem a Ptolomeu Filadelfo, em 36 a.C. (Plut. *Ant.* 36.2-3).

Figura 18 – Tetradracma[88] de prata, de cerca de 36 a.C., 14,36g, 27mm de diâmetro, Síria, com o busto drapeado de Cleópatra à direita no anverso, com diadema na cabeça e com o busto de Marco Antônio à direita no reverso. Com a legenda do anverso: ΒΑΣΙΛΙΣΣΑ ΚΛΕΟΠΑΤΡΑ ΘΕΑ ΝΕΩΤΕΡΑ, e transliteração BASILISSA KLEPATRA THEA NEOTERA (A mais nova rainha divina, Cleópatra[89]); e a legenda do reverso: ΑΝΤΩΝΙΟC ΑΥΤΟΚΡΑΤ-ΩΡ ΤΡΙΤΟΝ ΤΡΙΩΝ ΑΝΔΡΩΝ e transliteração: ANTONIOS AUTOKRATOR TRITON TRION ANDRON (Comandante Antônio, triúnviro pela terceira vez[90])

Fonte: © *The Trustees of the British Museum*

---

[88] Número de referência: TC, p 237.1.CleMA. Número no catálogo: GC20 (BMC Greek (Galatia) (158) (56). Bibliografia: RPC1 / Roman provincial coinage. Vol.1, From the death of Caesar to the death of Vitellius (44 BC-AD 69) (4094/1) BMC Greek (Galatia) / Catalogue of the Greek coins of Galatia, Cappadocia and Syria (56, p. 158) Taylor Combe 1814 / Veterum Populorum et Regum Numi qui in Museo Britannico Adversantur (The Coins of Ancient Peoples and Kings Preserved in the British Museum). Disponível em: https://www.britishmuseum.org/collection/object/C_TC-p237-1-CleMA. Acesso em: 29 out. 2020.

[89] Tradução de Juarez Oliveira.

[90] Tradução nossa.

Esse tetradracma apresenta as transformações na figura de Cleópatra, que seriam o pescoço mais grosso, a modificação no nariz e o queixo mais proeminente, como aconteceu no áureo de Otávia e Antônio, evidenciando que, depois de certo tempo, os artistas colocavam características do marido nessas mulheres (Wood, 2001, p. 46). Essa série de tetradracmas mostra o busto de Cleópatra à direita, a cabeça com diadema e o colar de pérolas. O busto de Marco Antônio também está voltado para a direita[91]. Esse tipo de tetradracma foi elaborado após a separação de Antônio e Otávia, anunciando a aliança política entre o triúnviro e a rainha egípcia. Durante esse período, Antônio já estava no Oriente na batalha de Pártia. Consequentemente, essas moedas poderiam ter sido elaboradas com o fim de facilitar o pagamento para seus soldados[92]. A legenda do anverso cita: BACILICCA KLEOPATRA QEA NEWTERA = "A mais nova rainha divina, Cleópatra", demonstrando sua ligação com a deusa Isis; no reverso: ANTWNIOC AYTOKPATWP TRI-TON TPIWN ANDPWN = "Comandante Antônio, triúnviro pela terceira vez". Cleópatra VII pode ter assumido o título da rainha selêucida, Cleópatra Thea, que governou a Síria de 125 a 121/120 a.C. Entretanto, a interpretação pode estar na visão de Cleópatra como uma "nova deusa", sendo que *thea neotera* também era usada fora da Síria (Rowan, 2019, p. 95).

Essa moeda quebra com os parâmetros das outras moedas cunhadas com mulheres, pois é a primeira vez que moedas com Marco Antônio indicam o nome de sua mulher, no caso, Cleópatra (Barrett, 2002, p. 141). Moedas cunhadas no Oriente, com o busto de Cleópatra no anverso e Marco Antônio no reverso, evidenciam o acordo entre o casal de conquistar o Oriente, como uma celebração à união deles. Também poderia denotar algo que está dentro do conceito de matrona ideal para os romanos. Ou seja, de imediato, poderia mostrar Cleópatra como mulher de Marco Antônio, a qual sempre estaria ao seu lado e apoiando-o, o que significaria lealdade e fidelidade ao marido. Por um lado, o anverso, posição mais importante do objeto, é de Cleópatra, e não de Marco Antônio, apresentando uma rendição dele à rainha do Egito, ao contrário da demonstração de uma mulher subordinada. Por outro lado, ela nunca seria considerada uma matrona nos moldes romanos, pois era uma estrangeira, ou seja, uma "bárbara", possuidora de grande poder político e governamental, o que levava os romanos a considerá-la como anormal. Destarte, a moeda celebra Cleópatra como a mais nova rainha Selêucida e Antônio como um magistrado e general romano (Buttrey, 1954, p. 109).

---

[91] Disponível em: http://www.wildwinds.com/coins/imp/cleopatra/i.html. Acesso em: 26 jul. 2019

[92] Disponível em: https://www.acsearch.info/search.html?term=cleopatra+antony&category=1-2&en=1&de=1&fr=1&it=1&es=1&ot=1&images=1&thesaurus=1&order=0&currency=usd&company=. Acesso em: 26 jul. 2019.

A cultura material, mediante Cleópatra, sempre projetou seu poder e sua soberania e, por meio de seus símbolos e emblemas, acionou uma comunicação e propaganda político-ideológica para ajudá-la a se manter no poder, denotando, dessa forma, a importância da moeda como meio político-institucional. O valor propagandístico nas moedas tendia a alicerçar a realeza nos quadros institucionais do Mediterrâneo (Sales, 2017, p. 10). A face da soberana egípcia na moeda não somente revelava um elogio à sua autoridade, como também a tornava real, permanentemente presente, viva e visível, com eficácia propagandística. Segundo Plutarco, Cleópatra era como uma influência fatal (Plut. *Mark Antony* 36.1), que tentou manter seu poder no Mediterrâneo com a propaganda de sua imagem, inclusive em moedas, mas, posteriormente, os escritores romanos a caracterizaram para difamá-la.

A introdução do retrato na tipologia monetária provavelmente veio de Alexandre Magno ou de Filipe II da Macedônia. Nesse sentido, as moedas dos Ptolomeus, geralmente, tinham um padrão de tipos de figuras semelhantes àquelas da soberania Helenística: o anverso se destinava às imagens dos soberanos, com atributos da realeza ou da sua divinização, e o reverso apresentava outros símbolos, por exemplo, nome real, títulos e divindades protetoras (Sales, 2017, p. 11) voltadas à religião. Esses atributos também podem ser vistos nas moedas de Cleópatra.

Figura 19 – Moeda de liga de cobre[93], cunhada em Alexandria, Egito, 51 - 30 a.C., c. 19,14 g. Anverso: Busto de Cleópatra VII; Reverso: águia com cornucópia e marca de valor (80) e legenda: ΒΑΣΙΛΙΣΣΗΣ ΚΛΕΟΠΑΤΡΑΣ ([Da] rainha Cleópatra[94])

Fonte: © *The Trustees of the British Museum*

---

[93] Número de referência: G.1117; número no catálogo C&M: GC7 (BMC Greek (Ptolemies)) (123) (5) (123). Svoronos 1904 ou 1871. Disponível em: https://www.britishmuseum.org/collection/object/C_G-1117. Acesso em: 25 ago. 2022.

[94] Tradução de Juarez Oliveira, que diz que o [Da] evidencia o genitivo utilizado tanto no título de *basilissa* quanto no nome próprio.

No anverso da moeda, encontra-se a face de Cleópatra VII e, em seu reverso, uma águia com uma cornucópia, marca de valor e inscrição em grego: a águia pousada sobre um feixe de raios tratava-se da ave de Zeus, sobre a arma do grande deus grego. Como seus antepassados Ptolomaicos, Cleópatra inclui Zeus nas emissões monetárias como proclamação e outorga do poder vindo diretamente do senhor do Olimpo, símbolo estandartizado pelos seus antecessores e que se tornou signo da própria realeza lágida.[95] Ao se tornar motivo recorrente na numismática lágida, a ave de Zeus acabou por se constituir como um símbolo do próprio Egito, mesmo após o desaparecimento dos Ptolomeus (Sales, 2017, p. 14).

Cleópatra se distinguia de Otávia por sua relação com o poder e era vista com desconfiança pela sociedade romana. Nesse sentido, as mulheres que se distinguiam por terem acesso ao poder parecem ter sido vistas como aquelas que falharam em se conformar e aceitar a construção social dada a elas naquela sociedade, sendo representadas como mulheres problemáticas e causadoras de grandes tensões. Essa visão era produzida por autores antigos, ligados à elite da época, os quais se sentiam ameaçados por essas mulheres (Fischler, 1994, p. 115-116).

Entretanto, desde a relação com César, sua representação era imponente. Além de tudo, César reconhecia seu filho com Cleópatra e até pediu para ser construída uma estátua dos dois no templo de *Venus Genetrix*. Dessa forma, o próximo exemplar parece aludir ao pai de Cesário, Júlio César, e sua conexão com Afrodite/Vênus. Apiano menciona que, quando César construiu o templo de *Venus Genetrix* em Roma, ele colocou uma bela imagem de Cleópatra ao lado da deusa, que Apiano atenta por ela ainda existir durante seu período de vida (App. 2.102; Cass. Dio, *Roman History* 51.22.3). A conexão de Afrodite/Vênus com Cleópatra existia tanto em Roma quanto em seu próprio território (Rowan, 2019, p. 91-92). Todavia, os romanos não viam de maneira positiva a ideia de Cesário ser o herdeiro dos impérios de Roma e do Oriente, o que beneficiaria mais o Egito do que Roma. Esse fato levou ao assassinato de César pelos republicanos em 44 a.C. (Vieira, 2012, p. 22).

---

[95] Indica a dinastia grega que reinou no Egito de 306 a 30 a.C.

Figura 20 – Moeda[96] de liga de cobre, com Cleópatra VII no anverso, 51 - 30, Chipre, 47 a.C. O busto com um diadema na cabeça de Cleópatra, como Afrodite, com Cesário, como Eros, em seus braços; cetro no ombro. Rev. ΒΑΣΙΛΙΣΣΗΣ ΚΛΕΟΠΑΤΡΑΣ ([Da] rainha Cleópatra[97]), com duas cornucópias com filetes. Era comum a associação de Cleópatra com Afrodite/Vênus, e a ilha de Chipre, onde havia um templo de Afrodite/Vênus, foi aquela dada por César para Cleópatra em 48 a.C. A produção dessa cunhagem em Chipre, em 47 a.C., em comemoração ao nascimento de Cesário parece correta

Fonte: © *The Trustees of the British Museum*

    Cleópatra aparece em moedas cunhadas em Chipre (*Cyprus*), por volta do ano de 47 a.C., que apresentavam seu busto com o pequeno Cesário em seu colo, demonstrando a grandeza do filho de César com a rainha egípcia. Além disso, indicava sua maternidade e devoção pelo seu sucessor, com o intuito de fazer de Cleópatra uma mulher ideal, sendo vislumbradas sua beleza, riqueza, fertilidade, fidelidade ao marido e capacidade de dirigir o lar. No reverso da moeda, encontram-se duas cornucópias, símbolo grego ligado à prosperidade, enfatizando a fertilidade, a riqueza e a opulência de Cleópatra e explorando a maternidade com eficiência. A moeda mostra tanto atributos gregos quanto egípcios, como rosto redondo e nariz proeminente, característicos dos Ptolomeus, bem como diadema na cabeça, parecendo que o intuito era a propaganda da dignidade real (Delaney, 2014, p. 3) e familiar.

    A tomada de posição de mostrar alguns exemplares de Cleópatra é interessante, para ser apresentada a diferença de cunhagem de moedas dela e de Otávia. Em contraste com as representações da rainha do Egito, a figura de Otávia foi claramente utilizada nas moedas de modo secundário, evidenciando-a como mero elemento de um acordo político envolvendo partes políticas masculinas. Sua imagem e seu casamento, confirmado por fontes escritas, não foram utilizados para uma homenagem particular sua,

---

[96] Número de referência: Svoronos 1874 e pl. LXII, 26. RPC 3901.9. Disponível em: https://www.acsearch.info/search.html?similar=1286355. Acesso em: 26 jul. 2019 e https://www.britishmuseum.org/collection/object/C_GC7p122-2. Acesso em: 28 out. 2020.

[97] Tradução de Juarez Oliveira.

mas estavam inseridos em uma hierarquia de poder marcada por vangloriar um governo masculino. Moedas com Antônio e Cleópatra começaram a ser batidas em 36 a.C., entretanto Antônio não tinha se divorciado de Otávia até 32 a.C. (Rowan, 2019, p. 94).

Em oposição, estava Otávio, que havia voltado triunfante de Sexto Pompeu I, celebrou um *ovatio* e teve do Senado, em 35 a.C., a concessão para sua irmã, Otávia, e sua esposa, Lívia, a *sacrosanctitas*, que as habilitava a administrar seus próprios negócios sem a presença de um guardião, o direito a estátuas, e a mesma inviolabilidade dada aos tribunos da plebe (Cass. Dio, *Roman History* 49.38.1). Adiciona-se que a *sacrosanctitas* assegurava a proteção delas contra insultos, como acontecia com os tribunos, como se estivessem em um cargo público e como se uma ofensa contra elas fosse uma ofensa contra o Estado. Otávio também recebeu uma concessão semelhante, a *tribunicia potestas*, em 36 a.C., o que também havia sido concedido a seu pai adotivo e ao tio-avô de Otávia, Júlio César, em 44 a.C. (Moore, 2017, p. 102-103).

A *tribunicia potestas*, que pode vir exemplificada nas legendas de moedas como TR P ou TR POT, está relacionada ao poder dos tribunos do povo, que foram apontados no início da República para proteger os direitos dos plebeus contra o poder dos aristocráticos. O poder desses tribunos gradualmente foi aumentando até poderem fazer o que queriam. Esse poder quase ilimitado foi drasticamente reduzido no final da República por Sula, mas vários privilégios foram restaurados após sua morte. Anos depois, seus poderes foram novamente reduzidos por Júlio César. Em 23 a.C., Augusto teve esse poder conferido a ele para toda a vida. Ele passou a ter o poder de convocar e de dispensar o Senado e a Assembleia do povo e de vetar qualquer ordem do Senado. Além disso, o poder tribunício lhe rendeu uma personalidade sagrada e inviolável, o que se tornou uma prática comum aos sucessores de Augusto (Sear, 2000, p. 72).

A *sacrosanctitas* de Otávia fez com que Antônio não pudesse insultá-la, o que facilitou para que Otávio deixasse sua irmã ir visitar Antônio quando ela soube das dificuldades que ele estava passando em Pártia. Otávio aceitou a ida de sua irmã, mas, se Antônio a maltratasse, tal fato seria o estopim para uma guerra. Todavia, ao chegar em Atenas, Otávia recebeu cartas de Antô-nio falando para ela ficar lá. Ela o escreveu afirmando que estava levando suprimentos, como roupas, animais de carga, dinheiro e oficiais, além de 2 mil soldados (Plut. *Ant.* 53.1-2). Antônio aceitou as tropas, mas pediu para que Otávia voltasse (Cass. Dio, *Roman History* 49.33.4).

Depois de toda essa tentativa de Otávia se encontrar com Antônio, Plutarco menciona mais um caso de ciúmes entre as mulheres dele. Dessa vez, seria de Cleópatra para com Otávia, como se a rainha do Egito tivesse medo do caráter digno de sua esposa, de sua companhia agradável, além da atenção que tinha pelo marido, acreditando que o poder de seu irmão poderia fazer com que Marco Antônio se subjugasse a Otávia. Com isso, o autor relata que Cleópatra agiu de forma como se estivesse doente de amores por Antônio e fosse incapaz de viver sem ele, e que, por isso, foi atrás dela em Alexandria (Plut. *Ant.* 53.3).

Qualquer posição tomada por Fúlvia ou Otávia em relação a Marco Antônio era colocada por Plutarco como se fosse algo para abalar Cleópatra, fazendo com que esta também agisse de alguma forma a seduzir Antônio para ir contra aquelas. A retórica utilizada por esses autores antigos em relação ao ciúme dessas mulheres parece ser algo repetitivo em suas narrativas, uma vez que era comum para eles colocarem em primeira instância as personagens femininas em um papel que as anulava para alegar a indevida intervenção delas no contexto político.

Diferentemente, Plutarco caracteriza Otávia como a matrona romana ideal, mencionando que, se ela pudesse uma vez adicionar o charme que tinha diante da sociedade diariamente e sua atenção afetuosa, ela poderia vencer completamente o controle sobre seu marido e fazer com que sua posição ficasse inatingível (Plut. *Mark Antony,* 53.2). Plutarco afirma que Otávia se casou com Antônio somente por questões políticas, pelos interesses de seu irmão, mas Cleópatra, sendo soberana de várias nações, se contentava em ser sua amante (Plut, *Mark Antony,* 53.3).

Consequentemente, Otávio tirou o cargo político de Antônio em Roma para justificar a guerra e demonstrou que ele delegava os territórios orientais para os filhos de Cleópatra, não deixando nada à esposa Otávia e aos seus filhos romanos (Vieira, 2012, p. 29). De acordo com Suetônio, a aliança de Marco Antônio e Otávio sempre foi duvidosa, e as reconciliações serviram apenas para restabelecê-la e para provar que Antônio degenerara os costumes. Otávio o fez ler em assembleia o testamento que havia deixado em Roma, no qual seus herdeiros seriam os filhos que tivera com Cleópatra, o que levou Otávio a declará-lo como inimigo público e a demitir seus parentes e amigos (Suet. *Augustus,* 17.1). Plutarco chegou a comentar que a maior vergonha para os conterrâneos de Antônio era que ele conferia toda sua honra a Cleópatra (Plut. *Mark Antony*, 36.1). Otávio se utiliza de Otávia contra Antônio, pois permitiu que ela se encontrasse com seu marido em Atenas, não para dar prazer à sua irmã, mas para dar a si uma razão plausível para declarar guerra caso ela fosse negligenciada por Antônio (Plut. *Mark Antony*, 53.1).

Mesmo Antônio se negando a ir encontrar Otávia em Atenas, ela continuou a morar em sua casa, cuidando de seus filhos e do de Fúlvia. Nesse momento, Otávio considerou a atitude de Antônio ultrajante e quis que Otávia saísse da casa dele. Todavia, isso foi negado por ela (Plut. *Mark Antony*, 54.1), sugerindo uma atitude dela além da imposição de seu irmão.

Antônio proclamou Cleópatra a rainha do Egito, de Chipre, da Líbia e da Síria, além de ter declarado Cesário seu consorte. Para o filho que teve com Cleópatra, Alexandre, deixou a Armenia, a Média e a Pártia e, para o filho Ptolomeu, a Síria e a Cilicia. Plutarco não cita a filha do casal, Cleópatra Selene. Antônio se divorciou de Otávia em 32 a.C. e enviou um recado para ela sair da casa dele, e ela saiu com todos os seus filhos, menos aquele que ele teve com Fúlvia, Antilo (Plut. *Mark Antony*, 57.1). Otávio declarou guerra a Cleópatra e tirou os poderes de Antônio, já que este os tinha entregado a uma mulher (Plut. *Mark Antony*, 60.1). Por fim, Otávia se mudou para a casa de Augusto depois de seu divórcio com Antônio (Hemelrijk, 1999, p. 102-103).

Otávio venceu a batalha de Ácio, Antônio foi para a Líbia, e Cleópatra voltou para o Egito. Mais tarde, Otávio tomou Alexandria sem resistência, marcando o fim da dinastia Ptolomaica. Otávio assumiu o poder no Egito e fixou o Principado em Roma, mantendo uma aparência republicana, em que o Senado existia, mas a decisão final era dada por ele (Veiria, 2012, p. 31-34). Para justificar seu poder, sempre utilizou propagandas pessoais, por meio da cunhagem de moedas.

Figura 21 – Dupôndio[98] de liga de cobre, de 9 - 3 a.C., de *Neumausus*, atual Nîmes, França. Possui no anverso o busto laureado de Augusto e Agripa, voltados para lados opostos, com legenda: IMP DIVI F (*Imperator Divi Filius* = Comandante, filho de deus[99]). No reverso, há um crocodilo acorrentado em uma palmeira, com legenda: COL NEM (*Colonia Neumausus*)

Fonte: © *The Trustees of the British Museum*

A marca de Otávio foi modificada depois da vitória de Ácio, uma vez que, antes, suas moedas o representavam como uma figura semelhante ao deus Apolo, deus do arco e da lira, das artes e da guerra, e agora suas moedas traziam o crocodilo acorrentado, marcando sua dominação sobre o Egito e o fim da aliança com Marco Antônio (Martins, 2011, p. 184). Nessa moeda, evidenciam-se Augusto e Agripa no anverso e um crocodilo no reverso, símbolo do Egito, acorrentado em uma palmeira, o que sugere a ideia do Egito subjugado pelo Império romano, depois de passar a ser província Romana.

O crocodilo representava o deus egípcio Seth, que evocava a maldade, por ter sido assassino de Osiris, sendo apropriado pela propaganda romana (Vieira, 2012, p. 35-36). Entretanto, Cleópatra e Antônio também utilizavam o crocodilo e o colocaram como marca da filha do casal, Cleópatra Senele, nas províncias que eles deixaram para ela, Creta e Cirenaica. O crocodilo foi utilizado pelos Ptolomeus desde o início da dinastia, mas outros símbolos gregos eram preferidos, como a águia e a cornucópia. O crocodilo é importante para os Ptolomeus, porque quando Alexandre, o Grande, morreu, em 323 a.C., Ptolomeu Soter, que ficou com as terras do Egito, capturou o corpo de Alexandre e o levou para o Egito para ser enterrado em Alexandria, o que levou Pérdicas a invadir o Egito e a atravessar o Nilo

---

[98] Número de referência: 1935, 1102.9. Referências bibliográficas: RIC1 / The Roman Imperial Coinage, vol. 1 (158) RPC1 / Roman provincial coinage. Vol.1, From the death of Caesar to the death of Vitellius (44 BC-AD 69) (524) Walker & Higgs 2001 / Cleopatra of Egypt: from History to Myth (306). RPC 1 523, RIC 155. Disponível em: https://www.britishmuseum.org/collection/object/C_1935-1102-9. Acesso em: 29 out. 2020.

[99] Tradução nossa.

para chegar a Mênfis, onde estava o corpo. O resultado foi que metade de suas tropas foi comida por crocodilos (Draycott, 2012, p. 43 e 53-54).

Essa série de moedas produzidas por Augusto é denominada de AEG-VPTO CAPTA e foi utilizada por veteranos romanos, que fizeram parte da campanha de guerra contra o Egito, cunhada onde esses antigos combatentes viviam, ou seja, na *Colonia Neumausus*, na Gália (Draycott, 2012, p. 46). Os elementos dessa moeda são provinciais, e a maior quantidade desse tipo monetário foi cunhada entre 16/15 e 10 a.C., demonstrando que ela foi feita com intuitos imperiais (Sutherland, 1976). Esse tipo de moeda foi encontrado nas três Gálias, ao longo do Reno e em campos militares romanos, indicando que o material tinha uma circulação mais ampla do que a regional e, provavelmente, era utilizado para pagar soldados. Em 10 a.C., a produção de moedas de *Nemausus* diminuiu bastante por causa da casa de moedas de Lugduno. Augusto estabeleceu uma casa de moedas imperial nesse local em 15 a.C., que passou a cunhar moedas com elementos do culto ao imperador (Fishwick, 1999, p. 96-98). As cunhagens dessa última casa podem ter sido consideradas tanto imperiais como locais. Os exemplares não carregavam o nome da cidade, mas elementos regionais (Rowan, 2019, p. 152-153).

Autores posteriores, ao escreverem sobre o fim de Antônio, investiram contra Cleópatra, seguindo a tradicional ideia romana em relação à periculosidade da mulher no poder, evidenciando que esse não era um modelo ideal para ser seguido, o que levou à criação da imagem de um Oriente perigoso e sedutor. A figura de Cleópatra foi construída como uma mulher fatal, perversa e corrupta, por escritores como Plutarco, Dião Cássio, Suetônio, Virgílio, Apiano, Flávio Josefo e Horácio (Vieira, 2012, p. 38).

Da mesma forma que as imagens de Cleópatra utilizadas contra o Egito, Otávio usou sua irmã para desempenhar um papel fundamental em sua própria propaganda, aproveitando a rejeição de Antônio e, depois, o divórcio entre ele e Otávia, em 32 a.C., para sua própria vantagem política. Após a morte de Antônio, em 30 a.C., e a fundação do Principado de Augusto, em 27 a.C., Otávia se tornou ainda mais importante na política dinástica de seu irmão, por causa de seu filho Marcelo, que foi promovido como sucessor de Augusto. Para afirmar sua posição, Marcelo se casou com sua prima Júlia, filha única de Augusto. Após a morte prematura de Marcelo, em 23 a.C., a atenção se desviou de Otávia, embora ela certamente não tenha sido esquecida. No entanto, nenhum outro retrato dela apareceu em moedas depois que Antônio a mandou de volta a Roma em 35 a.C., mas suas imagens escultóricas continuaram a ser apresentadas em todo o Império. Retratos dela certamente foram reproduzidos na República tardia (Pollini, 2002, p. 34-35).

A fundação do Principado marcou o início de um período "aparente" de paz, estabilidade e prosperidade geral, iniciando, consequentemente, uma verdadeira indústria de retratos replicados. A maioria das imagens esculturais sobreviventes foi datada desse período. O efeito dessa indústria de retratos sob o Principado teria sido ainda mais aparente no caso de membros do sexo feminino da casa imperial, uma vez que homenagear mulheres na República com imagens replicadas teria sido extremamente raro. Otávia, sem dúvida, teria sido homenageada em Roma com uma imagem no Pórtico de Otávia, que ela construiu em algum momento após a morte de seu filho Marcelo, em 23 a.C. (há dúvidas se foi ela ou Otávio que o construiu). Após a sua morte, em 11 a.C., e ainda mais depois da morte de Augusto, em 14 d.C., a importância de Otávia no desenvolvimento dos planos dinásticos da casa Julio-Claudiana continuou a diminuir (Pollini, 2002, p. 35).

Contudo, as moedas com a imagem de Otávia findaram sua cunhagem quando o papel dela diante do Segundo Triunvirato tinha terminado, em 35 a.C. Sua última ação foi ter levado dinheiro e tropas para a Grécia para serem entregues a Antônio, o qual não dispensou a ajuda, mas acabou rejeitando a própria Otávia (Erhart, 1980, p. 125). Nota-se que as moedas com as figuras de Otávia não conseguiram alcançar nem ao menos o período de cunhagem de 10 anos, tendo em vista que os exemplares parecem ter tido início em 40 a.C. e término em 35 e/ou 32 a.C. Sua honra não foi maior do que os acordos de seu irmão com Antônio, pois suas moedas a apresentaram como um membro manipulado entre as partes masculinas.

Por esse motivo, é importante enfatizar que, em nenhuma moeda, o nome de Otávia é mencionado e ela não possui atributos divinos (Barrett, 2002, p. 140). O fato de não ter uma legenda com seu nome demonstra uma marca da relação de gênero constituída no que diz respeito à posição dela na sociedade, compondo-a como aquela que somente se prestou a essa posição por meio de seu irmão e seu marido, comprovando a irrelevância social dessa personagem, que foi utilizada para cumprir uma aliança entre Otávio e Antônio.

As moedas em que Otávia aparece confirmam uma força de ordem masculina, a qual dispensou qualquer tipo de justificativa para a sua existência. Nesse momento da elite social romana, a visão masculina se impôs

A FORÇA DAS MULHERES ROMANAS POR MEIO DAS MOEDAS E UMA CRÍTICA
FEMINISTA DO PASSADO PARA O PRESENTE

como "neutra", "natural" ou aquela que é a base de tal sociedade. Essa força é reconhecida como uma máquina simbólica que tende a ratificar a domina-ção masculina, sobre a qual se alicerçam e dividem suas partes em relação às atividades atribuídas a cada gênero e seu local de atuação, em que o mercado ou a guerra seriam para os homens, e a casa, para as mulheres. Essa divisão é colocada aqui de forma simplificada, mas, na realidade, poderia ter sido mais complexa dentro de tal ordem social. As diferenças sociais em questão poderiam ter sido aplicadas de acordo com as distinções dos corpos masculinos e femininos, justificando a variação cultural e social construída entre os gêneros. Foi o ponto de vista social, anteriormente construído, que alicerçou tais diferenciações. Consequentemente, as relações de dominação inseriram-se em uma subjetividade como relações objetivas aos esquemas cognitivos, que organizavam divisões entre os gêneros (Bourdieu, 1998, p. 18 e 20).

O filho mais velho de Marco Antônio com Fúlvia ficou refugiado e, depois de muitas e inúteis súplicas aos pés da estátua de César, foi morto por Otávio. Cesário, o qual, segundo Suetônio, Cleópatra se jactava de ter tido com César, foi preso e entregue ao suplício. Em relação aos outros filhos que Antônio teve com Cleópatra, Otávio os poupou e os dispensou (Suet. *Aug.* 97-99). Otávio tratou os filhos de Antônio e Cleópatra com gentileza e os poupou do mesmo destino da mãe. A ideia de Otávio seria manter os filhos do casal vivos para uso em seu triunfo, mas apenas Cleópatra Selene teria vivido toda a sua vida adulta. O filho mais velho de Antônio, Antilo, foi morto rapidamente, traído por seu tutor e decapitado (Plut. *Ant.* 81.1). Cleópatra havia enviado Cesário para longe do Egito, mas, no final, essa estratégia não o salvou. Esse jovem também foi traído por seu tutor e morto (Plut. *Ant.* 81.2-82.1).

Otávio voltou a Roma, em 29 a.C., para comemorar o triunfo por sua vitória sobre o Ilírico, em 33 a.C.; sua vitória na batalha de Ácio, em 31 a.C.; e sua vitória sobre Cleópatra, em 30 a.C. Ele levou os filhos de Antônio e Cleópatra e fez com que Cleópatra Selene e Alexandre Helios desfilassem pelas ruas com ele (Cass. Dio, *Roman History* 51.21.8). Eles e o irmão Ptolomeu Filadelfo foram colocados aos cuidados de Otávia, que acabou criando todos os filhos de Antônio, exceto Antilo, que já estava morto (Plut. *Ant.* 87). Otávia não fez e não poderia lamentar publicamente a morte de Antônio, pois ele havia se divorciado dela um ano antes de sua morte. Depois desse episódio, ela ficou responsável por nove filhos, sendo Julo o mais velho, com cerca de 15 anos (Fischler, 1994, p. 123-124 apud Moore, 2017, p. 118-119).

Nessa ocasião, em 29 a.C., provavelmente, Otávia estava com cerca de 34 anos, se encontrava divorciada de Antônio, com nove filhos para criar e um irmão que passou a liderar Roma sozinho. Ela continuou a dar assistência para seu irmão, enquanto ele remodelava Roma, mas sem muito destaque público, principalmente para a propaganda governamental (Moore, 2017, p. 128). Seu filho Marcelo era promissor como herdeiro de Augusto, mas acabou morrendo em 23 a.C., o que foi uma imensa perda para ela e a fez não ser mais a mãe do herdeiro.

4.2. Otávia e Cleópatra: entre rivais

Ao conhecer a história de Otávia, conclui-se que ela era reconhecida como a mulher fiel e a mais trágica de Marco Antônio, devido à humilhação do tratamento do seu marido e à exploração de seu irmão, Otávio, ao utilizá-la para propagandear uma guerra civil. Além disso, ela também é lembrada como a mãe de Marcelo, que morreu prematuramente. Contudo, pode-se afirmar que Otávia foi um modelo moral apropriado da matrona romana. Ela nunca tentou obter uma posição pública de poder; pelo contrário, obedientemente, fez o que era esperado de uma mulher da família imperial: ela foi uma excelente mãe e educou 10 ou mais filhos sob seus cuidados, mesmo que apenas cinco fossem seus, sendo os outros de parentes próximos que poderiam ser sucessores de Otávio e outros como Julo, filho de Antônio; foi fiel ao longo de seu papel tradicional de esposa; bem como ajudou seu irmão a fortalecer uma aliança política com seu casamento com Antônio (Hemelrijk, 1999, p. 102-103). Sua morte ocorreu por volta de 11 a.C., segundo Dião Cássio (Cass. Dio, *Roman History* 54.35.4) e Tito Lívio (Lívio, *Per.* 140), mas, conforme Suetônio, ela teria morrido em 9 a.C. (Suet. *Aug.* 61.2), com, aproximadamente, 55 ou 58 anos.

A respeito de Cleópatra, Otávio já sentia a rivalidade contra ela depois da morte de César, quando ele reivindicou o testamento, que o declarava como filho adotivo. César foi proclamado um deus em Roma, o que atribuiu a Otávio o *status* poderoso de *divi filius*, mas a divinização de César conferiu uma aura divina também a Cesário (Kleiner, 2005). Perante os acordos dos triúnviros, os quais dividiram o governo romano, ficando Marco Antônio com as províncias Orientais, Otávio com as Ocidentais e Lépido com um pequeno pedaço do Norte da África, Cleópatra entrou na disputa de Otávio e Marco Antônio, ao propor auxílio financeiro para Antônio conquistar a Pártia em troca de Chipre (Vieira, 2012, p. 23).

Com o término do triunvirato, em 33 a.C., Otávio atacou Marco Antônio e declarou uma ação contra Cleópatra, iniciando uma guerra contra o Oriente. Marco Antônio queria controlar o Oriente, por isso ficou ao lado de Cleópatra, foi habilidoso e se utilizou de estratégias que favoreciam seu posicionamento. Não foi um sujeito ingênuo, seduzido e enfeitiçado por uma rainha estrangeira, conforme explicitaram Plutarco, Dião Cássio, Apiano e Josefo (Vieira, 2012, p. 27-28).

Cleópatra foi descrita como uma linda mulher engenhosa e sedutora, que até mesmo um grande homem, como Marco Antônio, cairia por amor. Entretanto, essa imagem de mulher sedutora e poderosa foi utilizada como propaganda para mascarar uma guerra civil (Vieira, 2012, p. 40), iniciada pelos contratempos entre Otávio e Antônio. Ela foi chamada de "rainha prostituta", por Propércio (Poemas, III.11.39), "monstro fatal", por Horácio (Odes, I.37.21), e "a vergonha do Egito", por Lucano (Pharsalia, X.59).

Cleópatra foi caracterizada por Dião Cássio como uma mulher de beleza surpreendente, cuja voz possuía um encanto incomparável, pois sabia agradar a todos. O autor comenta que ela era brilhante de ser vista e ouvida, com o poder de subjugar. Menciona que Cleópatra era paixão e ganância insaciáveis, com uma ambição célebre, mas presunção excessiva. Ela ganhou o título de rainha dos egípcios e desejava ser a rainha dos romanos (Cass. Dio, *Roman History* 42.34.4-6). Segundo Plutarco, ela utilizou um flerte ousado, que cativou César em primeira instância (Plut. *Caesar,* 49.3). Além disso, ele acrescentou que, como já havia conquistado César, ela tinha esperanças de conquistar Antônio facilmente. César a conheceu quando era jovem e tinha pouca experiência, mas, durante o flerte com Antônio, ela já possuía a beleza mais brilhante (Plut. *Mark Antony,* 25.1).

Até mesmo quando Antônio estava se preparando para a conquista da Pártia e pediu para Cássio falar para Cleópatra se encontrar com ele em Cilicia, para cobrar o dinheiro que ela ficou de levantar, Plutarco relata que Dellio, que estava à frente dessa missão, foi seduzido pela conversa de Cleópatra assim que colocou os olhos nela e que ela, provavelmente, ganhou grande influência sobre ele (Plut. *Mark Antony,* 25.1). Além disso, ao falar que Plato sabia quatro tipos de bajulação, o autor acrescenta que Cleópatra conhecia milhares deles (Plut. *Mark Antony,* 29.1).

Os autores antigos tomaram a rejeição contra Cleópatra para construir uma imagem negativa dela, utilizando-se de seu lugar de poder, etnia e gênero, além de sua posição política a favor de Marco Antônio, para desmoralizá-la em suas obras, potencializando a figura de Augusto e demonstrando a recepção da sociedade romana diante de uma mulher estrangeira com poder. A posição de Cleópatra apreendeu uma complexidade identitária que resultou na reprodução de uma mulher estigmatizada pelos romanos. Isso posto, a eficácia da manipulação da imagem de Cleópatra teve uma consequência interseccional em suas reproduções, que se disseminaram ao longo do tempo e se espalharam até os dias atuais.

Dito isso, a interseccionalidade[100] se refere a uma teoria transdisciplinar que compreende uma complexidade de identidade e desigualdades sociais por meio de uma abordagem integrada. Refuta o confinamento e a hierarquia do principal foco de diferenciação social, que são as categorias de sexo, gênero, classe, raça, etnia, idade, deficiência, orientação sexual (Bilge, 2009, p. 70; Hirata, 2014, p. 62-63), entre outras condições de desigualdades. Deve-se ter em mente que o levantamento das categorias não é fixo, mas é importante em uma análise interseccional levantar quais delas são opressoras e quais podem variar e serem diversas.

Nessa perspectiva, normas e valores que podem ter sido de considerável significância para a formação de identidades sociais podem ser baseados em gênero, idade, *status* e assim por diante (Sjöberg, 2014, p. 320). A abordagem interseccional vai além de simplesmente reconhecer a multiplicidade de sistemas de opressão que operam a partir dessas categorias e postula sua interação na produção e reprodução das desigualdades sociais (Bilge, 2009, p. 70 apud Hirata, 2014, p. 62-63). A interseccionalidade, como meio de compreensão de opressões múltiplas, tem sido aplicada por estudiosos(as), como Sjöberg, com foco, principalmente, em evidências textuais no âmbito do Mundo Antigo (Sjöberg, 2014, p. 316). É importante salientar que a interseccionalidade é ativa, e não estática, compreendendo uma agência.

---

[100] O problema da "interseccionalidade" foi levantado pela primeira vez em países anglo-saxões a partir da herança do feminismo negro, desde o início de 1990, dentro de uma estrutura interdisciplinar, por Kimberlé Crenshaw (1989, 1994, 2002, 2010) e outros(as) ingleses(as), americanos(as), canadenses e pesquisadores(as) alemães(ãs) (Hirata, 2014, p. 62).

Fluxograma 1 – Sistema interseccional entre Otávio, Cleópatra e Marco Antônio.

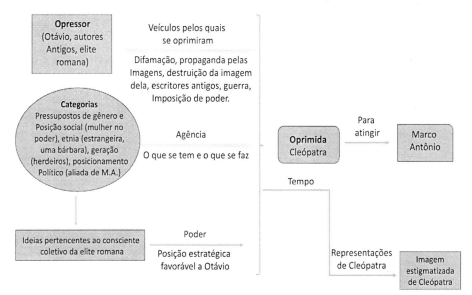

Fonte: © Fluxograma da autora, 2024.

Seguindo tal teoria interseccional, provavelmente, os opressores, no período do evento, foram Otávio e a própria elite da sociedade romana, a qual já tinha a construção de um pressuposto de gênero ligado à mulher no poder. Além de Cleópatra ser uma estrangeira, a elite aristocrática não via com bons olhos a conquista de territórios romanos sendo dividida entre seus filhos. A disparidade entre Otávio e Antônio caía sobre Cleópatra, uma vez que era comum, entre as disputas dos romanos, ocorrer a difamação da mulher do oponente e não diretamente ao oponente, como Cícero fez com Fúlvia, para evitar difamar diretamente o outro homem com quem se tinha atrito. Essa estratégia era para garantir futuros acordos entre as partes, já que as mulheres eram irrelevantes nessas ocasiões ou somente serviam para selar acordos, como no caso de Otávia.

Para adicionar, a posição contra Cleópatra, uma vez tida como uma estrangeira poderosa, arraigava-se pelo grupo social romano da elite ligado ao poder, pois, se a sociedade guardava um tipo de pressuposto social em relação a alguém ou a um grupo menor, isso fortaleceria o opressor. Consequentemente, Otávio estava fortalecido por um grupo de aristocratas romanos com poder, os quais também teriam sido contra Antônio, porque o alvo principal era este, não Cleópatra.

Autores antigos, mesmo escrevendo a respeito de Cleópatra posteriormente aos eventos ocorridos, tenderam a supervalorizar Otávio, posto que, ao escreverem sobre ela, imortalizaram, para além de 2 mil anos, a imagem de uma mulher que se utilizou do sexo e da manipulação para obter poder. Para Augusto chegar aos seus objetivos, ele tomou uma postura que desmereceu a capacidade de governo e a política da rainha Ptolomaica. Ele utilizou propagandas difamando-a como uma sedutora bárbara, para mascarar a competição com Marco Antônio e para favorecer um modelo ideal de virtude e moral romana, além de destruir imagens de Cleópatra, impondo sua própria imagem como o todo poderoso que submeteu o Egito ao seu prestígio. E sua irmã, Otávia, parece ter sido dispensada logo depois de seu papel ter terminado no acordo entre os triúnviros.

Capítulo 5

Lívia: poder, agenciamentos e as representações de prosperidades

Lívia (59/58 a.C. - 29 d.C.), que foi esposa de Augusto (27 a.C. - 14 d.C.), tinha sido casada antes com Tibério Cláudio Nero, com o qual teve Tibério (42 a.C. - 37 d.C.) e Druso (38 a.C. - 9 d.C.) como filhos (Tac. *Ann.* 5.1). Otávio arranjou o divórcio para ela se casar com ele, o qual era casado com Escribônia, filha de duas personagens consulares. Essa união, apesar de Otávio ter tido Júlia como filha, foi caracterizada como um casamento de estratégia política e considerado um desgosto, visto que durou somente um ano (Barrett, 2002, p. 20). Consequentemente, Otávio se divorciou pela depravação dos costumes de sua esposa. Além disso, Júlia sofreu com a *lex Iulia de adulteriis* e foi banida para o exílio, tendo a sua mãe, Escribônia, que decidiu lhe acompanhar. Nesse contexto, acrescenta-se o fato de que Augusto, mesmo antes da sua morte, não restaurou sua filha do exílio, mas a deixou receber presentes e recusou aceitar o depósito das cinzas de Escribônia e Júlia em seu mausoléu (Cass. Dio, *Roman History* 56.32.4; Barrett, 2002, p. 20 e 60). A filha de Augusto morreu em 28 d.C., depois de 20 anos no exílio, quando foi sustentada durante todo esse período por caridades de Lívia (Barrett, 2002, p. 129).

Anteriormente, Otávio tinha sido noivo de Servília, filha de Público Servílio Isáurico, e, depois, com a reconciliação com Antônio, desposou sua afilhada, Clódia, filha de Fúlvia e Público Clódio, chegando apenas à nubilidade. Depois de Escribônia, ele raptou Lívia, grávida de seu marido Tibério Nero (Tac. *Ann.* 5.1), amando-a e estimando-a de maneira singular e constante. Lívia, com a qual não teve filhos (Suet. *Aug.* 62.1), pertencia a uma família distinta, da *gens Claudii*, e seu pai era Marco Lívio Druso Claudiano, que foi adotado pela *gens Livii*, que sugere que ele teve Druso como pai adotivo, um tribuno da plebe (Tac. *Ann.* 5.1). Por essa razão, Lívia adquiriu o cognome de Drusila, além de que sua descendência ajudou Otávio a fortalecer seus laços com famílias distintas de Roma. Antes da morte de Tibério Nero, em 32 ou 33 a.C., primeiro marido de Lívia, ele tinha nomeado Augusto como tutor de seus dois filhos com Lívia (Barrett, 2002, p. 8, 22 e 27).

O fundador da família de Lívia teria sido Clauso, que supostamente ajudou Enéias quando o herói troiano procurou estabelecer-se na Itália. O que parece é que os *Claudii* foram imigrantes que se deram bem, e a ligação deles com Roma estaria no início da migração do sabino Atto Clauso, o qual clamou por uma posição de cônsul em 495 a.C., e de seus dependentes, por volta de 503 a.C.; de modo que essa posição política passaria de geração para geração. Ápio Cláudio esteve também relacionado com o primeiro código legal. Ápio Cláudio Cego, cônsul em 307 e 296, também foi uma figura distinta da antiga República, entre outros. No entanto, a família romana tendia a ser formada por mais de uma linha familiar, assim como Tibério Cláudio Nero e Públio Cláudio Pulcro, que foram fundadores de duas subdivisões dos Cláudios, ou seja, os *Claudii Nerones* e os *Claudii Pulchri* (Barrett, 2002, p. 4). A mãe de Lívia era de família próspera, mas menos distinta, da cidade de Fundi (Harvey, 2020, p. 1). A importância da descendência familiar era um pré-requisito fundamental para o sucesso na sociedade romana. Desse modo, a família de Lívia teria conferido um grande *status* a ela (Barrett, 2002, p. 4-6) e, depois, a Augusto.

A grande prosperidade de Lívia devido à sua posição eminente como esposa e mãe de imperador resultou em um amplo poder, tanto para questões políticas quanto para ela exercer a atividade de Patronato, uma vez que passou a ser conhecida por suas construções públicas e atos filantrópicos (Hemelrijk, 1999, p. 108). Consequentemente, ela foi a mulher da família Júlio-Claudiana mais bem-representada, e seu nome apareceu em portos, mercados e até santuários, além de sua imagem em moedas. A presença da imagem de Lívia nessas comemorações não tem precedentes. Tudo isso demonstra que Lívia tinha uma "carreira" como esposa de Augusto e sugere que ela tinha um senso político acurado, levando-a a um considerável poder e influência (Zager, 2014, p. 54-57).

Lívia, assim como Otávia, irmã de Otávio, era um modelo de matrona romana a ser seguido, evidenciado por meio da maternidade, fidelidade, *pudicitia* e prosperidade, e se tornou um símbolo e figura social de influência política. De acordo com a leitura de Harvey, Dião Cássio e Tácito indicam Lívia como a "primeira senhora do Império Romano", sendo promovida por meio da mídia visual como o membro feminino mais importante da família imperial (Harvey, 2020, p. 2 e 8).

Augusto soube unir uma linha da necessidade de Lívia de se mostrar com dotes tradicionais e com poder dentro da *domus*, tendo seu papel ligado a coisas do Estado. Isso deve ter sido difícil de se fazer, pois mulheres desse período apenas poderiam influenciar seus maridos em assuntos concernentes à família, mas, com a emergência da *domus Augusta*, os assuntos de família e Estado foram inextrincavelmente unidos (Barrett, 2002, p. 130).

Para tais tarefas, Lívia deveria ter recebido excelente educação, o que pode ter dado "virilidade" ao seu poder racional. Tais tipos de mulheres eram elogiados por terem uma mente ou caráter parecidos com o de seus pais, ou seja, elas eram apreciadas pelas qualidades de uma mente masculina. Dessa forma, a habilidade em se ter uma mente masculina era um elogio ao seus pais. Todavia, dentro da dominância masculina, essas mulheres acabavam sendo criticadas por terem pensamentos racionais; assim, em vez de serem caracterizadas como "homens honrados", eram vistas como "homens fracassados". Diante desse pensamento social sobre os papéis de gênero, Lívia foi um caso de identidade sexual ambígua, uma vez que ela era tida como tendo uma mente masculina em um corpo feminino. Isso posto, para tais mulheres, havia um impedimento à plena participação delas na vida intelectual e política (Hemelrijk, 1999, p. 87-88).

5.1. A vida e as moedas de Lívia

Mesmo assim, a posição de Lívia ganhou relevância e, provavelmente, foi conquistada por meio do seu círculo de contatos estabelecido pelo Patronato em Roma e nas províncias do Leste e Oeste, o qual ela teve oportunidade de executar durante as visitas que fez junto a Augusto, por volta de 21 a 19 a.C., nessas outras localidades. Suas representações ligadas à família imperial e como figura divina também foram influenciadas por ideologias locais em relação a ela nas províncias. O grande número de casas de moedas que fizeram esse material com a imagem de Lívia ficava no Leste, contando com 70% da produção, além de que suas moedas foram elaboradas nessas localidades do governo de Augusto até o de Antonino. Nesse sentido, a maioria dessas moedas provinciais era para uso local, com liberdade de escolha de cunhagem, o que fez com que Lívia aparecesse nelas com mais intensidade durante o governo de Tibério do que no de Augusto (Harvey, 2020, p. 108-112), apesar de Lívia ter sido diretamente ligada a Augusto após sua morte e ter sido somente nesse momento que ela começou a ser cunhada em Roma.

Apenas as casas de moedas de Eumenéia, Magnésia do Sípilo (*Magnesia ad Sipylum*), Pérgamo e Esmirna cunharam moedas de Lívia durante os dois governos. Em Eumenéia, ela era referida como HPA Λ(E)IBIA e, na Tessália, como ΗΡΑ ΛΕΙΟΥΙΑ (Harvey, 2020, p. 113 e 136). O primeiro exemplar de Lívia com uma figura masculina foi encontrado na casa de moeda de Éfeso. Outras casas de moedas do Leste, como Bitínia, Mésia, Trácia e Acaia, representaram Augusto e Lívia. Eles eram referidos por ΣΕΒΑΣΤΟΙ (Harvey, 2020, p. 113, 126 e 136).

Figura 22 – Moeda[101] com busto de Augusto e de Lívia à direita no anverso, datada de 27 a.C. - 14 d.C., Éfeso, Ionia. No reverso, está um veado em pé à direita, acima da caixa do arco; legenda: ΑΡΧΙΕΡΕΥΣ / ΑΣΚΛΑΣ / ΕΦΕ / ΝΙΚΟΣΡ / ΑΤΟΣ (Nicóstrato, Arquiereu de Asclas, Éfeso[102])

Fonte: cortesia do *Pavlos S. Pavlou*

Essa moeda cunhada em Éfeso traz no anverso o busto de Augusto pareado com o busto de Lívia. A posição de Lívia é secundária em relação à de Augusto. Contudo, o fato de ela estar ao lado de seu marido mostra um aspecto voltado à igualdade de poderes entre os dois. No reverso, encontra-se um veado, que poderia estar ligado a um dos elementos da deusa Diana/Ártemis, representando a caça, a abundância, a alimentação, o sustento e a riqueza em todos os sentidos. Em Éfeso, Diana e seus elementos são posteriormente associados a moedas de Agripina Menor, que, como Lívia, se assemelha muito com símbolos ligados à fertilidade, produção agrícola, alimentação, abundância, bem como a deusas que estão voltadas às mesmas virtudes, como Ceres.

---

[101] Referência: RPC I 2585. Disponível em: https://www.vcoins.com/en/stores/pavlos_s_pavlou_numismatist/131/product/ioniaÉfesoaugustus_with_livia_27_bcad_14ae1_unitjugate_bust_of_augustus_and_liviastag_bow_naming_magistrate_archiereus_asklas/224640/Default.aspx. Acesso em: 5 set. 2020.
[102] Tradução de Juarez Oliveira, que afirma que Arquiereu é sinônimo de Sumo Pontífice e que a tradução dessa inscrição é complicada, uma vez que a forma *efe*, com épsilon em vez de éta, parece uma abreviação para o local de origem ou exercício de Asclas. Caso fosse uma corruptela do verbo *femi*, teríamos o problema de que ambos os nomes (de Asclas e de Nicóstrato) estão no nominativo, fugindo à regência tradicional do verbo. Sendo assim, talvez em contexto, ela possa ser traduzida como relacionada a ambas as figuras, isto é, Asclas e Nicóstrato.

Figura 23 – Moeda[103] de Alabanda, Ásia, datada de 27 a.C. - 14 d.C., 17 mm de diâmetro, 3,75 g, com o rosto de Augusto no anverso e com legenda: EPAFRODITOU AMN[...] (O afortunado de Amnisso[104]); Reverso com o rosto de Lívia à direita e busto drapeado, com o tipo *nodus* de cabelo do início do período de Augusto, com legenda: ALABAND[E...] TOUTHLE(?) (Alabanda[ ](?)[105])

Fonte: cortesia do *Classical Numismatic Group*

A província da Ásia, em 29 a.C., construiu o templo de Pérgamo para Roma e Augusto. O que parece é que Lívia foi incluída nos cultos, na medida em que sua estátua foi colocada junto à de Augusto e uma inscrição aponta a celebração de seu aniversário, assim como o de se marido (Grether, 1946, p. 230). Dessa forma, o exemplar anterior indica que a cidade de Alabanda, na mesma província, já vinha cunhando Augusto no seu anverso e Lívia no reverso, como uma demonstração de respeito ao casal imperial. A cidade de Mísia, na mesma província, também cunhou Lívia no anverso e a filha de Augusto, Júlia, no reverso, para homenagear as mulheres da família imperial, como pode ser visto na próxima moeda.

---

[103] Referência: RPC I 2809.1 = Imhoof-Blumer, *KM*, p. 105, 7; FITA 373; SNG München -; SNG von Aulock -; SNG Copenhagen. Disponível em: https://www.cngcoins.com/Coin.aspx?CoinID=114913. Acesso em: 29 maio 2020.

[104] Tradução de Juarez Oliveira, que cita que o texto estabelecido em https://rpc.ashmus.ox.ac.uk/coins/1/2809 é [ΕΠΙ ΑΦ]ΡΟΔΙΤΟΥ Α[ΜΝ?]ΣΣΟ[Υ], enquanto o dado 16 é EPAFRODITOU AMN[...]. O primeiro suplementa as lacunas, mas o segundo não. *Epafrotidos* é um adjetivo grego para o latim *Felix*, segundo o LSJ (Greek-English Lexicon), significando, assim, "Afortunado", "Favorecido por Afrodite/Vênus". A tradução poderia ficar no primeiro caso, "[Do] Afortunado de Amn[]sso" ou, no segundo, "[Do] Afortunado de Amn[] (?)". Considerando a suplementação do primeiro, a referência parece apontar para Amnisso, uma região ao Norte de Creta. Em ambos os casos, [Do] evidencia o caso genitivo utilizado na inscrição.

[105] Tradução de Juarez Oliveira.

Figura 24 – Moeda[106] de Mísia, Pérgamo, datada de 10 a.C. - 2 d.C., com o busto drapeado de Lívia, como Hera, no anverso, e legenda: ΛΙΒΙΑΝ ΗΡΑΝ ΧΑΡΙΝΟΣ (Lívia Hera, filha de Carino[107]). No reverso, encontra-se Júlia, filha de Augusto, como Afrodite, com legenda: ΙΟΥΛΙΑΝ ΑΦΡΟΔΙΤΗΝ (Júlia Afrodite[108])

Fonte: cortesia do *Praefectus Coins*

No tempo de Augusto, as cidades provinciais podiam adaptar a imagem do imperador, conectando a família imperial a cultos locais. A imperatriz, em particular, Lívia, era alinhada com a deusa local e mais demonstrada em províncias do Leste do que nas cunhagens imperiais, pelo menos, até antes de Adriano. Um ótimo exemplo é de um exemplar de Esmirna, na Ásia. A cidade sempre mostrou Augusto e Lívia juntos, mesmo quando ela ainda não aparecia em moedas de Roma nessa época. Isso posto, Esmirna desenvolveu suas próprias representações do imperador e sua família (Rowan, 2019, p. 158-159).

---

[106] RPC I 2359. Disponível em: https://www.vcoins.com/en/stores/praefectus_coins/130/product/mysia_Pérgamo_livia__julia_wife_and_daughter_of_augustus_ae_19/638966/Default.aspx. Acesso em: 6 set. 2020.
[107] Tradução de Juarez Oliveira.
[108] Tradução de Juarez Oliveira.

Figura 25 – Moeda de bronze com chumbo[109], Esmirna, 10 a.C. (?). Anverso: rosto laureado de Augusto e busto drapeado de Lívia, ΣΕΒΑΣΤΩΙ ΖΜΥΡΝΑΙΟΙ ([Dos] smirnenses para Augusto[110]). Reverso: Aphrodite Stratonikis encostada em uma coluna, segurando um cetro, e Nike, mergulhando na direita, ΔΙΟΝΥΣΙΟΣ ΚΟΛΛΥΒΑΣ[111] (Dionísio Colibas[112])

Fonte: cortesia do *Aegean Numismatics*

Figura 26 – Moeda de bronze com chumbo[113], Esmirna, 4 - 14 d.C. Anverso: rostos de Augusto e Tibério se encarando, CEBACTON TIBEPION KAICAPA (Tibério César Augusto[114]). Reverso: Lívia como Aphrodite Stratonikis, encostada em uma coluna, segurando um cetro, e Nike do seu lado direito, ΛΙΒΙΑΝ ΖΜΥΡΝΑΙΩΝΟC (Dos habitantes de Esmirna para Lívia[115])

Fonte: cortesia do *Classical Numismatic Group, LLC*

Outro exemplo cunhado na mesma cidade, entre 4 e 14 d.C., é de uma moeda na qual, em seu anverso, está Augusto olhando para Tibério, enquanto no seu reverso pode ser Lívia como a personificação da deusa local, *Aphrodite*

---

[109] RPC 1 2466, disponível em: https://www.vcoins.com/en/stores/aegean_numismatics/1/product/ionia_Esmirna_augustus__livia_27bc14ad_ae20/1349844/Default.aspx. Acesso em: 19 maio 2022.
[110] Tradução de Juarez Oliveira.
[111] Rowan, 2019, p. 159.
[112] Tradução de Juarez Oliveira.
[113] RPC 1 2467, disponível em: https://www.cngcoins.com/Coin.aspx?CoinID=348231. Acesso em: 19 maio 2022.
[114] Tradução de Juarez de Oliveira.
[115] Tradução nossa.

Stratonikis. Ela aparece escorada em uma coluna, segurando um cetro, e Nike está ao seu lado direito. A moeda nomeia Lívia como ΛIBIAN. Essa ligação da imperatriz com deusas locais também pode ser encontrada em outras cidades, de outras formas que não apenas por meio de moedas (Matheson, 1996 apud Bartman, 2012, p. 416). A irmã de Calígula foi associada a Perséfone (RPC 1 2472), e a mulher de Nero, Popéia, a Nike (RPC 1 2486). O que se sugere é que a cunhagem no Leste, nessa época, era mais ousada do que a oficial romana, com uma interpretação mais livre dessas mulheres (Rowan, 2019, p. 159).

Na Grécia, geralmente, o casal imperial era associado a Eutênia, equivalente a *Abundantia* ou Demeter, que aparece segurando uma cornucópia e espigas de milho (Sear, 2000, p. 37). Ainda, moedas de Alexandria de Augusto e Lívia apresentam em seu reverso a figura de *Euthenia, calatos* (cesto com frutas) entre tochas ou a dupla cornucópia (Grether, 1946, p. 232-233). Posteriormente, Alexandria cunhou moedas associando Agripina Menor a Eutênia também.

A Demeter sentada no reverso das moedas de Pérgamo, provavelmente, tinha a intenção de representar Lívia, revelando ser muito similar a Lívia das moedas romanas. Um calendário da ilha de Chipre, de 15 a.C., mostrava os meses que honravam cada membro da família imperial, assim como Lívia e Otávia. De modo geral, o culto a Lívia cresceu em importância, honra e quantidade (Grether, 1946, p. 232-233). Em Lâmpsaco, é dado a Lívia o culto a Héstia, além de inscrições desse lugar a nomearem como *Ioulia Sebaste*, no início do governo de Tibério. O termo *Sebaste* era usado desde antes da morte de Augusto, mas também era utilizado em representações de sua filha, Júlia (Barrett, 2002, p. 152). Adiciona-se que, na mesma inscrição, Lívia tem o nome de *nean Demetera*, remetendo-a a Demeter/Ceres (Hahn, 1994, p. 322-332 apud Barrett, 2002, p. 145).

No I e II século d.C., Ceres aparece frequentemente como um tipo de moeda e, em geral, ela está segurando espigas de milhos para simbolizar sua função como a deusa da agricultura. Às vezes, ela segura uma tocha para significar a procura por sua filha, Proserpina, perdida na escuridão, que foi abduzida para Hades por Pluto. O epíteto mais comumente aplicado para ela é *Frugifera*, que significa frutificando. Nas moedas das províncias, ela aparece como Demeter e, às vezes, com sua filha Perséfone (nome grego para Proserpina) (Sear, 2000, p. 27). Em um catálogo feito por Hahn sobre as províncias do Leste, é demonstrado que Lívia era associada a nove deusas, além de Héstia (Hahn, 1994, p. 322-332; Barrett, 2002, p. 145).

Lívia ainda foi conectada a muitos projetos de prédios em Roma, os quais alguns ela ajudou a financiar, incluindo *Aedes Concordiae* e *Porticus Liviae* (7 a.C.), que foram restaurados durante o período de Tibério (Barrett, 2002, p. 315). Além desses, destaca-se *Macellum Liviae*, bem como a restauração de alguns templos, como o Templo de *Bona Dea Subsaxana*, o Templo de *Muliebris Fortuna*, além do Templo do *Divus Augustus* (Barrett, 2002, p. 126). Essas construções eram um novo modo de celebrar um modelo doméstico, tanto com benefícios ao público quanto ao imperador, demonstrando um casamento harmonioso. Lívia e Otávia, que eram patronas desses tipos de construções, sempre apareceram no poder político de forma tangencial (Milnor, 2005, p. 62-63).

Em relação à deusa Bona Dea, nome eufemístico de Fauna ou Fatua (Takács, 2008, p. 111), era identificada como filha, irmã e/ou esposa de Fauno, um rei lendário do Lácio. Há mitos sobre a morte de Fauna, como um de que um Fauno bateu nela até a morte quando ele a pegou bebendo vinho; e outro em que ele se torna uma cobra, que poderia copular com ela, pois, como filha, ela já tinha rejeitado o incesto. Eles eram considerados deidades proféticas, mas também tinham poderes de cura. As cobras eram alojadas nos santuários de Bona Dea. Essa deusa poderia ser adorada tanto por homens quanto por mulheres, mas os ritos conduzidos pelas Vestais tinham restrições de gênero (Brouwer, 1989 apud Holland, 2012, p. 207). Havia festivais para a deusa, um que acontecia no primeiro dia de maio e o outro, em dezembro. O festival de maio era em memória da fundação do templo de Aventino da deusa *ad saxum*, o qual Lívia restaurou, e apenas as mulheres poderiam entrar. Entretanto, essa informação é dúbia, pois o que parece é que, com a reforma, pessoas que não eram da elite, mulheres livres, homens e até escravos tiveram a possibilidade de se conectar com a deusa.

As evidências epigráficas e literárias que sobreviveram apresentam dois tipos de cultos. Por um lado, havia o augustano e o pós-augustano, cujos adoradores eram homens e mulheres, em particular os da classe libertada ligados à casa imperial. *Bona Dea ad saxum* era uma deidade curadora, e seu templo era onde as serpentes ficavam restritas. Assim como a cornucópia, a cobra aparece em sua iconografia. Por outro lado, havia outros santuários de Bona Dea em que os homens podiam entrar. De 31 dedicações feitas a Bona Dea em Roma, apenas nove eram de mulheres. A deusa curandeira e da fertilidade não precisava ser a mesma em todos os lugares, pois Bona Dea era um nome apelativo vago, visto que ela era facilmente conectada a outras divindades, como com a "Mãe dos deuses", posto que ambas as deusas podiam ser caracterizadas como criadoras de todas as coisas e geradoras da vida. Além disso, o aspecto da fertilidade do *mysterion* poderia conectá-las com Dioniso (Takács, 2008, p. 101-102, 106-107, 109 e 111).

Lívia ainda atuou em um monumento chave encomendado pelo Senado, votado em 13 a.C., e pelo povo de Roma em honra a Augusto e à sua família imperial, pela volta do imperador da Espanha, que se deu de forma segura, e pela pacificação da Gália, o *suplicatio* (Barrett, 2002, p. 42): o *Ara Pacis Augustae*, construído em 9 a.C., evidenciando Augusto junto a Lívia, os quais são representados como pai e mãe do Estado romano (Harvey, 2020, p. 4 e 160). Esse monumento era uma declaração pública do lugar de comemoração da família augustana, demonstrando a ideologia de Augusto. O altar era decorado, mas seus relevos eram ofuscados. Esse altar foi dedicado a *Pax* e em nenhum local era dito diretamente que Lívia era associada a ela (Barrett, 2002, p. 126). *Pax* aparecia segurando um ramo de oliva, cornucópia ou caduceu (Sear, 2000, p. 40).

Em fontes literárias como a de Dião Cássio, Suetônio e Ovídio, Lívia foi descrita como uma mulher poderosa e influente, com fome de poder, sinistra e assassina, esposa devota e mãe, assim como uma figura divina, mas é referida como tendo um poder e influência problemáticos por Tácito, Dião Cássio e Suetônio. Dião Cássio menciona que Lívia executava papéis políticos e públicos que ultrapassavam os limites femininos, como se compartilhasse poderes com Tibério (Cass. Dio, *Roman History* 57.12.1-6), tanto é que Suetônio declara que ela clamava por igualdade junto ao papel de governante de seu filho (Suet. *Tib.* 50.1), e Tácito dizia que ela tinha falta de autocontenção (Tac. *Ann.* 1.4.5).

Autores como Tácito apontam-na como responsável por vários crimes (Tac. *Ann.* 6.2). Dião Cássio afirmava que ela limpava o caminho para seus filhos, citando um exemplo de quando ela recorreu de uma acusação de assassinato de Marcelo, filho de Otávia, pois Augusto tinha dado prioridade a ele (Cass. Dio, *Roman History* 60.5.I). Tais acusações feitas para ela eram comuns de acontecer. Ela era apontada até por estar envolvida com a morte de próprio Augusto. A morte de Germânico, homem muito respeitado em Roma, e os rumores de que Lívia estaria por trás de seu assassinato amea-çaram sua popularidade (Barrett, 2002, p. 36, 66 e 41).

Ela soube viver de acordo com o sistema constitucional romano, sem criar claramente inimigos identificáveis, bem como mostrar o que era esperado da mulher de Augusto, ou seja, dignidade com majestade, além de modéstia e virtudes domésticas. Sua posição acabava por ser dúbia, pois era alguém que tinha um papel público, mas não tinha uma posição pública. Ela era uma pessoa que deveria dominar a esfera privada, na expectativa de representar valores domésticos e a moral de um cidadão. Durante o governo do seu filho Tibério (Barrett, 2002, p. x), sua posição se tornou mais ambígua, devido aos títulos que ganhou e a ter adquirido alguns privilégios concedidos apenas para as Virgens Vestais. Essa ambiguidade pode estar de acordo com uma polarização social estabelecida na interpretação da Vestal e da mulher casada, a qual foi criada conforme a estruturação da sociedade, gerando todo um repertório de condutas e de experiências religiosas femininas (Chartier, 1995, p. 41).

Ovídio, exilado em 8 a.C., elogiava e consolava Lívia na esperança de ser trazido de volta para Roma. Durante seu exílio, ele se referia a ela como *femina princeps*, ao escrever a obra *Consolatio ad Liviam*, em 9 a.C., com 474 linhas, tentando confortá-la depois da morte de seu filho, Druso. Considerava-a igual a Augusto (Ovídio, *Cartas Pônticas*, 3.1.125-128; Ovídio, *Tristes*, 1.6.25-27), pois *princeps* foi utilizado primeiramente por Augusto e depois por seus herdeiros (Harvey, 2020, p. 162). A expressão *femina princeps*, usada por Ovídio para se referir a Lívia, apareceu em um poema endereçado à sua esposa, que tinha Lívia como um modelo e professora. O *Consolatio* a refere como *princeps* e *Romana princeps*, mas também utiliza o termo para Druso, filho de Lívia. A palavra *princeps* estaria conotando uma "pessoa proeminente", sem necessariamente implicar qualquer *status* constitucional (Ovid, *Tristes*, I.6.25; Ovid, *Cartas Pônticas*, 3.I.I25; Ovid, *Consulatio ad Liviam*, Lívia: 353, 365; Drusus: 285, 344; Antonia: 303 apud Barrett, 2002, p. 133). A morte do filho Druso promoveu Lívia, pois, com sua desolação, fez com que o Senado votasse a liberação para ela do direito, *ius trium liberorum*, atribuída a mulheres com mais de três filhos, em que elas poderiam ter propriedades sem um guardião; além de o Senado pedir a construção de várias estátuas dela (Barrett, 2002, p. 46).

Posteriormente, Tácito caracterizou Lívia como hostil, mencionando que ela estaria ligada às mulheres imperiais ambiciosas, para conquistar poder e utilizá-lo com intuitos políticos. O autor declara que ela tinha falta de controle e sugeriu que ela estava ligada à morte de Caio, Lucio César, Agripa Póstumo e até mesmo de Augusto (Harvey, 2020, p. 3-6 e 162), adicionando-se o fato de que o autor sugere que ela fazia parte de intrigas secretas (Tac. *Ann.* 1.3). Suetônio sabia de sua devoção de esposa em fazer roupas para Augusto, mas também que deixava Tibério com raiva com sua demanda em dividir o poder, mencionando que Tibério a chamava de *Ulixes stolatus* (Ulisses de estola) (Suet. *Calig.* 23.2). No entanto, Barrett (2002) aponta que essa seria uma alusão que apareceu quando Calígula desdenhava de seus parentes (Barrett, 2002, p. 121). Dião Cássio também a considerava poderosa, influente, assassina e influenciadora de Augusto (Cass. Dio, *Roman History* 53.33.4, 55.10a.10, 56.30.1-2 e 58.2.5-6). Tácito ainda menciona que ela era uma mãe terrível tanto para o Estado quanto para a casa dos Césares como madrasta (Tac. *Ann.* 1.10).

5.1.1. Lívia e Augusto

O próprio Augusto nunca retratou Lívia em nenhuma de suas cunhagens oficiais de Roma, havendo apenas uma figura feminina, em moedas de seu governo, que aparece sentada e é associada a ela. Essa figura continua a aparecer no governo de Tibério (Barrett, 2002, p. 141) e em outros. Adiciona-se o fato de que Lívia não recebeu nenhuma menção em sua obra, *Res Gestae*, e não foi citada em nenhum calendário existente até oito anos depois da morte de Augusto, mas o *Ara Pacis* foi realizado no dia de seu nascimento, como se Augusto quisesse homenageá-la durante a comemoração dos seus 50 anos, e era comum a celebração de seu aniversário todos os anos (Barrett, 2002, p. 138-139). Ela era a silenciosa esposa obediente nos bastidores, nunca na vanguarda (Zager, 2014, p. 54-57), uma vez que Augusto não a promoveu, dando proeminência à sua irmã, Otávia, devido à rivalidade com Marco Antônio durante o segundo Triunvirato (Harvey, 2020, p. 1). Entretanto, acabou retratando seus filhos, Caio César, Júlia e Lucio César, demonstrando harmonia e prosperidade familiar por meio de seus futuros herdeiros.

Figura 27 – Denário[116] de prata, datado de 13 a.C., do Império romano, cunhado em Roma, com 3,48g, com o rosto de Augusto voltado para a direita no anverso, além da inscrição: AUGUSTUS. No reverso, encontram-se os três filhos de Augusto, Caio César, Júlia e Lucio César, com a inscrição: C.MARIVS.TRO III VIR (*Gaius Marius. Triumvir[117] Tromentina tribu* = Caio Mário. Triúnviro da tribo Tromentina[118])

Fonte: © *The Trustees of the British Museum*

Nesse denário, de 13 a.C., Augusto aparece no anverso, guardando para si o lado mais importante da moeda. Todavia, o reverso é uma homenagem à família real, com as imagens de seus filhos adotivos, Caio César (que morreu em 4 d.C.) e Lúcio César (que morreu em 2 d.C.), além da filha que teve com Escribônia, Júlia. Na verdade, tanto Caio quanto Lúcio eram seus netos, filhos de Júlia, os quais foram adotados como filhos. No entanto, Harvey levanta a possibilidade de que a mulher representada nessa foto seria Lívia (Harvey, 2020, p. 110), o que é difícil de justificar, pois Caio César e Lúcio César estão diretamente ligados a Júlia, e ela seria o elo mais importante entre Augusto e os netos. A moeda expõe uma propaganda da família real, demonstrando a harmonia e a prosperidade de seus membros.

Entretanto, essa seria a primeira vez que seus filhos eram representados em moedas, pois nenhum outro parente seu teria sido cunhado nelas. Portanto, isso poderia também ser o início de uma iconografia que estaria ligada à sucessão dinástica. A própria adoção dos netos seria uma forma de

---

[116] Número de referência no museu: 1921,0612.1. Bibliografia: RE1 106, p. 21, RIC 1 404, p. 72 ou RIC 1² 405. Catálogo C&M: RE1 p21. 106. Disponível em: https://www.britishmuseum.org/research/collection_online/collection_object_details.aspx?objectId=1214000&partId=1&images=true. Acesso em: 10 nov. 2019.

[117] III VIR é uma referência a um cargo, a uma magistratura responsável pela cunhagem de moedas, que também era grafado como VIR A A A FF [*Tresvirem (triumviri) aere argento auro flando feriundo*] = Triúnviro (triúnviros) para a fundição e cunhagem de bronze, prata e ouro. *Triumvir(i)* era o "conselho", "junta" de três magistrados *monetalis*, para assuntos referentes à cunhagem de moedas. Disponível em: https://www.britishmuseum.org/collection/object/C_R-6251; https://academic.sun.ac.za/antieke/coins/muntwerf/augquads.html. Acesso em: 12 out. 2022.

[118] Tradução nossa.

garantir a continuação do poder imperial dentro da família. No entanto, com a morte dos netos, Augusto logo adotou Tibério e Agripa Póstumo, o irmão mais novo de Caio e Lúcio (Claes, 2013, p. 135).

Júlia teve três filhos em seu segundo casamento com Marco Agripa, e, por um longo tempo, eles foram a grande esperança de sucessão para Augusto. Suas estátuas estiveram em locais públicos do Leste, onde era presente a língua grega e onde grupos de estátuas dinásticas formavam uma visão familiar e aceitável, antes do advento da hegemonia romana. Em alguns locais, ela apareceu como a esposa de Agripa e, em outros, com seu último marido, Tibério. Em várias dedicatórias, ela foi representada com crianças, que deveriam ter sido ilustradas como bebês em seus braços. Os doadores locais evidentemente apreciaram a importância dos nascimentos na família imperial, celebrando-os. Júlia, no entanto, caiu drasticamente em desgraça após sua condenação por adultério em 2 a.C. Contudo, ela nunca sofreu oficialmente um *damnatio memoriae*, o que fez com que seus retratos não fossem destruídos (Wood, 2001, p. 29-30). Depois da morte de Agripa, em 12 a.C., a casa de moedas de Roma parou de cunhar esse tipo de moeda, o que pode explicar o motivo pelo qual Júlia nunca mais apareceu cunhada antes de seu banimento para a ilha de Pandatária, em 2 d.C. (Claes, 2013, p. 223).

A importância de Lívia na divulgação da identidade imperial é indicada pelo fato de que ela também foi a primeira a aparecer nas moedas provinciais orientais, por volta do ano 16 a.C. (Zager, 2014, p. 54-57). Todavia, o Oriente já vinha honrando mulheres romanas desde os tempos de Fúlvia, mulher de Marco Antônio, alada como a personificação da deusa Vitória/Nike. Era comum que também homenageassem as esposas e filhas dos monarcas Helenísticos, mostrando uma tendência em incluir as que são de família de grandes romanos para conferir-lhes as devidas homenagens. O Egito seguiu essa tendência pela sua linhagem Ptolomaica e acabou cunhando moedas de Lívia em Alexandria.

Figura 28 – Moeda[119] de um tipo de fusão de metais de aproximadamente 27 a.C. a 14 d.C., do período de Augusto, cunhada em Alexandria, Egito. Lívia está no anverso. Reverso: um *modium* com ramos de trigo, entre duas flores de copo de leite sobre uma mesa ou altar, ΛΘ (39[120])

Fonte: © *The Trustees of the British Museum*

Nessa moeda egípcia, Lívia está preponderante no anverso, com cabelo tipo *nodus*, e, em seu reverso, há duas flores de copo de leite (*Zantedeschia aethiopica*, de origem africana). Ao redor das flores, há ramos das plantas ou serpente de caduceus, que muitas vezes aparecem com cornucópias, as quais estão relacionadas com a prosperidade, porém não dá para afirmar com precisão o que seriam. Entre as flores de copo de leite, há um recipiente com ramos de grãos, que é parecido com um *modius*[121], com cinco espigas de trigo. O *modius* estava relacionado com o recebimento do *frumentum*[122], que era a distribuição imperial de grãos, em adição ao *congiarium*[123], para a *plebs frumentaria*. A distribuição alimentícia foi regularizada em 123 a.C., quando Caio Graco implementou a *lex frumentaria* (Plut. *Caius Gracchus* 6). Essa atividade passou a ser mais organizada e politizada no final da República e início do Império e era uma expectativa a ser recebida do imperador (Elkins, 2017, p. 57-58). Entretanto, o recipiente não pode ser caracterizado como um *modius*, visto que ele sempre aparece nas moedas, como algumas do período de Cláudio e Nerva, com três bases de apoio. Mesmo assim, os

---

[119] Número de registro: 1864,1118.262. Referências bibliográficas: BMC Greek (Alexandria) / Catalogue of the coins of Alexandria and the Nomes (31, p. 4); Número do catálogo C&M: GC15 (BMC Greek (Alexandria)) (4) (31) (4). Disponível em: https://www.britishmuseum.org/collection/object/C_1864-1118-262. Acesso em: 3 set. 2020.

[120] Tradução nossa com consulta em: http://www.saxa-loquuntur.nl/tools/greek-numerals.html. Acesso em: 5 dez. 2022.

[121] *Modius* era um recipiente para medir os grãos. Disponível em: http://www.perseus.tufts.edu/hopper/resolveform?type=exact&lookup=modius&lang=la. Acesso em: 10 maio 2022.

[122] *Frumentum* eram grãos da colheita. Disponível em: http://www.perseus.tufts.edu/hopper/resolveform?type=exact&lookup=frumentum&lang=la. Acesso em: 10 maio 2022.

[123] *Congiarium* era uma generosidade aos pobres de um *congius* para cada homem. Disponível em: http://www.perseus.tufts.edu/hopper/resolveform?type=exact&lookup=congiarium&lang=la. Acesso em: 10 maio 2022. *Congius* seria uma medida de líquidos. Disponível em: http://www.perseus.tufts.edu/hopper/resolveform?type=exact&lookup=congius&lang=la. Acesso em: 10 jun. 2022. Segundo Bruun (1999), *congiaria* era uma soma distribuída para a população civil de Roma, enquanto donativos (*praemia*) eram para os militares (Bruun, 1999, p. 35).

elementos da moeda podem sugerir uma celebração à temporada de colheita agrícola e que a própria Lívia poderia estar ligada a essa comemoração ou mesmo à distribuição de grãos.

No calendário romano, havia dois dias conhecidos como *Consualia*, que poderiam ter sido utilizados pela província com a mesma finalidade – o dia 21 de agosto e o dia 15 de dezembro. Neles, comemorava-se o deus Consus, ligado à estocagem alimentícia. A *Consualia*, celebrada em agosto, era diretamente associada à estocagem de grãos, mas a de dezembro não se sabe ao certo. Todavia, poderia ser um período de inspeção da condição do estoque de milho durante o inverno ou uma colheita de um produto que poderia ser feita de forma tardia, como a da azeitona[124].

A distribuição de grãos ao povo dessa região poderia estar atrelada às atividades de *pietas*, comuns entre as mulheres da elite envolvidas com o imperador, uma vez que o mesmo recipiente volta a aparecer em moedas de Agripina Menor, cunhadas no mesmo local. Tal simbolismo provavelmente poderia enriquecer a propaganda dela e do imperador como pessoas filantrópicas. Esse tipo de moeda poderia estar relacionado ao humanitarismo feito pelo sistema *alimenta* e a atos beneficentes e de propaganda governamental ao dar presentes substanciosos às comunidades, tanto de Roma quanto das províncias. O propósito seria providenciar o sustento necessário para crianças por meio de investimentos agrícolas para ganhar popularidade (Sear, 2000, p. 57).

O recipiente da moeda também poderia estar atrelado a um símbolo de Demeter/Ceres, que indicava prosperidade e fertilidade, o que pode demonstrar que Lívia era fundamental à sucessão dinástica. Ceres estava relacionada ao sucesso agrícola (Elkins, 2017, p. 57-58). A celebração a essa deusa pode ser indicada pelo motivo de que o recipiente parece estar em um altar. A diferenciação, se é ou não um *modius*, vem com a comparação do recipiente interpretado por Elkins (2017) em uma moeda de Nerva. Contudo, para o recipiente da moeda de Lívia, é mais oportuno considerar-se a interpretação religiosa, que não descarta a simbologia alimentícia, a abundância e a fertilidade agrícola.

---

[124] Disponível em: https://www.journals.uchicago.edu/doi/epdf/10.1086/362768. Acesso em: 19 set. 2022.

Figura 29 – Sestércio[125] de bronze, de Roma, de 97 d.C., 23,22g, 34 mm de diâmetro. Anverso: cabeça laureada de Nerva, IMP NERVA CAES AVG P M TR P II COS III P P (*Imperator Nerva Caesar Augustus Pontifex Maximus Tribunicia Postestate secundum Consul tertium Pater Patriae* = Comandante Nerva César Augusto, Sumo Pontífice com poder Tribunício pela segunda vez, cônsul pela terceira vez e pai da pátria[126]). Reverso: *modius* com três pés, contendo papoula entre seis espigas de trigo, três para a direita, três para a esquerda, com PLEBEI VRBANAE FRVMENTO CONSTITVTO S C (*Plebei Urbanae Frumento [ex] Constituto Senatus Consulto* = Grãos para a plebe da cidade definida pelo consentimento do Senado[127])

Fonte: cortesia da *American Numismatic Society*

Em comparação ao recipiente da moeda de Lívia, observa-se uma distinção no formato do *modius* da moeda de Nerva, que aparece com três pés, contendo papoula entre seis espigas de trigo, três para a direita e três para a esquerda. Além disso, a legenda com PLEBEI VRBANAE FRVMENTO CONSTITVTO S C demonstra a intenção de a moeda estar relacionada à distribuição de grãos, o que não é encontrado na legenda da moeda de Lívia.

Quem olhava as moedas poderia conectar a atividade do imperador com a propaganda informada no reverso do objeto (Manders, 2008, p. 32). Contudo, a moeda em pauta não traz o imperador, mas Lívia, o que indica que ela poderia estar ligada às atividades agrícolas, de alimentação ou religiosas, que focavam na produção e na abundância. Lívia foi comumente honrada e associada a outras deusas, como Hera e Demeter. Destarte, não é surpreendente encontrar instâncias honoráveis a Lívia em comunidades onde a influência grega era grande (Grether, 1946, p. 223-224 e 228).

A imagem de Lívia foi cunhada primeiramente nas províncias do Leste da Grécia no período de Augusto, ampliando sua cunhagem, ao mesmo tempo que crescia a sua influência, sendo muitas vezes representada como

---

[125] Disponível em: http://numismatics.org/ocre/id/ric.2.ner.103. Acesso em: 21 jun. 2022. Identificador: 1944.100.42661. RIC II Nerva 103.

[126] Tradução nossa.

[127] Tradução nossa.

sacerdotisa (Harvey, 2020, p. 8). Pode-se afirmar que a visibilidade pública e seus costumes, regras e ideologias diferenciavam-se em alguns aspectos entre as províncias e o centro. No Leste, por exemplo, as imagens públicas de pessoas proeminentes, como Antônio, Lívia e Augusto, incorporaram diretamente associações com o divino mais cedo do que em Roma. As inscrições dos detalhes das contribuições de mulheres benfeitoras apresentavam imagens diferentes ou talvez as mulheres não fossem tão visualizadas em Roma quanto nas províncias (McCullough, 2007, p. 8). Todavia, Lívia somente começou a receber honras em Roma como *diva* depois que foi deificada, em 42 d.C., no governo de Cláudio, com anuência do Senado.

A qualidade de sua imagem em moedas variava, às vezes, drasticamente, de uma casa de moeda para outra e, muitas vezes, era reproduzida com muitos detalhes, como o dupôndio dela como Salus, em bronze feito em Koinon, Creta, que é de fácil identificação, pois acompanha uma legenda com seu nome. Entretanto, outras moedas a figuraram de forma muito bruta, aparentando um desenho até cômico, assim como o desenho feito dela em Cnossos. Todavia, reconhece-se seu desenho, pois ele sempre seguiu as mesmas características e os mesmos elementos em vários tipos de representações, assim como em estátuas, em que ela aparece com o estilo de cabelo *Zopftyp* e *nodus*, durante o reino de Augusto, e do tipo Salus, sob o governo de Tibério. Outros estilos de cabelos foram encontrados em Lívia, como *Marbury Hall, Albani-Bonn, Fayum* e o do tipo Salus[128] (Harvey, 2020, p. 65-67).

O cabelo em *nodus* e suas variações é o elemento que melhor identifica Lívia em suas representações, assegurando seu reconhecimento, sendo que as esculturas de Lívia com esse tipo de cabelo já datavam do período de Augusto, presentes em regiões como Gália, Dalmácia, Grécia, Ásia Menor, Egito e Norte da África. A exclusividade do tipo *nodus* de cabelo está no fato de que ele não era um estilo grego Helenístico ou utilizado nas representações de deusas romanas. Esse estilo tradicionalmente romano era utilizado por suas matronas e se tornou um símbolo que definiu um grupo social de Roma de acordo com seu gênero e *status*, utilizado por Otávia, Lívia e Fúlvia. Era comum nas representações das Virgens Vestais e, ao longo do tempo, foi ficando mais proeminente. Além disso, distinguia as mulheres romanas daquelas como Cleópatra, vista como "a estrangeira", mas que, na verdade, usava um estilo de cabelo baseado em suas precursoras Helenísticas. Para os romanos, Cleópatra era um símbolo de extravagância imoral. Dessa forma, o penteado tipo *nodus*

---

[128] Para saber mais sobre os tipos de cabelos das romanas, ver Apêndice 4.

tinha por intuito demonstrar a *pudicitia*, a virtude e o valor da mulher romana do tempo de Augusto. Como as mulheres da elite romana eram vistas como exemplo, esse tipo de cabelo também era usado por outras mulheres, muitas vezes por aquelas de classes subalternas, evidenciando que o cabelo passou a ser uma marca identitária das mulheres romanas. As representações de Lívia com o *nodus* e suas variantes começaram a existir desde o período de Augusto, passando por Tibério, até o governo de Nero (Harvey, 2020, p. 68 e 71).

Os elementos das imagens são importantes para reconhecer cada figura e podem ser interpretados como um sistema de signos, que são empregados junto à imagem e caem no paradigma de elementos imagéticos, como o estilo de cabelo, expressões faciais, vestimenta, tipo de busto (drapeado ou nu) e adornos como diadema e joias. Geralmente, os bustos em moedas do final da República e início do império diferenciavam-se entre homens e mulheres, sendo que os homens apareciam apenas com suas cabeças, e as mulheres variavam a vestimenta (Woytek, 2014 apud Harvey, 2020, p. 65-67). No trabalho de Harvey (2020), a estudiosa chama a atenção em relação ao cabelo das representações de Lívia, o qual poderia indicar uma marca de gênero ou *status* e que indicava se as romanas estavam bem-vestidas. A acadêmica menciona que esse elemento era o mais significativo para identificar as mulheres em moedas, em esculturas e em outros tipos de representações. Os tipos de cabelos codificavam papéis sociopolíticos da posição da mulher na sociedade, além das relações sociais em que elas estariam inclusas. Para Bartman, a prática de que homens deveriam cortar o cabelo curto e mulheres deveriam deixar o cabelo comprido e utilizá-lo com algum tipo de coque era algo cultural e marcava a participação desses indivíduos em um círculo social (Bartman, 2001 apud Harvey, 2020, p. 67-68). Apuleio menciona que, para ele, os cabelos das mulheres eram significantes, sobrepondo a importância dos outros elementos da vestimenta (Apul. *Met.* 2.9).

5.1.2. Lívia e Tibério

Tibério foi o filho de Lívia com Tibério Cláudio Nero e o filho adotivo de Augusto, que assumiu o poder, pois Augusto e Lívia não tiveram filhos (Harvey, 2020, p. 3-4). Augusto o adotou em 4 d.C., tornando-se oficialmente seu filho, mas na mesma ocasião também adotou Agripa Póstumo, filho de Júlia. Acrescenta-se que Tibério foi obrigado a adotar Germânico, filho de seu irmão Druso, antes de sua própria adoção (Barrett, 2002, p. 55-56). De acordo com Suetônio, Augusto somente adotou Tibério por insistência de sua mulher, ou pela sua própria ambição, sem suspeitar que um dia tal sucessor lhe traria tanto arrependimento (Suet. *Tib.* 21.1). Em 20 ou 19 a.C., Tibério se casou com a filha de Agripa, Vipsânia, e seu filho Druso nasceu em 14 a.C. (Cass. Dio, *Roman History* 43.41.3).

Entretanto, Tibério teve que se separar de Vipsânia, quando estava grávida pela segunda vez, para se casar com Júlia, filha de Augusto com Escribônia, acontecimento provavelmente planejado por Lívia (Suet. *Tib.* 7.2). Porém, Júlia tinha entrado em uma relação extraconjugal. Desse modo, ela foi acusada de adultério e exilada em 2 a.C. Para Suetônio, Augusto afirmava que a mulher de Tibério, sua própria filha, tinha sido condenada por devassidão e adultério, pronunciando sua separação pela autoridade de Augusto, mas Tibério sentiu o dever de escrever cartas para o pai dela para perdoar a filha e acabou devolvendo todo seu dote (Suet. *Tib.* 11.3). Contudo, Augusto restabeleceu um antigo costume de punição por meio de uma assembleia constituída por parentes das matronas de vida incorreta (Suet. *Tib.* 35.1). Segundo Dião Cássio, Tibério não tirou Júlia de seu banimento, mas acabou por trancafiá-la até que morresse de debilidade geral e fome (Cass. Dio, *Roman History* 57. 18. 1ª).

Tácito afirmou que ela desdenhava de seu marido, por não combinarem. Quando ele conseguiu o império, baniu-a e deixou-a em desgraça, privada de toda a esperança depois do assassinato de Póstumo Agripa, permitindo que perecesse vagarosamente até a morte. Tácito salienta que Tibério tinha razões para se vingar de Semprônio Graco, um homem de família nobre que seduziu Júlia quando ela era casada com Marco Agripa. Quando ela foi entregue a Tibério, seu amante persistiu e a acusou de ser desobediente, levantando ódio ao seu marido. Além disso, uma carta enviada por Júlia ao seu pai, injuriando Tibério, parece ter sido composta por Graco, que foi banido para Cercina, onde ficou exilado por 14 anos e depois foi executado (Tac. *Ann.* 1.53). O exílio de Júlia foi seguido pela morte prematura de Otávia, irmã de Augusto, o que fez de Lívia a única mulher imperial em uma posição de poder e prestígio (Barrett, 2002, p. 51).

Depois da morte de Augusto, sob o governo de Tibério, grande parte da dignidade cerimonial de Augusto passou para Lívia, que, como Júlia Augusta, esteve na direção da *gens Iulia* e do culto de deificação de Augusto. Além disso, Lívia passou a ocupar uma posição de suma importância no

A FORÇA DAS MULHERES ROMANAS POR MEIO DAS MOEDAS E UMA CRÍTICA FEMINISTA DO PASSADO PARA O PRESENTE

Estado, mas isso não ocorreu rapidamente. Antes da morte de Augusto, durante o Principado, ela compartilhou as honras junto ao seu marido, teve estátuas erigidas, administrou suas propriedades e foi dotada da sagrada inviolabilidade, além de que ela, junto de Augusto, teve o privilégio de jantar no templo de Concórdia. Sua influência na corte era como a de qualquer embaixador de Augusto. O fato de ela compartilhar de sua imagem da "dignidade cerimonial" do culto do imperador, claramente, demonstra-a em um culto de honra e tributos de natureza divina, que foi oferecido a ela e permitido que ela aceitasse. As honras à sua pessoa iniciaram-se no começo do Principado e continuaram até depois de sua morte, além de que o culto a ela estendeu-se do início do Principado até a dinastia Antonina (Grether, 1946, p. 222-223).

Como viúva e sacerdotisa do novo *divus*, Lívia esteve no foco público, principalmente logo após a morte e consagração de Augusto. Ela planejou um novo templo para Augusto e instituiu o *Ludi Palatini* em honra de seu marido; além disso, a data do aniversário de seu casamento passou a ser feriado público. Moedas que comemoravam a consagração de Augusto tinham em seu reverso uma figura feminina com uma *patera* e um cetro, com o intuito de demonstrar uma sacerdotisa do seu culto (Grether, 1946, p. 235-236).

Tibério sabia da importância de sua mãe, o que não significa que se desse bem com ela. Ele não a tolerava muito bem, pois alegava que ela reivindicava uma parte do poder. Evitava conversar com ela para mostrar que não se deixava conduzir pelos seus conselhos e, quando os seguia, era com muito custo. Ficou indignado com o Senado quando os membros propuseram juntar aos seus títulos um que o denominava "filho de Lívia" e que o chamava de "filho de Augusto". Não permitiu que o Senado aprovasse Lívia como *"mater patriae"* ou que ela recebesse em público qualquer homenagem. As honras a Lívia parecem também ter irritado autores como Tácito, que menciona a existência de uma grande bajulação, pelo fato de o Senado adicionar nomes a ela como *"mater patriae"* e de querer fazer Tibério usar o nome de *"filius Iuliae"*, o que resultou em um pedido do imperador de se ter um limite para as honras pagas para uma mulher. Tibério também não deixou um *lictor*[129] ser atribuído a ela e proibiu a construção de um altar

---

[129] Os *lictores* eram atendentes dos magistrados, geralmente homens livres, e o número de *lictores* que cada magistrado tinha variava de acordo com o *status* do oficial. Eles iam à frente do magistrado, anunciando sua chegada e retirando os espectadores do caminho. O privilégio de se ter um *lictor* estendeu-se às Virgens Vestais em 42 a.C., depois que uma Vestal, ao voltar de um jantar, não foi reconhecida e foi insultada (Barrett, 2002, p. 161).

em memória de sua adoção, além de qualquer outra atribuição de distinção a ela (Tac. *Ann.* 1.13). De outra maneira, Dião Cássio menciona que ela ganhou o *lictor* por ser declarada sacerdotisa do culto de Augusto (Cassius Cass. Dio, *Roman History* 56.46.2). Seguindo precedentes de Augusto, Tibério desencorajou o estabelecimento de cultos para pessoas vivas, mas, em algumas províncias, ele tentou regulamentar seu próprio culto (Grether, 1946, p. 233-234).

Ele a advertia a não tomar parte em negócios que não convinham a uma mulher. Parecia que Tibério tinha ódio de sua mãe, causado pela insistência dela em querer que ele inscrevesse nas decúrias um homem que recebera o direito de cidadania. Sua resposta foi de que somente o faria com os dizeres no registro de "que este favor lhe fora extorquido por sua mãe". Ofendida, Lívia leu antigos bilhetes de Tibério, o que o indignou e que causou seu exílio (Suet. *Tib.* 50.1-51.1).

Além de deixar dois terços de sua herança para Tibério e o restante para Lívia (Cass. Dio, *Roman History* 56. 32. 1), a vontade de Augusto era de que Lívia fosse adotada pela *gens Iulia*, para receber o título de "Augusta" (14 d.C.) (Cass. Dio, *Roman History* 56. 46.1). Otávio tinha recebido seu cognome *"Augustus"*, em 27 a.C., com sua poderosa associação religiosa como uma alternativa para o nome *"Romulus"*. Em 14 d.C., o nome adquiriu força de título, como César, o qual o suportou como *princeps*. A posição de *princeps* não se sustentou com o título de Augusto, mas, sim, em poderes específicos, como o *imperium proconsulare* e o *tribunicia postestas*, com os quais uma mulher não poderia ser honrada (Barrett, 2002, p. 154).

A *gens Iulia* fazia parte dos tempos mais remotos do povo romano, e seus descendentes estariam vinculados com a deusa Vênus, por intermédio de seu filho Enéias e, consequentemente, de seu filho Júlio, que deu o nome a *gens* (Barrett, 2002, p. 150-151). Marca-se, desse modo, a religiosidade atrelada ao *status*, uma vez que essa titulação indicava sua natureza sagrada e seu caráter religioso, além de ser um investimento que passava a ser institucionalizado desde Júlio César e Otávio (Martins, 2011, p. 75). Para uma mulher da família imperial, o título apresentava uma nova estrutura política, sendo que, nos dois primeiros séculos, ele foi utilizado como adereço dinástico e como um título para mães de imperadores, quando o filho prosperava (Temporini, 1978, p. 23-34 e 44; Perkouning, 1995, p. 131; Flory, 1998, p. 115 apud Barrett, 2002, p. 152). Como Lívia e Augusto não tiveram filhos, ela assegurou que seu filho fosse um potente exemplo para a sucessão; além disso, o próprio Augusto quis ter essa garantia, adotando-o. No entanto, esse título também poderia estar mais ligado ao fato de Augusto a elevar a uma igualdade como imperador, parecendo que foi dessa forma que o Senado a interpretou, acabando por concedê-la privilégios extraordinários.

O título de Augusta poderia ter conferido um atributo imperial, político e de poder, que poderia ter feito de Lívia uma companheira de governo de Tibério (Barrett, 2002, p. 153) ou uma rival, somando às suas virtudes domésticas, além de continuidade, harmonia e estabilidade ao próprio Estado. Essa foi a primeira vez que um título masculino foi transferido para uma mulher, o que fez com que Lívia fosse honrada e aludida a um alto *status* social (Flory, 1988), sendo que esse título apareceu em moedas nas línguas grega e latina, cada vez mais frequentes em inscrições. Possivelmente, o título tenha sido o desejo de Augusto de fortalecer Tibério, até pelo fato de Tácito deixar claro que tanto Lívia quanto Tibério eram seus herdeiros. Augusto, em vida, tinha pedido duas vezes para o Senado conceder poderes tribunícios a Tibério (Tac. *Ann.* 1.8 e 10). Era possível que Augusto tivesse visto em Tibério um governante fraco ou rebelde, que teria sido contra seu próprio sistema imperial, atribuindo à sua mãe papéis públicos para ajudá-lo em seu poder. Druso, o outro filho de Lívia, possivelmente teria sido mais cogitado para esse cargo, mas teve uma morte prematura em 9 a.C.

A presença e a atuação de Lívia no governo de Tibério poderiam estar atreladas a questões religiosas, na medida em que era notável que, em caso de crise ou de um governo fraco, como o de Tibério, era solicitada a presença religiosa das mulheres para acalentar a ira divina. Em tais circunstâncias, os dirigentes masculinos, os religiosos e os políticos recorriam às matronas para acalmarem os deuses, por meio de presentes, espetáculos e processões femininas. Nesses momentos, confiavam-se nas mulheres para conseguirem a recuperação da estabilidade social e política (Cid López, 2011, p. 62-63).

Essa associação das mulheres com o extraordinário facilitou a ligação delas com práticas de superstições, devido às devoções femininas. Por isso, elas foram, mais tarde, ligadas aos cultos estrangeiros ou exóticos. Perseguir qualquer culto era considerado pernicioso ao Estado romano, mas era frequente que houvesse a culpabilização das mulheres por terem introduzido alguns deles. Todavia, na maioria dos casos, as mulheres apenas se reuniam para honrar as deusas em seus próprios espaços. Somente em tempos de crise, quando os homens as recrutavam, é que eles faziam parte do culto (Cid López, 2011, p. 63).

A presença de Lívia e a não predileção de Tibério como governante eram, possivelmente, sentidas em uma dimensão de sua masculinidade, uma vez que tal masculinidade deveria ser sempre provada. Tão logo isso acontecesse, era novamente questionada e deveria ser provada mais uma vez, ou seja, de forma constante, incansável, inalcançável. Finalmente, a jornada por provas tornar-se-ia tão sem sentido que ganharia característica de um esporte (Kimmel, 2016, p. 102). Contudo, a presença da mãe comporia um governo impotente, e a negação por honras atribuídas a Lívia seria a tentativa de manter a dignidade diante do jogo entre os homens. Barrett salienta que Tibério recusou o título de Augusto, mas continuou a ter o direito de utilizá-lo (Barrett, 2002, p. 152), o que sugere que esse poderia ter sido um outro motivo pelo qual Augusto teria passado o título a Lívia: para garantir a sucessão dinástica e que, mais cedo ou mais tarde, Tibério ficaria com o título.

Para marcar a adoção de Lívia, o Senado votou por um Altar da Adoção (*Ara Adoptionis*), como um monumento comemorativo, e não um lugar de adoração, uma vez que altares em honra da família imperial eram um fenômeno relativamente comum. Os títulos e a nova posição de Lívia, criados por Augusto, foram causados pelas tensões entre filho e mãe (Barrett, 2002, p. xi, 150).

Provavelmente, a esfera pública, que Lívia tomou parte de alguma forma, seria uma arena em que a masculinidade era testada e provada, ou seja, um espaço em que tensões entre os homens, agora entre uma mulher, e entre diferentes grupos de homens eram ponderadas por meio de significados. Essas tensões sugerem que as definições culturais de gênero eram exauridas em um terreno disputado e eram definidas em si como relações de poder (Kimmel, 2016, p. 104). Na Roma antiga, e principalmente para o imperador, deveria ser considerada de maneira conscientemente simbólica, para esse papel, uma hegemonia da masculinidade, que seria o homem no poder, um homem com poder e um homem de poder, ou seja, aquele que seria forte, vencedor, conquistador, capaz, confiável e no controle, visto que ele possuía o poder sobre outros homens, mulheres e crianças. Contudo, o homem romano deveria acumular símbolos culturais que denotariam uma masculinidade, signos que deveriam ter sido adquiridos, os quais também enquadrariam os padrões utilizados contra as mulheres, para impedir suas inclusões na vida pública e suas manutenções na desvalorizada esfera privada (Kimmel, 2016, p. 105).

Conforme Suetônio, consultas formais eram feitas entre Lívia e Augusto, em que ele considerava suficientemente importante garantir declarações cuidadosamente preparadas por ela em resposta às petições dela. O autor também cita que arquivos indicavam a atuação de Lívia em papéis concernentes ao desenvolvimento de membros da família (Suet. *Aug.* 84.2; Suet. *Claud.* 4.1-6). Assim, a aristocrática e dinástica forma de governo de Roma deu à família uma estrutura centralizada no sistema político, que tendia a desfocar a distinção entre o público e o privado (Hallett, 1984 apud Wood, 1988, p. 409), distinção que poderia ter sido na realidade muito mais complexa do que se sabe.

De acordo com Dião Cássio, Tibério teria cobrado medidas para sua mãe se comportar de maneira que lhe apropriasse, para evitar que ela se orgulhasse demais, pois ela ocupava uma posição muito elevada, muito acima de todas as mulheres, sendo que poderia receber o Senado, a qualquer momento, e pessoas que desejassem saudá-la. Além disso, as cartas eram tanto endereçadas para Tibério quanto para sua mãe. Entretanto, ela nunca se aventurou a entrar na Câmara do Senado, nos campos e nas assembleias públicas, mas se comprometeu a administrar tudo como se fosse a única governante, atitude trazida dos tempos de Augusto, quando teve maior influência. Ela não deixou de declarar que tinha sido ela que tornara Tibério imperador. Dião Cássio acusa Lívia de não estar satisfeita em governar em igualdade de condições com seu filho Tibério e que ela desejava estar em primeiro lugar em relação a ele. Muitos queriam que ela levasse o título de *"mater patriae"*, além de outros proporem que Tibério recebesse o nome dela, como os gregos, que eram chamados pelo nome de seu pai. Desse modo, Tibério seria chamado pelo nome da mãe, o que o aborreceria. Nesse sentido, ele não aprovou honras concedidas para sua mãe, com poucas exceções, nem permitia extravagância de conduta, acabando por afastá-la inteiramente dos negócios públicos e permitindo-lhe que dirigisse os negócios de casa. Dião Cássio cita que, mesmo assim, ela era problemática para Tibério e, em resposta, ele passou a se ausentar de compromissos públicos e a evitá-la de todas as maneiras (Cass. Dio, *Roman History* 57.12.1-6).

A imagem pública de Lívia influenciou seu *status*, que não minguou depois da morte de Augusto (14 a.C.), mas aumentou significativamente. Ao ser adotada pela *gens Iulia*, adquirindo o nome de *Iulia Augusta*, pouco antes da morte de seu marido, consolidou a posição de Tibério como sucessor imperial. Além disso, ela herdou um terço do Estado de Augusto, o que era mais do que o permitido por lei. Contudo, Tibério não permitiu ser chamado de *"filius Iuliae"* ou de dar o título de *"mater patriae"* para ela, propostos pelo Senado (Harvey, 2020). O nome *"mater patriae"* estaria diretamente ligado ao fato de que Lívia teria ajudado com dotes muitas moças a encontrarem um marido (Grether, 1946, p. 246).

De acordo com Grether, Tibério não teria vetado honras à sua mãe, mas recusado a aceitar a si mesmo (Grether, 1946, p. 238), assim como o fato de Tibério ter aprovado o culto a Augusto, mas recusou um culto a si mesmo, além de deixar a decisão do culto de *Julia Augusta* para sua própria mãe (Tac. *Ann.* 4, 55); e, por fim, acabou por rejeitar a celebração de seu próprio aniversário (Grether, 1946, p. 240). Conforme Dião Cássio, Tibério rejeitou absolutamente o título de *"pater patriae"* (Cass. Dio, *Roman History* 57.8.1). Para adicionar, o Senado queria que o mês de novembro fosse chamado de Tibério, o qual questionou ao próprio Senado o que eles fariam quando tivessem 13 Césares (Cass. Dio, *Roman History* 57.18.2).

Em relação aos títulos e cultos a essas pessoas, pode-se afirmar que os ritos de instituição ocupavam um lugar especial de acordo com seu caráter solene e extraordinário. A função desses ritos estaria ligada à instauração de uma sacralização, em nome de toda uma coletividade mobilizada. Ainda, os ritos de instituição faziam crer e davam uma noção de rito de passagem tanto para jovens como para aqueles que eram socialmente dignos de recebê-lo. Em muitas sociedades, que faziam divisão de atividades pelo sexo, esses ritos eram definitivamente excluídos das mulheres. Os ritos da masculinidade, por excelência, consagravam tal virilidade ao preparar os homens simbolicamente para exercê-la. Em alguns grupos, tais rituais significam o corte da quase-simbiose original com a mãe e afirmam uma identidade sexual própria, algo organizado de antemão pelo grupo, que, diante de uma série de ritos de instituição sexual, orientados pela virilidade, demonstram, em todas as práticas diferenciadas e diferenciadoras da existência diária, como jogos e caça, o encorajamento da ruptura com o mundo materno (Bourdieu, 1998, p. 35).

Nessa perspectiva, Lívia, mulher e mãe, ao receber consagrações, homenagens, ritos e outras celebrações, promulgava uma negação por parte de Tibério para suas homenagens. Consequentemente, tais homenagens poderiam ter representado um governo fraco, sem base forte para se sustentar e que teria de encarar a ajuda de uma mulher no poder, que ainda seria sua mãe. A parceria política que funcionou bem entre Lívia e Augusto não teve o mesmo sucesso com Tibério, uma vez que ele parecia não ter o interesse de continuar o ideal de Augusto.

Todavia, Tibério também sabia da consideração que o povo tinha por Lívia e decidiu deixar cunhar sua imagem ou foi obrigado pelo Senado a aceitar. Ele deveria incomodar-se devido ao fato de que, numa sociedade como a romana, a personalidade masculina é construída na ausência da virilidade, ou seja, da ruptura com o mundo da mãe, da mulher e da feminilidade, e o *habitus* masculino é o produto dessa ruptura. Tudo isso é socialmente construído, havendo, mesmo em Roma, um trabalho explícito de separação, que estava ligado à família, à educação, à religiosidade e ao Estado. Por esses meios, as construções sociais são incorporadas e inscritas no corpo, tornando sistemas de disposições princípios geradores de práticas e de apreciação de práticas (*habitus*) (Bourdieu, 1996a, p. 36).

Contudo, um dos intuitos da cunhagem de moedas era demonstrar, por meio desses objetos, como os imperadores haviam chegado ao poder, bem como as virtudes da ascendência e da família deles, registrando e reforçando a legitimidade de sua autoridade (Florenzano, 2015, p. 18). Diante disso, Tibério permitiu que o Senado a proclamasse sacerdotisa do deificado Augusto, mas não concordou com a construção de um arco, votado pelo Senado, além de honorários divinos em sua homenagem (Harvey, 2020, p. 4-5).

Aos 80 anos, em 22 d.C., Lívia ficou muito doente, e, para sua recuperação, o Senado decretou oferendas e jogos, o que levou, simultaneamente, a ser representada em moedas como Salus Augusta[130], ou seja, a personificação do bem-estar. Para Barrett, a alusão de Salus para o bem-estar de Lívia é indireta, posto que o estudioso aponta que abstrações femininas, como Salus ou *Pietas*, modificadas por Augusta, não se referiam a Lívia, mas a uma associação da personificação abstrata com a casa de Augusto. A ligação com Salus tem uma longa história, sendo que, em 16 a.C., moedas de Augusto celebravam votos tirados da Salus do Imperador, que foi identificada como a Salus da República, e juramentos foram feitos por

---

[130] Como não há uma tradução oficial desse nome para o português, ele continuará o mesmo de sua origem latina nesse trabalho. Assim como outros nomes de pessoas ou cidades que não possuem uma tradução correspondente, continuará o mesmo de sua origem.

Salus Augusti. Havia também um culto a Salus de Augusto durante a sua vida (Barrett, 2002, p. 93).

De outra maneira, a personificação de Lívia como Salus Augusta poderia estar atrelada não somente à sua saúde, mas também às suas atividades religiosas, tendo em vista que Salus poderia estar conectada com a deusa Bona Dea, à qual Lívia foi muitas vezes associada, além de ela ter restaurado seu templo. Várias estátuas de Lívia com a cornucópia lembram as estátuas de Bona Dea, além de que, segundo Takács, a base de uma pequena estatueta de uma mulher sentada conecta Bona Dea com Hígia, deusa da saúde, que aparece frequentemente como consorte de Asclépio. Assim, Salus, que estava atrelada ao significado de saúde corporal, é a equivalente latina da deusa grega, Hígia (Takács, 2008, p. 102). A Salus sozinha poderia estar relacionada à saúde e à prosperidade social. Ela também poderia aparecer com atributos de Ceres, como o cetro e os ramos de trigo, revelando a importância da distribuição de grãos (Elkins, 2017, p. 73-75). Salus também estava associada à segurança e poderia aparecer segurando uma *patera*, da qual ela alimentava uma cobra que ficara enrolada em um altar, ou poderia aparecer segurando a cobra em seus braços (Sear, 2000, p. 40).

A série de moedas denominada Salus foi uma das primeiras a serem cunhadas por Roma com sua face. Em várias outras províncias, ela foi feita de modo similar, copiando o estilo e o padrão não somente de Lívia como Salus, mas também como *Pietas* e *Iustitia*, como fizeram as casas de moeda de Tessalônica e Anfípolis (Harvey, 2020, p. 4-8 e 114).

Figura 30 – Dupôndio[131] de bronze, 22 - 23 d.C., 14,6g, 32,2mm de diâmetro. Anverso: busto drapeado à direita de Lívia, SALUS AUGUSTA. Reverso: S-C *S(enatus) C(onsultum)* (cunhada pelo consentimento do Senado[132]), TI CAESAR DIVI AVG F AVG P M TR POT XXIIII (*Tiberius Caesar Divi Augustus Fili Augur Pontifex Maximus Tribunicia Potestate Vicesimum Quartum* = Tibério César Augusto, Filho do Divino Augusto, áugure, Sumo Pontífice encarregado do Vigésimo Quarto Poder Tribunício[133])

Fonte: © KBR *cabinet des monnais et médailles*

Esse dupôndio de Lívia como Salus Augusta também é interpretado como uma homenagem a ela, para sua recuperação, de acordo com seu quadro de doença, que coincidiu com os jogos de ação de graças aos deuses por sua benção. Sua imagem aparece somente no anverso da moeda, o lado mais importante do objeto, sem indicação do imperador. Entretanto, a correlação com ele é vista apenas na legenda do reverso, deixando Lívia se mostrar como a mais importante naquele momento. Segundo Harvey, essa é uma das poucas moedas de Lívia cunhadas em Roma, mas há uma figura feminina sentada que foi cunhada antes e parece ser Lívia (Harvey, 2020, p. 121).

Nesse período em que ela ficou doente, um altar a ela foi prometido em nome de sua saúde, mas ele somente foi construído em tempos de Cláudio, ou seja, depois de sua morte e consagração. No mesmo ano da moeda de Lívia como Salus Augusta, foi feita a dedicação de *Pietati Augustae* em moedas, de 22 d.C., as quais trouxeram a legenda *Pietas*, junto de sua imagem idealizada, que às vezes também aparecia como *Iustitia* (Grether, 1946, p. 236-237). *Pietas* estava associada à piedade ou religiosidade e à obediência. Geralmente, aparecia velada, com uma *patera* e um cetro; por vezes, era

---
[131] Bibliografia: RIC I² 47; BMC 81. Disponível em: https://opac.kbr.be/LIBRARY/doc/SYRACUSE/20734511. Acesso em: 14 jul. 2022.
[132] Tradução nossa.
[133] Tradução nossa.

demonstrada fazendo um sacrifício em um altar e segurando uma caixa de incenso (Sear, 2000, p. 40).

Em Roma, quando as mulheres queriam intervir na política, elas o faziam dentro de atividades religiosas, pois poderiam sair de suas casas para assistir a cerimônias religiosas, honrar divindades em determinadas datas do ano, além de que, em momentos de crise, os homens recorriam às mulheres para honrar as divindades com mais afinco, o que dava importância política às atividades religiosas, às deidades femininas, constituindo, assim, as mulheres "piedosas", em que a idealização serviu para moldar normas jurídicas (Cid López, 2011, p. 61). Com esse ideal feminino, era compreensível que as atividades públicas elegidas para Lívia fossem atreladas ao espaço religioso.

Parece que o Senado fez um gesto adicional em honrar Lívia durante o ano em que esteve doente, concedendo atenção aos filhos da *pietas* dela, um conceito romano que envolvia uma responsabilidade tanto aos deuses quanto à família. Como foi citado, os membros do Senado votaram pela construção da *Pietati Augustae*, referida também como o altar de *Pietas Augusta*. Essa construção não se completou ao longo de seus 20 anos, quando sua finalização foi reproduzida nas inscrições de Cláudio. Para Barrett, a pedra original está perdida, mas o texto está preservado, e sua transcrição foi feita por monges itinerantes e anônimos de Einsiedeln, durante a Idade Média (Barrett, 2002, p. 94).

Figura 31 – Dupôndio[134] de bronze com o busto velado, com um diadema na cabeça de Lívia como *Pietas*, olhando para a direita, datado de 22 - 23 d.C., 30,2 mm, 15,17 g, cunhado durante o governo de Tibério, com anuência do Senado. Reverso: DRVSVS CAESAR TI AVGVSTI F TR POT ITER (*Drusus Caesar Tiberii Augusti Filius Tribunicia Potestate Iterum* = Druso César, filho de Tibério Augusto, com poder tribunício pela segunda vez[135]) S C (*Senatus Consultum*)

Fonte: © KBR *cabinet des monnais et médailles*

Nesse dupôndio em que Lívia está representada como *Pietas*, ela aparece com a cabeça velada, com um diadema, e busto drapeado, demonstrando aspectos ligados à *pudicitia* e a Vesta, honrando seu papel de matrona romana, sem a presença masculina, mas com referência ao filho de Tibério, Druso, na legenda do reverso, enquanto o reverso da Salus e da *Iustitia* traz o título de Tibério (Harvey, 2020, p. 165). Acrescenta-se também que, nessa série de moedas de Lívia como *Pietas*, ela está associada ao seu papel como sacerdotisa do culto de Augusto (Harvey, 2020, p. 187). De outra forma, Elkins interpreta que *Pietas* era importante para o governo de Tibério, evidenciando devoção à memória do deificado Augusto. Conforme Suetônio, no tempo de Augusto, o sobrenome "*Pius*" foi recomendado para Tibério, porém parece que Augusto negou isso a ele e deixou que ele escolhesse seu próprio cognome (Suet. *Aug*. 17.2), visto que Tibério sempre recusava qualquer tipo de título. Desse modo, essa moeda é vista por Elkins como homenagem a uma qualidade imperial de Tibério por ter *Pietas* (Elkins, 2017, p. 143-144). *Pietas* e *Iustitia* estavam ligadas à virtude imperial (Noreña, 2001, p. 155 apud Manders, 2008, p. 103).

---

[134] Bibliografia: RIC I² 43; BMC 98. *Coll. du Chastel*, B 36/36; Acq. 1899. Disponível em: https://opac.kbr.be/LIBRARY/doc/SYRACUSE/20743513. Acesso em: 14 jul. 2022.

[135] Disponível em: https://en.numista.com/catalogue/pieces247290.html. Acesso em: 13 out. 2022.

Figura 32 – Dupôndio[136] de bronze, 22 - 23 d.C., Roma, 14,26 g, 32,5 mm de diâmetro. Anverso: busto de Lívia como *Iustitia* (legenda), com uma tiara (*stephane* é um atributo divino[137]). No reverso, encontra-se a legenda menor: TI CAESAR DIVI AVG F AVG P M TR POT XXIIII (*Tiberius Caesar Divi Augustus Fili Augur Pontifex Maximus Tribunicia Potestate Vicesimum Quartum*[138] = Tibério César, filho do divino Augusto, áugure, Sumo Pontífice com o vigésimo quarto poder tribunício[139]) legenda maior: S C (*Senatus Consultum* = cunhada pelo consentimento do Senado[140])

Fonte: © KBR *cabinet des monnais et médailles*

Nesse dupôndio do governo de Tibério, datado de 21-22 d.C., Lívia está personificada como *Iustitia*, uma forma de homenageá-la por seus atos de ajuda, que possivelmente estariam ligados à sua atividade de patrona. Além disso, garante uma ligação com o governo de Tibério pela legenda do reverso, revelando a anuência do Senado, e mesmo do imperador, em demonstrar uma harmonia familiar, bem como herança dinástica relacionada a Augusto, uma vez que as moedas eram veículos propagandísticos imperiais e, muitas vezes, cobriam crises internas que o Império camuflava.

Barrett acentua que deve haver um cuidado na interpretação de figuras como Salus, *Iustitia* e *Pietas*, que poderiam refletir a aparência de Lívia. Para o estudioso, a figura feminina de Salus, com o nome Augusta, não teria uma ligação específica com Lívia, pois Salus teria elementos personalizados idiossincráticos. Fora de Roma, a moeda de Salus era usada como um tipo de retrato de Lívia, mas isso não prova que era um registro exato de sua aparência. Entretanto, refletia suas características (Barrett, 2002, p. 104). Representações dessas mulheres na Antiguidade muitas vezes não refletiam de maneira correta a aparência de tais mulheres, porém alguns elementos se

---

[136] Bibliografia: RIC I² 46; BMC 79; *du Chastel* 370 (*Collection du Chastel*). Disponível em: https://opac.kbr.be/LIBRARY/doc/SYRACUSE/20734507. Acesso em: 14 jul. 2022.

[137] A coroa ou tiara confere a distinção de Lívia e está ligada a deusas como Hera/Juno e Afrodite/Vênus (Harvey, 2020, p. 137).

[138] Consulta em: https://en.numista.com/catalogue/pieces56149.html. Acesso em: 5 set. 2020.

[139] Tradução nossa.

[140] Tradução nossa.

repetiam em formas precárias ou em boas representações, as quais podiam caracterizar certas pessoas, não importando sua qualidade.

Em contrapartida, Elkins não vê a figura dessa moeda como Lívia, mas apenas como *Iustitia*, que poderia ter composto uma ideia retórica imperial para o governo de Tibério, visto que a *Iustitia* estaria ligada à lei, especialmente de forma jurídica, além de que poderia representar a virtude administrativa do imperador (Elkins, 2017, p. 114 e 142). Em relação às séries de moedas de *Pietas*, *Iustitia* e *Salus*, Claes salienta que, nas legendas das moedas, não é demonstrado que seja Lívia, posto que moedas do tempo de Tibério também representaram outras virtudes como *Clementia* e *Modestia*, sem serem referidas a alguém. Não há nada nas moedas que vincule Lívia à posição imperial de Tibério, como fez Calígula nas moedas em homenagem à sua mãe, Agripina Maior (Claes, 2013, p. 95).

É interessante que a Iustitia também apareceu em moedas do governo de Nerva como a figura feminina sentada já mencionada aqui, segurando um ramo de oliva e um cetro. Seu significado também poderia estar ligado à manutenção da paz, como um antídoto contra a tirania, de modo que o cetro e o ramo seriam atributos de Pax. Tanto *iustitia* como *aequitas* poderiam refletir uma retórica política contemporânea e conotar um significado de justiça e equidade em seu sentido literal (Elkins, 2017, p. 114, 117, 119 e 141). *Aequitas* está relacionada com equidade, negociação justa, abundância, segurando uma balança e uma cornucópia ou cetro (Sear, 2000, p. 37).

Entretanto, *iustitia* ressoava melhor para a elite que havia se sujeitado a abusos políticos durante o governo de Domiciano. No governo de Tibério, *moderatio*, *clementia*, *iustitia*, *pietas* e *concordia* eram ideais imperiais, promovidos pela cunhagem de moedas para a comunicação retórica do governante (Elkins, 2017, p. 114, 117, 119 e 141). A *Iustitia* aparecia segurando um ramo de oliva ou *patera* e um cetro (Sear, 2000, p. 37).

No Leste da Grécia, houve também a cunhagem do tipo Salus Augusta, *Iustitia* e *Pietas* (Havey, 2020, p. 119). Nesse mesmo ano, 22 d.C., outra moeda que se referia a Lívia, cunhada em Roma, mostrava um *carpentum*, composto por uma carroça com duas mulas, utilizada geralmente pelas Vestais para atividades públicas, com a legenda *S.P.Q.R. Iuliae August(ae)*, que demonstrou o *supplicatio*, sendo que o Senado decretou a Lívia o direito Vestal de uso do *carpentum*, além de ela ganhar uma celebração pública em Roma pelo dia do seu aniversário (Grether, 1946, p. 236-237). A permissão do uso do *carpentum* foi em 22 d.C., quando se tornou sacerdotisa do deificado Augusto e, consequentemente, teve a concessão para se sentar no teatro das Vestais (Tac. *Ann.* 4.16.4), compondo seu caráter de modéstia, *pudicitia*, mãe e com virtudes femininas (Harvey, 2020, p. 186).

Figura 33 – Sestércio[141] de liga de cobre, datado de 22 - 23 d.C., 33 mm de diâmetro, 27,7 g, cunhado em Roma, durante o governo de Tibério. Em seu anverso, há um *carpentum* voltado para a direita com duas mulas, com legenda: SPQR/IVLIAE/AVGVST(ae) (*Senatus Populusque Romanus Iuliae Augustae* = Do Senado e do Povo Romano para Júlia Augusta[142]). Reverso: TI CAESAR DIVI AVG F AVGVST P M TR POT XXIIII (*Tiberius Caesar Divi Fili Augustus Pontifex Maximus Tribunicia Potestate Vicesimum Quartum* = Tibério César, Filho do Divino Augusto, Sumo Pontífice investido com o Vigésimo Quarto Poder Tribunício[143]), S C (*Senatus Consultum*)

Fonte: © *The Trustees of the British Museum*

Esse sestércio com o *carpentum* no anverso junto do nome de IVLIAE AVGVST(ae) demonstra um respeito Vestal à personagem, uma vez que esse tipo de carruagem era apenas utilizado pelas Virgens Vestais, evidenciando um aspecto religioso à imagem de Lívia. As outras imagens dela que a apresentam como alguma deusa também passam esse aspecto religioso ligado a um tipo de respeito divino, acrescentando uma característica ligada à *pudicitia*. Conforme Harvey, essa moeda é uma das poucas cunhadas em Roma, como aquela em que ela está representada como Salus Augusta e que também teve a função de homenageá-la, ressaltando seu privilégio em andar em um *carpentum* (Harvey, 2020, p. 160). Harvey declara que ela estaria cruzando normas de gênero ao utilizar o *carpentum*, diante de um *status* que não tinha antecedentes (Harvey, 2020, p. 121), colocando o *carpentum* como algo masculino. Entretanto, o *carpentum* era algo utilizado pelas Virgens Vestais, muito feminino, porém para um *status* especial de mulher, o que não tira a característica exclusiva de Lívia, mas acrescenta honrarias. Para Barrett, a moeda deveria estar ligada à doença de Lívia, e a cena poderia estar relacionada com

---

[141] Número de referência: R.6358. Referências bibliográficas: RE1 / Coins of the Roman Empire in the British Museum, vol. 1: Augustus to Vitellius (77, p. 130), RIC1 / The Roman Imperial Coinage, vol. 1 (51, p. 97). RIC *Tiberius* 51. BMCRE *Tiberius* 76. CBN *Tiberius* 55. C 6. *[Rome, AD 22 -3]*. Disponível em: https://www.britishmuseum.org/collection/object/C_R-6358. Acesso em: 21 set. 2020.

[142] Tradução nossa.

[143] Disponível em: https://en.numista.com/catalogue/pieces66003.html. Acesso em: 18 set. 2020.

a procissão de súplicas, a qual o Senado deve ter decretado (Tac. *Ann.* 12.42.2 apud Barrett, 2002, p. 95).

Lívia ficou mais atrelada às questões religiosas depois da morte e consequente deificação de Augusto, sendo nomeada como sacerdotisa do culto de seu marido. Além disso, adicionando ao seu *status*, para ajudar em seus papéis públicos, foi-lhe atribuído um *lictor*, que seria um guardião e/ ou um atendente de um magistrado público, um privilégio que o Senado somente atribuía às Virgens Vestais, desde 42 a.C., uma vez que Lívia estava ligada à deusa Vesta, a qual era voltada ao lar, assim como *Pietas*, que seria uma personificação religiosa da devoção ao Estado e à família. Acrescenta-se o fato de que ter tido um *lictor* adicionava a ela um caráter masculino, condizente com sua nova atividade pública, e seus atributos Vestais lhe davam um caráter de pureza e de uma matrona distinta (Harvey, 2020, p. 182-183), relacionado à sua *pudicitia*.

Nos anos 20 d.C., ela e Júlia foram associadas ao culto de Héstia, a deusa grega equivalente a Vesta romana (Barrett, 2002, p. 144). Elementos como o cetro, a *patera*, o véu velando a cabeça, além de suas imagens sentadas, mostram uma iconografia ligada à deusa Vesta, contribuindo para a sua posição de sacerdotisa e mãe (Harvey, 2020, p. 184), como é possível observar na imagem da moeda, do tempo de Tibério, com Lívia em seu reverso:

Figura 34 – Tetradracma[144] de prata, de 14 - 37 d.C., 14,43 g, de Tarso (Turquia), do governo de Tibério, com seu busto laureado voltado para a direita no anverso e legenda: ΣΕΒΑΣΤΟΥ ΤΙΒΕΡΙΟΥ ΚΑΙΣΑΡΟΣ (De Tibério César Augusto[145]). No reverso, está Lívia, como Hera, sentada em um trono voltada para a direita, segurando espigas de milho e papoulas, com legenda: ΣΕΒΑΣΤΗΣ ΙΟΥΛΙΑΣ ΗΡΑΣ ΜΗΤΡ, transliteração: SEBASTES IOULIAS ERAS METR (Júlia Augusta, mãe Hera[146])

Fonte: © *The Trustees of the British Museum*

Esse tetradracma apresenta Tibério no lado mais importante da moeda, o anverso, com seu busto voltado para a direita e laureado, evidenciando suas glórias. No reverso, aparece uma figura feminina secundária, com características da deusa Hera e que parece estar representando Lívia. Segundo Harvey, ela também parece Demeter/Ceres pelos grãos e papoulas, símbolos ligados à fertilidade, com papéis maternais (Harvey, 2020, p. 137 e 174). Lívia foi celebrada como a "nova Hera" em Assos e Pérgamo, "nova Isis" no Egito, "nova Afrodite" em Chipre e como a "nova Héstia Demeter" em Lâmpsaco (Spaeth, 1996, p. 169-170 apud Harvey, 2020, p. 138-139).

A moeda mostra o poder de Tibério e uma homenagem à sua mãe, Lívia, com o intuito de demonstrar uma harmonia familiar e as virtudes de sua mãe, como uma matrona romana, posto que as espigas de milho que ela segura podem estar ligadas à fertilidade e abundância, muitas vezes agrícola, além de que as papoulas são um símbolo ligado à morte, comum em figuras de altares de sepultamentos, o que revela que ela ainda poderia estar velando a morte de seu marido, Augusto. Essa primeira moeda de Lívia associada com deusas pode ser comparada com outra moeda da deusa Vesta, do tempo de Calígula, a qual traz elementos parecidos, como

---

[144] Número de referência: 1970,0909.225. Bibliografia: RPC1 / Roman provincial coinage. Vol.1, From the death of Caesar to the death of Vitellius (44 BC-AD 69) (4005). Disponível em: https://www.britishmuseum. org/collection/object/C_1970-0909-225. Acesso em: 17 set. 2020.

[145] Tradução de Juarez Oliveira.

[146] Tradução nossa.

sua posição sentada, o cetro, a cabeça velada e, aqui, em vez do ramo com grãos, está com a *patera*.

Figura 35 – Ás[147] de liga de cobre, Roma, 40 - 41 d.C. Anverso: busto de Calígula, C. CAESAR.DIVI.AVG.PRON.AVG.P.M.TR.P.IIII.P.P (*Gaius Caesar Divi Augusti Pronepos Augustus, Pontifex Maximus, Tribunicia Potestate Quarta, Pater Patriae*[148] = Caio César, bisneto do divino Augusto, Sumo Pontífice, detentor do poder tribunício pela quarta vez, pai da nação[149]). Reverso: Vesta e S C (Senatus Consultum = cunhada com o consentimento do Senado)[150]

Fonte: © *The Trustees of the British Museum*

Vesta era uma das mais honradas deidades romanas, sendo protetora especial da lareira familiar e adorada pelo Estado romano; além disso, ao ser cultuada individualmente, era como uma guardiã da vida familiar. Ela foi cunhada em moedas de vários imperadores e aparece como uma matrona segurando uma *patera* e um cetro, ou uma tocha, um *simpulum*[151] ou um *Palladium*. A legenda que comumente aparece com ela é MATER. Ela era a Héstia grega, a qual raramente aparecia nas cunhagens das moedas provinciais, com exceção da cidade de *Maeonia*, na Lídia, onde moedas foram cunhadas com a deusa e seu templo (Sear, 2000, p. 36).

---

[147] R.6458. Número no catálogo C&M: RE1 (158) (73) (158). Referências bibliográficas: RE1 / Coins of the Roman Empire in the British Museum, vol. 1: Augustus to Vitellius (73, p. 158), RIC1 / The Roman Imperial Coinage, vol. 1 (54, p. 111), NM 2003.249 (BMC 45-8). RIC 38. BMCRE 46. CBN 54. C 27. [Rome, AD 37 – 8].

[148] *Pater Patriae*, aparece como P P nas legendas de moedas. Esse título honorável, que significa "pai da pátria", foi conferido a Augusto em 2 a.C., e assumido pela maioria de seus sucessores, mas não todos, como o fez Tibério, e outros somente o aceitaram quando já estava governando por alguns anos, como Adriano e Marco Aurélio (Saer, 2000, p. 73).

[149] Disponível em: https://en.numista.com/catalogue/pieces247171.html. Acesso em: 21 jul. 2021.

[150] O culto do Estado a Vesta tinha uma associação com o imperador como *Pontifex Maximus*. Disponível em: https://www.britishmuseum.org/collection/object/C_R-6458. Acesso em: 21 jul. 2021.

[151] Uma pequena concha para uso em sacrifícios. Disponível em: http://www.perseus.tufts.edu/hopper/resolveform?type=exact&lookup=simpulum&lang=la. Acesso em: 22 ago. 2022.

Parece que o fato de Lívia ter sido ligada a um ambiente religioso, com atributos concedidos apenas às Virgens Vestais, foi uma maneira de "institucionalizar"[152] suas atividades e seus atos dentro do Estado. A associação de Lívia com Vesta parece ter sido prudente. Posto que ela era a deusa do lar ou da lareira, seu templo, próximo à Regia[153], no fórum, guardava um fogo sagrado, e as Virgens Vestais o protegiam. Como o nome mesmo diz, as Virgens Vestais deveriam ser castas durante o período de serviço, que era normalmente de 30 anos; depois elas eram livres para se casar. Durante o período de serviço, elas não ficavam sob a autoridade de nenhum *paterfamilias*, mas sob a responsabilidade do Pontífice Máximo, o qual poderia sentenciá-las à morte, se violassem sua castidade, mas o que parece é que essa foi uma imposição rara de acontecer (Barrett, 2002, p. 142).

Diferentemente das mulheres imperiais, ou qualquer outra mulher romana, as Virgens Vestais tinham alguns privilégios diferenciados, assim como o fato de elas serem sacrossantas, o que as tornava invioláveis; poderiam fazer qualquer coisa sem o consentimento de um tutor; possuíam alguns direitos antigos bem consolidados, assim como o direito de não serem tuteladas estava garantido pela *Lei das Doze Tábuas*; mas elas também tinham direitos mais recentes, como o uso de um *lictor*, que elas ganharam, em 42 a.C., dos membros do Segundo Triunvirato (Cass. Dio, *Roman History* 47.19.4). Augusto engrandeceu os privilégios das Vestais, as quais, ao mesmo tempo, faziam vários tipos de honras e celebrações ao imperador, como a participação delas nos sacrifícios anuais de aniversário em dedicação ao *Ara Pacis* (Suet. *Aug.* 31.3 e 44.3; Cass. Dio, *Roman History* 56.10.3).

Outro privilégio das Virgens Vestais era o fato de elas poderem assistir a eventos em assentos mais baixos no teatro, os quais deveriam ter uma visão privilegiada; além disso, em 9 d.C., elas receberam o mesmo direito de mulheres que tinham três filhos, *ius trium liberorum*. Vale acrescentar que Augusto pediu para que fosse construído um templo dedicado a Vesta no Palatino, demonstrando o quanto o culto a ela era importante para o imperador. Talvez Augusto tenha usado a associação de Lívia com Vesta para reforçar a imagem de sua esposa como um símbolo de castidade e uma apropriada representante do lar, do *princeps* e da casa de uma nação

---

[152] A palavra "institucionalização" aparece aqui entre aspas pelo fato de ela não ter sido utilizada na Antiguidade no caso específico das mulheres. Entretanto, o uso é feito apenas com a intenção didática.

[153] *regina sacrorum*, a mulher de *rex sacrorum* (Boatwright, 2011, p. 112).

A FORÇA DAS MULHERES ROMANAS POR MEIO DAS MOEDAS E UMA CRÍTICA
FEMINISTA DO PASSADO PARA O PRESENTE

(Barrett, 2002, p. 143). Dessa forma, a apresentação pública dessas mulheres deveria estar ligada a uma moral feminina que se impunha a todas as partes do corpo e que exercia uma continuidade por meio de uma coação quanto aos trajes e aos penteados. Os princípios antagônicos da identidade masculina e feminina inscreviam-se sob maneiras permanentes de se servir do corpo, ou de manter uma postura (Bourdieu, 1998, p. 36), de modo que tais agências resultariam em uma naturalização da ética.

Ademais, Augusto poderia ter tido a ideia de que sua família fosse o império, como algo único, um pensamento que não deixaria de enaltecer Lívia, colocá-la em atividades públicas e benevolentes, que demonstrassem a união de toda a família imperial com o resto do império. Uma prova dessa unidade seria o próprio Palatino, que não era como o Fórum, ou simplesmente um espaço público, mas a casa do imperador, o espaço de sua família e sua vida privada. Contudo, Milnor aponta que ele incorporou certa domesticidade como uma figura pública e encorajou representações das mulheres da família imperial. O Palatino era uma construção complexa que, além de sua casa, era um espaço cívico, sendo um local que alocava o feminino, mas, por outro lado, não era destinado para as mulheres (Milnor, 2005, p. 53), o que demonstrava que o gênero e o espaço poderiam ser algo complexo.

Entretanto, com ideias preconcebidas sobre a mulher romana, esse ideal não vingou no governo de Tibério, uma vez que as tensões de poder e gênero já se mostraram forte nesse período. Isso ocorreu porque, em uma sociedade patriarcalista, a virilidade, em seu aspecto ético, enquanto quididade do *vir, virtus*, evidencia uma questão de honra que leva o homem a querer vivenciar tudo o que estaria relacionado ao princípio da conservação e do aumento da honra, que é indissociável da virilidade física, relacionada à potência sexual (Bourdieu, 1998, p. 20), o que também é cobrado do homem. Além disso, na sociedade romana, havia uma diferenciação sexual que estabelecia um vínculo entre o falo e o *logos*, ou seja, o corpo masculino fazia parte dos usos do público e do ativo, fazia-se frente, tomava a palavra publicamente, ações essas que eram monopólio dos homens. De outra forma, esperava-se que a mulher fosse mantida afastada dos lugares públicos ou que renunciasse às atividades públicas e até ao uso público do próprio rosto, além de suas palavras. Relações antagônicas, como as da elite da sociedade romana, resultam sempre em relações de dominação, em que as práticas e as representações dos dois sexos não são, de maneira alguma, simétricas. Diante disso, as relações sociais de dominação se encarnam em um *habitus* claramente diferenciado (Bourdieu, 1998, p. 26-34), em que está sempre presente o risco de investir a diferença entre os sexos, impulsionado por uma força explicativa universal (Chartier, 1995, p. 39).

A restauração do santuário de Bona Dea evidencia a ligação de Lívia com rituais Vestais, acrescentando o título que Augusto a concedeu de sacrossanta[154], que também foi conferido a Otávia. Durante a República, as mulheres não tinham poderes políticos, mas possuíam poderes sociais, econômicos e religiosos. Durante a vida de casadas, elas também tinham o sacerdócio e os ritos públicos em que poderiam participar homens e mulheres da elite. As cerimônias religiosas das quais participavam na esfera pública eram ritos que aconteciam em favor de Roma e do império. Dentro desses papéis de sacrossantas, as mulheres reforçavam o estabelecimento da ordem. Os afazeres femininos privados, como a procriação e a educação dos filhos, eram projetados na esfera pública por cerimônias religiosas executadas pelas matronas e Vestais. Nesse sentido, muitos desses rituais preconizavam o ciclo da agricultura, o qual era importante para a fecundidade e a continuação da vida. Na realidade, as mulheres faziam a manutenção de Roma por meio da religiosidade, tendo os rituais como cruciais para o mantimento do Estado, sendo que as mulheres eram importantes para executarem tais cultos dentro e fora de Roma. Entretanto, a emergência de uma República imperialista e depois o Império mudaram os papéis das mulheres, principalmente da elite romana (Takács, 2008, p. xix-xx). Costumava-se atrelar ainda tais mulheres do Principado à esfera religiosa, para a diferenciação de uma atuação direta na esfera pública.

Lívia ganhou o privilégio do *ius (trium) liberorum*, que somente foi concedido a ela por causa da morte de seu filho, Druso. Três outros privilégios Vestais foram conferidos a ela depois da morte de Augusto: o *lictor*, em 14 d.C.; o *carpentum*, em 22 d.C.; e o direito de se sentar nas cadeiras baixas do teatro, em 23 d.C. (Barrett, 2002, p. 143-144).

---

[154] A *flaminicae* era um tipo de sacerdotisa, e a *regina sacrorum*, a rainha dos ritos sagrados. Tanto uma quanto a outra eram mulheres da elite romana que compartilhavam afazeres com seus maridos, *flamines* e *rex sacrorum*. Em Roma, os *flamines* formavam o colégio de pontífices com o *rex sacrorum*, que era o pontífice, e seis Vestais. Em relação ao Senado, esse colégio interpretava a lei sagrada a serviço do Estado. O *flaminate* era antigo e seu início remontava à monarquia. Augusto revisou o *flaminate*, como o fez com a religião romana. Ele adicionou um *flamen*, um sacerdote de Augusto e a casa doméstica imperial (*domus Augusta*) na lista desses sacerdotes. O motivo era oferecer a membros equestres outra oportunidade para se envolverem em atividades religiosas, o que era tradicional para os componentes do Senado. A maioria das inscrições homenageava mulheres na posição de *flaminica* em províncias onde hoje são Portugal, Espanha e Norte da África, o que demonstra um padrão de culto. Ser parte do *flaminate* era uma questão familiar, sendo os sacerdotes provinciais filhos de *flamines* ou *flaminicae* ou esposas de homens que possuíam o *flaminate* (Takács, 2008, p. 112). No Império, a *flaminica* não precisava mais ser esposa do *flamen*. Entretanto, anteriormente, o divórcio não era permitido entre eles. A *regina sacrorum* também tinha obrigações públicas, performadas na Regia. Elas faziam sacrifícios a Juno em dias especiais do mês romano, e seus maridos sacrificavam a Júpiter. A *flaminica dialis* usava roupas especiais e tinha que seguir várias proibições, provavelmente designadas para proteger sua pureza. Essas matronas e as Vestais poderiam conduzir ritos juntas para a adoração da "grande deusa", Bona Dea (Holland, 2012, p. 206-207).

Depois de Lívia, outras mulheres imperiais ganharam direitos Vestais, assim como Calígula concedeu privilégios Vestais à sua avó, Antônia. Ainda, Cláudio concedeu à Messalina o direito dos assentos baixos das Vestais no teatro, assim como o uso do *carpentum* (Cass. Dio, *Roman History* 59.3.4 e 60.22.2). Acrescenta-se que se pode observar que o *carpentum* apareceu em moedas que enfatizaram Agripina Maior e Agripina Menor, sugerindo que elas também desfrutaram desse direito, ou, no caso de Agripina Maior, significou uma homenagem póstuma que seu filho Calígula fez em seu nome.

No que concerne à religiosidade, observa-se ainda que as primeiras mulheres a serem representadas em moedas apareceram com características ou personificações de deusas, tendo sido diferenciadas como mulheres mortais devido a alguns elementos, como o tipo de cabelo, o que pode ser identificado em moedas de Fúlvia e Lívia. Essa informação estava associada ao fato de que a tentativa de "institucionalizar" as mulheres imperiais, como Lívia, para a oficialização de suas atividades perante o Estado, ocorreu de forma a associá-las às atividades Vestais, ou seja, religiosas. A religião era o que provinha a única oportunidade de compreender melhor a importância social feminina, pelo fato de que não se admitiam as mulheres na esfera pública, além de que elas eram vistas como um instrumento da manutenção da estabilidade social por meio do sagrado (Takács, 2008, p. xxi).

A esse respeito, há a sugestão de que, para ter um cargo público, ou para levantar a hipótese de uma possível "institucionalização", as mulheres da elite romana tiveram que ser associadas a um *status* que poderia representar e guardar um aspecto ligado à *pudicitia*, uma vez que esse fato afirma uma tentativa de controle e até de limite do Estado e do imperador diante das ações femininas, indicando a existência de um poder masculino e controlador, mediado pela agência de uma estrutura de pensamento articulada e construída ao longo da história e de fatos que se amalgamaram culturalmente e ajudaram a moldar uma concepção restrita às mulheres da elite dessa sociedade, resultando no agenciamento de concepções, ações e ideias culturais para a manutenção de certas relações de poder e gênero.

Além disso, a hipótese de que Augusto pretendia transmitir que a família imperial seria o império poderia ter feito com que Lívia fosse atrelada a serviços públicos, principalmente como benfeitora, durante a vida do primeiro *princeps*. Essa mesma ideia poderia ter sido absorvida e concretizada pelo Senado, que, numa tentativa de continuar o ideal de Augusto, votou pela concessão de vários títulos à Lívia, depois da morte do governante. Sendo assim, mesmo negando alguns títulos à Lívia, Tibério, que era resistente ao trabalho institucional e público de Lívia, precisava do Senado para governar, o que poderia ter feito com que ele aceitasse a concessão de alguns privilégios à sua mãe, que, por vezes, não o abalassem, principalmente se ela fosse ligada às atividades Vestais, resultando em uma estratégia política que poderia demonstrar a altivez da família imperial para preservar os ânimos senatoriais.

O aparecimento de Lívia nas moedas das províncias do Oeste surgiu, durante o governo de Tibério, seguindo padrões das casas de moedas de Roma. As províncias da Espanha e da África são exemplos de lugares que copiavam os modelos de Roma, assim como os tipos da Lívia sentada, Salus, *Pietas* e *Iustitia*. O mais interessante é que Lívia era referida nessas moedas provinciais de forma direta, o que não acontecia com as moedas de Roma (Harvey, 2020, p. 118), nas quais Lívia aparece associada aos imperadores, Augusto ou Tibério, ou como a personificação de alguma deusa.

Deve-se ter em mente que as mudanças no *status* dessas mulheres não ocorreram apenas localmente, mas foram ligadas também às relações espaciais em que governavam as interações de outras regiões e localidades (Goddard, 2000, p. 1) provinciais. A implicação disso envolveu a cunhagem da imagem dessas mulheres e a flexibilização de aceitação delas em um objeto que carregava a realidade do poder contemporâneo. No entanto, as identidades de gênero provinciais poderiam abrigar outros tipos de limites, como algo já definido em relação à representatividade feminina, ou transformado, que até poderia ser visto de maneira que não fosse aquela a mais adequada pelo poder central de início, mas que, aos poucos, fosse aceito, uma vez que essas imagens poderiam ter trazido oportunidades privilegiadas ao governo imperial com a nova conduta feminina em suas participações nas atividades de Patronato nessas regiões.

Lívia foi, muitas vezes, identificada como *Pax*/Ceres nas províncias. A representação em moeda de *Pax*, durante o governo de Tibério, provavelmente tinha o intuito de representá-la como *Arae Cereris Matris* e *Opis Augustae*, pois ela teria sido associada à deidade da abundância agrícola (Grether, 1946, p. 226-227 e 238). A concepção intrínseca relacionada à vitória no pensamento romano era a paz, que era o que seguia o sucesso militar e suas conquistas. Na arte romana, a *Pax* aparece segurando um ramo de oliva. Às vezes, ela aparece em outros implementos, como caduceus e cetro. Durante o período imperial, ela era relacionada a *Concordia* e *Securitas*, que também significavam paz e estabilidade governamental. *Pax* podia aparecer sentada segurando um ramo de oliva e um cetro, atributos que também apareciam com *Concordia*, que era atrelada à estabilidade militar, campanhas nas fronteiras, ligada ao consciente coletivo em períodos de guerra, mas também era usada em momentos de relativa paz, aparecendo em moedas como uma apelação e aspiração política (Elkins, 2017, p. 34 e 50). *Securitas* era associada à confiança e segurava uma *patera* e um cetro, muitas vezes, aparecia declinada em uma coluna, com as pernas cruzadas ou sentada à vontade (Sear, 2000, p. 40).

Moedas de Augusto, de 2 a.C. a 14 d.C., tinham em seu reverso a imagem de uma figura sentada segurando espigas de milho e um cetro, a qual continuou a aparecer em outros governos posteriores, assim como no de Tibério e no de Cláudio, quando Lívia já teria sido deificada (Grether, 1946, p. 226-227 e 238). Em Augusto, a figura não leva o nome de Lívia, por isso a dúvida se era sua representante ou não, mas, na dos outros governos, ela apareceu como Júlia Augusta. Era comum, em monumentos da família imperial, o simbolismo da fertilidade feminina e o triunfo da Roma imperialista, os quais marcavam a ideologia de Augusto, propiciando uma mensagem da identidade da mulher da família imperial, suas influências e seus corpos. Um exemplo é o *Ara Pacis*, que representa as mulheres e as crianças imperiais, junto dos homens, um gesto que deveria conectar seus corpos reprodutivos (Milnor, 2005, p. 57).

Figura 36 – Áureo[155], Império romano, Lugduno, datado de 13 - 14 d.C., 7,88 g. Anverso: cabeça laureada à direita de Augusto, CAESAR AVGVSTVS.DIVI F PATER PATRIAE (*Caesar Augustus Divi Filius Pater Patriae* = Augusto, pai da pátria, filho do divino César[156]). Reverso: figura feminina drapeada sentada à direita, segurando um cetro na mão direita e um ramo de espigas de milho na mão esquerda, PONTIF.MAXIM (*Pontifex Maximus* = Sumo Pontífice)

Fonte: © *The Trustees of the British Museum*

---

[155] Número no museu: 1867,0101.612; RE1 / Coins of the Roman Empire in the British Museum, vol. 1: Augustus to Vitellius (544, p. 91); RIC1 / The Roman Imperial Coinage, vol. 1 (219, p. 56); número de registro: 1867,0101.612; número do catálogo C&M: RE1 (91) (544) (91). Disponível em: https://www.britishmuseum.org/collection/object/C_1867-0101-612. Acesso em: 16 maio 2022. Pode ser encontrado com a identificação RIC 1² 219.

[156] Tradução nossa.

Esse áureo é a única moeda a denominar Augusto de *pontifex maximus* no reverso, junto a uma figura feminina sentada segurando um cetro e um ramo de grãos, que lembra *Pax*, ou Lívia como *Pax*. Se for realmente Lívia, essa seria a única representação dela em moedas de Augusto. Contudo, não há legenda que a identifique. Lívia, na forma de *Pax*/Ceres, aparece com seu devido nome em uma moeda do período de Cláudio, depois que ela tinha sido deificada, identificada como DIVA AVGVSTA (RIC 1² *Claudius* 101; Wood, 2001, p. 88), mas ela já havia começado a aparecer em moedas no período de Tibério (Rowan, 2019, p. 129-130) como Salus Augusta e outras denominações.

A figura sentada do tempo do primeiro *princeps* demonstra que ele tinha uma alta consideração por gestos e elementos simbólicos, o que repercutiu em governos posteriores. Os símbolos em sua forma básica são um potente instrumento de poder, que pode evocar, ao mesmo tempo, aquilo que representa e sutilmente trazer à tona uma série de outras imagens e ideias tecnicamente não relacionadas. Nesse sentido, a domesticidade era um desses símbolos importantes para Augusto, que pode colocar em evidência uma ideia da articulação propagandística do *princeps*. Entretanto, os elementos simbólicos também serviam para mascarar uma política mais profunda e menos pessoal. De outro modo, parece que era indispensável para Augusto o papel simbólico que emergia do discurso imperial sobre a vida privada (Milnor, 2005, p. 47-48). A figura feminina sentada com elementos que a acompanhavam corriqueiramente parece ter sido de grande importância para a legitimação do poder, na medida em que ela se repete em governos posteriores, mesmo depois da morte de Lívia.

Figura 37 – Áureo[157], 14 - 37 d.C., 19,4 mm de diâmetro, 7,68 g, de Lungduno, governo de Tibério. Anverso: busto laureado de Tibério à direita, TI CAESAR DIVI AVG F AV-GVSTVS (*Tiberius Caesar Divi Augustus Fili Augustus* = Tibério César Augusto, filho do divino Augusto[158]). Reverso: figura feminina, que provavelmente poderia ser Lívia, sentada, voltada para a direita, com um ramo de planta em sua mão esquerda e um cetro na direita, legenda: PONTIF MAXIM (*Pondifex Maximus* = Sumo Pontífice[159])

Fonte: © KBR *cabinet des monnais et médailles*

Figura 38 – Denário[160], 14 - 37 d.C., de Lungduno, governo de Tibério, 3.73g, 18,1 mm de diâmetro. Anverso: busto laureado de Tibério à direita, TI CAESAR DI[VI] [AV]GVSTVS [F] (*Tiberius Caesar Divi Augustus fili* = Tibério César filho do divino Augusto[161]). Reverso: figura feminina, que provavelmente poderia ser Lívia, sentada, voltada para a direita, com um ramo de planta em sua mão esquerda e um cetro na direita, legenda: PONTIF MAXIM (*Pontifex Maximus* = Sumo Pontífice[162])

Fonte: © KBR *cabinet des monnais et médailles*

---

[157] Bibliografia: RIC I² 29; BMC 46. Disponível em: https://opac.kbr.be/LIBRARY/doc/SYRACUSE/20734421. Acesso em: 1 ago. 2022.
[158] Tradução nossa.
[159] Tradução nossa.
[160] Bibliografia: RIC I² 30; BMC 34. Disponível em: https://opac.kbr.be/LIBRARY/doc/SYRACUSE/20734429. Acesso em: 1 ago. 2022.
[161] Tradução nossa.
[162] Tradução nossa.

No áureo e denário do governo de Tibério, o imperador é homenageado como *divus*, devido ao seu precedente, pai adotivo, Augusto. No reverso, encontra-se a imagem de Lívia, que lembra *Pax*/Ceres, mais uma vez associada a uma deusa, com um ramo de grãos em sua mão esquerda, o que pode estar ligado à prosperidade governamental de seu filho, fertilidade e abundância agrícola, além de produtividade e sucesso na transmissão hierárquica; e um cetro na mão direita. No denário, observa-se uma tiara que poderia atrelá-la a deusas como Vesta. De outra forma, a moeda não cita seu nome em suas legendas.

As moedas mostram uma homenagem ao governo de seu filho Tibério, o qual também celebra que sua mãe foi essencial para que ele chegasse no poder, considerando a figura feminina como Lívia. Segundo Harvey, Lívia sentada com atributo de *Pax*, com ramo de oliva, ou Ceres, com as espigas de grãos, demonstra seu papel de mãe da família imperial e sua presença estável na dinastia imperial, sendo que, em Léptis Magna, *Colonia Romula* e Tarso, ela foi referida diretamente como mãe (Harvey, 2020, p. 132, 134). Para Barrett, a figura feminina sentada, que aparece no governo de Tibério, troca o cetro por uma lança, e as espigas são grãos de trigo (Barrett, 2002, p. 141). Elkins salienta que a moeda de *Pax* poderia aparecer com a legenda PAX AVGVSTI. Muitas vezes, *Pax* aparecia no reverso das moedas quando um novo imperador subia ao poder, com o intuito de uma transição tranquila de um imperador para outro, como no caso da passagem de Augusto para Tibério e mesmo em tempos de paz (Elkins, 2017, p. 35-36 e 50).

Fortuna também aparecia como uma figura feminina sentada, que poderia apresentar-se segurando um leme, uma cornucópia, ora aparecia descansando em um globo, ora com uma roda ao seu lado, ora com um ramo de oliva ou uma *patera* (Sear, 2000, p. 38; Elkins, 2017, p. 69-70). Seu significado estaria ligado à fortuna que fluía do imperador e o guiava. Também poderia aparecer sentada e segurando ramos de trigo e um cetro. Ela poderia denotar a abastança do povo romano. Entretanto, o trigo era algo ligado à simbologia de Ceres e ao abastecimento de grãos. O cetro ou *pertica* poderia ser uma haste de medição, normalmente associado a *aequitas*, que simbolizava a medição da justiça (Elkins, 2017, p. 69-70).

Figura 39 – Moeda[163], 15 - 16 a.C., 11,93 g, 29,1 mm de diâmetro, governo de Tibério, Roma. Anverso: cabeça radiada de Augusto, raio à sua frente e uma estrela sobre sua cabeça, [DI]VVS AVGVSTVS PATER (Augusto, pai divino[164]). Reverso: figura drapeada de Lívia (?) sentada com uma *patera* na mão direita e um cetro na mão esquerda, S C (*Senatus Consultum*)

Fonte: © KBR *cabinet des monnais et médailles*

No último exemplar, pode-se notar um tipo diferente de moeda de Tibério com a figura feminina em seu reverso. Augusto aparece no anverso com cabeça radiada à esquerda, um raio à sua frente e uma estrela sobre sua cabeça. Já a figura feminina, que poderia ser Lívia, se encontra sentada à direita com uma *patera* na mão direita e um centro na esquerda e sua cabeça parece estar velada com uma tiara, lembrando Vesta. A figura de Lívia sentada também foi encontrada em moedas de Sinope, em *Pontus*, Chipre, Cnossos, Keta e Tarso, na Síria. Com exceção de Sinope, todos os lugares de cunhagem eram *coloniae* romanas (Harvey, 2020, p. 117). Contudo, o que se pode notar é que houve uma tendência das províncias de identificarem Lívia como a figura feminina sentada (Barrett, 2002, p. 142).

A cidade de Léptis Magna (*Lepcis Magna*), no Norte da África, onde foi encontrada uma cabeça de colosso (68 cm) de Lívia, associada ao templo de Augusto e Roma, em seu fórum (Barrett, 2002, p. 208), cunhou moedas dela com o título de Augusta. Os nomes e os títulos pelos quais Lívia foi referida em moedas, durante o Reinado de Augusto e Tibério, foram padronizados e refletiam seu *status* como a mulher mais proeminente da família imperial e seu papel de *materfamilias*. Em outras partes do Império, honras eram feitas para Lívia, referindo-a como divina e diretamente associando-a a deusas como Hera/Juno. Algumas legendas de moedas de prata da Síria comemoram Lívia como Hera e mãe, com dizeres como "Augusta Hera

---

[163] Bibliografia: RIC I² 72; BMC 151. Disponível em: https://opac.kbr.be/LIBRARY/doc/SYRACUSE/20734397. Acesso em: 1 ago. 2022.

[164] Tradução nossa.

Mãe" ou em um dupôndio de bronze, de Léptis Magna, que a referia como AVGVSTA MATER PATRIA(e), "Augusta mãe da pátria", seguindo Augusto, que ganhou o título de *pater patriae*, "pai da pátria", em 2 a.C. (Harvey, 2020, p. 3-9, 121 e 130), e o título apareceu em moedas cunhadas no mesmo ano (Rowan, 2019, p. 128).

Juno era a irmã e consorte de Jupiter e representada como uma matrona alta, tanto sentada como em pé, segurando uma *patera* e um cetro. Frequentemente, ela era acompanhada por um pavão quando relacionada a questões póstumas da imperatriz. O animal poderia aparecer sozinho, em pé ou voando, levando a póstuma Augusta para o céu (a mesma função de Júpiter em relação ao imperador deificado). O templo de Juno Moneta, no Monte Capitolino, é de suma importância do ponto de vista numismático, pois lá havia uma casa de moedas em tempos republicanos. Seus títulos são correspondentes a REGINA, LVCINA (referentes ao seu papel de deidade presente durante os nascimentos), CONSERVATRIX e VICTRIX. As representações de Hera nas províncias romanas são menos frequentes do que as de seu consorte Zeus, aparecendo em Cálcis (*Chalcis*), em Eubeia (*Euboea*) e em casas de moedas da Bitínia, em um tetradracma de Nero, de Alexandria, com o busto velado de Argos (*Hera Argeia*) (Sear, 2000, p. 30).

A ligação de Lívia com Juno concerne ao fato de que a deusa se qualificava no início de sua existência mítica por epítetos variados, que estariam atrelados a múltiplas funções. O primeiro a ser ligado a ela foi a *Juno Feretria*, ou a guerreira; depois a *Juno Sospita*, ou a protetora dos ataques dos inimigos; logo após, a *Juno Regina*, ou a que exerce a tutela sobre o povo romano. Com o tempo, tais evocações foram perdendo importância e se realizando o culto a chamada *Juno Lucina*, que seria aquela que ajudava no momento do parto. Essa deusa era honrada por mulheres na festa feminina mais importante do calendário, chamada de *Matronalia*, na qual não era permitida a presença de homens. Dessa forma, havia outra festa familiar para honrá-la, quando as mulheres recebiam presentes de seus maridos. A primeira festa surgiu para recordar o evento que ocorreu com as Sabinas, em que elas conseguiram mediar a paz entre os homens, na época do mítico Rômulo. Essa deusa passou a enfatizar, no imaginário dos romanos, as atividades maternais. O imaginário religioso construiu a imagem do feminino a partir da constituição da imagem da deusa e da festa, que exaltavam as virtudes tradicionais atribuídas às mulheres em seus papéis maternais, sendo a maternidade a atividade mais importante conferida às mulheres (Cid López, 2011, p. 61)

Em particular, a adoração de *Juno Sospita*, no Lácio, era feita por um culto composto por mulheres e estava relacionada à fertilidade. Nesse culto, uma virgem, provavelmente uma sacerdotisa de Juno, descia ao antro da deusa sagrada para fazer comida e uma oferenda à antiga serpente, que estaria faminta depois de um longo inverno. Se a virgem voltasse sem estar machucada, ela era reconhecida como aquela que fez a oferenda casta. Os fazendeiros considerariam que ela havia tido sucesso, e tal ato seria visto como um presságio propício a um ano frutífero. O fundamental para o culto estaria na pureza da virgem, e não na fertilidade (Schultz, 2006, p. 22-28). *Juno Sospita* também enfatiza o aspecto militar, e ela pode aparecer com elmo, escudo e lança. Várias deidades romanas tinham aspectos viris, como a deusa da caça, Diana, que, geralmente, era retratada com uma lança e um escudo, além ter sido associada, posteriormente, a Agripina Menor; a deusa da guerra *Bellona*; e Minerva (Holland, 2012, p. 210).

A melhor referência a Lívia veio da *Colonia Romula*, na Espanha, que a aludiu como IVLIA AVGVSTA GENETRIX ORBIS[165], que significa "Júlia Augusta, mãe do Mundo" ou "fundadora do mundo", com uma coroa de louros, que é um símbolo masculino, refletindo poder, estabilidade e sucesso, sendo a primeira mulher a usá-lo, podendo mencionar que a elevou ao *status* de *femina princeps*, o que remete uma grandiosidade a Lívia, além de sua personificação monumental em uma moeda. Acrescenta-se a associação a *Venus Genetrix*, a deusa ancestral da *gens Iulia*, cujo culto foi fundamental para a perpetuação dinástica imperial, com conotações com Cibele e *Magna Mater*. Além disso, a lua crescente, abaixo de seu pescoço, poderia estar relacionada a *Dea Caelestis*, uma deusa ligada às estrelas, ao sol e à lua (Barrett, 2002, p. 275 apud Harvey, 2020, p. 130, 142 e 174), ou coligada com a associação de Diana com a lua crescente, como foi feito, tempos depois, em moedas de Agripina Menor, em *Balanea*, Síria, Oriente Médio.

---

[165] Inclusive Ovídio não chama Lívia de *mater*, mas de *genetrix* (Barrett, 2002, p. 194).

Figura 40 – Dupôndio[166] da *colonia Romula*, Espanha, datado de 15 - 16 d.C., 23,44 g, em seu anverso está o busto de Augusto, voltado para a direita, com estrela de seis raios em seu topo e raios à sua direita, com legenda: DIVI AVG COL ROM PERM (*Divi Augustus Colonia Romula Permisso*[167] = com a permissão do Divino Augusto à Colônia Rômula[168]); em seu reverso, está o busto de Lívia, voltado para a esquerda, com um globo crescente, com legenda: IVLIA AVGVSTA GENETRIX ORBIS (Júlia Augusta, mãe do mundo[169])

Fonte: cortesia do *WildWinds*

Esse dupôndio é a celebração do casal Augusto e Augusta, em que, no anverso, é demonstrado Augusto divinizado e, no reverso, Lívia, que não faz ainda par divino com Augusto, contudo é representada com alta honra como a "mãe do mundo", não ficando atrás do próprio Augusto, mas representando aquela que adicionou *status* à categoria divina de seu marido e imperador. O interessante dessa moeda é a representação do mundo redondo abaixo do busto de Lívia e, sobre ele, uma lua crescente. A legenda DIVI AVG COL ROM PERM refere-se à permissão da *colonia* em cunhar tal moeda, além de carregar conotações celestiais ligadas a Cibele, ou *Magna Mater* e *Dea Caelestis* (Harvey, 2020, p. 167). Essa permissão estampada em moedas poderia estar relacionada com o controle das províncias por Roma (Weiss, 2005, p. 57), uma vez que moedas provinciais tinham a tendência de seguir modelos de Roma, mas também acrescentavam elementos locais.

As escolhas acerca de como as moedas deveriam ser cunhadas poderiam estar relacionadas com a elite local, sua organização e suas decisões, além de como essas escolhas deveriam ser colocadas em documentos públicos. Dessa forma, deve-se tomar a cunhagem como parte do governo próprio

---

[166] Referência: RPC 73; Vives pl. CLXVII, 2; Burgos 1587; SNG Copenhagen 421. Disponível em: https://www.wildwinds.com/coins/ric/livia/i.html, https://www.wildwinds.com/coins/ric/livia/RPC_0073.jpg e https://www.wildwinds.com/coins/ric/livia/RPC_0073.txt. Acesso em: 17 ago. 2020.

[167] Disponível em: https://www.cgb.fr/tibere-drusus-et-germanicus-as-tb,bpv_268941,a.html. Acesso em: 18 ago. 2020.

[168] Tradução nossa.

[169] Tradução nossa.

de uma cidade e, depois, inseri-la dentro de um contexto maior de cidades. As moedas não podem ser consideradas isoladamente, mas como parte de uma realidade de vida unitária. Consequentemente, as moedas das cidades apresentam várias necessidades a serem mostradas e eram voltadas a formar um meio de propagação identitária em vários níveis, sempre com um efeito estabilizador (Weiss, 2005, p. 58).

Contudo, a aprovação central parecia ser fundamental ou as moedas das províncias poderiam proceder com algo que coubesse nas referências do poder central. Era comum nas províncias da *Lusitania* e Bética (*Baetica*) que as legendas aparecessem com PERMISSV CAES(ARIS) AVG(VST!); e em *colonia* de *Berytus*, na Síria, como PERMISSV e o nome de um consular *legatus Augusti*. Outro exemplo estaria na província "senatorial" da África, onde as moedas aparecem com PERMISSV e os nomes de cinco procônsules, em uma *colonia*. Durante o período de Domiciliano, esse tipo de moeda aparecia em Acaia, também uma *colonia*; em Corinto, com legenda PERM(isso) IMP(eratoris); e na *Patrae* INDVGENTIAE AVG(usti) MONETA INPETRATA; além de mais duas cidades da África, *Cercina* e *Thaena*, com PERMISSV, em que as duas eram *civitates liberae*. Essa é a demonstração de que, em vários lugares do império, a cunhagem poderia aparecer com aspectos semelhantes. A diferenciação poderia estar na continuação ou não desse tipo de moeda, além da recepção, as quais poderiam contrastar em locais do Leste e Oeste. Weiss afirma que poderia haver falsas declarações de permissão, e, de outra forma, algumas teriam autorização especial de Roma, como tridracmas e tetradracmas, em cidades Cilicianas, sob o governo de Trajano, Adriano e Caracala; ou em moedas de Samsun (*Amisus),* sob Adriano (Weiss, 2005, p. 59).

As moedas provinciais permitem perceber a projeção e o contraste com a ideologia imperial, em que, muitas vezes, esses exemplares parecem imitar os elementos das cunhagens de Roma, mas também acabam incluindo elementos regionais. Além disso, deve ser questionado como essas escolhas deveriam ser feitas e como seria a construção de uma identidade coletiva com referência a algumas categorias familiares fundamentais. Destarte, faz-se necessário levar em consideração aspectos como religião, representações do passado, espaço, escolha do idioma, grau de identidade e/ou conectividade com o poder imperial (Howgego, 2005, p. 2).

As moedas ilustram um processo fundamental de integração mental nas cidades provinciais do Império, em que a elite governante compunha o *cives romani*. O ganho político para essas cidades em homenagear o governo central poderia ser imenso ao suportarem intenções imperiais ou, simplesmente, por estar envolvido com as aspirações da elite local, além de que imperadores poderiam intervir e regular qualquer necessidade (Weiss, 2005, p. 68), considerando os atos de evergetismo do governo de Roma.

Nas províncias do Oeste, apareceu também o padrão em que Lívia estava com a cabeça velada, sentada em um trono, segurando uma *patera* e um cetro. Lívia sentada é o tipo mais recorrente na África. Em outras localidades, há uma variação em sua figura, assim como a de Emerita, Espanha, que aparece com a legenda de IVLIA AVGVSTA, mas com a cabeça descoberta, segurando uma tocha, em vez do cetro e espiga de grãos. Um modelo de Ítaca apresenta Lívia sentada, de forma mais relaxada, para suas associações com Ceres e Juno. Em Emerita, o tipo Salus também varia sua legenda para PERM(isso) AVGVSTI SALUS AVGVSTA, e do tipo que Lívia aparece sentada a legenda é C(olonia) A(ugusta) E(merita) IVLIA AVGVSTA.

Como uma *colonia*, mas diferente de Roma, Eremita nomeou as moedas diretamente com o nome de Lívia, assim como a do tipo *Pietas*, cunhada em *Caesaraugusta*, na Espanha, que inclui a legenda AUGUSTA. Além disso, a do tipo velada aparece posicionada à esquerda, ao contrário da direita, e é associada a Juno, com a legenda THAPSUM IVN(oni). Outro modelo em que Lívia aparece velada é o de Palermo, Sicília, como *Pietas*, mas com uma coroa de grãos de Ceres, com legenda AVGVS(ta), e outras diferenciações seguem quando variam as províncias. A figura de Lívia sentada no áureo e denário, cunhados em Lugduno, Gália, no tempo de Augusto, deve ter servido como modelo para as que foram cunhadas no tempo de Tibério. Sua personalidade era sempre associada de forma divina em moedas e em estátuas, pois, além de Salus, ela foi ligada a Vênus e Juno, mesmo depois de sua morte e deificação (Harvey, 2020, p. 5 e 118-120).

A recepção das moedas de Lívia e sua circulação deveriam ser significantes para o quesito "propaganda da família imperial", mostrando a agência pública e provincial em se manifestar prontamente e homenageá-la. O aparecimento da representação dessas mulheres provavelmente veio para acalentar alguns dos propósitos imperiais e, em relação à imagem de Lívia, parece ter dado certo. Entretanto, não é possível saber qual foi o tipo de recepção tomada por cada imagem feminina, mas a quantidade de

A FORÇA DAS MULHERES ROMANAS POR MEIO DAS MOEDAS E UMA CRÍTICA
FEMINISTA DO PASSADO PARA O PRESENTE

representações e a longevidade das imagens de Lívia, por exemplo, demonstram extrema aceitabilidade de sua honra, tanto para instituições políticas como para o Senado, que permitiu a cunhagem de suas moedas, quanto para o público, evidenciada pela cunhagem desses objetos em províncias do Leste e Oeste, além da existência de outros tipos de reproduções suas, assim como estátuas.

Contudo, a variedade da qualidade de moedas de Lívia alterava, às vezes, de forma dramática, de casa de moeda para casa de moeda, em que algumas a cunhavam com muitos detalhes, assim como a representação de Lívia como Salus, feita em Roma. A imagem de Lívia nessas moedas pode comparar com exatidão sua representação em esculturas, além de que, nesse último tipo de arte, é mais favorável a se encontrar uma legenda com seu nome. No entanto, há algumas moedas que não foram cunhadas com tanta acuidade, chegando a demonstrar um desenho cômico da homenageada, assim como aquelas cunhadas em Cnossos.

As imagens de Lívia faziam parte de um programa visual extenso, mas isso não significa que suas imagens eram feitas como ela realmente aparentava, mas com elementos que a caracterizavam. Sendo assim, essas figuras seguiam alguns signos que eram empregados para compor certo padrão, ou seja, um modelo de elementos da imagem, assim como o tipo de cabelo comumente utilizado na representação dela, por exemplo, além de características faciais, vestimenta, ou aquelas que somente revelam o busto (drapeado ou nu), acrescentando adornos como diademas, joias, entre outros. Os bustos drapeados ocorriam comumente mais para mulheres do que para homens (Harvey, 2020, p. 66-67).

Outra moeda de Bizâncio, batida durante o governo de Tibério, comemora o *Divus Augustus*, com uma coroa ou radiado no anverso, além de divinizado, assegurado pela inscrição ΘΕΟΣ ΣΕΒΑΣΤΟΣ. No reverso, está o busto de Lívia, que também se encontra de forma divina, apontada pela inscrição ΘΕΑ ΣΕΒΑΣΤΑ. O casal aparece com seus títulos divinos em grego, celebrando Augusto e Lívia como pais divinos do império e antecipando eventual deificação de Lívia, embora essa honra tenha sido negada por Tibério (Harvey, 2020, p. 178).

Figura 41 – Moeda[170] de prata, de Bizâncio, Trácia, Ásia, região de Marmara, Istanbul, datada de cerca de 20 - 29 d.C., 6,27 g, com busto de Augusto, radiado voltado para a esquerda, com legenda: ΘΕΟΣ ΣΕΒΑΣΤΟΣ transliteração de inscrição: SEBASTOS THEOS (Deus Augusto[171]). No reverso, está o busto de Lívia também divinizado, voltado para a direita, com legenda: ΘΕΑ ΣΕΒΑΣΤΑ/.BYZ., transliteração da inscrição: SEBASTA THEA/.BUZ (Deusa Augusta. Biz[ânzio][172])

Fonte: © *The Trustees of the British Museum*

Sobre essa e outras moedas provinciais, cabe mencionar que o fato de o Império romano abranger uma grande proporção de línguas demonstra que o latim e o grego estavam ligados a uma enfática proporção identitária, uma ideia que deveria estar bem estabelecida, uma vez que, em alguns contextos, como em outros, a escolha da linguagem para expressar necessidades identitárias comunais não refletia precisamente a língua de tal povo. Em relação ao Império romano, a incidência da inscrição em moedas, seu conteúdo e sua linguagem, como o alfabeto e o estilo de epigrafia utilizada, podem demonstrar uma evidência importante das influências romanas até mesmo antes do início da conquista, além de que moedas cunhadas em Roma poderiam apresentar legendas em grego para serem enviadas para o uso nas províncias que falavam grego. O uso de outra língua que não fosse o grego e o romano apareceu durante o período da República e início do Império, assim como com moedas ibéricas, com inscrições ibéricas ou celtibéricas, que poderiam assinalar diferenças entre os grupos (Woolf, 1994, p. 86-89), o que entra em acordo com a tese de

---

[170] Número de referência: 1872,0709.34. Número no catálogo C&M: GC3 (BMC Greek (Tauric Chersonese) (99) (61) (99). Bibliografia: BMC Greek (Tauric Chersonese) / Catalogue of Greek coins: the Tauric Chersonese, Sarmatia, Dacia, Moesia, Thrace, &c. (p99.61) PCR / Principal coins of the Romans: Volume I: The Republic c. 290-31 BC; Volume II: The Principate 31 BC-AD 296; Volume III: The Dominate AD 294-498. (375A) RPC1 / Roman provincial coinage. Vol.1, From the death of Caesar to the death of Vitellius (44 BC-AD 69) (1779/1). Disponível em: https://www.britishmuseum.org/collection/object/C_1872-0709-34. Acesso em: 9 set. 2020.

[171] Tradução de Juarez de Oliveira.

[172] Tradução de Juarez de Oliveira.

que a epigrafia mostrava as diferenças entre os grupos, sendo a linguagem fundamental para exprimir a identidade, ou poderia ser pelo fato de as séries de moedas terem apenas uma circulação local. A circulação de moedas é um indicativo geográfico de que o simbolismo que o material continha era acessível a todos, podendo envolver o contexto doméstico (Howgego, 2005, p. 12-13 e 17).

As moedas não são um guia direto sobre identidades étnicas de comunidades, mas representam deliberadamente escolhas políticas feitas por aqueles que estavam no controle, assim como sua iconografia deveria estar ligada a um *status* político, refletindo a forma com que o discurso político era aceito, suas expressões identitárias. Sendo assim, a produção de moedas estava de acordo com o sistema política hegemônico (Williamson, 2005, p. 19-20 e 24), que refletiu nas identidades provinciais.

Voltando às relações de gênero, em três anos de afastamento, Tibério somente viu sua mãe uma vez e por algumas horas, mas, quando ela caiu doente, não se apressou em visitá-la e, ao morrer, em 29 d.C., com 86 anos, demorou tanto a aparecer que seu cadáver já estava começando a putrificar. Ainda, não consentiu que lhe prestassem honras divinas, deu seu testamento por nulo e levou à ruína todos os amigos e familiares da falecida (Suet. *Tib.* 51.1). Segundo Dião Cássio, Tibério não lhe fez nenhuma visita enquanto estava doente, também não fez nenhuma preparação para sua homenagem, exceto um funeral público. Proibiu absolutamente sua deificação. Entretanto, o Senado ordenou o luto por ela durante todo o ano por parte das mulheres, além de votarem para a construção de um arco em sua honra, uma distinção que não tinha sido feita para nenhuma outra mulher. O autor coloca que sua importância veio do fato de que ela salvou a vida de várias pessoas, criou os filhos de muitos e ajudou outros a pagarem os dotes de suas filhas, e, por isso, chamavam-na de "mãe da pátria" (Cass. Dio, *Roman History* 58.2.1-3).

Suas cinzas foram colocadas no mausoléu de Augusto, e, de acordo com Tácito, Suetônio e Dião Cássio, Tibério proibiu a deificação de sua mãe. No entanto, Tácito e Suetônio dizem que ele teve suas razões para fazê-lo, embora pareça que as razões de Tibério eram falsas, até pelo fato de que, sendo sacerdotisa do culto de Augusto, Lívia nunca teria dado a entender que não desejava ser deificada, assim como ela havia aceitado o título de Augusta e a honra de uma celebração pública de seu aniversário. Já o Senado era a favor de sua deificação, mas não podia ultrapassar o poder do imperador, de modo que acabou por votar por qualquer outra honra a favor da memória de Lívia. Além disso, Tibério decretou luto oficial a Lívia, o que a desqualificou como um ser divino, e, assim como no caso de Augusto, o luto não foi decretado (Grether, 1946, p. 245-246). Tácito menciona que seu funeral foi simples e que, das honras votadas pelo Senado para serem concedidas a Lívia, Tibério autorizou poucas, determinando que nenhuma adoração religiosa seria decretada (Tac. *Ann.* 5.2).

Tácito, em seu funeral, a caracteriza como aquela de estilo antigo em relação à pureza de sua vida doméstica e mais graciosa do que as mulheres dos últimos tempos, uma mãe imperial e uma mulher amigável, que, segundo ele, combinava com seu marido na diplomacia e na dissimulação de seu filho (Tac. *Ann.* 5.1). O que pode ser reparado é que era comum entre os romanos acentuar as dádivas femininas à mulher póstuma, uma vez que esse ato sempre tinha sido feito para acalentar e para homenagear os membros masculinos da família, e não a morta, com o intuito de evidenciar relações familiares apropriadas, comumente feito em epitáfios.

5.1.3. Lívia e Cláudio

Sua popularidade continuou a existir depois de sua morte, em 29 d.C., aos 86 anos, em que suas esculturas sobreviveram e continuaram a ser erigidas durante o governo do imperador Cláudio, com muitas placas lhe atestando honras (Harvey, 2020, p. 4-8). Enquanto Tibério recusou permitir o Senado de honrá-la com títulos oficiais, assim como "Mãe", ou divinizá-la, Calígula foi quem aceitou o desejo de Lívia de ser deificada, mas acabou não efetivando sua consagração. Apenas em 41 d.C., com Cláudio imperador, com o intuito de fortalecer sua conexão com a casa imperial, ele não somente empreendeu novas honras a Augusto, mas também deificou sua avó, Lívia (Grether, 1946, p. 247-249), o que fez com que a cunhagem de moedas com a figura dela passasse a ser mais corriqueira em Roma (Harvey, 2020, p. 121), além de ter, dessa forma, uma garantia política a si mesmo em ganhar o título de *divus*. Até esse período, apenas três pessoas tinham sido deificadas, Júlio César, Augusto e Drusila, a irmã de Calígula. Provavelmente, somente depois de deificada, as moedas com Lívia apareceram acompanhadas de legenda *diva*, e o culto a ela começou a aparecer em 42 d.C., além de a cunhagem de sua imagem acabar sendo mais corriqueira em Roma.

Figura 42 – Dupôndio[173] datado de 41 - 50 d.C., 16,33 g, do governo de Cláudio, de Roma. Anverso: busto de Augusto voltado para a esquerda, legenda: DIVVS AUGUSTUS (*Divus Augustus* = Divo Augusto[174]) e S C (*Senatus Consultum* = cunhada com o consentimento do Senado). Reverso: Lívia sentada à esquerda, com uma espiga de milho na mão direita e um cetro na esquerda, legenda: DIVA AUGUSTA

Fonte: © *The Trustees of the British Museum*

Nesse dupôndio do governo de Cláudio, que marca a consagração de Lívia, em 41 d.C. (Barrett, 2002, p. 222) ou 42 d.C. (Claes, 2013, p. 97), e consequente deificação, aparece mais uma vez a figura feminina sentada, a qual passa a ser bem identificada, seguindo o padrão ligado à figura de Ceres (Barrett, 2002, p. 141 e 210). Além disso, há uma celebração ao casal divino, pois a deificação de sua avó, Lívia, garantiu o *status* de *divus* a si, demonstrando o passado de sua própria família, que o ajudou a chegar ao poder, legitimando-o dentro de sua linhagem familiar. A moeda possui a imagem de Augusto no anverso, apresentado como a figura principal, além da figura de Lívia no reverso como uma figura secundária, com uma espiga de milho na mão, evidenciando a fartura, a abundância agrícola, a fertilidade e outras virtudes de uma matrona romana, principalmente a garantia de uma longevidade dinástica; já o cetro estaria ligado ao respeito, à sabedoria e à deusa Vesta. Pode-se acrescentar que essa cultura material poderia representar a anuência do imperador e do Senado para se celebrar o culto divino a Augusto e a Júlia Augusta. Lívia está concebida nessa moeda como Ceres/Demeter, representação que também aparece em algumas moedas do governo de Tibério, com formas semelhantes, mas com alguns atributos diferenciados, como a *patera*, o cetro e, ocasionalmente, com espigas de grãos no lugar do cetro, como também aparece em moedas do governo de Galba (Harvey, 2020, p. 124).

---

[173] Número de registro: R.9873. Número no catálogo C&M: RE1 (195) (224) (195). Bibliografia: RE1 / Coins of the Roman Empire in the British Museum, vol. 1: Augustus to Vitellius (224, p. 195) PCR / Principal coins of the Romans: Volume I: The Republic c. 290-31 BC; Volume II: The Principate 31 BC-AD 296; Volume III: The Dominate AD 294-498. (395) RIC1 / The Roman Imperial Coinage, vol. 1 (101, p. 12). Disponível em: https://www.britishmuseum.org/collection/object/C_R-9873. Acesso em: 17 ago. 2020.

[174] Tradução nossa.

Figura 43 – Ás[175] de bronze, 41 - 50 d.C., Roma, governo de Cláudio, 9.49 g, 29,7 mm de diâmetro. Anverso: busto drapeado de Cláudio à esquerda, TI CLAVDIVS CAESAR [ ] TR P IMP P P (*Tiberius Claudius Caesar [ ] Tribunicia Potestate Imperator Pater Patriae* = Comandante Tibério Cláudio César, com Poder Tribunício, Pai da Pátria[176]). Reverso: *Libertas* ou Lívia como *Libertas* (?) em pé, cabeça à direita, S C/LIBERT[A] AVGVSTA (*Senatus Consultum/ Libertas Augusta* = cunhada com o consentimento do Senado/Liberta Augusta[177])

Fonte: © KBR *cabinet des monnais et médailles*

Figura 44 – Sestércio[178] de bronze, 41 - 50 d.C., Roma, governo de Cláudio, 24.77 g, 34,5 mm de diâmetro. Anverso: busto de Cláudio voltado para a direita, TI CLAVDIVS CAESAR AVG P M TR P IMP (*Tiberius Claudius Caesar Augustus Pontifex Maximus Tribunicia Potestate Pater Patriae Imperator* = Comandante Tibério Cláudio César Augusto, Sumo Pontífice, investido no Poder Tribunício e Pai da Pátria[179]). Reverso: *Spes* ou Lívia como *Spes* (?) voltada para a esquerda, segurando o tecido com a mão esquerda e com uma flor na mão direita, S C/SPES AVGVSTA (*Senatus Consultum/Spes Augusta* = Cunhada com o consentimento do Senado/Esperança Augusta[180])

Fonte: © KBR *cabinet des monnais et médailles*

---

[175] Bibliografia: RIC I² 113; BMC 202. Disponível em: https://opac.kbr.be/LIBRARY/doc/SYRACUSE/20734709. Aceso em: 3 ago. 2022.
[176] Tradução nossa.
[177] Tradução nossa.
[178] Bibliografia: RIC I² 99; BMC 124. Disponível em: https://opac.kbr.be/LIBRARY/doc/SYRACUSE/20734674. Acesso em: 3 ago. 2022.
[179] Tradução nossa.
[180] Tradução nossa.

Figura 45 – Dupôndio[181] de bronze, 41 - 50, Roma, governo de Cláudio, 12.25 g, 28,4 mm de diâmetro. Anverso: busto de Cláudio voltado para a direita, TI CLAVDIVS CAESAR AVG P M TR P IMP (*Tiberius Claudius Caesar Augustus Pontifex Maximus Tribunicia Potestate Pater Patriae Imperator* = Comandante Tibério Cláudio César Augusto, Sumo Pontífice, investido no Poder Tribunício e Pai da Pátria[182]). Reverso: Ceres ou Lívia como Ceres (?), com a cabeça velada, sentada à esquerda em trono ornamentado, mão direita com espigas de milho e mão esquerda com uma longa tocha ou cetro, S C/ CERES AV[GUSTA] (*Senatus Consultum* /Ceres Augusta = cunhada com o consentimento do Senado/Ceres Augusta[183])

Fonte: © KBR *cabinet des monnais et médailles*

Nos três últimos exemplares do governo de Cláudio, com o imperador nos anversos, os reversos de cada moeda possuem uma figura feminina diferenciada uma da outra. A primeira moeda mostra a deidade Libertas, mas, como a legenda é LIBERTAS AUGUSTA, se levanta uma dúvida sobre se essa imagem é Lívia personificada de *Libertas*. A segunda moeda possui no reverso outra figura feminina, que a legenda demonstra ser Spes Augusta, trazendo a mesma dúvida da moeda anterior. Do mesmo modo, o terceiro exemplar é uma moeda que, no seu reverso, há outra figura feminina, que, pela legenda, se presume ser Ceres ou a personificação de Ceres como Lívia, devido à legenda CERES AUGUSTA. Nos três exemplares, é difícil observar uma característica física que fosse vinculada com Lívia. De outra forma, ela sempre foi associada a várias deusas ligadas à fertilidade, principalmente a Ceres. Todavia, há de se questionar se essas moedas foram feitas mesmo em homenagem a ela, com a personificação dela como essas deusas, ou seria algo corriqueiro de se cunhar e que a celebração não fosse à Lívia, mas à casa de Augusto.

Além disso, a identificação de Lívia com outras deusas continuou nas províncias, assim como sua personificação como Hera, que permaneceu

---

[181] Bibliografia: RIC I² 94; BMC 136. Disponível em: https://opac.kbr.be/LIBRARY/doc/SYRACUSE/20734684. Acesso em: 3 ago. 2022.

[182] Tradução nossa.

[183] Tradução nossa.

em moedas de Tarso. Em Atenas, ela ganhou um epíteto ligado ao nome de Hera, que sugere a *Providentia* romana, revelando que, onde Lívia não era identificada divinamente, era associada com uma deusa (Grether, 1946, p. 241-242). *Providentia* era conhecida como aquela que via o futuro. Ela aparecia segurando um cajado apontando para um globo em seus pés e um cetro (Sear, 2000, p. 40).

O tema sobre a perpetuação dinástica sempre esteve atrelado às representações de Lívia e, em várias cidades das províncias do Leste e Oeste, ela foi referida como divina, Θεα, no Leste da Grécia, ou Θεα ΣΕΒΑΣΤΑ, em Koion, Creta, expressão que estava relacionada ao tipo de moeda da *Iustitia* de Roma, dos anos 20s d.C. Ainda, há o fato de Lívia ter sido associada a várias deusas mães, assim como Hera, pela tiara, Demeter, pelas espigas de grãos e suas equivalentes romanas, como Juno e Ceres. Consequentemente, um aspecto divino já era combinado a Lívia desde o período de Augusto, mesmo antes de ser deificada por Cláudio, em 42 d.C. (Harvey, 2020, p. 135-136).

Figura 46 – Moeda[184] com busto de Cláudio à esquerda no anverso, 5,09 g, TI KLAYDIOS KAISAR GERMA ΣΕΒΑΣ (Tibério Cláudio César Germânico Augusto[185]). No reverso, encontra-se o busto de Lívia, com legenda: Θεα ΣΕΒΑΣ (Deusa Augusta[186])

Fonte: cortesia do *WildWinds*

A associação de Lívia com Demeter era menor do que com Hera no Leste Helenístico grego, mas a ligação com a equivalente de Demeter em Roma, que seria Ceres, foi bem estabelecida com Lívia dentro da ideologia imperial do período de Augusto, o que a fez um símbolo relacionado à prosperidade e fertilidade. Além disso, sua associação com Demeter/Ceres

---

[184] Número de referência: RPC I 1030, SNG Cop 574; BMC 6. Disponível em: https://www.wildwinds.com/coins/ric/claudius/RPC_1030.jpg; texto disponível em: https://www.wildwinds.com/coins/ric/claudius/RPC_1030.txt. Acesso em: 6 ago. 2020.
[185] Tradução nossa.
[186] Tradução nossa.

em esculturas, camafeus e moedas continuou depois que ela foi deificada, ao longo do governo de Cláudio (Harvey, 2020, p. 137).

O fato de Lívia ser associada a diversas deusas em diferentes lugares apresenta também um aspecto identitário nas moedas. A religião opera como algo que pretendia mostrar algum sentido e que demonstraria a experiência humana, além de funcionar como um veículo natural de expressão da identidade. As imagens associadas a deusas ou deuses seguem a recepção local e/ou de Roma, assim como talvez as escolhas das províncias do Leste podem contrastar com as das províncias do Oeste. Notadas as escolhas, pode-se levar em consideração se as imagens representam continuidade, renovação ou invenção. As mitologias utilizadas podem servir para clamar por uma posição em um mundo mais amplo que pode ter como referência um passado compartilhado e com relações articuladas específicas com outras cidades, sendo elas gregas, romanas (Howgego, 2005, p. 2-3 e 6) ou diversas.

A evidência de *Diva Augusta*, em Cirta, África, e altares com dizeres *Pietati Augustae* em sua honra apareceram nessa mesma época. No Leste, o culto a *diva* é facilmente traçado, uma vez que ela foi apresentada como Lívia, até a morte de Augusto, Júlia Augusta, depois da morte dele, e *Diva Augusta*, depois de sua própria morte, mais especificamente depois que ela foi deificada. Resquícios de seu culto aparecem em Aquino, Óstia, Aeclanum, Suasa, Albingaunum, Brescia, Messana, Cirta, Ipsca, Nertobriga, Nîmes (*Nemausus*), Vasio, Narona e Filipos (*Philippi*) (Grether, 1946, p. 247-249).

Mesmo antes de ser deificada, Lívia aparece sendo adorada de forma sagrada, como é indicado pela mensagem em moedas, por meio de Θεα, que também aparece em estátuas da Ágora de Atenas e de Acaia, junto das estátuas dela e de Augusto, além de sua associação com várias deusas, entre elas Ceres e Juno, dando-lhe o significado de "deusa mãe" por seu papel de mãe da família imperial. Os papéis de esposa e de mãe eram vistos como elementos-chave na manutenção do imperador (Harvey, 2020, p. 160).

Em Córdoba e na Bética, parece ter tido resquícios do culto imperial, com estátuas de Cláudio, Augusto como Júpiter e Lívia como Ceres ou Juno (Fishwick, 1991 p. 77-78 e 195). Outra importante figura de Lívia sentada, segurando uma cornucópia, muito parecida com aquelas das moedas de *Irippo*, foi encontrada em *Iponuba*, Bética, durante o final do período de Augusto ou início do período de Tibério, o que evidencia o culto em honra a Lívia, que também pode ser verificado em outras regiões das províncias da Espanha, assim como em cidades como Emerita, em *Lusitania*, que estabeleceram o primeiro culto a

Augusto e depois acoplaram o de Lívia (Fishwick, 1991, p. 245). Pode-se contar também com evidências de estátuas de culto à Lívia em Tarraco e Ampúrias (Fishwick, p. 276; Bartman, 2001, p. 168-169 apud Harvey, 2020, p. 143).

Na África, ela é associada com Juno e Ceres, em Ea (*Oea*) e Tapso (*Thapsus*), e com Ceres em Léptis Magna, além de contar com parte significante do culto imperial a Augusto, Roma e outros membros da família, tendo uma estátua de Lívia como Ceres em um templo para Ceres Augusta, de 35 d.C., alguns anos depois de sua própria morte. Na Gália, vasilhas atestam o culto imperial, mas a adoração de Lívia veio somente depois de sua deificação (Barrett, 2001, p. 209, 223), e esculturas e inscrição em homenagem a ela, como esposa do deificado Augusto e mãe de Tibério, aparecem em Malta (*Gaulus Insula*) (Harvey, 2020, p. 143).

O culto à Lívia esteve atrelado ao culto de Augusto, principalmente em várias partes da Ásia, onde houve maiores referências a ela e onde os templos a Augusto foram erigidos, para a adoração de Augusto ou Augusto e Roma, assim como Mitilene, Assos, Cízico, Pérgamo, Éfeso, Sardis, Tralles, Alabanda, Afrodísias e Esmirna, onde também houve moedas e inscrições em homenagem à Lívia. A tradição do Helenista de celebrar mulheres da realeza, como as rainhas Dynamis e Pitodoris, de Pontus (*Bosporan*), que em retorno mostravam sua gratidão, levou tanto à celebração de Augusto quanto de Lívia (Kearsley, 2005, p. 100-101). Além disso, Pitodoris teve duas cidades, Sebastia e Liviopolis, que claramente trocaram seus nomes em honra a Lívia. Em Ersus, em Lesbos, foi construído um templo para Augusto, Lívia, Caio e Lúcio; um pórtico com estátuas de Augusto e Lívia, além de um santuário em Éfeso, contando também com um templo para Tibério, Lívia e o Senado em Esmirna, que foi comemorado em moedas da cidade (Harvey, 2020, p. 140) e muito mais.

Lívia não era somente considerada divina, mas também uma benfeitora, adorada com os dizeres Θεα ενεργετις, que significam "benfeitora divina", ou seja, um modelo ideal de matrona romana (Kearsley, 2005, p. 107), que se fez com um caráter ligado à instituição imperial (Harvey, 2020, p. 140 e 144). Dessa forma, deve-se tomar consciência de que, provavelmente, os atos de Lívia e suas honrarias vieram junto da lembrança de suas ações, que, possivelmente, foram ligadas ao Patronato.

5.1.4. Lívia e outros governantes

Geralmente, o culto a Lívia não era executado em Roma, mas comprovado em outras províncias do Leste por numerosas inscrições que mostram a existência de honras a Júlia Augusta. O que parece era que os sacerdotes do culto de Augusto eram sacerdotes do culto de seu *Genius* e que sacerdotes e sacerdotisas de *Julia Augusta* seriam devotos do culto a Juno, assim como em algumas moedas de Tibério. Na ilha de Gozo (*Gaulos*), ela era vista como Ceres, e seu culto era em nome dessa deusa; já em cidades italianas, ela foi encontrada como *Ceres Augusta* (Grether, 1946, p. 239).

A associação do culto de Lívia com o de Augusto fez com que essa cerimônia fosse repetida por um tempo prolongado, assim como suas honrarias. Em relação a Galba, por exemplo, em suas moedas, Lívia aparece como *Diva Augusta*, reconhecendo-a como deusa e uma importante ancestral; durante o governo de Tito, ela aparece como *Iustitia* e *Pietas*. Já durante o governo de Antonino Pio, em 159 d.C., o templo de *divus Augustus* foi reformado e recebeu uma estátua dela (Grether, 1946, p. 251; Harvey, 2020, p. 121).

Depois da morte de Nero, a memória da família Júlio-Claudiana, em particular de Augusto, foi um importante critério que apareceu em moedas. A iconografia, elementos e legendas foram adaptados e mesmo restaurados. Vitélio representou seu pai em moedas empregando a iconografia Júlio-Claudiana; e Vespasiano não utilizou um ancestral, mas elementos da iconografia Júlio-Claudiana. Quem também fez essa utilização foi a família Flaviana, Tito e Domiciano (Claes, 2013, p. 129).

Figura 47 – Denário de prata[187], da Catalônia, província de Tarragona, cidade de Tarraco, Espanha. Anverso: busto laureado de Galba, voltado para a direita, com legenda: SER GALBA IMP CAESAR AVG TR P (*Servius Galba Imperator Caesar Augustus Tribunicia Potestate* = Comandante Sérvio Galba César Augusto investido no Poder Tribunício[188]); reverso: figura drapeada de Lívia, voltada para a esquerda, com uma *patera* na mão direita e um cetro na vertical na mão esquerda, legenda: DIVA AVGVSTA

Fonte: © *The Trustees of the British Museum*

Esse denário celebra o governo de Galba e homenageia Lívia em seu reverso, com uma imagem para fortalecer o poder do imperador, uma vez que a representação de Lívia aparece com uma *patera* na mão, que pode ser interpretada como um símbolo de fertilidade, de abundância agrícola e de um governo próspero. O cetro e o diadema na cabeça ligá-la-iam à sabedoria, religiosidade e/ou *pudicitia*. Acrescenta-se que a longevidade em se homenagear Lívia estaria associada a um respeito prolongado de sua pessoa, além de ser o resultado da expectativa em guardar a memória de uma personagem tão importante, o que sugere alta aceitação de sua representação tanto em períodos em que ela era viva quanto posteriormente.

---

[187] Número de referência do museu: 1928,0120.128. Referências bibliográficas: RIC1 / The Roman Imperial Coinage, vol. 1 (52, p. 235). Disponível em: https://www.britishmuseum.org/collection/object/C_1928-0120-128. Acesso em: 16 ago, 2020.

[188] Tradução nossa.

Figura 48 – Áureo[189], de 68 a 69 d.C., Roma, 7,19 g, 19,7 mm de diâmetro, Roma. Anverso: busto drapeado de Galba voltado para a direita, SER GALBA CAESAR AVG (*Servius Galba Caesar Augustus* = Sérvio Galba César Augusto[190]). Reverso: Lívia com diadema na cabeça, segurando uma *patera* e cetro na mão esquerda, DIVA AUGUSTA

Fonte: © KBR *cabinet des monnais et médailles*

Esse último exemplar é um áureo, que traz semelhanças com o denário anterior. Entretanto, no anverso, o busto de Galba aparece drapeado com a legenda o homenageando, enquanto Lívia aparece no reverso segurando uma *patera* e um cetro, além de possuir um diadema na cabeça, em um simbolismo baseado na deusa Vesta, atrelando-a à *pudicitia* e homenageando-a como sua ancestral.

Figura 49 – Dupôndio[191] de bronze, de 68 a 69 d.C., 14,41 g, 28,9 mm de diâmetro, Roma. Anverso: busto drapeado de Galba à direita, IMP SER SVLP GALBA CAES AVG TR P (*Imperator Servius Sulpicius Galba Caesar Augustus Tribunicia Potestate* = Comandante Sérvio Sulpicio Galba César Augusto no Poder Tribunício[192]). Reverso: Lívia (?), PAX AUGUSTA

Fonte: © KBR *cabinet des monnais et médailles*

---

[189] Bibliografia: RIC I² 142; BMC 309; *du Chastel* 420 (*Collectie du Chastel*). Disponível em: https://opac.kbr.be/LIBRARY/doc/SYRACUSE/20735172. Acesso em: 25 jul. 2022.
[190] Tradução nossa.
[191] Bibliografia: RIC I² 323; BMC 132. Disponível em: https://opac.kbr.be/LIBRARY/doc/SYRACUSE/20735225. Acesso em: 25 jul. 2022.
[192] Tradução nossa.

O último dupôndio, com Galba no anverso, apresenta uma figura no reverso que pode ser uma personificação de Lívia como Pax. No entanto, há dúvida sobre se é Lívia e se é mais uma homenagem a ela, uma vez que a legenda não a nomeia como *Julia Augusta* ou *Diva Augusta*, mas como *Pax Augusta*. Todavia, os elementos da imagem no reverso estão com características que sempre foram atreladas a Lívia, como a *patera* e o cetro. Outro exemplar que segue a mesma dúvida é um sestércio do governo de Galba que possui *Concordia Augusta* no reverso.

Figura 50 – Sestércio[193] de bronze, 68 - 69 d.C., 25,92 g, 36,9 mm de diâmetro, Roma. Anverso: cabeça de Galba com coroa de louros à esquerda, SER GALBA IMP CAESAR AVG PON MA TR P (*Servius Galba Imperato Caesar Augustus Pontifex Maximus Tribunicia Potestate* = Comandante Sérvio Galba César Augusto Sumo Pontífice investido no poder tribunício). Reverso: Lívia (?) como Concórdia, CONCORD AUG / S C (*Concordia Augusta/ Senatus Consultum* = Concórdia Augusta/Cunhada com o consentimento do Senado[194])

Fonte: © KBR *cabinet des monnais et médailles*

O último exemplar possui Galba no anverso, com o busto voltado para a esquerda e, aparentemente, Lívia no reverso como Concórdia. A figura feminina com uma roupagem, sentada à esquerda, possui elementos que comumente acompanham Lívia e as deusas por meio das quais ela é personificada: como o ramo, que sempre simboliza fertilidade, abundância, sucesso agrícola e dinástico; além do cetro e do diadema na cabeça, que a associam à religiosidade ligada à Vesta. Contudo, Lívia foi um modelo a ser seguido por outras mulheres imperiais, assim como Agripina Menor, que também teve o título de Augusta. Esse título e mesmo as imagens dessas mulheres em moedas foram utilizados para um contexto político, e não econômico.

---

[193] RIC I² 384 v.; BMC 56; *du Chastel* 423 (*Collection du Chastel Collectie du Chastel*). Disponível em: https://opac.kbr.be/LIBRARY/doc/SYRACUSE/20735208. Acesso em: 25 jul. 2022.

[194] Tradução nossa.

Tanto Cláudio como Galba viam Lívia como sua ancestral divina, uma vez que Cláudio a tinha como avó e Galba parece ter recebido favores de Lívia no início de sua carreira, ou uma grande quantidade de dinheiro, e reivindicava ser relacionado a ela por intermédio de sua mãe adotiva, Lívia Ocelina, que também dizia ser conectada a ela, ou ela seria uma parente distante, uma vez que essa foi a desculpa para Galba legitimar seu governo como aquele que era ligado ao primeiro *princeps*, Augusto, depois da queda de Nero, marcando o fim da dinastia Júlio-Claudiana. No entanto, sempre pairou uma dúvida relativa à ligação de Galba com a família Júlio-Claudiana (Harvey, 2020, p. 124). Nesse momento, era relevante que cada candidato a imperador tivesse alguma ligação com a família Júlio-Claudiana, depois da morte de Nero. A imagem de Lívia foi cunhada em ouro, prata e bronze em casas de moedas de Roma e outra casa de moeda desconhecida, da Espanha, que provavelmente era Tarraco. Galba se colocava como descendente direto pela nomenclatura de seu nome que ficou, Lúcio Lívio Galba Augusto, além de assumir o título de *Caesar* e de continuar o culto a Augusto, Lívia e Cláudio. Contudo, em suas moedas, ele apenas celebrou Lívia (Claes, 2013, p. 113-114).

Figura 51 – Áureo[195], Roma, 75 a 79 d.C. Anverso: cabeça laureada e com barba de Domiciano, CAESAR AVG F DOMITIANVS (*Caesar Augusti Filius Domitianus* = Domiciano César, filho de Augusto[196]). Reverso: Ceres em pé, segurando espigas de milho com a mão direita e um cetro na mão esquerda, CERES AVGVST (Ceres Augusta) (Brennan, Turner; Nicholas, 2007, p. 28)

Fonte: © *American Numismatic Society*

O último exemplar é do governo de Domiciano, datado de 75 a 79 d.C., em Roma, para promover o imperador, pois era jovem e de uma nova família imperial. Ele tinha Tibério como modelo imperial, mas era chamado de o "Nero

---

[195] RIC II, Part 1 (second edition) Vespasian 975. Disponível em: https://numismatics.org/ocre/id/ric.2_1(2).ves.975. Acesso em: 7 dez. 2022.
[196] Tradução nossa.

careca". Contudo, as mazelas imperiais, como traições, espionagens, informantes, espiões, passaram de Roma às províncias (Brennan; Turner; Wright, 2007, p. 28). A moeda demonstrada aqui traz algo relativo ao governo de Galba, que tinha uma adequação à família Júlio-Claudiana, homenageando Augusto como seu predecessor. No entanto, a moeda parece procurar algo relativo à Lívia em seu reverso, com a presença de Ceres e com o aditivo na legenda de AVGVST, lembrando as personificações anteriores da imperatriz como a deusa.

Figura 52 – Dupôndio[197], em liga de cobre, de 80 - 81 d.C., 14,39 g, do governo de Tito, de Roma. Anverso: busto de Lívia; legenda: PIETAS. Legenda maior do reverso: S C (*Senatus Consultum*), legenda menor: IMP T CAES DIVI VESP F AVG RES[T] (*Imperator Titus Cæsar Divi Vespasiani Filius Augusti Restituit* = O comandante Tito, filho do divino Augusto Vespasiano, foi restaurado[198])

Fonte: © *The Trustees of the British Museum*

Tito deve ter tido algo semelhante a Galba para homenagear Lívia na cunhagem desse dupôndio, em que ela aparece no anverso como a figura principal da moeda. Entretanto, seu anverso celebra o governo de Tito e sua cunhagem é, ainda nesse período, consentida pelo Senado. Dessa forma, a imagem de Lívia apresenta grande recepção em tempos posteriores de sua vida. A homenagem que a descreve como *pietas* pode vir de um respeito à sua *pudicitia* como matrona romana e às suas virtudes. Tito pretendia ligar a família Flaviana a Julio-Claudiana, em que a cunhagem de moedas pode ter sido um instrumento para que isso acontecesse. Nesse sentido, os imperadores Flavianos começaram a cunhar moedas do mesmo tipo dos da família Júlio-Claudiana para forjarem essa ligação (Claes, 2013, p. 100).

---

[197] Número de referência: 1857,0812.19. Número no catálogo C&M: RE2 (287) (291) (287). RE2 / Coins of the Roman Empire in the British Museum, vol. II: Vespasian to Domitian (291, p. 267) RIC2.1 / The Roman Imperial Coinage, vol.2 part 1: From AD 69 to AD 96: Vespasian to Domitian (426, p. 227). Disponível em: https://www.britishmuseum.org/collection/object/C_1857-0812-19. Acesso em: 18 ago. 2020.

[198] Disponível em: https://www.biddr.com/auctions/cgb/browse?a=924&l=981372. Acesso em: 18 ago. 2020.

Figura 53 – Dupôndio[199], moeda de liga de cobre, de 80 - 81 d.C., do governo de Tito, de Roma. No anverso, está o busto drapejado de Lívia como *Iustitia*, legenda: IVSTITIA; no reverso, há uma legenda maior, SC (*Senatus Consultum*) e uma menor, IMP T CAES DIVI VESP F AVG REST (*Imperator Titus Cæsar Divi Vespasiani Filius Augusti Restituit* = Comandante Tito, filho do divino Augusto Vespasiano, foi restaurado[200])

Fonte: © *The Trustees of the British Museum*

Nesse dupôndio, também do governo de Tito, há a celebração em homenagear Lívia, em seu anverso. Nessa moeda, ela aparece como *Iustitia*, uma representação que também pode estar ligada ao respeito por Lívia e à sua *pudicitia* como matrona romana, além de outras virtudes, continuando com a demonstração de uma homenagem prolongada a uma mesma pessoa.

---

[199] Número de referência: R.11263. Número no catálogo C&M: RE2 (287) (289) (287). Bibliografia: RE2 / Coins of the Roman Empire in the British Museum, vol.II: Vespasian to Domitian (289, p. 287) RIC 2.1 / The Roman Imperial Coinage, vol. 2 part 1: From AD 69 to AD 96: Vespasian to Domitian (424, p. 227). Disponível em: https://www.britishmuseum.org/collection/object/C_R-11263. Acesso em: 18 ago. 2020.

[200] Disponível em: https://www.biddr.com/auctions/cgb/browse?a=924&l=981372. Acesso em: 18 ago. 2020.

Figura 54 – Sestércio[201] de bronze, 79-81 d.C., 10,75 g, 26 mm de diâmetro. Roma. Anverso: rosto radiado de Tito à esquerda, IMP T CAES VESP AVG P M TR P P P COS VIII (*Imperator Titus Cæsar Vespasianus Augustus Pontifex Maximus Tribunicia Potestate Pater Patriae Consul Octavum* = Comandante Tito César Vespasiano Augusto, Sumo Pontífice, investido no Poder Tribunício, Pai da Pátria e Cônsul pela oitava vez[202]). Reverso: Salus sentada voltada para a esquerda com uma *patera* na mão direita, SALVS AVG S C (*Salus Augusta/Senatus Consutum* = Salus Augusta/cunhada com o consentimento do Senado[203])

Fonte: © KBR *cabinet des monnais et médailles*

No governo de Tito, também foi cunhada uma moeda que possuía em seu anverso a Salus Augusta, o que também ocorreu no governo de Antonino Pio. Tais moedas lembram aquelas cunhadas em homenagem a Lívia, no período de Tibério. Contudo, tanto essa como as moedas de *Iustitia* e *Pietas* causam dúvidas se elas são realmente homenagens à Lívia, ou simplesmente alusões às deusas, posto que, em suas legendas, não é elencado de forma direta o seu nome. O título *Augusta* também causa dúvidas, pois Tito também teve uma filha que levou o nome de IVLIA AVGVSTA. Porém, o próprio nome da filha de Tito poderia ter sido uma homenagem a Lívia. Entretanto, depois de Lívia, outras imperatrizes também receberam o título de Augusta, como Agripina Menor e Faustina. Nesse período, também houve a cunhagem de uma moeda com Tito no anverso e Pax[204] no reverso, como uma figura feminina sentada, que causa as mesmas dúvidas, pois a legenda do reverso se apresenta como PAX AVG. Para adicionar, há ainda as mesmas questões concernentes a G na legenda do reverso, desde o período de Nero[205] e

---

[201] Bibliografia: RIC, II, 204. Número de chamada: 2B48 / 22. Proveniência: Don Tinchant. Disponível em: https://opac.kbr.be/LIBRARY/doc/SYRACUSE/10043561. Acesso em: 26 jul. 2022.

[202] Tradução nossa.

[203] Tradução nossa.

[204] Bibliografia: RIC II 551; BMC 110 (Trésor de Braibant Schat van Braibant). Disponível em: https://opac.kbr.be/LIBRARY/doc/SYRACUSE/20735702. Acesso em: 26 jul. 2022.

[205] Bibliografia: RIC I² 48; BMC 61; Thirion 10 (*Trésor de Liberchies; don BNB Liberchies hoard*; gift NBB). Disponível em: https://opac.kbr.be/LIBRARY/doc/SYRACUSE/20734827. Acesso em: 26 jul. 2022.

Tito[206], mas tais iconografias podem ser apenas alusões à deidade. O mais prudente é considerar a referência dessas deusas junto ao título AUGUSTA como algo religioso dentro da iconografia monetária imperial, sem enfatizar a homenagem a Lívia ou a outra mulher da elite romana que poderia ter ganhado o mesmo título.

Figura 55 – *Cesareia Panias*. Bronze. Autoridade emissora: Felipe I. Anverso: bustos conjugados de Augusto, laureado, e Lívia, à direita. Legendas em grego, KAICAPI CEBACTW (*Augustus Caesar*). Reverso: fachada de templo tetrastilo construído sobre plataforma alta (o *Augusteum* em *Panias*); colunas com capitéis jônicos, dois círculos concêntricos no centro. Pequeno pedimento. Legenda: FILIPPOY TETPAPXOY (Filipe Tetrarca)[207]

Fonte: (Porto, 2018, p. 147)

Essa moeda de *Cesareia Panias*, governo de Felipe I, faz menção ao culto imperial com a representação da família imperial, visto que Augusto se encontra junto a Lívia no anverso. Além disso, o culto imperial se estendia por toda a família imperial, resultando em diversos cultos que eram expandidos a toda a família, de modo que esposas e filhas eram elevadas ao *status* de *diuae*. No reverso da moeda, pode-se observar um templo dedicado a Augusto, demonstrando o culto imperial promovido por Herodes, o Grande. Augusto se esforçou para que as reconstruções de templos antigos e novos fossem aproximadas de sua imagem. Herodes, desse modo, promoveu o culto ao imperador no Oriente, servindo a Roma, das mais diversificadas formas (Porto, 2018, p. 148).

O que se pode concluir de Lívia é que a posição que ela alcançou foi fundamental para a mudança social na posição das mulheres imperiais. A transformação de seu *status* começou ao ser adotada por Augusto e ao lhe ser

---

[206] Bibliografia: RIC 320, BMC p. 93, RIC² 1416 (*Coll. du Chastel*).
[207] Referência: Meshorer TJC 100 (Porto, 2018, p. 147).

concedido o título de Augusta, que provavelmente aconteceu pela recusa de Tibério em receber tal título e quando as tensões de poder e gênero iniciaram-se, na medida em que o título compunha parte de um sistema imperial colocado por Augusto. Ao que parece, o Senado aprovava, de modo que essa instituição seguiu em um sentido a favor do primeiro *princeps*, que seria a continuação do sistema pela transmissão dinástica, o que Tibério parecia ser contra, tendo o Senado possivelmente visto em Lívia a sua continuação. Dessa forma, o Senado vangloriou Lívia, a qual foi sacerdotisa do culto de Augusto e ainda recebeu direitos Vestais.

O fato de ser atrelada às Virgens Vestais ou à religião seria a única maneira de ela obter uma "institucionalização" de seu papel público, pelo fato de a atividade religiosa ter sido um aspecto aceitável para a vida das mulheres e a execução das atividades públicas de Lívia. Os rituais públicos eram tomados como um benefício a todo o Estado, de modo que Lívia era vista como uma garantia à prosperidade de Roma (Takács, 2008, p. 23). A presença de mulheres no fórum romano, com o intuito de atividades religiosas, geralmente não atraía comentários favoráveis ou desfavoráveis. No entanto, mulheres envolvidas em questões sociais e políticas não eram bem vistas (Boatwright, 2011, p. 112). Tal posição de Lívia seria pertinente, uma vez que Tibério poderia ter sido considerado um governante fraco, ou que não tinha a intenção de continuar o sistema imperial de acordo com Augusto, sendo que Druso, seu irmão, que morreu de maneira prematura, poderia ter sido o mais cogitado para o cargo. Entretanto, Druso deixou um filho chamado Germânico, amado como o pai, que aparentemente viu seu fim nas mãos de Tibério e, ocasionalmente, de Lívia.

Nessa perspectiva, pode-se rematar que a posição de viúva de Lívia, com o filho imperador, trouxe-lhe regalias nunca dantes comprovadas para uma mulher imperial, obtendo, dessa forma, o ponto máximo de poder alcançado por uma mulher da elite romana, principalmente depois da deificação de Augusto. O *status* dessas mulheres e sua autoridade cresciam na família depois que elas se tornavam mães, principalmente se fosse de um filho homem. A autoridade delas crescia ainda mais quando elas se tornavam viúvas, pois poderiam exercer grande poder sobre os filhos, apesar da falta legal da *potestas* sobre eles. Nesse contexto, era mais por meio dos filhos do que pelo próprio marido que tais mulheres conseguiam exercer um poder político. Como viúvas e mães de imperadores, as mulheres da elite romana em geral começaram a chegar ao centro das atenções, administrando seus próprios negócios, supervisionando a educação de seus filhos, ocupando uma posição de respeito em suas famílias e publicamente, tendo em vista que elas poderiam fazer uso público de suas riquezas como matronas (Hemelrijk, 1999, p. 15).

Contudo, Lívia mostrou o caminho a ser seguido por outras mulheres imperiais posteriores, que não deixaram de tomá-la como exemplo, como Agripina Menor. Essa idealização do poder também foi um artifício para que Tácito escrevesse que possivelmente a esposa do imperador Cláudio poderia tê-lo matado para alcançar tal *status*.

Capítulo 6

Agripina Maior e sua importância póstuma

Agripina Maior (14 a.C. - 33 d.C.) compõe a terceira geração de mulher imperial, nascida de Júlia, filha de Augusto, que foi casada com Cláudio Marcelo, que morreu em 23 a.C., logo, casou-se com Marco Vipsanio Agripa, em 21 a.C., competente comandante militar e velho amigo de seu pai, Augusto, com o qual Júlia teve cinco filhos: Caio César (20 a.C.); Lúcio César (17 a.C.); Agripa Póstumo (nascido depois da morte de seu pai, 12 d.C.); Júlia (19 a.C.); e Vipsânia Agripina (14 a.C.), conhecida como Agripina Maior, para se distinguir de sua filha, Agripina Menor (Burns, 2007, p. 41). Agripina perdeu seu pai com dois anos e viu sua mãe sendo banida por Augusto com dez anos, além disso, com vinte e dois anos, ela viu seus irmãos, Júlia e Agripa, tendo o mesmo destino de sua mãe (Burns, 2007, p. 41).

Agripa, seu pai, era um construtor, o qual elaborou o Panteão de Roma, reformado pelo imperador Adriano; construiu a ponte e o aqueduto de Nîmes (*Nemausus*), Gália, atual *Pont du Gard*, *Nîmes*, França. Ele foi conhecido por sua coragem, sabedoria e natureza modesta, além de ser um benfeitor público, que incluiu casas de banhos, as quais eram livremente abertas, sem nenhuma cobrança para o público de Roma, continuando a funcionar mesmo após sua morte (Burns, 2007, p. 42).

Júlia, sua mãe, teve um relacionamento espinhoso com Lívia, avó de seu marido, Germânico, nascido em 15 a.C., filho de Druso, que Agripina desejava ver no trono, o qual Lívia dissimulou Augusto para não adotar (Barrett, 2002, p. 54-55). Agripina se casou com Germânico, seu primo segundo, por volta de 4/5 d.C., aos 17 ou 18 anos. Ele era filho de Antônia e do filho mais novo de Lívia, Druso (Burns, 2007, p. 42). Germânico foi adotado por Tibério e, provavelmente, um ano depois, se casou com Agripina, obtendo os mesmos direitos e relações que o filho legítimo de Tibério, Druso (Barrett, 2002, p. 56). Tiveram nove filhos, os quais apenas seis sobreviveram: Nero (6 d.C.); Druso (7/8 d.C.); Caio (Calígula, 12 d.C.); Agripina Menor (15 d.C.); Drusila (16 d.C.); e Júlia Livila (17/18 d.C.) (Burns, 2007, p. 42). Consequentemente, Agripina se tornou ativa dentro da carreira de seu marido e se preocupou com sua própria imagem pública (Zager, 2014, p.

82), pois sabia que ela poderia providenciar uma linhagem com o sangue de Augusto, contando com seu frutífero casamento (Barrett, 2002, p. 56 e 119).

De acordo com os *Anais* de Tácito, ela foi caracterizada de início como "determinada", o que era uma boa característica, adicionada à fidelidade ao marido. Foi elogiada pelo autor como inteligente e educada, descrição que mudou ao longo da narrativa, quando o autor passou a caracterizá-la como uma mulher feroz, raivosa, violenta e emotiva (Tac. *Ann.* 1.33; 1.69; 4.12; 4.52; 4.51-2; 5.3 e 6.25). Tácito retrata a performance dessas mulheres imperiais, assim como Lívia, mulher de Augusto, que a descreve como a sogra má, apontando que ali havia um ciúme feminino, porque, segundo ele, Lívia sentia a amargura de sogra em relação a Agripina Maior (Tac. *Ann.* 1.33).

O marido de Agripina, Germânico, passou a ser amado pela população por muitos motivos, mas, principalmente, pelo fato de que começou a ser como um advogado para várias pessoas, ao defendê-las tanto perante o próprio Augusto quanto perante outros juízes (Cass. Dio, *Roman History* 56. 24. 7). Germânico se envolveu na conquista das tribos germânicas, a qual tinha iniciado no final do período de Augusto, que fez os filhos de Lívia, Tibério e Druso importantes generais. Entretanto, em 9 d.C., essa empreitada começou a cambalear (Burns, 2007, p. 42).

Tudo se iniciou quando Publio Quintílio Varo liderou três legiões, através da Floresta Teutoburg, na Germânia, e foi surpreendido por uma emboscada liderada por um chefe de tribo, Armínio, que aniquilou as forças romanas (Suet. *Aug.* 23.1; Cass. Dio, *Roman History* 56.19-23). Após esse acontecimento, um novo general foi convocado, Germânico, para controlar a situação (Tac. *Ann.* 1.3), mas, mesmo contornando o problema, as fronteiras ainda eram precárias, principalmente pelo fato de as tropas romanas começarem a perder a confiança no Exército romano, depois do ocorrido com Armínio (Cass. Dio, *Roman History* 56.23.1-4, 57.5.4). Os soldados da província, de onde hoje é a Alemanha, perceberam que Germânico era como um César e muito superior a Tibério, mas apresentou as mesmas exigências, porém foi saudado como um imperador (Cass. Dio, *Roman History* 57.5.1).

Na primavera de 14 d.C., Agripina estava grávida e se juntou à viagem de seu marido pela Gália, em que Germânico comandou oito legiões, que ficou estacionada ao longo do Rio Reno, ou seja, na fronteira entre o Império romano e os chamados "bárbaros" da Germânia. Depois de dois meses, seu filho Caio foi enviado por Augusto (Suet. *Calig.* 8.4). Como mascote das tropas, Caio ficou mais conhecido como Calígula entre os soldados (Tac. *Ann.* 1.41), posto que foi criado em grande parte no acampamento e usava botas militares em vez de sandálias, comumente usadas na cidade (Cass. Dio, *Roman History* 57.5.6).

Durante esse período, houve a morte de Augusto (14 d.C.), sucedido por Tibério, o qual Augusto forçou que adotasse Germânico, fazendo-o marido de Agripina, o primeiro na linhagem do trono, porque era mais velho do que o próprio filho de Tibério, Druso (Suet. *Tib.* 15; Suet. *Calig.* 1; Cass. Dio, *Roman History* 55.13.3).

Antes de ser imperador, Tibério era respeitado como soldado e temido como comandante (Burns, 2007, p. 44). Dião Cássio menciona que Germânico já era visto como um rival de Tibério, uma vez que o considerou à espreita da soberania ou por ser excelente por natureza (Cass. Dio, *Roman History* 57.13.6). Germânico adquiriu reputação, principalmente por sua campanha contra os germânicos, que infligiu uma derrota esmagadora aos "bárbaros", coletou e enterrou os ossos daqueles que haviam caído junto a Varo, o que o levou a reconquistar os estandartes militares romanos (Cass. Dio, *Roman History* 57.18.1).

Depois que Tibério se tornou imperador, um motim estourou entre os soldados romanos, que passaram a demandar um trabalho mais leve, salários mais altos e dispensas aos veteranos. A reação foi grande, em que eles até começaram a atacar os oficiais, jogando-os no Reno (Tac. *Ann.* 1.31-32). A reação de Germânico foi de sufocar o motim, levando junto Agripina e Calígula, na tentativa de envergonhá-los, o que aparentemente funcionou; mas foi somente Germânico entrar em uma das trincheiras que uma multidão de soldados o cercou, principalmente veteranos que deseja-vam se aposentar (Tac. *Ann.* 1.34-35). Germânico e seus soldados, que ainda estavam do seu lado, ficaram sabendo que as legiões rebeldes planejavam enviar delegações para o resto do Exército de Germânico, incitando-os a se juntarem ao levante. Falava-se até em abandonar a fronteira germânica e saquear as cidades da Gália romana (Tac. *Ann.* 1.35-36).

Tibério instruiu Germânico a liberar os veteranos e a pagar o dobro oferecido por Augusto para os soldados (Cass. Dio, *Roman History* 57.5.3). Os soldados aceitaram a oferta na condição de que eles teriam que ser satisfeitos de forma imediata. Germânico não tinha os fundos naquele momento, mas prometeu entregar logo que os soldados retornassem de seus campos de inverno. Entretanto, somente duas das legiões aceitaram, enquanto as outras duas refutaram. Germânico e seus oficiais tiveram que arranjar dinheiro, entre as taxas recolhidas na Gália, para pagar os soldados (Tac. *Ann.* 1.37), o que aparentemente resultou em uma situação controlada. Todavia, os soldados ficaram sabendo que a carta de Tibério em concordância era um engano, fazendo com que as tropas se rebelassem novamente. Eles colocaram os senadores sob custódia, entraram no quartel de Germânico e confiscaram símbolos do império, como as águias douradas e estandartes (Tac. *Ann.* 1.39). Segundo Dião Cássio, Germânico foi quem redigiu a carta, fingindo ter sido Tibério e, em seguida, lhes deu o dobro do valor do presente deixado por Augusto e dispensou aqueles que estavam além da idade militar (Cass. Dio, *Roman History* 57.5.3).

Consequentemente, foi decidido que Agripina e Calígula fossem levados para fora do campo, pois o que parece é que eles ficariam mais seguros entre os gauleses locais, que provinham mais lealdade a Roma do que os soldados (Tac. *Ann.* 1. 40). Todavia, essa atitude levou o motim ao ápice, com a carruagem cercada pelos soldados, que não os deixaram sair do campo (Tac. *Ann.* 1.41). Dião Cássio menciona que eles conseguiram ir embora de forma segura, mas foram apreendidos pelos soldados. Eles acabaram soltando Agripina, por estar grávida, mas contiveram Calígula, em que uma mudança de ideia fez com que eles soltassem o garoto e se voltassem para alguns dos líderes do motim, chegando até à execução de alguns (Cass. Dio, *Roman History* 57.5.5-7).

A participação de Calígula nesse ato teria tido consequências para o futuro, uma vez que, como imperador, ele fez a tentativa de massacrar os soldados que se rebelaram contra seu pai (Suet. *Calig.* 48). Contudo, parece que a saída de Agripina do campo intimidou os soldados, e Germânico, assim, para lhes dar a chance de se redimirem, convocou-os para atacar os germânicos; para tanto, construíram uma ponte no Reno (Tac. *Ann.* 1.49). Nesse ínterim, a mãe de Agripina morre no exílio, e seu irmão é morto, aparentemente a mando de Tibério (Cass. Dio, *Roman History* 57.18.1 e 57.3.5-6).

Após algumas semanas, Agripina recebe a notícia de uma batalha contra Armínio, que estava se passando nos bosques e de que havia algumas inundações que destruíram fortificações romanas e algumas pontes. Uma parte do Exército, que estava voltando à ponte do Reno, ficou presa em um pântano, e alguns soldados começaram a desertar (Tac. *Ann.* 1.64-68). Outros soldados e civis correram para a ponte do Reno, na fortaleza romana de Castra Vetera, com o intuito de destruir a ponte antes de os germânicos poderem atravessá-la (Barrett, 1996, p. 27; Burns, 2007, p. 56). Nesse momento, Agripina percebeu que a destruição da ponte condenaria à morte qualquer soldado romano que retornasse. Dessa forma, ela se recusou a sair da ponte antes que todos os soldados retornassem salvos. Depois, ela ordenou comida, curativos e roupas para as tropas que voltaram, bem como agradeceu às tropas pela sua coragem (Tac. *Ann.* 1.69).

Tácito aponta que Agripina assumiu os deveres de um general, inspecionando as tropas, atendendo às suas necessidades básicas, além de ela ficar no comando até a volta de Germânico, acrescentando que tudo aconteceu quando ela estava grávida de sete meses. Essa história de bravura fê-la famosa e admirada pelo império. Entretanto, Tibério não gostou da liderança de uma mulher (Tac. *Ann.* 1.69).

A atitude de Agripina Maior, corroborada por Tácito durante essa empreitada dos romanos contra os germanos, demonstra bem um olhar em que o autor, mesmo pelos bons atos dessas mulheres, as resguardou com suspeita. Quando o Exército romano estava sem provisões, Agripina preveniu que a ponte Vetera fosse destruída no Reno e salvou as tropas romanas de serem pegas do lado leste do rio. Alguns, com sua covardia, não teriam ousado esse ato. Tácito a descreve com um espírito heroico, que assumiu os deveres de um general e distribuiu roupas e medicamentos para os soldados; segundo Caio Plínio, da ponte, ela concedeu elogios e agradecimentos às legiões que voltavam. Toda essa atitude causou profunda impressão em Tibério, que, conforme Tácito, pensou que todo esse zelo não poderia existir sem culpa e que não era contra os estrangeiros que ela estaria cortejando os soldados. Para Tácito, ela era uma mulher que ia até as comitivas, atendia a todas as medidas, se aventurava ao suborno e demonstrava, francamente, uma ambição para expor seu filho em uniforme comum de soldado, desejando que ele fosse chamado de César Calígula. Desse modo, Agripina conseguiu ter mais poder com os exércitos do que os próprios oficiais e generais. Uma mulher que dominou um motim em nome do soberano não era algo comum de ser observado, salientou Tácito (Tac. *Ann.* 1.69).

Todo esse movimento de Agripina também salvou seu marido, Germânico. Sua contribuição para o Exército foi crucial, mas enfureceu Tibério, que ficou ofendido com uma mulher transpassando o papel dos comandantes. O gesto de Agripina deve ter ofendido os romanos conservadores, assim como deve ter acontecido com Fúlvia (Barrett, 2002, p. 77 e 82). A atitude de Agripina não pode ser classificada como a de uma mulher que resistiu contra uma sociedade por um outro papel que não fosse aquele pressuposto para tais mulheres da elite romana, mas seus atos são mais bem explicados como uma alternativa da feminilidade (Weedon, 1987, p. 86 apud Moore, 2000, p. 26), dentro de uma lealdade a seu marido, uma vez que apaziguou um motim.

Agripina Maior, assim como Fúlvia, foi criticada por atuar em papéis masculinos. Parte dessa crítica poderia ser explicada pelo fato de elas terem sido mulheres de homens que foram detestados ou invejados e que não demonstraram consideração às virtudes tradicionais femininas. Agripina apresentava traços masculinos indesejáveis, além de um temperamento difícil, obstinado e dominador. Entretanto, foi elogiada por sua castidade incorruptível, lealdade, devoção ao marido e exemplar fecundidade. A mente feminina era pensada como se fosse diferente da masculina, sendo caracterizada como irracional, logo, a mente masculina era associada a bons julgamentos e boa educação. As mulheres que mostravam um julgamento racional eram tidas como aquelas que estivessem ultrapassando as expectativas de seus papéis. No entanto, aquelas que foram conhecidas por sua coragem "masculina" ou seu autocontrole foram tidas como "homens honorários" (Hemelrijk, 1999, p. 86-87).

A atitude de Agripina poderia ter sido mais um motivo para Lívia e Tibério investirem contra Germânico, visto que eles usaram a desculpa de que Germânico teria ideias republicanas, com o intuito de colocar fim ao sistema imperial, com o desejo de restaurar a *libertas*, como seu pai Druso (Tac. *Ann.* 1.33 e 2.82.2; Suet. *Calig.* 3). Germânico terminou seu envolvimento com a Germânia em 17 d.C., quando Tibério o convocou para colocá-lo em um cargo nas províncias do Leste. Dessa forma, a Germânia nunca foi inteiramente conquistada por Roma, e o rio Reno foi sua fronteira até 400 anos depois da morte de Germânico (Burns, 2007, p. 47).

As pessoas do Leste, acostumadas a tratar seus governantes como deuses, saudaram Germânico e Agripina com entusiasmo (Griffin, 1985, p. 214 apud Burns, 2007, p. 48), acrescentando o fato de que Agripina deu à luz Júlia Livila durante a viagem à ilha de Lesbos (Tac. *Ann.* 2.55). O casal parou para descansar na província da Síria, cujo governador romano Cneo Calpúnio Pisão não gostava de Germânico e se sentiu ressentido em ficar sob seu comando. Cneo foi descrito como arrogante, violento, irritável e inflexível (Tac. *Ann.* 2.43). Sua esposa Plancina, de grande riqueza e alta linhagem, também compartilhava seu desgosto por Germânico e detestou Agripina (Tac. *Ann.* 2.57).

Após uma viagem ao Egito, em que Tibério ficou furioso por ele ter ido sem sua permissão (Tac. *Ann.* 2.59; Suet. *Tib.* 52), Germânico volta a Antioquia, na Síria, e descobre que Piso cancelou todas as suas ordens enquanto esteve fora (Tac. *Ann.* 2.69). Nesse contratempo com Piso, Germânico se sente mal e declara que foi envenenado por Piso e Plancina (Suet. *Calig.* 3; Tac. *Ann.* 2.70).

Nas últimas horas de Germânico, ele estava convencido de que havia sido envenenado e de que Piso e Plancina estariam envolvidos. Suetônio e Dião Cássio apontam que Germânico tinha sinais de envenenamento, como manchas escuras em seu corpo e espuma em sua boca (Tac. *Ann.* 2.73; Suet. *Calig.* 1; Cass. Dio, *Roman History* 57.18.9). Implorou para Agripina ser mais diplomática. Tácito fez a associação de Plancina com Lívia, mas deixou algo ambíguo (Tac. *Ann.* 2.71.2-3). Germânico morreu em 19 d.C., aos 33 anos (Suet. *Calig.* 5).

Chama a atenção o fato de Tácito declarar que Germânico pediu que Agripina Maior fosse mais diplomática. Esse conteúdo fica dúbio na obra, mas parece que o autor caracteriza Agripina como uma pessoa descontrolada, enfatizando, por intermédio de Germânico, uma cautela que ela não tinha. Esse tipo de discurso, em que o autor coloca a mulher como alguém sem equilíbrio, também ocorre no texto de Dião Cássio, ao se referir a Fúlvia, mulher de Marco Antônio, quando menciona que César não suportou o temperamento difícil de sua sogra e utilizou isso para demonstrar que estava em desacordo com ela. Acabou por enviar a filha de Fúlvia de volta, com a observação de que ela ainda era virgem, algo que ele confirmou por juramento (Cass. Dio, *Roman History* 48.5.2-5).

De outra forma, as palavras finais de Germânico para Agripina não poderiam ser a demonstração de que sua personalidade fosse difícil, mas um alerta para ela e seus filhos. Entretanto, Tácito coloca isso de forma dúbia, mas, por um lado, ele retrata a fraqueza de Agripina como responsável por sua morte e, por outro, cita que, por meio de seus atos, ela provou seguir a orgulhosa tradição de seus ancestrais, demonstrando coragem e destreza ao cuidar de sua família. Todavia, o autor também relatou que várias pessoas ficaram perturbadas ao ver tal conduta em uma mulher (McHugh, 2011, p. 90), assim como Tibério e Lívia.

Insuficientes para subverter realmente a relação de dominação, esses autores utilizam essas estratégias para resultar em uma confirmação da representação dominante sobre as mulheres como seres maléficos, cuja identidade, inteiramente negativa, era constituída essencialmente de proibições, gerando ocasiões de transgressões que seriam atribuídas a tais mulheres, resultando em uma violência não declarada, invisível por vezes, que se opõe à violência física. Porém, é uma violência simbólica exercida sobre elas pelos homens e que pode abranger várias esferas para difamá-las, desde magia, astúcia, mentira, passividade, amor possessivo da esposa maternal, entre outras temáticas. Contudo, as mulheres, nesses contextos sociais, eram condenadas a dar provas de sua malignidade, geralmente apontada pelo outro sexo. Com isso, tinham que justificar proibições e preconceitos que lhes eram atribuídos diante de uma essência maléfica. Essa é uma trágica lógica construída em uma realidade social que produz a dominação masculina e confirma as representações que a mesma sociedade invoca a seu favor para se exercer e se justificar. Consequentemente, a visão masculina é legitimada de forma contínua pelas próprias práticas que a sociedade determina: suas disposições resultam em um preconceito desfavorável contra o feminino, e, conforme tal lógica social, as mulheres não têm como se desvincular disso, senão confirmar seguidamente tal preconceito (Bourdieu, 1998, p. 44).

Quando reagiam a ele, as tensões eram produzidas e, pelo próprio sistema, as mulheres perdiam espaço, e a difamação ocorria mais uma vez. Essa lógica seria uma maldição, que estava em curso quotidianamente em diversas trocas entre os sexos, sendo as mesmas disposições que levavam os homens a atribuir às mulheres as tarefas inferiores e as providências ingratas, chegando até a culpá-las, caso elas fracassassem nas tarefas que eram deixadas a seu cargo, sem dar crédito a um eventual sucesso (Bourdieu, 1998, p. 44).

Os rumores de que Tibério estaria por trás da morte de Germânico aumentaram quando ele falhou em conceder honras a Germânico como um funeral de Estado; além disso, Tibério interrompeu o luto ao general por considerar que estava muito longo (Tac. *Ann.* 3.6-7). Consequentemente, Agripina não perdeu apenas seu amado esposo, mas também a esperança de se tornar uma imperatriz, para o que se preparou por toda a sua vida (Burns, 2007, p. 51).

Piso chegou a ser acusado pelo Senado romano de conspirador da morte de Germânico (Tac. *Ann.* 3.10-18), passando por um julgamento, mas não teve suporte de Tibério. Consequentemente, Piso cometeu suicídio, cortando sua garganta. Enquanto isso, Lívia interveio para proteger Plancina, a qual deve ter confirmado inimizade a Agripina (Tac. *Ann.* 3.17).

Nesse meio tempo dos acontecimentos com Agripina e Germânico, ao atacar Galo, por ter alguns motivos contra ele, Tibério começou a cortejar Sejano, pois acreditava que esse ministro poderia tornar-se imperador ou desejava aproximar-se dele para, mais tarde, construir uma conspiração contra ele. Sendo assim, propôs-lhe a maior e mais importante parte das honras votadas (Cass. Dio, *Roman History* 58.3.1-2).

De acordo com Suetônio, Agripina lamentava a morte de seu marido, Germânico, e o imperador lhe perguntou o motivo pelo qual ela não reinava e se ela entendia que lhe faziam injustiça. Certa vez, depois da morte de

Germânico, Sejano lhe avisou que ela poderia ser envenenada por algum alimento que Tibério lhe ofereceria, portanto ela deveria evitar a mesa de seu sogro. Consequentemente, ela se sentou à mesa e não tocou na comida. Notando sua atitude, Tibério lhe ofereceu frutas, como um teste, e ela não aceitou, repassando para os escravos (Tac. *Ann.* 4.54). Tibério estava crente de que ela sabia que ele intencionava envenená-la, mas essa cena foi combinada para colocá-la à prova. Acusou-a falsamente de pretender refugiar-se ora ao pé da estátua de Augusto, ora junto ao Exército, acabando por bani-la para a ilha de Pandatária. Sentindo-se injuriado por ela, Tibério arrancou um olho dela com golpes de azorrague, por intermédio de um dos seus centuriões. Ela resolveu morrer de fome, mas Tibério tentou fazer com que ela engolisse os alimentos; por fim, ela não resistiu e morreu. Após esse episódio, Tibério a cobriu de todas as calúnias e propôs incluir seu aniversário no rol dos dias nefastos (Suet. *Tib.* 53).

De outro ponto de vista, a morte de Agripina também pode ser entendida: apenas quatro anos depois da morte de Germânico, morre o filho de Tibério, Druso, não ficando herdeiros diretos vindos do imperador. Consequentemente, Druso e Nero, filhos de Agripina, eram os candidatos para suceder Tibério, o qual, por volta da metade dos seus 60 anos, estava semiaposentado e deixava tudo nas mãos de seu tenente Lúcio Élio Sejano (Burn, 2007, p. 51), que parecia ter interesse pela posição de imperador, uma vez que era suspeito da morte do filho de Tibério e parecia querer acabar com a família de Agripina (Tac. *Ann.* 4.12) e com pessoas próximas a ela. Em 29 d.C., Sejano teve sucesso em persuadir Druso, segundo filho de Agripina, a ir contra ela e seu filho mais velho, Nero. Sejano o convenceu de que, se Nero fosse eliminado, seria ele quem sucederia Tibério. Dessa forma, Druso, junto de Sejano, conspirou contra Nero (Tac. *Ann.* 4.60.5-6). Nero foi acusado de perversidade, e Agripina foi atacada por Tibério, que a acusou de insolência e desobediência (Tac. *Ann.* 5.3). Houve protesto a favor da família de Agripina (Tac. *Ann.* 5.4), mas Tibério desprezou o ato e ordenou que Agripina e Nero fossem exilados. Quando Agripina contestou, ela foi açoitada de tal forma que o soldado bateu nela com tanta severidade que ela perdeu um olho (Suet. *Tib.* 53). Mãe e filho foram exilados em ilhas separadas da costa da Itália. Ela foi para Pandatária, lugar onde sua mãe foi banida há 30 anos (Suet. *Tib.* 64). Suetônio menciona que ela pretendia matar-se, ficando sem comer, porém seus guardas a forçaram a comer (Suet. *Tib.* 53). Em 33 d.C., após quatro anos de exílio, Agripina morre de fome, com 46 anos (Burns, 2007, p. 53).

Tácito a descreve como uma mulher que almejava vingar-se pela morte do marido e, por esse motivo, a caracteriza como uma mulher de alta nobreza (Tac. *Ann.* 2.75). Entretanto, mais tarde, em sua narrativa, Tácito a apresenta como teimosa e raivosa, que, insistentemente, pedia para Tibério lhe conceder um novo casamento. Uma vez, quando Agripina ficou doente, Tibério foi visitá-la, e ela lhe pediu para permitir que ela se casasse novamente, mas talvez ele estivesse atento ao fato de que um novo marido poderia ser um rival em potencial (Tac. *Ann.* 4.53).

Tácito descreve Agripina com a palavra *ferocia*, que normalmente era utilizada para demonstrar um comportamento feroz, raivoso e até selvagem, sendo empregado mais para um homem, como outros adjetivos – *ferox, atrox, contumax* –, indicando uma pessoa voltada para a luta (Tac. *Ann.* 1.69, 4.12, 4.52, 5.3 e 6.25). No entanto, essa seria uma palavra pejorativa quando aplicada a uma mulher (McHugh, 2011, p. 73). Tácito a caracteriza como corajosa, não a descrevendo negativamente como *dux femina*, enquanto ela estava na ponte Vetera (Tac. *Ann.* 1.69), da mesma forma que o autor faz com Boudica, por exemplo.

Nos tempos de Sejano, Tácito menciona que Tibério critica Agripina por sua língua insolente e sua arrogância. Além disso, Tácito utiliza o adjetivo *atrox* para descrever Agripina, que era usado para narrar um conflito entre soldados. A conduta de Agripina era pertinente às virtudes tradicionais de uma mulher, assim como alguns atos de virtudes heroicas, que eram tipicamente considerados masculinos, mas, às vezes, exibidos por mulheres em circunstâncias excepcionais. Contudo, em geral, essas mulheres foram criticadas por motivações políticas (McHugh, 2011, p. 84-87).

Agripina atuou de acordo com a qualidade do serviço de seu pai aos *princeps*, demonstrando uma herança paterna da liderança em batalha. Ela nunca assumiu os deveres de generais e líderes masculinos, embora tenha sido descrita como se tivesse assumido as responsabilidades de um general. Todavia, como viúva, soube assumir sua responsabilidade de matrona, zelando pela sua segurança e dos seus filhos. Agripina não deixou de ter adquirido um *status* público condizente com uma linhagem masculina (Hallett, 1984, p. 339; Hallett, 1989, p. 62-63 apud McHugh, 2011, p. 90).

Toda a divisão do trabalho consiste na relação de que as mulheres engravidam e têm que cuidar da casa. Sendo assim, o corpo é quem anuncia essas separações, pensamento que não foge da realidade e que pode ser utilizado para pensar tal divisão na sociedade da elite romana. Contudo, observa-se que houve uma ordem masculina que foi inscrita nos corpos por meio de injunções tácitas, implícitas nas rotinas da divisão do trabalho ou dos rituais coletivos ou privados. Um exemplo seria a marginalização imposta às mulheres com sua exclusão dos lugares masculinos. Sob esse ponto de vista, chega-se ao pensamento de que as regularidades de ordem física e social impuseram e inculcaram medidas que excluíram as mulheres das tarefas mais nobres, assinalando para elas lugares inferiores, com posturas específicas de corpo, como o de cuidar das crianças (Bourdieu, 1998, p. 34), enquanto os homens governavam, lutavam em guerras e construíam estratégias de conquistas. O foco no corpo levanta imediatamente a questão acerca de como fazer a distinção entre o conhecimento prático e o discursivo (Moore, 2000, p. 19).

Quando Agripina morreu, Tibério anunciou que deveria ter sido mais rigoroso com ela, pois a punição por traição era o estrangulamento ou ser jogada para a morte em um lance de escadas. Tibério fez graves insultos contra ela, acusando-a de cometer adultério com um senador chamado Caio Asínio Galo, que também havia morrido de fome no exílio (Tac. *Ann.* 6.23). Tácito rejeita essa acusação (Tac. *Ann.* 6.25) e critica Tibério, apontando-o como astuto e cruel, um criminoso perverso e um tirano do pior tipo (Tac. *Ann.* 1-6). Suetônio o descreve como um selvagem, um sádico, que claramente sofria de uma severa depressão e uma aversão a si mesmo (Suet. *Tib.* 56-68). Dião Cássio o descreve como peculiar, falso e maldoso (Cass. Dio, *Roman History* 57.1.1-4).

Agripina viu três irmãos, um marido e dois filhos trapaceados em relação aos seus direitos de serem governantes. Dois de seus filhos morreram na prisão antes dela. Contudo, após quatro anos de sua morte, em 37 d.C., seu filho Calígula se torna imperador (Burns, 2007, p. 54). Antes disso, Calígula havia entrado com um punhal na mão no quarto de Tibério, enquanto ele dormia, com o propósito de vingar a morte de sua mãe e de seus irmãos. Todavia, não conseguiu executar o feito, atirando sua arma ao chão e retirando-se sem que Tibério percebesse (Suet. *Calig.* 12).

Ao se tornar imperador, Calígula acabou indo para Pandatária buscar as cinzas de sua mãe e seu irmão, para melhor demonstração do amor filial, e deu o nome de "Germânico" ao mês de setembro. Designou seu tio, Cláudio, colega de consulado, o qual era apenas um cavaleiro romano, adotou o irmão Tibério no dia em que tomou a toga viril e nomeou-o de "Príncipe da Juventude" (Suet. *Calig.* 15).

O dia anual de sacrifícios funerais foi instituído em honra à Agripina, assim como os jogos de circo, quando sua imagem era carregada em uma carruagem, chamada de *carpentum*, a qual foi demonstrada em moedas de Calígula em homenagem à sua mãe. Contudo, o jovem imperador, de apenas 24 anos, anulou todas as medidas contra ela e seus irmãos, puniu seus perseguidores e chamou de volta seus amigos, que estavam ainda vivos no exílio (Cass. Dio, *Roman History* 59.3.6 e 4.3).

Figura 56 – Sestércio[208] de bronze, 37 - 41 a.C., Roma, governo de Calígula, 28,19g, 36,1 mm de diâmetro. Anverso: busto drapeado de Agripina à direita e cabelo com cauda ao longo do pescoço, AGRIPPINA M F MAT C CAESARIS AVGVSTI (*Agrippina Marci Filia Mater Caii Caesaris Augusti* = Agripina, filha de Marco [Vipsânio Agripa], mãe de Caio César Augusto). Reverso: *carpentum*, S·P·Q·R / MEMORIAE AGRIPPINAE (*Senatus Populusque Romanus / Memoriae Agrippinae* = Do Senado e do povo de Roma / Em memória de Agripina[209])

Fonte: © KBR *cabinet des monnais et médailles*

Essa moeda é uma grande homenagem de Calígula à sua mãe Agripina, que se encontra no anverso, lado mais importante da moeda, onde, geralmente, os imperadores aparecem, e está sem acompanhamento masculino, demonstrando sua importância e assegurando sua descendência pela legenda, além de ter sido uma pessoa especial para Calígula, a qual o ajudou a chegar em sua posição. Agripina Maior forneceu ao seu filho uma linhagem direta com o *Divus Augustus*, o que era importante para legitimar seu poder imperial. Seu pai, Germânico, também foi importante para a sua legitimação (Claes, 2013, p. 95), tendo sido homenageado em moedas como sua mãe.

No reverso da moeda, há uma carruagem, conhecida como *carpentum*, que era comumente utilizada pelas Virgens Vestais. Entretanto, o *carpentum* também apareceu em representações de moedas de Lívia, demonstrando uma dignidade virtuosa para seu uso, ou seja, considerada uma honra e uma

---

[208] Bibliografia: RIC I² 55; BMC 86; *du Chastel* 387 (*Collectie du Chastel*). Disponível em: https://opac.kbr.be/LIBRARY/doc/SYRACUSE/20734623. Acesso em: 7 set. 2022.
[209] Tradução nossa.

recompensa pelo privilégio de seu *status*, visto que até mesmo Messalina e Agripina Menor fizeram uso dela na cidade apenas em ocasiões especiais (Zager, 2014). Contudo, a moeda de Lívia com o *carpentum* elevou o *status* de Agripina, que pode ter sido uma estratégia de Calígula para se institucionalizar e se legitimar como imperador (Claes, 2013, p. 96). A legenda do anverso, AGRIPPINA M F MAT C CAESARIS AVGVTI, evidencia a relevância de Agripina como mãe do imperador, além de que a legenda do reverso, S P Q R / MEMORIAE / AGRIPPINAE, faz uma homenagem póstuma a ela, com a anuência do Senado.

Essa série de sestércio foi dedicada à memória de Agripina, que, em seu reverso, mostrou honras após sua morte; por esse motivo, esse exemplar faz parte de uma série de moedas do tipo póstumas, com a demonstração do *carpentum* levando suas cinzas. Comumente, imperadores e imperatrizes eram homenageados em moedas depois de suas mortes. Essa moeda com *carpentum* no reverso sugere que esse veículo carregou sua imagem em jogos do *Circus Maximus*, sendo a primeira a ter uma devoção total após falecer. A moeda não apresenta nenhuma imagem ou inscrição do imperador, pois outras emissões de moedas apareceram com o imperador no anverso e sua mãe no reverso, demonstrando a semelhança física entre eles (Wood, 1988, p. 410).

Figura 57 – Áureo[210], Roma, 40 d.C., 7,71g, 18,6 de diâmetro. Anverso: Cabeça de Calígula com coroa de louros à direita, C CAESAR AVG PON M TR POT III COS III (*Gaius Caesar Augustus Pontifex Maximus Tribunicia Potestate tertium consul tertium* = Caio César Augusto, Sumo Pontífice, investido no poder tribunício pela terceira vez e cônsul pela terceira vez). Reverso: busto de Agripina à direita, drapeado, cabelo com cauda ao longo do pescoço, AGRIPPINA MAT C CAES AVG GERM (*Agrippina mater Gai Caesaris Augusti Germanici* = Agripina mãe de Caio César Augusto Germânico)

Fonte: © KBR *cabinet des monnais et médailles*

---

[210] Bibliografia: RIC I² 21; BMC 22; *du Chastel* 381 (*Collectie du Chastel*). Disponível em: https://opac.kbr.be/LIBRARY/doc/SYRACUSE/20734615. Acesso em: 14 jul. 2022.

Esse áureo ressalta que Calígula intencionava avivar a memória de sua mãe, a qual Tibério tinha banido para a ilha de Pandatária. Calígula chegou a destruir a *villa* de Herculano, onde sua mãe foi prisioneira antes do exílio e purificou o dia de seu aniversário, que foi formalmente declarado como *dies nefastus* (Claes, 2013, p. 96).

Durante o governo de Calígula, a imagem de sua mãe também foi cunhada em províncias, seguindo a tradição de imitar os modelos cunhados em Roma, assim como o fez a casa de moeda de Antioquia, da Turquia.

Figura 58 – Tetradracma[211], de prata, datado de 37 - 38 d.C., cunhado em Antioquia, Turkia, com o busto de Calígula laureado no anverso e legenda: ΓΑΙΟΥ ΚΑΙΣΑΡΟΣ ΣΕΒΑ ΓΕΡΜΑ, transliteração: GAIOU KAISAROS SEBA GERMA (Caio César Augusto Germânico[212]); e o busto drapeado de Agripina Maior no reverso e legenda: ΑΓΡΙΠΠΕ[ΙΝΗΣ ΑΝΤΙΟ] ΜΗΤΡΟ e transliteração: AGRIPPE[INES ANTIO] METRO (Adeus à mãe Agripina[213])

Fonte: © *The Trustees of the British Museum*

Esse tetradracma de prata, do período de Calígula, homenageia no anverso o imperador com busto laureado e, em seu reverso, Agripina Maior. Ela é lembrada como uma pessoa importante, tanto para o imperador quanto para essa província. A história e a importância de Agripina Maior foram fundamentais para outros governos, e ela acabou por receber homenagens durante o período de Cláudio e Tito.

---

[211] Número de referência: 1867,0101.1602. Bibliografia: RPC1 / Roman provincial coinage. Vol.1, From the death of Caesar to the death of Vitellius (44 BC-AD 69) (4166/1)BMC Greek (Galatia) / Catalogue of the Greek coins of Galatia, Cappadocia and Syria (165, p. 171).
Disponível em: https://www.britishmuseum.org/collection/object/C_1867-0101-1602. Acesso em: 25 out. 2020.

[212] Tradução de Juarez Oliveira.

[213] Tradução de Juarez Oliveira.

Figura 59 – Moeda[214] da casa de moeda de Esmirna, de 37 a 38 a.C. Anverso: busto laureado de Calígula, ΓΑΙΟΝ ΚΑΙΣΑΡΑ ΓΕΡΜΑΝΙΚΟΝ ΕΠΙ ΑΟΥΟΛΑ (Caio César Germânico em nome de Aviola[215]). Reverso: busto drapeado de Agripina Maior de frente para o busto de Germânico, ΓΕΜΑΝΙΚΟΝ ΑΓΡΙΠΠΕΙΝΑΝ ΖΜΥΡΝΑΙΩΝ ΜΕΝΟΦΑΝΗC (Do Povo de Monofanes de Esmirna a Germânico e Agripina[216])

Fonte: © *The Nicholson Museum*

O último exemplar é uma moeda cunhada em Esmirna, datada de 37 a 38 a.C., em que, em seu anverso, está o busto laureado de Calígula. No entanto, o mais interessante é o reverso, no qual se encontram os bustos de Germânico e de Agripina Maior se encarando. A moeda é uma homenagem a Calígula e à sua família, que teve o poder de celebrar entes queridos do imperador que não eram mais vivos. Contudo, esse objeto se caracteriza como uma moeda do tipo familiar, mas também do tipo póstuma, preservando a memória dos seus ancestrais.

Agripina continuou a ser honrada pelo sucessor de Calígula, Cláudio, que era irmão de Germânico, além de ter casado, em 49 d.C., com a filha de Agripina, que levou seu mesmo nome, Agripina Menor. Alguns aspectos da propaganda oficial de Calígula foram suficientemente efetivos para providenciar modelos para seu sucessor, Cláudio, de modo que o sestércio em memória de Agripina Maior foi um notável exemplo. Depois de Messalina, quando Agripina Menor se casou com Cláudio, as moedas do governador mudaram drasticamente, pois os reversos de moedas de ouro e prata, que antes celebravam procedimentos militares e políticos, passaram a focar exclusivamente na família de sua nova esposa e até em seu filho adotivo, Nero, principalmente para o imperador se dissociar da figura de Messalina e para legitimar o seu novo casamento com sua sobrinha, como também

---

[214] Coleção de Walter Holt, RPC 2471. A figura da moeda foi retirada da obra "Faces of power: imperial portraitures on Roman coins", Nicholson Museum, de Brennan, Turner e Wright (2007).

[215] Nome de um procônsul (Brennan; Turner; Wright, 2007, p. 12).

[216] Tradução de Juarez Oliveira.

garantiu o título de Augusta a Agripina Menor. O reaparecimento da mãe da imperatriz na moeda de bronze, do mesmo período, poderia ter constituído uma das primeiras invocações à memória de sua mãe para legitimar honras conferidas para uso da filha (Wood, 1988, p. 410).

Figura 60 – Sestércio[217], de liga de cobre, datado de 50 - 54 d.C., governo de Cláudio, com busto drapeado de Agripina Maior, voltado para a direita, com legenda: AGRIPPINA M F GERMANICI CAESARIS (*Agrippina Mater Filii Germanici Caesaris*[218] = Agripina mãe dos filhos de Germânico César[219]); e o reverso com legenda maior S C (*Senatus Consultum* = cunhada com o consentimento do Senado) e legenda menor: TI CLAVDIVS CAESAR AVG GERM P M TR P IMP P P (*Tiberius Claudius Caesar Augustus Germanicus Pontifex Maximus Tribunicia Potestate Imperator Pater Patriae*[220] = Comandante Tibério Cláudio César Augusto Germânico, Sumo Pontífice, investido no Poder Tribunício e pai da pátria[221])

Fonte: © *The Trustees of the British Museum*

Nesse sestércio do governo de Cláudio, Agripina Maior aparece evidenciada de forma única no anverso da moeda, demonstrando sua importância e seu valor para o imperador em questão, que indiretamente também homenageia seu sogro, Germânico, conforme apresentado na legenda do anverso. A legenda maior S C revela que a homenagem foi consentida pelo Senado, e a legenda menor, a aprovação do imperador.

Esse objeto mostra que Cláudio, depois de se casar com Agripina Menor, em 49 d.C., comemorou em moedas os pais de sua esposa, que eram ligados a grandes ancestrais: Agripina Maior era a filha de Agripa; Germânico era filho adotivo de Tibério e neto de Augusto. Isso conectava

---

[217] Número de referência: R.9871. Referências bibliográficas: RE1 / Coins of the Roman Empire in the British Museum, vol. 1: Augustus to Vitellius (221, p. 194); RIC1 / The Roman Imperial Coinage, vol. 1 (102, p. 128). RIC 102. BMCRE 219. C *Agrippina Senior* 3. *[Rome, AD 42]*. Disponível em: https://www.britishmuseum.org/collection/object/C_R-9871. Acesso em: 25 out. 2020.

[218] Disponível em: https://en.numista.com/catalogue/pieces66071.html. Acesso em: 25 out. 2020.

[219] Tradução nossa.

[220] Disponível em: https://en.numista.com/catalogue/pieces66071.html. Acesso em: 25 out. 2020.

[221] Tradução nossa.

Cláudio com os fundadores da casa imperial Júlio-Claudiana. De Augusto (27 a.C.) a Carino (285 d.C.), muitos imperadores se utilizavam de mensagens de retrospectiva em suas cunhagens. Essas mensagens não somente promoviam imperadores anteriores, mas também ancestrais, *gentes*, pais não imperiais, ascendentes femininos, mães ou avós imperiais e até mensagens que clamavam por um nascimento romano nobre do imperador. Contudo, a frequência com que as mulheres foram cunhadas no início do Império, certamente, foi algo inovador (Claes, 2013, p. 125 e 127).

Quase meio século depois que Agripina morreu, o imperador Tito também homenageou sua memória, de modo que até emissões de moedas foram cunhadas retratando-a. Ela se tornou uma figura lendária, como uma heroína e como vítima (Burn, 2007, p. 55).

Figura 61 – Sestércio[222] cunhado em Roma, de liga de cobre, datado de 80 - 81 d.C., do governo de Tito, busto de Agripina drapeado à direita, no anverso, com legenda: A[GRIPPINA] M F GERMANICI CAESARIS (Agrippina Mater Filii Germanici Caesaris[223] = Agripina mãe dos filhos de Germânico César[224]); legenda maior no reverso, S C (Senatus Consultum = cunhada com o consentimento do Senado), e legenda menor: [IMP T CAES] DIVI VESP F AVG [P M TR P P P COS VIII] (*Imperator Titus Caesar Divi Vespasianus Fili Augustus Pontifex Maximus Tribunicia Potestate Pater Patriae Consul Octavum*[225] = Comandante Tito César, Filho do Divino Vespasiano Augusto, Sumo Pontífice, investido no Poder Tribunício, Pai da pátria e Cônsul pela Oitava Vez[226])

Fonte: © *The Trustees of the British Museum*

---

[222] Número de referência: 1867,0101.2032. Bibliografia: RE2 / Coins of the Roman Empire in the British Museum, vol.II: Vespasian to Domitian (296, p. 289) RIC2.1 / The Roman Imperial Coinage, vol.2 part 1: From AD 69 to AD 96: Vespasian to Domitian (419, p. 226). Disponível em: https://www.britishmuseum.org/collection/object/C_1867-0101-2032. Acesso em: 25 out. 2020.

[223] Disponível em: https://en.numista.com/catalogue/pieces66071.html. Acesso em: 25 out. 2020.

[224] Tradução nossa.

[225] Disponível em: https://en.numista.com/catalogue/pieces65745.html. Acesso em: 25 out. 2020.

[226] Tradução nossa.

Esse sestércio do governo de Tito é semelhante ao do governo de Cláudio. Assim como fez com moedas com a imagem de Lívia, Tito parece querer se aproximar e vangloriar as personagens da família Julio-Claudiana, ao cunhar novamente suas faces durante seu governo. A moeda, como aquela de Cláudio, ainda homenageia o marido e os filhos de Agripina Maior, uma vez que isso é retratado em sua legenda do anverso: A[GRIPPINA] M F GERMANICI CAESARIS. A legenda do reverso é voltada para homenagear o governante Tito, [IMP T CAES] DIVI VESP F AVG [P M TR P P P COS VIII], sendo demonstrado que a cunhagem dessa moeda foi consentida pelo Senado por meio do S C, porém o uso dessas letras ainda é questionado, pois não se sabe ao certo se as moedas teriam mesmo que passar por um crivo do Senado para serem cunhadas.

A variedade na tipologia dos retratos de Agripina refletiu seu papel na propaganda política do período de sua vida e após sua morte. Sua representação, durante o governo tanto de Calígula quanto de Cláudio, parece ter funcionado bem com o compromisso com a representação nos moldes contemporâneos, assim como a forma de seu cabelo, mas também idealizada como uma deusa e inspirada em modelos gregos clássicos. Nesse sentido, ela não é mais representada como uma mártir do tirânico Tibério, mas como uma precedente da ambição de sua filha (Wood, 1988, p. 409), como também de seu filho Calígula e do próprio Cláudio.

O uso da imagem de Agripina Maior por sua filha parece ter tido um papel fundamental na propaganda de Agripina Menor e de seus apoiadores. Desse modo, as representações das mulheres aristocráticas oferecem a demonstração de papéis de gênero na sociedade romana. Contudo, as imagens podem oferecer evidências consideráveis como qualidades e tipos de atividades que eram admiradas para essas mulheres, assim como aquelas que eram condenáveis. Mulheres mais velhas, parentes ou ancestrais de imperadores, mantidas em público e na memória, demonstravam *pietas* e poderiam ser invocadas pelo imperador como uma demonstração de linhagem de sangue. As mulheres vivas que representavam uma esperança para os nascimentos e herdeiros poderiam ser louvadas em seus papéis familiares, assim como esposas e mães. Todas as mulheres imperiais, vivas ou mortas, férteis ou sem filhos, poderiam representar várias virtudes, para que o imperador pudesse clamá-las como pertencentes à sua família e ao seu regime, além de serem capazes de ter considerável influência (Wood, 1988, p. 409).

Agripina Maior foi honrada, principalmente, após a sua morte. Sua memória foi resgatada pelo seu filho mais novo, Calígula, sem dissociar sua memória do odiado Tibério. Ela também foi conhecida como a mãe de Agripina Menor e invocada por sua filha para ambições políticas e, especialmente, para ter seus papéis reconhecidos (Wood, 1988, p. 410) e ligados ao poder. Destarte, também ficou reconhecida como a avó do imperador Nero e a mãe de Calígula, dando à sua figura um caráter de quem contribuiu para a continuação da família imperial, o que trouxe uma postura positiva a toda a sua história, concedendo-lhe uma posição de vítima diante de um imperador inescrupuloso, que foi Tibério.

Capítulo 7

Agripina Menor e o sonho de ser Augusta

A filha de Germânico com Agripina Maior, que se chamava Agripina Menor (14/15 - 59 d.C.), nasceu na família imperial por volta de 14 d.C., tendo Augusto como seu bisavô e Tibério como seu tio-avô. Primeiramente, foi reconhecida como uma das irmãs de Calígula e, depois, como a esposa de Cláudio e a mãe de Nero. Em sua família, ela era em três irmãs, Agripina, Drusila e Lívia, nascidas em três anos consecutivos; e tinha mais três irmãos: Nero, Druso e Caio César. Em consequência das acusações de Tibério, Nero e Druso foram indiciados pelo Senado como inimigos públicos (Suet. *Calig.* 7).

Segundo Suetônio, Calígula proclamava que sua mãe era fruto de um incesto de Augusto com sua filha Júlia, além de chamar sua bisavó, Lívia Augusta, de "Ulisses de estola", tendo, em uma carta ao Senado, a acusado de provir de linhagem humilde, sob o pretexto de que tinha por avô materno um decurião de Fundi, embora os monumentos públicos atestassem que Aufídio Lurco exercera magistratura em Roma. Para acrescentar, Suetônio comenta que Calígula se entretinha com suas irmãs em um comércio sexual vergonhoso, em que, nos grandes banquetes, as colocava embaixo dele, alternadamente, enquanto sua esposa ficava em cima, podendo ter desvirginado Drusila, que se casou com Lúcio Cássio Longino, personagem consular, tratando-a publicamente como sua legítima esposa. Quando ela ficou doente, insistiu em colocá-la como sua herdeira e, ao vê-la morta, fugiu da cidade em plena noite, indo para lugares como Campânia e Siracusa. Todo juramento que Caligula fazia era "pela divindade de Drusila". Para suas outras irmãs, não lhes atribuiu amor igual e prostituía-as, muitas vezes, com seus próprios favoritos, podendo processá-las facilmente como adúlteras e cúmplices nas tramas contra sua esposa. E acabou chamando sua filha de Júlia Drusila (Suet. *Calig.* 23-25).

Ao lado de suas irmãs, a moeda a seguir retrata Agripina como Segurança, Drusila como Concórdia e Júlia como Fortuna (Florenzano, 2015, p. 18), de modo que cada uma carrega uma cornucópia, símbolo de fertilidade, abundância e riqueza. As irmãs de Calígula ocupam uma posição secundária na moeda, deixando o anverso para a amostragem da figura do imperador e para notoriamente explicitar seu nome, junto de sua descendência. A moeda simbolizava o direito de Calígula de governar como membro da família imperial (Zager, 2014, p. 64).

Figura 62 – Sestércio[227] de bronze, de 37 - 38 a.C., Roma. Anverso: Cabeça de Calígula com coroa de louros à esquerda, C CAESAR AVG GERMANICVS PON M TR POT (*Gaius Caesar Augustus Germanicus Pontifex Maximus Tribunicia Potestate* = Caio César Augusto Germânico, Sumo Pontífice, investido no Poder Tribunício[228]). Reverso: as três irmãs de Calígula, de pé; Agripina segura cornucópias na mão direita, apoiada em uma coluna (como *Securitas*), com a mão esquerda no ombro de Drusila segurando *patera* na mão direita e cornucópias na mão esquerda (como *Concordia*), Júlia segura um leme na mão direita e cornucópias na mão esquerda (como Fortuna); AGRIPPINA DRVSILLA IVLIA / S C (Agripina Drusila Júlia /cunhada pelo consentimento do Senado[229])

Fonte: © KBR *cabinet des monnais et médailles*

No último exemplar, as três irmãs de Calígula aparecem no reverso de pé, de frente e com o ventre de fora, vestindo *quíton* e *himation* gregas, em vez de uma *stola* (Wood, 1995, p. 461). Elas seguram atributos de personificações divinas formando uma tríade harmoniosa, como os triunviratos masculinos de gerações anteriores (compostos por Horas (*Horae*), Parcas (*Parcae*) e Graças (*Gratiae*)[230] (Porto, 2023, p. 23): à esquerda, Agripina (como *Securitas*), cabeça voltada para a direita, segurando uma cornucópia na mão direita, apoiando a mão direita na coluna e a esquerda no ombro de Drusila; no centro, Drusila

---

[227] Bibliografia: RIC I² 33; BMC 36. Disponível em: https://opac.kbr.be/LIBRARY/doc/SYRACUSE/20734551. Acesso em: 20 jul. 2022.

[228] Tradução nossa.

[229] Tradução nossa.

[230] As Horas constituíam, na mitologia grega, um grupo de deusas que presidiam sobre as estações do ano. Filhas de Zeus e Têmis, elas personificavam a ordem do mundo e originalmente eram três: Eunomia (Εύνουια, "legalidade") representa a legalidade, a boa ordem, as leis cívicas; Irene (Ειpvn) representa a paz; e Dice (Αίn) representa a justiça (Murray, 1997, p. 78 e 102). As Parcas são divindades do destino. Em número de três, Atropo, Cloto e Láquesis são representadas como fiandeiras na mitologia romana, imbuídas de regular a duração da vida desde o nascimento até a morte. Atropo fiava a vida, Cloto a enrolava, e Láquesis a cortava, quando a existência de um ser chegava ao fim (Silva, 2008, p. 19). As Graças ou Cárites, na mitologia grega, são as deusas do banquete, da concórdia, do encanto, da gratidão, da prosperidade familiar e da sorte, ou seja, das graças. Eram normalmente consideradas filhas de Zeus com Eurinome. Porém, outras versões do mito colocam-nas como filhas de Zeus com Eunômia, filhas de Dioniso, de Hera, e até do deus-sol, Hélio. O nome de cada uma delas varia nas diferentes lendas. Na *Ilíada* de Homero, aparece uma só Cárite, Aglaia. Apesar das variações regionais, o trio mais frequente é: Tália (*Oalia* ou *Odlera*) – a que faz brotar flores; Eufrosina (*Eixppocn*) – o sentido da alegria; esposa de Hipnos; e Aglaia (*Aylazia*) – e a claridade, que era a esposa de Hefesto (Hansen, 2004, p. 152; Porto, 2023, p. 27).

(como *Concordia*), está com a cabeça à esquerda, segurando uma *patera* na mão direita e uma cornucópia na esquerda; à direita, Júlia (como *Fortuna*) aparece com cabeça voltada para a esquerda, segurando um leme na mão direita e uma cornucópia na esquerda. A cornucópia demonstrava abundância e sucesso imperial. Cada uma das irmãs representava um benefício ou uma virtude trazida por Calígula, como *Securitas*, *Concordia* e *Fortuna*. Essa moeda retrata as irmãs de acordo com a idade, da esquerda para a direita (Claes, 2013, p. 223). Calígula poderia ter cunhado suas irmãs para demonstrar que um descendente de qualquer uma delas seria aceito como herdeiro (Wood, 1995, p. 459).

Nessa perspectiva, as imagens delas serviram como um lembrete de suas posições dentro da dinastia imperial, com o papel de garantir o futuro do imperador. Drusila, a favorita de Calígula, foi deificada, tendo o título póstumo de Panteia, como uma deusa universal de Roma. Com isso, ela foi a primeira mulher romana a ser deificada, permanecendo com o nome de Diva Drusila Panthea (Porto, 2023, p. 24). Depois que Drusila morreu, Agripina e Livila foram banidas por participarem de uma conspiração contra ele. Desse modo, Calígula não cunhou mais o tipo de moeda com as três irmãs (Claes, 2013, p. 224). Esse tipo de moeda também foi encontrado em Banias, que possuía uma distância considerável de Roma. Isso sugere que era comum que os padrões iconográficos das moedas circulavam pelo Mediterrâneo e eram absorvidos por lideranças locais com presteza (Porto, 2023, p. 24).

Eram comuns no início do Império as moedas do tipo familiar, como esse exemplar com as três irmãs de Calígula; ou com representações de imperatrizes, como moedas de Tibério, com Lívia no reverso, ou ainda moedas de Cláudio, com sua mulher, Agripina, no reverso; e em caso raro, de parentes mortos, como a moeda de Calígula, com Agripina Maior no reverso; e de alguns herdeiros do império, como a moeda de Augusto, com Júlia no reverso e seus dois netos (Sear, 2000, p. 45).

Em 49 d.C., Agripina Menor se casou com Cláudio, mas o pai de Nero, segundo Suetônio, era filho de Antônia Maior, cuja vida foi, sob todos os aspectos, abominável. Narra Suetônio que Domício, seu pai, dadas as felicitações de seu nascimento, disse que nada podia nascer dele e de Agripina que não fosse detestável e funesto, sinal do seu destino calamitoso. Agripina não lhe deu o nome do seu tio Cláudio, pois, na época, ele era o joguete da corte. Quando o pai de Nero morreu, ele tinha três anos e foi herdeiro da terça parte de seus bens, mas isso não chegou a ele, pelo motivo de que

Calígula confiscou todos os seus bens, sua mãe foi banida, sem recursos e indigente. Ela procurou a casa de sua tia Lépida, onde os pedagogos de Nero foram um dançarino e um barbeiro. Com Cláudio no poder, recuperou as posses de seus pais e enriqueceu com a herança do seu padrinho, Crispo Passieno. Agripina, ao aumentar seu poder, fez com que Nero fosse uma ameaça para Britânico e começou a circular o boato de que Messalina teria enviado agentes para estrangular Nero durante sua sesta (Suet. *Ner.* 5-6.2).

Agripina é caracterizada por Tácito como uma personagem com desejo de poder, uma vez que o autor descreve a atividade dela em benefício de seu filho Nero e seu privilégio em receber o título de Augusta (Tac. *Ann.* 12.25-26 e 12.41-43). Suetônio comenta que Cláudio foi seduzido pelos encantos de Agripina, filha de Germânico, que era seu irmão, mediante carícias que ela fazia para conquistar o seu coração. Comenta ainda que ela foi capaz de subornar senadores para que o forçassem a casar de forma imediata, como se isso constituísse um alto interesse para o Estado, além de conceder aos demais a faculdade de efetuarem semelhantes uniões, as quais eram tidas como incestuosas. Isso levou Cláudio a se casar com Agripina, passado apenas um dia, mas não encontrou ninguém que seguisse o exemplo. Além disso, adotou Nero como seu filho (Suet. *Claud.* 26.1-27). Para acrescentar, ainda de acordo com Suetônio, o qual considerou esse casamento como um contrato e ilegítimo, Cláudio não cessava de chamá-la de "sua filha" ou "sua alma" e que "ela nascera e crescera nos seus joelhos". Adiciona que, quando estava para adotar Nero, estando seu filho já adulto, ninguém nunca teria entrado na família Cláudia por adoção (Suet. *Claud.* 39).

Tácito cita também o casamento, em 53 d.C., de Nero com Otávia, filha de Cláudio com Messalina, depois de Cláudio ter prometido sua filha a Silano. Para Suetônio, depois do episódio da morte de Messalina, era espantoso o esquecimento e a falta de irreflexão de Cláudio, além de sua insensibilidade ao se sentar à mesa, pouco tempo após ter mandado matá--la, perguntando por qual motivo não vinha a imperatriz (Suet. *Claud.* 39).

Suetônio menciona que, já no fim da vida, Cláudio havia dado mostras de arrependimento por ter desposado Agripina e adotado Nero, como também por ter tido em seu passado uma mulher adúltera, reconhecendo que seu destino era ter esposas impudicas, mas não impunes. Esse autor salienta que, por vontade de Cláudio, seu filho Britânico é quem seria seu sucessor. Escreveu o testamento, que recebeu a oposição de todos os magistrados, e foi impedido por Agripina, a qual já tinha delatores acusando-a de inúmeros crimes (Suet. *Claud.* 43-44.1).

O *status* que Agripina conseguiu com seu casamento com Cláudio logo apareceu em moedas, junto de seu título de Augusta, e em várias moedas do Reinado de Cláudio e Nero (Zager, 2014, p. 69). Entretanto, no início do livro 11, Tácito deixa claro que a presença de mulheres na vida de Cláudio estava atrapalhando sua reputação (Tac. *Ann.* 11.2).

Em relação à cunhagem de moedas, o próximo exemplar, que é um o áureo dá grande importância ao casal imperial, com Cláudio no anverso com coroa de louros e legenda com seu nome e títulos; no reverso, Agripina é colocada de forma secundária, porém com grande importância por estar acompanhando seu marido em uma moeda de ouro. Sua estima na moeda é apontada por seu nome na legenda, e ela aparece com coroa de espigas de milho, que era um símbolo ligado a Ceres, à fertilidade, à abundância, à hereditariedade e ao sucesso dinástico.

Figura 63 – Áureo[231], 50 - 54 d.C., Roma, governo de Cláudio. Anverso: cabeça de Cláudio com coroa de louros à direita, TI CLAVD CAESAR AVG GERM P M TRIB POT P P (*Tiberius Claudius Caesar Augustus Germanicus, Pontifex Maximus, Tribunicia Potestate, Pater Patriae* = Tibério Cláudio César Augusto Germânico, Sumo Pontífice, investido no Poder Tribunício, pai da pátria[232]). Reverso: busto de Agripina à direita, com coroa de espigas de milho, cabelo com trança, AGRIPPINAE AVGVSTAE

Fonte: © KBR *cabinet des monnais et médailles*

As moedas provinciais costumavam imitar os modelos de Roma, conforme pode ser visto no próximo exemplar que foi cunhado em Éfeso, com Cláudio no anverso e Agripina no reverso. Em muitos exemplares, Agripina é acompanhada com a coroa de espigas de milho e outros elementos que simbolizam a fertilidade, a produção agrícola, a abundância e o sucesso dinástico.

---

[231] Bibliografia: RIC I² 80; BMC 72; *du Chastel* 394 (*Collection du Chastel Collectie du Chastel*). Disponível em: https://opac.kbr.be/LIBRARY/doc/SYRACUSE/20734780. Acesso em: 18 jul. 2022.

[232] Tradução nossa.

Figura 64 – Tridracma cistóforo[233] de prata, 50 - 51 d.C., cunhado em Éfeso, província de Esmirna (*Izmir*), região do Egeu, Turquia. Anverso: busto laureado de Cláudio voltado para a direita e legenda: TI CLAVD CAESAR AVG P M TR P X IMP XIIX (*Tiberius Claudius Caesar Augustus, Pontifex Maximus, Tribunicia Potestate Decima, Imperator Duodevicesimus* = Tibério Cláudio César Augusto, Sumo Pontífice, investido no Poder Tribunício, pela décima vez, Supremo Comandante pela décima oitava vez[234]). No anverso, encontra-se o busto drapeado de Agripina, voltado para a direita, com cabelo em três fileiras de cachos na frente e com trança atrás da cabeça, com legenda: AGRIPPINA AVGVSTA CAESARIS AVG = Agripina Augusta de César Augusto[235])

Fonte: © *The Trustees of the British Museum*

---

[233] Número de referência: 1844,0425.462.A; Número do catálogo C&M: RE1 (197) (234). Bibliografia: RIC1 / The Roman Imperial Coinage, vol. 1 (p130.117)RE1 / Coins of the Roman Empire in the British Museum, vol. 1: Augustus to Vitellius (p197.234) RPC1 / Roman provincial coinage. Vol.1, From the death of Caesar to the death of Vitellius (44 BC-AD 69) (2223). Disponível em: https://www.britishmuseum.org/collection/object/C_1844-0425-462-A. Acesso em: 1 dez. 2020.

[234] Tradução nossa com averiguação em: https://en.numista.com/catalogue/pieces247002.html. Acesso em: 1 dez. 2020.

[235] Nesse caso, a legenda indica que Agripina seria a esposa de Cláudio César Augusto ou da família de César Augusto. Tradução nossa com averiguação em: https://en.numista.com/catalogue/pieces247002.html. Acesso em: 1 dez. 2020.

Figura 65 – Sestércio[236], de 50 - 54 d.C., Roma. Anverso: busto drapeado de Agripina Menor à direita, cabelo com uma longa trança, AGRIPPINA AVG GERMANICI F CAESARIS AVG (*Agrippina Augusta Germanici Filii Caesaris Augusti* = Agripina Augusta, filha de Germânico César Augusto[237]). Reverso: *carpentum* guiado por duas mulas, voltado para a esquerda

Fonte: cortesia da *American Numismatic Society*

O sestércio anterior reflete o poder de uso do *carpentum* por Agripina, demonstrando um grande *status*, como suas precedentes Lívia e Agripina Maior. Tanto ela como sua mãe e Lívia tiveram um tipo de cunhagem monetária que se repetiu posteriormente por outras mulheres imperiais e o *carpentum*, como Júlia Flávia, Marciana e Faustina Maior, o que permitiu honrar essas mulheres dentro da tradicional iconografia Júlio-Claudiana, numa tentativa de ligar as casas. A moeda também denota a linearidade de Agripina, confirmando-a como filha de Germânico em sua legenda e recapitulando em seu reverso o *carpentum* que sua mãe, Agripina Maior, recebeu de Calígula. Desse modo, a moeda de Agripina vincula-a à linhagem de sangue Júlio-Claudiana, o que seria de grande legitimidade para Cláudio (Claes, 2013, p. 102 e 195).

O sucesso de Agripina Menor em confiar a si mesma à frente das atividades políticas e da consciência pública foi imediatamente evidenciado sobre seu casamento com Cláudio e talvez tenha refletido na mudança do conteúdo das moedas do governo de seu marido. O perfil de Agripina, identificado na inscrição e adornado com uma coroa de espiga de milho de Ceres, apareceu no reverso de moedas de Cláudio e de seu filho, marcando a primeira vez que uma mulher imperial viva foi caracterizada dessa maneira. Agripina Menor também foi representada de outras formas, assim como em estátuas, como no grupo de estátuas de Olímpia, que revelou um

---

[236] RIC I² *Claudius* 103. Disponível em: http://numismatics.org/ocre/results?q=Agrippina+carpentum. Acesso em: 6 out. 2022.

[237] Tradução nossa.

impressionante grau de propaganda. Ela foi representada como a sacerdotisa de seu marido deificado, um papel que lhe conferiu autoridade religiosa, enquanto sua imagem materna era reconhecida por um tipo diferente de figura, sendo que os dois tipos foram ilustres como uma imagem divina ligada à sua linhagem de Augusto, como uma memória amada e respeitada, que teve papel ativo nas políticas dinásticas e aproveitou suas facções de consideração e lealdade (Wood, 1988, p. 421).

Figura 66 – Tridracma cistóforo[238] de prata, cunhado em Éfeso, Turquia, Esmirna, de 51 d.C. Anverso: cabeça laureada de Cláudio, junto com o busto drapeado de Agripina Menor, voltados para a esquerda, legenda: TI CLAVD CAES AVG AGRIPP AVGVSTA (*Tiberius Claudius Caesar Augustus, Agrippina Augusta* = Tibério Cláudio César Augusto e Agripina Augusta). Reverso: Estátua de culto de Diana de Éfeso, legenda: DIANA EPHESIA (Diana de Éfeso[239])

Fonte: © *The Trustees of the British Museum*

Esse tridracma cistóforo, cunhado em Éfeso durante o governo de Cláudio, demonstra-o em seu anverso junto de Agripina, a qual aparece em uma posição secundária, mas mesmo assim evidenciada como sua parceira, o que revela que seria desse modo que a província os via. No reverso, aparece a representação de uma divindade, Diana, deusa da caça, o que pode representar a fartura, a abundância ao celebrar o atual imperador.

Diana era a irmã de Apolo e conhecida como deusa-Lua e, às vezes, era representada com a Lua crescente sobre sua cabeça. Também recebeu

---

[238] Número de registro: 1867,0101.1603. Número no catálogo C&M: RE1 (197) (231). Bibliografia: RIC1 / The Roman Imperial Coinage, vol. 1 (p130.119) RE1 / Coins of the Roman Empire in the British Museum, vol. 1: Augustus to Vitellius (p197.231) PCR / Principal coins of the Romans: Volume I: The Republic c. 290-31 BC; Volume II: The Principate 31 BC-AD 296; Volume III: The Dominate AD 294-498. (409)RPC1 / Roman provincial coinage. Vol.1, From the death of Caesar to the death of Vitellius (44 BC-AD 69) (2224/1). Disponível em: https://www.britishmuseum.org/collection/object/C_1867-0101-1603. Acesso em: 21 fev. 2021.

[239] Tradução nossa.

o nome de LVCIFERA (quem traz a luz) e, dessa forma, aparece segurando uma tocha, símbolo da luz da Lua. Ela também era protetora da juventude e a deidade da caça. Ela foi equipada com um arco e flechas, além de poder aparecer acompanhada de um cão de caça ou de um veado. Seus outros títulos podem incluir: CONSERVATRIX e VICTRIX. Como DIANA EPHESIA, ela aparece como uma figura de culto cistóforo asiático do período de Cláudio (Sear, 2000, p. 28). Apolo era uma deidade muito ligada a Augusto, e, nessa moeda, Diana poderia estar atrelada indiretamente ao primeiro *princeps*.

Figura 67 – Moeda[240] de liga de cobre, 41 - 54 d.C., cunhada em *Balanea*, Síria, Oriente Médio Anverso: Cláudio com cabeça radiada, voltada para a direita, legenda: ΛΑΥΚΑΔΙ ωN, transliteração: LEUKADI ON (Dos leucadienses[241]). Reverso: cabeça de Agripina, voltada para a direita, com uma lua crescente em seu topo, legenda: TωNKAI KΛΑVΔΙΑΙωN; transliteração: TONKAI KLAUDIAION (E de Cláudio[242]).

Fonte: © *The Trustees of the British Museum*

Nessa última moeda, que homenageia o casal imperial, e que foi cunhada em *Balanea*, região da Síria, Oriente Médio, Cláudio aparece como o principal homenageado no anverso, seu rosto está voltado para a direita e radiado por um tipo de coroa. Agripina aparece em uma posição secundária, no reverso, não menos importante, carregando no ápice de sua cabeça uma meia lua crescente, que poderia estar associada com Diana, o que enfatiza mais uma vez a ligação que o Leste fazia de Agripina com essa deusa. Outros lugares também cunharam moedas com Cláudio e Agripina, de acordo com o catálogo Museu Britânico: Creta e Esmirna.

---

[240] Número de registro: G.4161. Bibliografia: BMC Greek (Galatia) / Catalogue of the Greek coins of Galatia, Cappadocia and Syria (1, p. 296). Disponível em: https://www.britishmuseum.org/collection/object/C_G-4161. Acesso em: 22 fev. 2021.

[241] Tradução de Juarez Oliveira.

[242] Tradução de Juarez Oliveira.

Figura 68 – Dracma[243] de prata, Creta. Anverso: busto drapeado de Agripina Menor, com espiga de milho de Ceres, legenda: CEBAC AΓPIΠΠEINHN CEBAC ΓYNAIKA, transliteração: SEBAS AGRIPPEINEN SEBAS GUNAIKA (Agripina Augusta, mulher venerável[244]). Reverso: Aljava, flecha, arco e tocha

Fonte: © *The Trustees of the British Museum*

 Essa moeda de prata cunhada em Creta, que não se tem a data, traz Agripina sozinha no anverso, dando importância à sua representatividade, além de que a legenda faz menção ao seu nome e a nenhum imperador. Seu busto aparece drapeado com coroa de espiga de milho, um símbolo de Ceres, que pode significar fertilidade, produtividade e sucesso dinástico. Os elementos do reverso são interessantes, compostos por: uma aljava, uma flecha, um arco, que são instrumentos de caça ou guerra; e uma tocha, ligados à deusa que traz a luz (Lucifera). Dessa forma, pode-se sugerir que esses objetos poderiam estar relacionados à evocação de Diana/Ártemis, demonstrando, mais uma vez, que, no Leste, Agripina poderia ser conclamada junto a essa deusa, ou mesmo à guerra, dando um aspecto masculino. No entanto, o que é masculino ou feminino pode ser complexo para tal sociedade e fazer parte de um sistema simbólico em que essa divisão não é clara, ou mesmo ser inexistente. Desse modo, pode-se levar em consideração que os instrumentos de caça podem exprimir abundância alimentar e, os de guerra, podem classificar o território como uma terra forte em todos os sentidos. De acordo com Sear, esse tipo de moeda aparece de várias formas durante todo o período imperial e, muitas vezes, estava relacionado à religiosidade (Sear, 2000, p. 63).

---

[243] Número de referência: BNK, G.1152. Referências bibliográficas: RPC1 / Roman provincial coinage. Vol.1, From the death of Caesar to the death of Vitellius (44 BC-AD 69) (972/1). Disponível em: https://www.british-museum.org/collection/object/C_BNK-G-1152. Acesso em: 22 fev. 2021.

[244] Tradução nossa.

Figura 69 – *Æ Diobol* (dois *obols*)[245] de liga, datado de 41 - 54 d.C., 9,980 g, do governo de Cláudio, cunhado em Alexandria, Egito. Anverso: busto drapeado de Agripina Menor com coroa de grãos, ΑΓΡΠΠΝΑ ϹΕΒΑϹΤΗ (Agripina Augusta[246]). Reverso: busto drapeado de Eutênia com diadema na cabeça e segurando ramos de grãos, [E]YΘH NIA (Eutênia[247] = deusa grega da prosperidade e abundância)

Fonte: © *The Trustees of the British Museum*

Esse *Æ diobol* cunhado em Alexandria é mais uma prova da abrangência da celebração a Agripina. A moeda traz em seu anverso o busto drapeado de Agripina Menor voltado para a direita, com coroa de grãos, com legenda de seu nome em grego. No reverso, aparece a deusa grega/egípcia Eutênia, ligada à prosperidade e abundância. A deusa, no reverso, demonstra, mais uma vez, Agripina voltada à fertilidade, sucesso dinástico e abundância de grãos, podendo comprovar a ligação da imperatriz com a agricultura, ou distribuição de grãos, ou mesmo com uma religiosidade voltada para a agricultura, ou simplesmente com a fertilidade materna.

---

[245] Número de registro: TOW.150. Número no Catálogo C&M: GC15 (BMC Greek (Alexandria)) (14) (108). Disponível em: https://www.britishmuseum.org/collection/object/C_GC15p14-109. Acesso em: 21 fev. 2021. Bibliografia: BMC Greek (Alexandria) / Catalogue of the coins of Alexandria and the Nomes (109, p. 14). Dois *obols* formavam um *diobol*, pesando cerca de 1,41-1,43 gramas de prata (Disponível em: https://www.collinsdictionary.com/dictionary/english/diobol. Acesso em: 14 out. 2022. RPC I 5194; Köln 110-2; Dattari (Savio) 179 (Disponível em: https://www.wildwinds.com/coins/greece/egypt/alexandria/i.html; https://www.wildwinds.com/coins/ric/agrippina_II/RPC_5194.txt; https://www.wildwinds.com/coins/ric/agrippina_II/RPC_5194.jpg. Acesso em: 14 out. 2022.

[246] Tradução nossa.

[247] Tradução nossa.

Figura 70 – Moeda[248] de liga de metal, de 41 - 54 d.C., do governo de Cláudio, cunhada em Alexandria, Egito. Anverso: busto drapeado de Agripina, com diadema na cabeça, voltado para a direita. Reverso: jarro com ramos de trigo, papoula ou outros tipos de grãos com uma vela ou flor de copo de leite sobre uma mesa

Fonte: © *The Trustees of the British Museum*

Essa moeda, cunhada em Alexandria, celebra Agripina Menor como uma mulher importante para o local, uma vez que ela se encontra sozinha no anverso da moeda e segue o mesmo tipo de figura cunhada no exemplar antecedente. Ou seja, ela é apresentada com o busto trapeado, voltado para a direita, com um diadema na cabeça, o qual era relacionado à religiosidade ou *pudicitia*. Os elementos constituintes do reverso caracterizam-na como uma matrona romana, visto que o recipiente parece ter trigos, papoula e outros tipos de grãos, com uma flor de copo de leite (*Zantedeschia aethiopica*) à direita, que poderiam atrelá-la a fertilidade, abundância agrícola, produtividade e prosperidade, dentro de um simbolismo religioso, ou ela poderia ser alguém que garantisse a distribuição de grãos a essa região ou estaria envolvida com a celebração da temporada de colheita de grãos.

Para acrescentar, essa moeda em comparação com uma moeda egípcia de Lívia[249] mostra o mesmo tipo de receptáculo com ramos de grãos, muito semelhante a um *modius*, que pode estar relacionado com o recebimento do *frumentum*, ou à distribuição imperial de grãos, relacionando Lívia e Agripina com a atividade de *pietas*. Entretanto, o *modius* era caracterizado como um receptáculo com três pés. Todavia, não se descarta que essa iconografia mone-

---

[248] Número de registro: 1887,0704.24. Número do catálogo C&M: GC15 (BMC Greek (Alexandria) (14) (111). Referências bibliográficas: BMC Greek (Alexandria) / Catalogue of the coins of Alexandria and the Nomes (111, p. 14). Disponível em: https://www.britishmuseum.org/collection/object/C_1887-0704-24. Acesso em: 21 fev. 2021.

[249] Número de registro: 1864,1118.262. Referências bibliográficas: BMC Greek (Alexandria) / Catalogue of the coins of Alexandria and the Nomes (31, p. 4); Número do catálogo C&M: GC15 (BMC Greek (Alexandria)) (4) (31) (4). Disponível em: https://www.britishmuseum.org/collection/object/C_1864-1118-262. Acesso em: 3 set. 2020.

tária poderia sugerir que mulheres como Lívia e Agripina eram fundamentais dentro da política de distribuição de grãos, além de demonstrar a expectativa pública sobre a distribuição de alimentos. Assim como para Lívia, o recipiente poderia também estar atrelado a uma simbologia ligada a Demeter/Ceres, que indicaria prosperidade e fertilidade, posto que essas mulheres estavam associadas à abundância e transmissão dinástica. Além disso, como o objeto está sobre uma mesa ou um altar, poderia ser algo relacionado à religiosidade, que evidenciaria abundância, prosperidade e fertilidade.

Moedas apenas com a imagem de Agripina Menor foram cunhadas em vários lugares, de acordo com o catálogo do Museu Britânico: Corinto, Halicarnasso, Cadi, Sebaste (Frígia), Eumenéia, Loadicea (*Loadiceo ad Lycum*), Docimeium, Alaşehir, Hierocaesarea, Julia Ipsus, Esmirna, Hierápolis, Acmonea, Teos and Cotiaeum.

Figura 71 – Prutá[250] de liga de cobre, 54 - 55 d.C., cunhado em Jerusalém, Oriente Médio. Anverso: Inscrição dentro de uma guirlanda, amarrada na parte inferior: IOY ΛIAAΓ [P] IΠΠI [N]A; transliteração: IOU LIAAG RIPPI NA (Júlia Agripina[251]); nota da inscrição: *Ioulia Agrippina* era esposa de Cláudio. Reverso: Dois ramos de palmeira cruzados com tâmara entre os talos; legenda: [TI]KΛAYΔIOCKAICAPΓEPM. LIΔ; transliteração: TIKLAU-DIOSKAISARGERM. LID (Tibério Cláudio César Germânico. Lídia (?)[252])

Fonte: © *The Trustees of the British Museum*

---

[250] Número de referência: G.2638. Número no catálogo C&M: GC27 (BMC Greek (Palestine) (261) (4). Bibliografia: BMC Greek (Palestine) / Catalogue of the Greek coins of Palestine (Galilee, Samaria and Judaea) (4, p. 261)Hendin 2001 / Guide to Biblical Coins (Fourth Edition) (243.651, p.) RPC1 / Roman provincial coinage. Vol.1, From the death of Caesar to the death of Vitellius (44 BC-AD 69) (4970). Disponível em: https://www.britishmuseum.org/collection/object/C_G-2638, acessada em: 22/02/2021.

[251] Tradução nossa.

[252] Tradução nossa.

Figura 72 – Prutá[253] de liga de cobre, 54-55 d.C., cunhado em Jerusalém. Reverso: Inscrição dentro de uma guirlanda, amarrada na parte inferior: ΙΟΥ ΛΙΑΑΓ ΡΙΠΠΙ ΝΑ; transliteração: IOU LIAAG RIPPI NA (Júlia Agripina[254]); nota da inscrição: *Ioulia Agrippina* era esposa de Cláudio

Fonte: © *The Trustees of the British Museum*

Os dois Prutá, cunhados em Jerusalém, são diferentes, mas seguem estilos de moedas semelhantes e totalmente diferentes de outras regiões, onde moedas com Cláudio ou/e Agripina foram cunhadas, o que aponta uma iniciativa local de cunhar tal tipo de moeda, muitas vezes sem o consentimento do governo central. Os ramos de palmeiras que aparecem nos dois exemplares são recorrentes da região, o que indica um elemento de aceitação local, além da homenagem a Agripina Menor em sua legenda.

---

[253] Número de registro: 1908,0110.555. Número no catálogo C&M: GC27 (BMC Greek (Palestine)) (263) (20). Bibliografia: BMC Greek (Palestine) / Catalogue of the Greek coins of Palestine (Galilee, Samaria and Judaea) (20, p. 263) Hendin 2001 / Guide to Biblical Coins (Fourth Edition) (243.651b, p.) RPC1 / Roman provincial coinage. Vol.1, From the death of Caesar to the death of Vitellius (44 BC-AD 69) (4970). Disponível em: https://www.britishmuseum.org/collection/object/C_1908-0110-555. Acesso em: 22 fev. 2021.

[254] Tradução nossa.

Figura 73 – Didracma[255] de prata, do governo de Cláudio, 50 - 54 d.C., cunhado em Antioquia, Turquia, região do Mediterrâneo, província de *Hatay*, Antáquia (*Antakya*). Anverso: busto drapeado de Agripina voltado para a esquerda, ΑΓΡΙΠΠΕΙΝΗC CEBACTHC, transliteração: AGRIPPEINES SEBASTES ([De] Agripina Augusta[256]). Reverso: busto drapeado de Nero, voltado para a esquerda, [NEPW]NOC KAICAPOC [ΓΕΡΜΑΝΙΚΟΥ], transliteração: [NERO]NOS KAISAROS [GERMANIKOU] ([De] Nero César Germânico[257])

Fonte: © *The Trustees of the British Museum*

Durante o governo de Cláudio, a região de Antioquia homenageava, em moedas, em primeiro lugar Agripina, que apareceu no anverso, onde, geralmente, eram as figuras masculinas que apareciam, por ser o lado mais importante da moeda, porém é ela quem estava conduzindo seu filho a ser imperador. A moeda ilustra bem Nero como imperador em sua legenda do reverso, demonstrando que a região garantia a aceitação dessa nova posição, mesmo que sua imagem aparecesse de maneira secundária, como se ainda Agripina tivesse mais poder. Todavia, a moeda mostra a recepção ao futuro governante, que também já tinha sido cunhado em Roma, como na próxima moeda, confirmando que as províncias tinham a tendência de seguir os parâmetros de cunhagem do governo central.

---

[255] Número de registro: 1860,0330.40. Bibliografia: RPC1 / Roman provincial coinage. Vol.1, From the death of Caesar to the death of Vitellius (44 BC-AD 69) (4170/1). Disponível em: https://www.britishmuseum.org/collection/object/C_1860-0330-40. Acesso em: 21 fev. 2021.

[256] Tradução de Juarez Oliveira, que diz que o [De] seria apenas para enfatizar o caso genitivo nas formas onomásticas.

[257] Tradução de Juarez Oliveira.

Figura 74 – Denário[258] de prata, cunhado em Roma, 50 - 54 d.C., governo de Cláudio. Anverso: busto drapeado de Agripina Menor, voltado para a direita, com coroa de espiga de milho e legenda: AGRIPPINAE AVGVSTAE. Reverso: busto drapeado de Nero, sem coroa, com legenda: NERO CLAVD CAES DRVSVS GERM PRINC IVVENT (*Nero Claudius Caesar Drusus Germanicus Principes Juventutis* = Nero Claudius Caesar Drusus Germânico, príncipe da juventude[259])

Fonte: © *The Trustees of the British Museum*

Esse denário, do governo de Cláudio, homenageou Agripina e seu filho Nero. Agripina aparece no anverso, como a mais importante a ser dada atenção, com o busto drapeado e com uma coroa de espigas de milho, seguindo a demonstração simbólica de fertilidade, abundância e prosperidade, além da garantia de descendência dinástica por intermédio de seu filho Nero, o qual aparece com o busto drapeado no reverso e com legenda em sua homenagem. A coroa de espigas de milho refere diretamente à fertilidade da imperatriz, e Nero no reverso também é uma evidência de sua descendência. Esse tipo de moeda enfatiza a maternidade e a adoção de seu filho por Cláudio. Contudo, o filho biológico do imperador, Britânico, com Messalina nunca foi cunhado (Claes, 2013, p. 195).

Em 54 d.C., houve o assassinato de Cláudio, em que Agripina foi suspeita, pois com isso poderia garantir o trono a Nero (Tac. *An.*, XII, 64-69). Ninguém duvidou de que Cláudio tinha sido envenenado, mas, sim, do lugar e de quem teria ministrado a droga. Poderia ter sido na cidadela, durante um festim, e o autor teria sido Haloto, seu degustador, ou durante uma ceia em casa, ou que a própria Agripina teria ministrado o veneno num prato de boletos de que gostava muito, além de outras versões (Suet. *Claud.* 44.2).

---

[258] Número de registro: 1844,0425.732. Número no catálogo C&M: RE1 (176) (83). Bibliografia: RE1 / Coins of the Roman Empire in the British Museum, vol. 1: Augustus to Vitellius (83, p. 176) RIC1 / The Roman Imperial Coinage, vol. 1 (75, p. 125). Disponível em: https://www.britishmuseum.org/collection/object/C_1844-0425-732. Acesso em: 22 fev. 2021.

[259] Tradução nossa.

Nero tinha 16 anos quando Cláudio morreu. Assumindo o poder, Suetônio narra que ele entregou à sua mãe a administração soberana de todos os negócios públicos e privados. Assegurou ao tribuno da guarda, em seu primeiro dia de governo, que Agripina seria a melhor das mães, passeando com ela em público várias vezes (Suet. *Ner.* 8-9). Além disso, o autor menciona que, quando andava em liteira com sua mãe, satisfazia seus apetites incestuosos, provados pelas manchas apresentadas em suas vestes. O mesmo autor o chama de parricida, sendo cúmplice da morte de Cláudio, e assassino, por envenenar Britânico (Suet. *Ner.* 28 e 33).

Tácito descreve a imagem do governo de Nero, que se deixou levar pela influência feminina nos assuntos políticos. Com base no senso comum de sua sociedade, esse autor sugere que as más decisões de Nero somente foram possíveis em decorrência de conselhos dados por mulheres como Agripina, sua mãe; Otávia, primeira esposa, de 53 a 62; e Popéia, segunda esposa, de 62 a 65. Tácito aponta a percepção de que seria impossível que um bom governo pudesse ser caracterizado pela presença feminina. A primeira fase do governo de Nero, por exemplo, que vai de 54 a 59, é descrita como uma administração de um bom homem, sem influências femininas. Todavia, do ano de 60 a 62, seu governo passa a ser descrito como passivo de manipulação feminina, razão pela qual, segundo a narrativa, decai. Já a terceira fase, do ano de 63 a 66, é o período de maior vício, em que o controle feminino sobre ele é mais destacado (Varella, 2006).

No início da obra *Anais*, Tácito, ao mencionar Nero, salienta que ele era o único enteado de Cláudio e que tudo estava centrado nele. Ele foi adotado como filho, como um amigo do império, um companheiro de poder nos tribunais e que ostentou todos os exércitos, não mais devido às intrigas secretas de sua mãe (Tac. *Ann.* 1.3), Agripina, que o autor declara ter temperamento dominador, em virtude do seu sexo, e a proclama com uma ambição extravagante (Tac. *Ann.* 12.57).

Agripina é uma das mais famosas mulheres imperiais, a qual expressava seus atos da seguinte forma: Cláudio precisava de uma esposa em que pudesse confiar, porque ele carecia de uma aliada política para ajudá-lo a se manter distante das forças que ameaçavam derrubar seu Principado (Barrett, 1996, p. 95); ela deveria ser nobre de berço; com experiência materna, compartilhando seus descendentes com seus filhos Britânico e Otávia; bem como ter pureza de caráter. Desse modo, notou que Agripina tinha todas as características que ele desejava e, assim, escolheu-a com sagacidade. Cláudio também procurou em outras casas nobres e, seguramente, elegeu aquela que já se encontrava, por descendência, dentro de duas casas imperiais (Barrett, 1996, p. 95 e 101). De acordo com Tácito, Pallas selecionou Agripina com especial louvor, pois ela traria junto o neto de Germânico, o qual era, definitivamente, digno de uma posição imperial, vindo de uma família nobre e descendente da *gens Claudia* (Tac. *Ann.* 12.2).

Agripina era da *gens Iulia*, por parte de sua mãe, Agripina, e da *gens Claudia*, por parte de seu pai, Germânico. Isso posto, poderia exercer papel político importante de tentar amalgamar uma fenda surgida pelo simples fato de Augusto e Lívia não terem tido filhos que sobreviveram. O casamento entre Cláudio e uma mulher descendente de família imperial poderia cicatrizar feridas do passado e diminuir a ameaça entre o casal. Para acrescentar, Agripina já tinha um neto de Germânico, descendente de Augusto, o qual era uma grande opção para a sucessão. Por mais que Cláudio tivesse um filho para sucedê-lo, poderia querer uma garantia de que seu regime sobrevivesse. Contudo, o seu interesse em se atrelar à família da *gens Iulia* inclinava-se ao fato de obter o título de "César", que era um cognome adquirido pelos Otavianos, quando Otávio foi adotado por Júlio César, e transmitido para Tibério e de Germânico para Calígula. O casamento de Cláudio com Agripina era a garantia de uma parceria perfeita, desde que ela compartilhasse com ele a união da tradição de duas dinastias, dando origem a uma força e estabilidade (Barrett, 1996, p. 96-98).

Agripina, certamente, teve paciência e habilidade para se preparar; característica que ela sempre manteve, mas, mesmo após seu casamento, ela juntou forças e destreza para abrir caminho para seu filho, Nero. Este era três anos mais velho do que o filho de Cláudio, Britânico. Ela sabia da ameaça que seu filho corria devido à presença do filho de Cláudio como sucessor do pai, por isso não esperou que os fatos acontecessem para entrar em ação. Portanto, fez com que Cláudio o adotasse como filho e convocou Sêneca para ser seu tutor (Barrett, 1996, p. 98 e 114). Provavelmente, Sêneca deveria ter sido um dos poucos intelectuais financiados por Agripina, pois ela mesma não tinha interesse em filosofia ou em retórica. O Patronato de Agripina era mediado junto ao seu marido, Cláudio, e feito para agradar o povo ou por questões políticas (Hemelrijk, 1999, p. 109)

Para consolidar o futuro de seu filho, nada mais qualificado do que o casamento de Nero com a filha de Cláudio, Otávia, filha que teve com sua primeira esposa, Messalina. Nos *Anais* de Tácito, o autor menciona que

Agripina, antes de se casar com Cláudio, fazia várias visitas ao tio e já era possuidora do "poder de esposa", estando certa de que se casaria com eis. Por esse motivo, ela começou a visar a grandes oportunidades e deu início a planos de alianças, como o casamento entre seu filho e Otávia, a qual já estava prometida a Lúcio Silano (Tac. *Ann.* 12.3).

Tácito e Dião Cássio insistiram em afirmar que Agripina já vinha armando seu esquema desde 48, antes que ela estivesse casada com Cláudio (Barrett, 1996, p. 98). A descrição do ano de 49, por Tácito, começa com o casamento de Agripina e Cláudio, de modo que os problemas dessa união acabaram por aparecer nos capítulos posteriores, a partir do momento em que Agripina nomeia Sêneca como tutor de Nero: "*quia Seneca fidus in Agrippinam... et infensus Claudius*" (Tac. *Ann.* 12, 8, 2), "*pois Sêneca confiava em Agripina e era contrário a Cláudio*" (Funari; Garraffoni, 2016, p. 124).

Tácito insistia em ressaltar as impropriedades da sexualidade de Agripina, sendo uma delas o próprio casamento com Cláudio, que era seu tio, irmão mais velho do seu pai (Barrett, 1996, p. 100-101), ato que, segundo as leis de Roma, consistia em um incesto. Tácito mencionou que esse amor era ilícito, que eles não deveriam ousar celebrar as núpcias da devida forma e que não tinha tido precedentes para a introdução de uma sobrinha na casa do tio. Tal ato era, definitivamente, um incesto (Tac. *Ann.* 11.5). Vitelio, no discurso para o Senado, em defesa desse casamento, explicou que um casamento com a filha do irmão era uma novidade para eles, mas que isso era comum em outros lugares e que não havia lei para proibir. Continuou afirmando que casamentos entre primos antes eram desconhecidos, mas, naquela época, estavam frequentes, na medida em que o costume se adaptava à conveniência, de modo que essa novidade ocuparia, futuramente, lugar entre os usos reconhecidos (Tac. *Ann.* 12.6). Sendo assim, os senadores aprovaram o casamento da filha de Germânico, e a união passou a ser vista como apaziguadora de futuros conflitos para a sucessão. Para Tácito, isso representou uma profunda degeneração moral, assim como o casamento de Otávia com Nero, que, conforme o autor, foi a causa de todas as calamidades seguintes (Barrett, 1996, p. 101-102); adicionando o fato de que Nero foi adotado por Cláudio e passou a ser como um irmão para a sua filha, a qual se casou com o primeiro.

Para Tácito, o casamento de Cláudio significou a posse efetiva de Agripina no poder, mas, nos relatos seguintes, do ano de 50 a 54 d.C., esse assunto era dominante, uma vez que o autor descreve a atividade da esposa em benefício do seu filho Nero e seu privilégio em receber o título de Augusta (Tac. *Ann.* 12, 25-26; 12, 41-43), além do casamento, em 53 d.C., de seu filho com Otávia e, em 54 d.C., do assassinato de Cláudio, descrito como se tivesse sido executado por Agripina, para garantir o trono a Nero (Tac. *Ann.* 12, 64-69). Dessa forma, de acordo com Tácito, quem governava era Agripina, e a ênfase dada "às relações pessoais e familiares e o efeito deletério do domínio de quem deveria ser subalterno" (uma mulher, Agripina) *"fica evidente como motor da História para Tácito"* (Funari; Garraffoni, 2016, p. 125). Ao mencionar a exibição da luta de gladiadores, Tácito questiona como um príncipe, com seus meros 17 anos, poderia lutar e evitar tal perigo, referindo-se a Agripina, bem como indaga como os romanos poderiam recorrer a alguém que era dominado por uma mulher (Tac. *Ann.* 13.6). Um dos poucos momentos em que Tácito declara que a influência de Agripina sobre seu filho Nero estava enfraquecendo foi quando ele se apaixonou por uma mulher livre, Acte (Tac. *Ann.* 13.12).

Dião Cássio declarou que Agripina tinha Cláudio em seu controle e que, para Tácito, esse casamento representava uma transformação no desenvolvimento do Estado de Roma, pois as relações estavam agora no controle de uma mulher, mas não uma mulher como Messalina, que utilizou o poder apenas para consumir excessos, tendo em vista que seu desejo não era por paixão, e sim por poder. Tácito a concebia como uma pessoa austera, totalmente livre de conduta promíscua, mas alguém que agia para contribuir para seu próprio poder. Até a ganância dela é vista pelo autor como um dispositivo para reforçar o seu domínio. Dião Cássio menciona que, depois do casamento, Agripina começou a ter total controle sobre o marido com uma mistura de intimidação e suborno. A tática dela era arranjar um homem livre para persuadir Cláudio a seguir os conselhos dela. Além disso, Dião Cássio expressa a passividade de Cláudio, que estava certo de que Agripina traria ao casamento um senso político aguçado (Barrett, 1996, p. 102-103).

Em 49 d.C., Agripina estava casada com o imperador de Roma e tinha noivado seu filho com a filha do seu marido. Seu sucesso ainda foi significativamente simbolizado com o recebimento do título de Augusta em 50 d.C. Ela foi a primeira esposa de imperador vivo a receber esse título. Lívia, por exemplo, também recebeu o mesmo título, mas já era viúva (Barrett, 1996, p. 108).

Agripina envenenou Cláudio para colocar Nero no poder (Tac. *Ann.* 12.66). Segundo Tácito, Pallas sugeriu que Cláudio tinha arruinado a si mesmo, mediante um casamento incestuoso e pela adoção fatal de um filho (Tac. *Ann.* 13.2). Um pouco antes da morte de Agripina, Tácito descreve a tentativa de incesto entre ela e seu filho Nero. O autor menciona que, pela ânsia em manter a influência sobre o filho, que estava seduzido por Acte, ela se apresentou vestida de forma atraente para seu filho, que não estava totalmente intoxicado por ela, e se ofereceu para ele (Tac. *Ann.* 14.2).

Depois desse episódio, Nero decidiu destruir sua mãe (Tac. *Ann.* 14.3-4). Nos últimos anos da vida de Agripina, em 59 d.C. (Tac. *Ann.* 16), aumentava cada vez mais a tensão dela com seu filho, que estava acabando com a vida da sua mãe, resultando em um crime planejado há muito tempo. A narrativa de Tácito mostra sinais de que o imperador estava perdendo seu autocontrole e se deixava levar pelas paixões, como se fosse uma mulher. *"O tom condenatório à falta de moderação continua no relato dos anos seguintes", "sem freios, Nero cedia cada vez mais aos desejos e matava Sila, Rubélio, Otávia, Palas e Dariforo"* (Funari; Garraffoni, 2016, p. 125-126), seguindo essa mesma tendência até o fim do seu governo e de sua vida. Além disso, antes da morte de Agripina, Tácito declara que, de todas as coisas humanas, a mais precária e transitória era a reputação pelo poder, que não se teve um suporte forte em si mesmo (Tac. *Ann.* 13.19). Com a morte de Agripina, Nero atribui à sua mãe todas as abominações ocorridas, procurando mostrar que foi a boa fortuna do Estado que a destruiu (Tac. *Ann.* 14.11).

De acordo com Suetônio, Nero decidiu matar sua mãe, pois ela espreitava e criticava todas suas palavras e ações, repreendendo-o desde o começo, em repetidas circunstâncias. Tornou-a odiosa, por fingir querer abdicar das rédeas do Império e partir para Rodes. Consequentemente, privou-a de toda sorte, honras e poder, retirou-lhe a guarda de soldados germanos e expulsou-a do palácio, não poupando de atormentá-la. Em Roma, ele fez com que agentes secretos a perseguissem com processos e, no campo, a cobrissem de injúrias. Ameaçando-a de violência, Nero resolve matá-la. Tentou envenená-la três vezes, mas ela se precaveu com antídotos; construiu um teto sobre ela, que deveria cair durante seu sono, mas foi desvendado pelos seus confidentes. Fingiu uma reconciliação e convidou-a para dar uma volta na Baía. Quando ela quis retornar, ofereceu-lhe o navio maquinado e acompanhou-a até lá, separou-se aos beijos dela e esperou o resultado. Entretanto, tudo foi ao contrário do que desejava, e sua mãe nadou e ficou sã e salva. Sabendo da notícia, tramou o assassinato da mãe e não conseguiu sufocar os rumores de seu crime (Suet. *Ner.* 34.1).

Ademais, desgostoso de sua relação com Otávia, tentou estrangulá-la várias vezes, repudiou-a como estéril. Como o povo desaprovava esse divórcio, chegou a expatriá-la e assassiná-la sob a inculpação da prática de adultério.

Esse ato foi visto como uma calúnia, e houve protesto sobre a inocência de Otávia, o que o levou a obrigar Aniceto, um pedagogo, a confessar o abuso (Suet. *Ner.* 35.1).

Sobre Popéia, a qual desposou depois de 12 dias do seu divórcio, matou-a a pontapés, quando estava grávida, quando ela o repreendia por haver chegado tarde de uma corrida de carros. Ele teve com Popéia uma filha, Cláudia Augusta, que morreu ainda pequena (Suet. *Ner.* 35.1). Tácito também narra a ação pesada e a misógina de Nero em relação a Popéia. Primeiramente, o autor cita que ela morreu de um ataque casual de raiva em relação ao seu marido, e, assim, ele a derrubou com um chute de uma escada, enquanto ela estava grávida: *"Post finem ludicri Poppaea mortem obiit, fortuita mariti iracundia, a quo gravida ictu calcis adflicta est"* (Tac. *Ann.* 16.6).

No que diz respeito à morte de Popéia, de Otávia e de sua mãe Agripina, pode-se mencionar que, como a honra, a violência é experimentada diante dos outros homens e, assim, a virilidade é validada e atestada pelo reconhecimento de fazer parte de um grupo (Bourdieu, 1998, p. 65), uma vez que o governo de Nero já estava desgastado e que a difamação pela manipulação feminina era a tensão causada por tal grupo masculino, em decorrência da aceitação viril do imperador. Tais exemplos de episódios poderiam estar em conformidade com a *illusio* original, constitutiva da masculinidade, que faz com que os homens, diferentemente das mulheres, sejam socialmente levados a se deixar prender, de modo até infantil, em jogos que lhes são socialmente destinados, que podem envolver a violência, o assassinato, o estupro e, por fim, a guerra, assumindo uma atitude cega, como se o homem fosse uma criança que brinca de ser homem (Bourdieu, 1998, p. 93-93) e que assume predileção aos jogos de dominação.

Uma das prerrogativas para ser um homem da elite de Roma era não ser como as mulheres, muitas vezes, repudiando-as, tendo poder, sucesso, riqueza, *status*, tendo controle de suas emoções, além de transpirar uma aura de ousadia viril agressiva. Esse pensamento de antifeminilidade encontra-se no coração de conceitos históricos e do presente sobre a masculinidade (Kimmel, 2016, p. 106). Historicamente, a masculinidade foi definida como a fuga à mulher e o repúdio à feminilidade. O menino deve desenvolver uma identidade segura de si como um homem. O projeto edipiano é um processo da renúncia do menino de sua identificação e fixação emocional com sua mãe, que deve substituir por um pai como um objeto de identificação. É estabelecido um movimento do desejo sexual do menino pela sua mãe. O pai fica no caminho e é quem o traz medo, pois é maior, mais forte e poderoso sexualmente. Esse medo experienciado simbolicamente é como o medo da castração, fazendo o menino renunciar à identificação com a mãe e buscar se identificar com o pai. Dessa forma, o menino passa a ser capaz de realizar uma união sexual com outra mulher que não seja sua mãe. O menino se torna generificado e heterossexual ao mesmo tempo (Freud, [1933] 1966 apud Kimmel, 2016, p. 106-107).

Isso não significa que ele respeitará as mulheres, mas, sim, o grupo de homens no qual estará inserido, pois essa agência é feita como prova masculina. Contudo, a identidade masculina nasce da renúncia do feminino, ou seja, não é ligada diretamente ao masculino, o que deixa a identidade de gênero tênue e frágil. Assim, o menino também aprende a desvalorizar as mulheres, já que são as personificações vivas daqueles traços que ele aprendeu a desprezar. Foi desse pensamento que Freud falou das origens do sexismo, diante dos esforços desesperados do menino em se separar de sua mãe (Freud, [1933] 1966). Conclui-se que o silêncio dos homens é o que mantém o sistema funcionando, logo a homofobia – o medo do homem – e o sexismo andam de mãos dadas (Kimmel, 2016, p. 108, 112 e 114). As origens da autoidentidade masculina estão ligadas a uma densa sensação de insegurança e perda que assombra a memória inconsciente do indivíduo. A segurança básica fica comprometida, pois o menino é abandonado ao mundo dos homens pelos próprios pais. O falo, representação imaginária do pênis, simboliza a fantasia da dominação sobre a mulher, a separação, a revolta e a liberdade (Chasseguet-Smirgel, 1976 apud Giddens, 1992, p. 130).

Nesse tipo de sociedade, tais atitudes não podem ser previstas, em um sentido de que as mulheres, ou mesmo a família delas, pudessem evitar tal casamento ou afastamento do indivíduo masculino, uma vez que as atitudes masculinas fazem parte de uma estrutura social, que foi desenvolvida historicamente e levada às famílias pelas gerações mais antigas, pela educação e pelas mídias comunicativas de certa época. Dessa forma, as mulheres estão condenadas a participar do efeito da dominação masculina, sendo que esse sistema social é aquele correto de ser vivido, que as prendem em um estado imposto pela sociedade e que funciona como uma solidariedade afetiva para com o jogador, como torcedoras incondicionais, mas mal-informadas da realidade do jogo (Bourdieu, 1998, p. 93), pois seu papel acaba sendo facilitar o jogo masculino para que apenas os homens consigam o sucesso.

Por conta desse aspecto masculino, Agripina e Popéia foram descritas por Tácito como mulheres de reputação muito ruim. Inimigas, elas também tinham personalidades bastante diferentes e pareciam competir para influenciar Nero (Hemelrijk, 1999, p. 110), ou o autor as descreve dessa forma, como se fosse algo inerente às mulheres. Esse artifício retórico do ciúme entre as mulheres também foi utilizado sobre mulheres de Marco Antônio, Fúlvia e Otávia contra Cleópatra, e vice-versa, nas narrativas de Plutarco (Plut. *Ant.* 53.2 e 5).

Era comum que Agripina e Popéia fossem caracterizadas como ambiciosas e com sede de poder. De outro modo, as duas eram prósperas, bem--educadas e tinham conexões importantes, apesar de Agripina ser superior a Popéia nesses requisitos. Diferiam de personagens como Otávia Menor e sua filha Antônia, pois sua mãe e esposa não se interessavam por um Patronato cultural, por exemplo, mas parece que elas tinham se concentrado na ambição política de poder, junto a Nero. Agripina nunca foi descrita como um modelo de matrona, como Otávia e Antônia. Contudo, diante desses padrões, ela transgrediu os limites de gênero que eram impostos ao interferir em políticas, sendo que se esforçava para receber embaixadores e atender aos encontros com senadores às escondidas. Apesar disso, tais atuações poderiam.ter tido críticas ao comportamento masculino (Hemelrijk, 1999, p. 110) de Nero, pelo fato de que ele não teria dado limite à própria mãe.

É de se notar que essas atitudes femininas já aconteciam desde a República, com mulheres como Fúlvia, dando a entender que essas características femininas eram tradicionalmente descritas por vários autores para retratar tais mulheres. Contudo, não se sabe ao certo o quanto nessa época Agripina estaria ultrapassando seu limite de mulher com diversos casos semelhantes tidos anteriormente, como o de Lívia.

Em relação à intelectualidade de Agripina, Tácito menciona que ela escreveu suas memórias (Tac. *Ann.* 2.69.1 e 4.52.3), algo inesperado para uma mulher, mas com razão para fazê-lo, uma vez que sua posição a intercedeu diretamente a três imperadores: como irmã de Calígula; esposa de Cláudio; e mãe de Nero. Entretanto, tal obra de Agripina não chegou à atualidade, razão pela qual não se sabe seu estilo de escrita ou sobre o que ela escreveu. Ela pode ter escrito a respeito de vários temas, como: sua relação com tais imperadores e familiares; ter demonstrado o quanto cada imperador devia a ela a posição que eles alcançaram; ter defendido seu direito ao poder; ter escrito sobre sua mãe, com o intuito de utilizar sua memória para ganhar simpatia e, assim, poder (Hemelrijk, 1999, p. 179); ou, ainda, poderia ter escrito acerca de algo peculiar, como uma obra que demonstrasse a socie- dade romana do seu tempo diante de um olhar feminino, que poderia ter sido caracterizado como um trabalho escandaloso e subversivo.

Tácito deu grande ênfase à trama familiar e psicológica das perso- nagens, colocando em suas mãos os destinos administrativos. Sua aborda- gem, que parece muito com a de Salústio, expõe uma visão da degradação causada pela corrupção do exercício do poder. Desse modo, domina, em sua narrativa, a concepção de que, se as pessoas cedem ao prazer, isso as arruína (Funari; Garraffoni, 2016, p. 126).

As mulheres imperiais do período Júlio-Claudiano foram, em sua maioria, caracterizadas como transgressivas e violadoras dos seus papéis na sociedade. O período Júlio-Claudiano foi tomado como uma aberração na história de Roma, tendo em vista que os imperadores violaram os pri- vilégios e ameaçaram as vidas de senadores ou outras figuras de liderança. Tais características são comuns para os autores dessa época, principalmente por considerarem esse um momento de transição (Fischler, 1994, p. 120).

Outra ocorrência a se levar em conta diz respeito ao fato de que a tradição literária sempre teve um interesse particular para ser construída, o que sugere que houve a necessidade de comentar sobre essas mulheres que, diante dos olhos romanos, saíram dos padrões, revelando os abusos que, em geral, acreditavam ser plausíveis e aquilo que era particularmente censurável. A descrição dessas mulheres e seus comportamentos eram ressaltados para iluminar o caráter da "má" mulher imperial para o leitor e para mostrar o que esperavam de uma mulher de classe governante. Tais atitudes nos fazem indagar sobre o modo como as sociedades reagem diante de mulheres que possuem acesso à autoridade ou ao poder (Fischler, 1994, p. 121). Contudo, é limitado e obsoleto tentar caracterizar uma relação de gênero de forma dual, "má" ou "boa", provocando uma análise simplista sobre um todo mais complexo.

Com a deterioração da relação entre Agripina e seu filho Nero, ela foi banida das atividades públicas, declínio demonstrado na produção de moedas. Algumas de suas moedas, feitas de ouro e prata, mostram Agripina e Nero se encarando e com um ramo de trigo, o que representa fertilidade (Zager, 2014, p. 70-71), abundância e produção de alimentos. Entretanto, esse tipo de moeda mostrava, de outra forma, que, nos primeiros dois anos do governo de Nero, a representação de Agripina em moeda era mais notável. No ano de 54 d.C., Agripina foi representada junto a Nero no anverso de áureos e denários em um par de bustos que se confrontam, o qual foi entendido como figuras de importâncias iguais, tendo sido o título dela enfatizado na legenda. Os títulos de Nero, com a *corona civica*, foram relegados ao reverso. Essa moeda significa o que Tácito teria falado de Agripina nos primeiros anos do governo de Nero, de que ela tomaria seu lugar ao lado de seu filho. Agripina revelou ser uma mulher determinada a ter sua autoridade pública reconhecida e "institucionalizada". Contudo, essa série de moedas teve a aprovação de Nero (Wood, 1988, p. 421) e do Senado para ser cunhada.

Figura 75 – Denário[260] de prata com Nero e Agripina Menor se encarando no anverso, cunhada em Roma, governo de 54 - 68 d.C., datada de 54 d.C., com peso de 3,22 g. Legenda: AGRIPP AVG DIVI CLAVD NERONIS CAES MATER (*Agrippina Augusta Divi Caudii Neronis Caesaris Mater* = Agripina Augusta, [esposa[261]] do divino Cláudio e mãe de Nero César[262]); Legenda do reverso: NERONI CLVD DIVI F CAES AVG GERM IMP TR P / EX S C (*Neroni Claudii divi filio Caesari Augusto Germanico Imperatori Tribuniciae Potestate* = A Nero, filho do divino Cláudio César Augusto Germânico Comandante investido no poder tribunício[263] / cunhada de acordo com o consentimento do Senado[264]), com uma coroa de carvalho

Fonte: cortesia do *Classical Numismatic Group, LLC*

---

[260] ID: 76001396. Referência: RIC 002 (original de Roma), WCN 36, RSC 7, *Classical Numismatic Group*. Denominação: denário. Disponível em: http://www.cngcoins.com/Coin.aspx?CoinID=109071 e http://www.coinproject.com/coin_detail.php?coin=283510. Acesso em: 6 mar. 2019.

[261] Tradução feita por subentender que o divino Cláudio era marido de Agripina.

[262] Disponível em: http://www.forumancientcoins.com/numiswiki/view.asp?key=AGRIPP%20AVG%20DIVI%20CLAVD%20NERONIS%20CAES%20MATER%20EX%20S%20C. Acesso em: 8 mar. 2019.

[263] Disponível em Schmitt e Prieur (2004, p. 208).

[264] Tradução nossa com consulta em: http://www.forumancientcoins.com/board/index.php?topic=51364.0. Acesso em: 8 mar. 2019.

Figura 76 – Áureo[265], de 7,63g, datada de 54 d.C., Roma, governo de Nero, Legenda: AGRIPP AVG DIVI CLAVD NERONIS CAES MATER (*Agrippina Augusta, Divi Claudii Neronis Caesaris Mater*[266] = Agripina Augusta, [esposa] do divino Cláudio e mãe de Nero César[267]); Legenda do reverso: NERONI CLVD DIVI F CAES AVG GERM IMP TR P / EX S C (*Neroni Claudii Divi filii Caesaris Augusti Germanici* = Comandante Nero César Augusto Germânico, filho do divino Cláudio investido no poder tribunício / cunhada de acordo com o consentimento do Senado[268]), com uma coroa de carvalho[269]

Fonte: © *The Trustees of the British Museum*

As moedas com o busto de Nero e Agripina juntos demonstram uma igualdade de Agripina perante o imperador, valorizando a ligação entre os dois pelos materiais em que foram cunhadas, ouro e prata. Quando o casal está um na frente do outro, a tendência é que o imperador sempre apareça à esquerda e a mulher, à direita (Brubaker; Tobler, 2000, p. 573).

As legendas confirmam a descendência divina com a menção da ligação de Agripina como mulher de Cláudio e Nero como seu filho, além da anuência do Senado para a cunhagem. As moedas também testemunharam o quanto Nero devia à sua mãe Agripina a atribuição do cargo de imperador, visto que, em várias dessas representações, ela aparece ao lado de Nero, de uma maneira muito mais comum do que Nero com Cláudio (Zager, 2014, p. 71), ou do que Nero com suas esposas, Otávia ou Popéia, por exemplo. Adiciona-se o fato de que o filho e a mãe juntos chamam a

---

[265] Número de referência no museu: R.6509. Bibliografia: RE1 2, p. 200, RIC1 3, p. 150. Número no catálogo C&M: RE1p200.2. Disponível em: https://www.britishmuseum.org/research/collection_online/collection_object_details.aspx?objectId=1216066&partId=1. Acesso em: 10 nov. 2019.

[266] Disponível em: https://en.numista.com/catalogue/pieces246187.html. Acesso em: 23 fev. 2021.

[267] Disponível em: http://www.forumancientcoins.com/numiswiki/view.asp?key=AGRIPP%20AVG%20DIVI%20CLAVD%20NERONIS%20CAES%20MATER%20EX%20S%20C. Acesso em: 8 mar. 2019.

[268] Tradução nossa com averiguação em: http://www.forumancientcoins.com/board/index.php?topic=51364.0. Acesso em: 8 mar. 2019.

[269] ID: 76001396. Referência: RIC 002 (original de Roma), WCN 36, ClassicalNumismaticGroup. Denominação: denário. Disponível em: http://www.cngcoins.com/Coin.aspx?CoinID=109071 e http://www.coinproject.com/coin_detail.php?coin=283510. Acesso em: 6 mar. 2019.

atenção por reforçar uma continuidade dinástica, mas também poderia ter o intuito de mostrar uma unidade imperial, que, de um modo contrário, estaria camuflando uma crise. As imagens das mulheres imperiais pareciam conceder legitimidade sobre seus maridos e filhos. Dessa forma, símbolos de legitimação eram sempre importantes, principalmente durante crises de sucessão (Brubaker; Tobler, 2000, p. 590), o que levaria à valorização do espaço nas moedas para uma propaganda positiva do Estado.

Figura 77 – Áureo[270], 55 d.C., Roma, governo de Nero. Anverso: bustos de Nero ao lado do busto de Agripina Menor, NERO CLAV [DI] VI F CAES AVG GERM IMP TR P COS (*Nero Claudius Divi Filius Caesar Augustus Germanicus Imperator Tribunicia Potestas Consul* = Nero Cláudio, filho do divino César Augusto Germânico, comandante investido no Poder Tribunício e cônsul[271]). Reverso: quadriga de elefantes com Cláudio e Nero, AGRIPP AVG DIVI CLAVD NERONIS CAES MATER/EX S C (*Agrippina Augusta, Divi Claudii Neronis Caesaris Mater/ex senatus consulto* = Agripina Augusta, [esposa] do Divino Cláudio e mãe de Nero César/ cunhada de acordo com o consentimento do Senado[272])

Fonte: © KBR *cabinet des monnais et médailles*

Essa série de moedas de *áureos* apresenta Nero e Agripina no anverso, um ao lado do outro. Ela está em uma posição secundária em relação a ele, pois Nero está à sua frente. A legenda do anverso comemora o atual imperador, Nero, e sua ascendência, além de enfatizar o título divino de Cláudio e Augusto, com uma demonstração de uma futura divinização. O reverso traz a força do Império romano, por meio da quadriga de elefantes com Cláudio, com uma coroa de raios e um cetro de águia na mão direita, e Augusto com uma coroa de raios e uma *patera* na mão direita e um cetro na esquerda. Eles estão representando a ascendência dinástica e o direito

---

[270] Bibliografia: RIC I² 6; BMC 7; *du Chastel* 401 (*Collection du Chastel Collectie du Chastel*). Disponível em: https://opac.kbr.be/LIBRARY/doc/SYRACUSE/20734795. Acesso em: 18 jul. 2022.
[271] Tradução nossa.
[272] Tradução nossa.

de governar, com símbolos de poder, como o cetro com a águia; e símbolos de prosperidade, como a *patera*. A legenda marca o casamento de Agripina com o antigo imperador e, agora, mãe do atual. O pareamento de Agripina e Nero é algo extraordinário e pode ter imitado o pareamento de figuras do período Helenístico, demonstrando a consanguinidade de reis, rainhas e filhos. Esse pareamento reflete a posição de influência que ela tinha sobre ele (Claes, 2013, p. 97 e 100).

Figura 78 – Áureo[273] cunhado em Lion, com busto de Nero e Agripina no anverso, NERO CLAVD DIVI F CAES AVG GERM IMP TR P COS (*Nero Claudius Divi Filius Caesar Augustus Germanicus Imperator Tribunicia Potestas Consul* = Nero Cláudio, filho do divino César Augusto Germânico, comandante investido no Poder Tribunício e cônsul[274]). Reverso: Quadriga de elefantes carregando duas cadeiras em que estão sentados *Divus Claudius* (o mais distante), irradiado e segurando um cetro com ponta de águia na mão direita, além de *Divus Augustus*, irradiado, segurando uma *patera* na mão direita e o cetro na esquerda e com legenda: AGRIPP AVG DIVI CLAVD NERONIS CAES MATER/EX S C (*Agrippina Augusta, Divi Claudii Neronis Caesaris Mater/ex senatus consulto* = Agripina Augusta, [esposa] do Divino Cláudio e mãe de Nero César/ cunhada de acordo com o consentimento do Senado [275])

Fonte: © *Bibliothèque Nationale de France*

Esse último exemplar, igual ao anterior, é interessante pelas ranhuras no anverso e no reverso. No anverso, as ranhuras estão, principalmente, sobre as bocas de Nero e Agripina, sugerindo que quem as fez poderia estar indo contra o que tais personagens falavam e, consequentemente, ser um ato contra aquele governo. No reverso, as ranhuras se repetem e estão, principalmente, sobre a figura de Nero, como se desaprovasse tal imagem, além de aparecerem também sobre as letras S C, apagando-as, como se

---

[273] Disponível em: http://ark.bnf.fr/ark:/12148/cb439284586. Acesso em: 20 jun. 2022. BNC II Néron 12, BMC 7, RIC 6. *Description historique des monnaies frappées sous l'Empire Romain / Henri Cohen, Paris, 1880-1892, Agrippine et Néron 3. dentifiant de la notice*: ark:/12148/cb439284586. Notice n°: FRBNF43928458. mage 1.-IFN-10445265: ², Droit. Image 2.-IFN-10445265: ², Revers.

[274] Tradução nossa.

[275] Tradução nossa.

também desaprovasse os atos do Senado, ou por essa instituição não estar diretamente ligada *à* cunhagem de moedas e tais letras continuarem a ser usadas de forma alheia.

Figura 79 – Áureo[276], 64 - 65 d.C., Roma, governo de Nero. Anverso: cabeça de Nero com coroa de louros e barba à direita, NERO CAESAR AVGVSTVS. Reverso: imperador à esquerda e imperatriz à direita, AVGVSTVS AVGVSTA

Fonte: © KBR *cabinet des monnais et médailles*

O último exemplar contém Nero em seu anverso, mas a parte mais interessante é o reverso, em que aparece o imperador com coroa de raios e com uma toga, na mão direita, uma *patera* e, na mão esquerda, um cetro longo; ao seu lado esquerdo, há a imperatriz, com a cabeça velada, segurando uma *patera* na mão direita e uma cornucópia na mão esquerda, simbolizando abundância, fertilidade e prosperidade. O casal no anverso pode ser uma representação de Nero e sua mãe Agripina, ou uma celebração aos seus antepassados Augusto e Lívia, caracterizando essa moeda como do tipo familiar e/ou póstuma.

As moedas com Nero e Agripina aparecem também em casas de moedas das províncias, muitas vezes, copiando os modelos cunhados em Roma e, outras vezes, com aspectos bem locais.

---

[276] Bibliografia: RIC I² 44; BMC 52; du Chastel 406 (*Collection du Chastel Collectie du Chastel*). Disponível em: https://opac.kbr.be/LIBRARY/doc/SYRACUSE/20734809. Acesso em: 18 jul. 2022.

Figura 80 – Didracma[277] de prata, 58 - 59 d.C., Cesareia. Anverso: cabeça laureada de Nero, NERO CLAVD DIVI CLAVD F CAESAR AVG GERMANI (Nero Claudius Divi Claudii Filius Caesar Augustus Germanicus = Nero Cláudio César Augusto Germânico, filho do divino Cláudio [278]). Reverso: busto drapeado de Agripina Menor, AGRIPPINA AVGVSTA MATER AVGVSTI (*Agrippina Augusta, Mater Augusti* = Agripina Augusta, mãe de Augusto[279])

Fonte: © *The Trustees of the British Museum*

Esse didracma, cunhado em Cesareia, homenageia o imperador e sua mãe. Nero aparece no anverso com cabeça laureada, voltada para a direita, junto da legenda com seu nome e sua ancestralidade, demonstrando seu direito de governar. Agripina está em posição secundária no reverso, mas sua importância segue forte junto ao imperador. Destarte, a legenda reforça sua posição de mãe, a qual ajudou seu filho a chegar em tal posição.

---

[277] Número de registro: 1914,1003.5. Número no catálogo C&M: RE1 (283) (422). Bibliografia: RPC1 / Roman provincial coinage. Vol.1, From the death of Caesar to the death of Vitellius (44 BC-AD 69) (3632/1) RE1 / Coins of the Roman Empire in the British Museum, vol. 1: Augustus to Vitellius (p283.422). Disponível em: https://www.britishmuseum.org/collection/object/C_1914-1003-5. Acesso em: 24 fev. 2021.

[278] Tradução nossa.

[279] Tradução nossa.

Figura 81 – Dracma[280] de prata, 58 - 59 d.C., cunhado em Cesareia. Anverso: cabeça laureada de Nero, voltada para a direita, [NER]O CLAVD DIVI CLAVD F CAESAR AVG GERMANI (*Nero Claudius Divi Claudii Filius Caesar Augustus Germanicus* = Nero Cláudio César Augusto Germânico, filho do divino Cláudio[281]). Reverso: Busto velado de Agripina Menor, voltado para a esquerda, AGRIPPINA AVGVSTA MATER AVGVSTI (*Agrippina Augusta, Mater Augusti* = Agripina Augusta, mãe de Augusto[282])

Fonte: © *The Trustees of the British Museum*

Esse dracma também foi cunhado em Cesareia (*Caesarea Mazaca*), o qual é semelhante ao didracma anterior, porém no anverso a diferença é que Agripina Menor aparece com a cabeça velada, muito semelhante com as moedas cunhadas em Roma de Lívia como *Pietas*, além da própria representação de Vesta, que aparece da mesma forma.

---

[280] Número de registro: 1886,1107.1. Bibliografia: RPC1 / Roman provincial coinage. Vol.1, From the death of Caesar to the death of Vitellius (44 BC-AD 69) (3642/1)RE1 / Coins of the Roman Empire in the British Museum, vol. 1: Augustus to Vitellius (p284.425). Número no catálogo C&M: RE1 (284) (425). Disponível em: https://www.britishmuseum.org/collection/object/C_1886-1107-1. Acesso em: 24 fev. 2021.

[281] Tradução nossa.

[282] Tradução nossa.

Figura 82 – Ás[283] de prata, 58 - 59 d.C., Cesareia, Turquia, região central da Anatólia, Caiseri (*Kayseri*). Anverso: cabeça laureada de Nero, voltada para a direita, NERO CLAVD DIVI CLAVD F CAESAR AVG GERMANI (*Nero Claudius Divi Claudii Filius Caesar Augustus Germanicus* = Nero Cláudio César Augusto Germânico, filho do divino Cláudio[284]). Reverso: busto de Agripina Menor, voltado para a direita, com grinalda, AC IT IB (AC(αρις) IT(αλικα) IB (12[285]) = 12 *italiai as*[286])

Fonte: © *The Trustees of the British Museum*

Nesse Ás, mais uma vez o modelo segue o das outras moedas cunhadas em Cesareia. Entretanto, é a figura de Agripina a que mais sofre modificações nos últimos três exemplos de moedas. Agripina se encontra no reverso, sem o véu, mas com grinalda. Sua imagem é mais semelhante àquela do primeiro modelo de Cesareia.

---

[283] Número de registro: 1846,0910.197. Número no catálogo C&M: RE1 (284) (427). Bibliografia: RPC1 / Roman provincial coinage. Vol.1, From the death of Caesar to the death of Vitellius (44 BC-AD 69) (3643/1)RE1 / Coins of the Roman Empire in the British Museum, vol. 1: Augustus to Vitellius (p284.427). Disponível em: https://www.britishmuseum.org/collection/object/C_1846-0910-197. Acesso em: 24 fev. 2021.

[284] Tradução nossa.

[285] Disponível em: http://www.saxa-loquuntur.nl/tools/greek-numerals.html. Acesso em: 6 dez. 2022.

[286] Essa é uma unidade monetária (Disponível em: http://regeszet.org.hu/wp-content/uploads/2020/03/R%-C3%A9g%C3%A9szeti-K%C3%A9zik%C3%B6nyv-2011_3_5.pdf, p. 422. Acesso em: 6 dez. 2022.

Figura 83 – Tetradracma[287] de prata, 56 - 57 d.C., Antioquia, região mediterrânica da Turquia. Anverso: cabeça laureada de Nero, voltada para a direita, [ΝΕΡΩΝΟΣ ΚΛΑΥΔΙΟΥ ΘΕΟΥ ΥΙ ΚΑΙΣΑΡΟΣ ΣΕΒ], transliteração: [NERONOS KLAUDIOU THEOU UI KAISAROS SEB] (Do Divino Cláudio César Augusto ao filho Nero[288]). Reverso: busto drapeado de Agripina Menor, voltada para a direita, [ΑΓΡΙΠΠΕΙΝΗΣ] ΣΕΒΑΣΤΗΣ, transliteração: [AGRIPPEINES] SEBASTES (Agripina Augusta[289])

Fonte: © *The Trustees of the British Museum*

Esse tetradracma cunhado em Antioquia-nos-Orontes (*Antiochia ad Orotem,* Antioquia ou Antáquia) é muito semelhante aos exemplares de Cesareia. A moeda segue a amostragem de Nero, com a cabeça voltada para a direita no anverso e Agripina no reverso. Chama a atenção na diferenciação a legenda em grego, praticamente com o mesmo significado, ou seja, no anverso, nomeia Nero e decorre sua descendência dinástica, explanando seu direito de governar. No reverso, há o nome de Agripina Augusta, como sua companheira no poder e quem abriu seu caminho para chegar no seu *status*. O estilo de cabelo de Agripina segue o mesmo em moedas cunhadas anteriormente, na mesma casa de moeda, em tempos de Cláudio, com Agripina no anverso e Nero no reverso.

---

[287] Número de registro: 1956,1208.8. Bibliografia: RPC1 / Roman provincial coinage. Vol.1, From the death of Caesar to the death of Vitellius (44 BC-AD 69) (4175). Disponível em: https://www.britishmuseum.org/collection/object/C_1956-1208-8. Acesso em: 24 fev. 2021.

[288] Tradução nossa e de Juarez Oliveira.

[289] Tradução nossa.

Figura 84 – Moeda de latão[290], cunhada em Eumenéia, Frígia, durante o governo de Nero, 3,09 g, 15 mm. Anverso: busto drapeado de Agripina Menor, com coroa de milho, cabelos longos, ΑΓΡΙΠΕΙΝΑ ΣΕΒΑΣΤΗ (Agripina Augusta[291]). Reverso: figura feminina sentada que poderia ser Cibele, com uma *patera* na mão direita, ΒΑΣΣΑ ΚΛΕΩΝΟΣ ΑΡΧΙΕΡΗΑ ΕΥΜΕΝΕΩΝ (Bassa Cleono, Arquereia dos Eumenienses[292])

Fonte: cortesia do *Roman Provincial Coinage online*

De acordo com o catálogo do museu Britânico, moedas de Nero e Agripina Menor foram cunhadas em outras províncias como: Apameia (Frígia), Ilium, Synaus, Esmirna, Magnesia do Sípilo (*Magnesia ad Sipylum*), Myndus, Euromus, Mitilene, Cime, Samos e Orthosia (Caria).

Moedas eram atreladas a algum tipo de deidade, como o próximo exemplar, que, em seu reverso, constam a legenda CONCORDIA AUGUSTA e sua figura. A deusa Concordia está associada a semelhanças com outras deusas que apareciam como Lívia personificada, como Ceres, *Pax*, Vesta. O que pode ser interpretado é que tais mulheres da elite romana, relacionadas diretamente com o imperador, eram atreladas a deusas que eram ligadas à fertilidade, abundância e prosperidade. No entanto, a Concordia Augusta pode ser atribuída à Agripina Augusta, como uma homenagem à memória da mãe de Nero, caracterizando tanto uma moeda do tipo familiar quanto póstuma.

---

[290] BMC 44, RPC I 3151. Disponível em: https://rpc.ashmus.ox.ac.uk/coins/1/3151. Acesso em: 14 out. 2022.
[291] Tradução nossa.
[292] Tradução de Juarez Oliveira.

Figura 85 – Áureo[293], 58 - 68 d.C., Roma, cunhada durante o governo de Nero. Anverso: rosto laureado de Nero voltado para a direita, NERO CAESAR AVGVSTUS. Reverso: figura feminina, Concordia ou Agripina (?) sentada com uma *patera* na mão direita e um cetro na esquerda, CONCORDIA AVGVSTA

Fonte: cortesia do *CoinArchives*

Depois de dezembro de 55, não houve mais a cunhagem de moedas com Agripina em Roma, o que pode demonstrar que sua influência sobre Nero tinha diminuído. A redução da cunhagem de sua figura pode refletir o declínio de seu poder. Adiciona-se que, depois da mesma data, cunhagens sobre a descendência divina de Cláudio também pararam, porém não se sabe ao certo o motivo (Claes, 2013, p. 98).

Em geral, Nero foi um pouco negligente em demonstrar as suas raízes junto à família Júlio-Claudiana, com pouca citação de *Divus Augustus*. Sua mãe, Agripina, e seu pai adotivo, Cláudio, foram muito mencionados no início de seu governo, mas deixaram de aparecer depois de dois anos, quando aparentemente ele não sentia mais a necessidade de anunciar que ele era o sucessor de Cláudio, ou de propagar que ele fazia parte da família Júlio-Claudiana (Claes, 2013, p. 128).

Mulheres da elite romana, como Agripina Menor e mesmo sua mãe, Agripina Maior, levaram ao extremo a atenção aos cuidados para terem uma "carreira" como mulheres imperiais, tomando o modelo de Lívia como exemplo e, principalmente, o *status* que ela alcançou. Essas mulheres eram as vítimas privilegiadas da dominação simbólica e os instrumentos adequados que poderiam ser capazes de modificar seus efeitos em relação às categorias dominadas. A dominação simbólica é uma construção que possui instrumentos cognitivos. Quando se fala em um simbólico, denota-se algo que está na ordem do conhecimento. Esse tipo de dominação

---

[293] RIC 1 48. Disponível em: https://www.coinarchives.com/a/lotviewer.php?LotID=1982352&AucID=4682&Lot=590&Val=518510a3f2e71127be61360631a4b54a. Acesso em: 2 jun. 2022.

A FORÇA DAS MULHERES ROMANAS POR MEIO DAS MOEDAS E UMA CRÍTICA
FEMINISTA DO PASSADO PARA O PRESENTE

seria algo concernente às disputas de relações de força que passam pelo conhecimento e pelo reconhecimento, os quais funcionam pela estruturação mental. Portanto, esses esquemas mentais são construídos ao ponto de que existe a estruturação das mentalidades, que há luta cognitiva num sistema forte e robustamente fechado em si mesmo. A dominação simbólica exerce cumplicidade do dominado ou cumplicidade das estruturas que o dominado adquiriu na confrontação prolongada com as estruturas de dominação, uma vez que é preciso tomar consciência para transformar profundamente as disposições adquiridas, por uma espécie de reeducação, a qual consegue fazer com que se perca um mau costume, mudando a ordem simbólica. A tomada de consciência é indispensável para desencadear o processo de transformação e assegurar seus resultados (Bourdieu, 1996a, p. 33 e 37-38). Pode-se mencionar também que o uso da força pelo Estado leva a um recuo da violência bruta, a uma pacificação das relações entre os indivíduos. Entretanto, o resultado pode ser uma substituição dos afrontamentos corporais por lutas simbólicas (Chartier, 1995, p. 40).

Contudo, elas também foram marcadas pela aspiração de se identificarem com os modelos dominantes e, consequentemente, inclinadas a se apropriarem, a qualquer preço, das propriedades distintivas, por serem aquelas que distinguiram os dominantes, ou seja, aquelas cujas atuações foram fundamentais para tornarem seus próprios maridos, irmãos e/ou filhos imperadores. Ainda, contribuíram para a divulgação imperativa em favor deles, sobretudo diante de um poder simbólico circunstancial para assegurar um proselitismo e, assim, garantir uma posição dentro desse sistema. Diante desse fator, elas conquistaram um melhor *status*, atuaram como patronas, receberam honras, pois trabalharam em favor do sistema vigente, o que trouxe uma "aparente liberdade" que visou a obter delas uma submissão diligente e uma contribuição para a dominação simbólica, que foram exercidas por meio de mecanismos sociais, econômicos e culturais, considerados bens simbólicos, que fizeram delas as submissas nesse meio. Sendo assim, por meio de suas "responsabilidades" e de suas agências, elas se reduziram à condição de instrumentos de manipulação simbólica (Bourdieu, 1998, p. 121).

As relações entre os homens e as mulheres da elite romana eram estabelecidas em todos os espaços e subespaços sociais, isto é, não somente dentro da família, mas em toda uma sociedade, como na religião e, principalmente, dentro do Estado, marcando-as dentro de um "eterno feminino", caracterizado por estigmas específicos, que contribuiu para tal permanência estrutural da relação de dominação. Essa situação foi construída historicamente e se reproduziu por meio da aprendizagem, ligada às experiências que os agentes tiveram dentro dos espaços sociais. Nessa sociedade, o inconsciente sexual se encontrou como um prolongamento "lógico" dos universos sociais desse tempo, enraizando-se e reproduzindo-se por formas objetivadas do estabelecimento entre as posições sociais, que, nesse caso, seriam as divisões entre os masculinos e os femininos. Esse aspecto marcou a estrutura de dominação masculina como um princípio último de inúmeras relações de dominação/submissão, que aparentemente trouxeram um ar "familiar" e que tenderam a separar os homens e as mulheres. O corte com a ordem comum, ou aquela vigente, não se realizaria por meio de um só golpe, ou de uma vez por todas, mas, primeiramente, essas mulheres deveriam estar conscientes de sua posição e da realidade de dominação masculina. Em seguida, teriam que investir em um trabalho incessante e insistente (Bourdieu, 1998, p. 122-130) contra tal ordem.

Nesse meio tempo, toma-se Agripina Menor como o melhor exemplo para afirmar que as mulheres deveriam possuir diferentes crises de identidade de gênero. Ao que parece, suas frustrações e depressão existiriam mais pelo fato de estarem em uma sociedade que as excluía do poder público do que por uma afirmação acerca de se elas eram femininas o suficiente (Kimmel, 2016, p. 108), em contrapartida com a identidade masculina, que deveria sempre estar em prova.

Conclusão

Este trabalho teve como foco as moedas cunhadas com imagens das mulheres de Roma. As fontes escritas antigas quase sempre ajudaram a fazer acreditar que as mulheres pertenciam a uma esfera doméstica, em que suas maiores tarefas ficavam dentro de suas casas e seus mais louváveis papéis seriam como esposas e mães. A fonte, *Res Gestae*, de Augusto, inclusive, depende da separação do "privado" e do "doméstico", em que era necessário o mundo político, mas que trazia um doméstico repleto de valores que eram importantes para a vida pública. O doméstico funcionava como um tipo de moralização privada, que funcionava como uma verdade ética apolítica (Milnor, 2005, p. 27).

Outras fontes escritas, como as utilizadas neste trabalho, e como as fontes materiais, as moedas, também mostraram que as mulheres da elite conseguiram alguma proeminência, construindo uma vida social que as levaram à certa abertura política durante o final da República e início do Império, quando elas emergiram como benfeitoras, patronas e donas de propriedades, contribuindo para serem autoras importantes na história política de Roma. Tais mudanças dessa época podem ter garantido uma alteração social em todas as categorias femininas decorrentes de suas construções culturais e atuações políticas. Contudo, o período de Augusto não acabou sendo um momento em que essa divisão era distinta, mas a sociedade romana foi se moldando em um emaranhado de circunstâncias em que essas divisões se entrelaçavam, o que faz questionar se essa separação era mesmo evidente ou mais complexa do que as fontes escritas apresentam.

Em relação à cultura material, pode-se concluir que as imagens reproduzidas nas moedas deveriam ser algo aceitável para os padrões de representação que o público teria como expectativa, ou seja, o tipo de figura teria que ser algo que demonstrasse que a família imperial era bem cultivada ou bem-sucedida e, no caso específico das mulheres, elas deveriam ser reportadas evidenciando suas virtudes domésticas. Muito provavelmente, essas imagens deveriam ter sido feitas com intenções políticas, de autopropaganda e de controle.

As imagens de mulheres romanas em moedas claramente demonstravam que elas eram idealizadas, assim como as rainhas Helenísticas, que eram representadas com a falta de individualização nas características da figura, além de características faciais dos homens com quem elas eram retratadas. Em algumas representações nas quais elas são menos idealizadas, suas características individuais são mais bem apresentadas, porém a idealização vem com uma representação jovial da mulher ou demonstrando maturidade, que não refletiam a realidade, mas, sim, o *status* e papéis sociopolíticos (Harvey, 2020, p. 48).

Esse cenário foi possibilitado no tempo de Augusto, pois a vida doméstica continuou a constituir um lugar central na vida cívica. Entretanto, com todas as mudanças, Augusto propiciou um novo significado ao que seria participar das funções do Estado romano, compondo uma nova definição à *res publica*, fazendo instituições sociais e políticas parecerem subsidiar a ideia de um único governante. Consequentemente, houve uma redefinição do público e do privado, posto que o Estado se focou em um único homem e em uma única família. As mulheres imperiais passaram a ter um papel importante na sociedade romana como representantes do que o novo regime poderia oferecer, sobrevalorizando a virtude feminina (Milnor, 2005, p. 4).

Aparentemente, Augusto se preocupou com o significado de questões religiosas, cívicas e morais, o que levou à restauração de vários templos, do espaço do *Forum Augustum*, de bibliotecas gregas e latinas, de portos e de suas coleções de arte. A ideia não era apenas embelezar a cidade, mas também ratificar o que era ser romano. No entanto, o doméstico era o meio pelo qual se avaliava a moral, para o qual cada vez mais o discurso público sobre Roma retornava e, tradicionalmente, as mulheres eram associadas a ele. Dessa forma, o governo de Augusto é conhecido como aquele que deu atenção aos valores tradicionais romanos, não somente pela legislação, que tinha por intuito preservar a família aristocrática por meio de incentivos para os que se conformavam, e de punições para os que não se conformavam, mas também em declarações mais pessoais (Milnor, 2005, p. 9 e 11).

A caracterização da "boa" ou "má" dona de casa é um princípio obsoleto de se distinguir essas mulheres. Entretanto, academicamente, a análise interpretativa de como os antigos autores denunciavam tais mulheres dizia que a "boa" dona de casa era associada ao *princeps* e seu reino, em que a ideia da domesticidade virtuosa circulava como parte do discurso de Augusto. Nesse período, não somente houve transformações no sistema político romano, mas também nas ideias, nos ideais e nos valores. A moral dominou aspectos políticos, sociais e artísticos sem precedentes. Nesse contexto, além de um renascimento dos valores tradicionais, houve mudanças sociais, políticas e culturais, que culminaram em um novo Estado. A virtude de filhas, esposas, mães e irmãs tornou-se foco da atenção pública. O que parecia era que Augusto estava pedindo para que os romanos contemplassem uma parte da vida deles que estava fora da política, mas concernindo como algo público. As representações da virtude feminina na ideologia imperial eram meramente um caminho de volta às vidas privadas dos cidadãos romanos, que precisavam ser reexaminadas e refinadas (Milnor, 2005, p. 12 e 15-16).

Em várias circunstâncias deste trabalho, pairou o questionamento acerca do poder feminino em tal época, uma vez que se deve ter em mente que as relações de gênero podem ser constatadas dentro de um *"habitus sexuado"* (Bourdieu, 1998, p. 9), tendo sido moldadas dentro de uma divisão, a qual representava a realidade daquele momento, dentro de uma elite social, e que é demonstrada, por vezes, em fontes escritas e materiais, pois deixou consequências na prática. Com isso, as mulheres em moedas não deixaram de delimitar as forças materiais e simbólicas entre os gêneros aqui contemplados, demonstrando que a visibilidade pública delas não cessou a dominação masculina, mas lhes deu poder, o qual foi enquadrado numa unidade doméstica, na medida em que foram usados símbolos de fertilidade que seguem, principalmente, Lívia e Agripina Menor nas representações. É de se levar em consideração que o Estado e a própria vida privada foram elementos de elaboração e de imposição de princípios de dominação, que poderiam ter sido lugares de tensões, por essas mulheres assumirem atividades fora do original, as quais não tinham sido, de imediato, bem definidas nessa divisão.

No entanto, pôde-se observar que a agência sobre a capacidade das relações dessas mulheres aprimorou a situação social de cada uma, muitas vezes com ajuda de atividades como o Patronato. Atitudes militares como as de Fúlvia e as de Agripina Maior foram, consecutivamente, honradas no Oriente e criticadas em Roma. Da mesma forma, atitudes políticas, como as ações de Lívia, demonstraram a abertura de uma complexidade social e de perspectivas de atuações ainda não delimitadas claramente em pesquisas a respeito desse tipo de estabelecimento social feminino. Nesse sentido, verifica-se que há ainda a necessidade de trabalhos acadêmicos focalizados nos estudos sobre as mulheres do passado, sobretudo com a tendência em mostrar como as relações de gênero são construídas e negociadas, visto que o gênero fornece um foco útil de análise da complexidade de transformação social, econômica e política. Seguindo essa perspectiva, a análise de gênero encoraja o olhar para a experiência e agência das personagens, uma vez que as identidades de gênero são fundamentais para a construção das subjetividades e o estabelecimento dos indivíduos em seu mundo social, interna e externamente, e até para serem agentes de mudanças na própria comunidade e além dela (Goddard, 2000, p. 2).

O discurso de gênero expresso na materialidade, nesse caso, nas moedas, manifestou ideologias de gênero que determinaram posicionamentos das atividades femininas da época, informando experiências e percepções das situações vividas. Os discursos de gênero foram fundamentais para a produção de símbolos, contando que os significados e significantes se espalharam em ramificações e em conjunto com as redes de trocas das moedas. Por essa razão, os discursos de gênero são implantados por atores coletivos, entidades e por aqueles que instigam, de alguma maneira, a mudança social (Goddard, 2000, p. 7).

As moedas, muitas vezes, foram utilizadas pelo poder central, principalmente por Augusto, para enfatizar e propagandear a harmonia familiar imperial, período em que houve grande adesão dessas mulheres ao Patronato. As demonstrações de homenagens nas províncias a elas, comumente, excederam a do poder central, dando abertura para um grande poder público, além-Roma, imbricado nas províncias. Dessa forma, os discursos de gênero foram também produzidos de modo particular e, ao mesmo tempo, coletivamente fora de Roma, seguindo tradições locais, em geral para homenagear um agradecimento por benefícios, contando com a mescla de elementos nativos e romanos.

Além disso, as moedas tendiam a legitimar o poder daqueles que eram cunhados nelas, na medida em que eram produzidas de acordo com o consentimento do Senado ou pelas elites províncias, quando se tratava de uma cunhagem local, a qual, muitas vezes, também teria que receber a aprovação do poder central. Nessa perspectiva, a moeda pode ser vista como uma comunicadora e um instrumento de divulgação, constituindo um modo ativo de se aceitar novos personagens de poder.

Contudo, as reações como aquelas expressadas em fontes textuais da época poderiam ter sido uma grande astúcia para enfatizar os pressupostos de gênero ao se falar sobre essas mulheres romanas que ganharam mais abertura e um novo posicionamento social no fim da República e início do Império. Os desdobramentos dos símbolos de gênero, colocados de diversas maneiras para representá-las nas moedas, que, em sua abrangência, eram símbolos ligados à fertilidade, foram fundamentais para demonstrar uma construção da identidade coletiva, em particular de entidades governamentais, as quais são imprescindíveis para a legitimação de símbolos de

Estado. Deve-se levar em consideração que as identidades coletivas e as subjetividades individuais são correlacionadas em partes, ligadas a trocas e fluxos complexos, que fazem parte de práticas discursivas e efeitos de poder de gênero, sexualidade, raça e classe, simultaneamente como investimentos da construção de um Estado (Radcliffe; Westwood, 1996, p. 166), que são elencados em diferentes níveis, dependendo da localidade e de seu contexto (Goddard, 2000, p. 8).

O poder e do posicionamento que essas mulheres imperiais aspiraram tomou diferentes níveis no que diz respeito às localidades do Império romano. As moedas correspondiam a um emaranhado cognitivo em que os indivíduos e grupos se envolviam em um processo criativo e de interpretação que poderia variar em relação ao que era produzido como "oficial" (Goddard, 2000, p. 8) para o poder central e suas províncias, uma vez que a interpretação simbólica poderia variar de uma província para outra, uma vez que a honra por tais mulheres, possivelmente, também era cotejada de forma múltipla, levando em consideração os elementos culturais locais, mas que não fossem delimitantes para os interesses romanos centrais, a fim de que não tivessem motivos para serem banidos.

A esse respeito, não se pode negar o fato de que as mulheres romanas da elite cunhadas em moedas, assim como em outras artes, foram fortificadoras para a mudança do posicionamento público e de poder delas. A moeda passaria a delimitar uma marca da relação de poder, de gênero e do sistema familiar e de seus valores, além de um objeto que seria o corolário das mudanças políticas, visto que estava em pauta a demanda privada e doméstica elencada para as mulheres em ordem de uma visibilidade pública ainda baseada na moralidade e em valores próximos aos mais tradicionais, sendo que suas imagens foram atribuídas em sua maioria às personificações de deusas e junto a símbolos representativos da fertilidade, religiosidade e *pudicitia*. A fronteira religiosa possui a capacidade de definir estritamente os padrões de homens e mulheres ligados a uma sociedade estudada, suas atividades, formas rituais e práticas devotas que convêm a cada um dos sexos (Chartier, 1995, p. 41).

Contudo, as representações femininas ainda estavam simbolicamente voltadas para a resignação e discrição, o que resultava em um arbítrio em que elas poderiam exercer algum poder ao aceitar seus próprios limites de forças, muitas vezes aceitando apagar ou negar um poder que elas somente poderiam exercer por procuração, por meio de um procurador ou um representante (Bourdieu, 1998, p. 43).

Em decorrência dos elementos simbólicos relativos à fertilidade, interpreta-se, dessa forma, que havia uma topologia sexual do corpo socializado, sendo que o corpo feminino era aquele reconhecido por procriar. Os corpos, diante de seus deslocamentos e movimentos, são revestidos de significados sociais. As diferenças entre o corpo masculino e o feminino poderiam ter levado ao emprego de diferentes práticas e elementos metafóricos para elucidá-los, os quais foram utilizados para cada sexo e diferenciados igualmente em suas aparências, estando ligados ao *habitus* dos agentes, que funcionavam como esquemas de percepções, de pensamento e de ações. Essa experiência apreendeu o mundo social e suas divisões arbitrárias, começando pela divisão social entre homem e mulher, vistas como "naturais", pensamento que legitimou tais separações. Diante dessa "naturalização", a visão patriarcalista foi imposta como neutra, fazendo com que a dominação masculina fosse simbolicamente alicerçada, criando uma divisão sexual do trabalho, seus instrumentos e espaços (Bourdieu, 1998, p. 16-18).

A "naturalização" da subordinação feminina já recebeu várias críticas feministas, uma vez que é sustentado que a subordinação da mulher decorre das maneiras como esta é construída socialmente, porque se acredita na ideia subjacente de que o que é construído pode ser modificado. Nessa perspectiva, alterando as maneiras como elas são percebidas, seria possível mudar o espaço social por elas ocupado (Piscitelli, 2002, p. 10). Todavia, para as demais modificações sociais, teria que ocorrer uma conscientização de tal subordinação pelas mulheres. A esse respeito, Bourdieu (1998) comenta que essa "naturalização" se dá quando a conscientização não é recorrente, de modo que tais atuações femininas são vistas como "certas" a serem executadas em determinado grupo social.

Contudo, decisões do Estado sobre como essas mulheres deveriam ter sido representadas devem ter implicado nas reproduções provinciais, uma vez que também deveria ter sido de interesse provincial reproduzir imagens dentro de certos padrões para, consequentemente, se ter uma boa relação com o centro. Entretanto, em alguns casos, essas imagens, tanto quanto aquelas expressas em outro tipo de cultura material, teriam que estar de acordo com a localidade, tendo em vista que deveriam implicar diretamente um senso de significância para o grupo de tal área provincial.

Em relação ao local de atuação dessas mulheres, costuma-se relativizar uma divisão exata dos espaços, demonstrando o privilégio masculino sobre o feminino, e não elencando uma "subjetividade dos espaços".

Certamente, tanto dentro da arena pública quanto da privada, elas tinham limites de atuação. Isso posto, a interpretação dos locais de atuação pode definir e tornar tais espaços objetos de reflexão e de definição do que seria a atuação política, levando em conta que a moeda poderia ser elencada como um espaço público para se efetuar um discurso. Contudo, o espaço local e, em particular, o modo como a arena pública e a arena privada foram delimitadas poderiam definir certo valor (Alvarez; Dagnino; Escobar, 1998, Scott; Kaplan, Keates, 1997), levando-se a uma complexidade elucidativa e uma gama de interpretação, dentro dos limites concretos. Do mesmo modo a redefinição do que é "ação política" (Goddard, 2000, p. 10), visto que a "institucionalização" da mulher romana, observada pelo exemplo de Lívia, parece ter sido totalmente ligada à religião, fazendo com que o político se camuflasse pelo religioso, abrindo espaço para a agência dessas mulheres e garantindo-lhes um lugar que elas não tinham antes. Mesmo assim, as mulheres tenderam a não ser tão bem aceitas, mas foi possível contar com um novo estabelecimento delas entre o público e o privado, principalmente depois de Lívia.

A falta de um local ou uma posição para atuação delas demonstra a dificuldade de se enquadrarem em uma posição social. Sendo assim, a problematização não é apenas espacial, mas também ligada a uma subjetividade de gênero. Ao se pensar nas mulheres do presente, observa-se, em uma outra realidade, o mesmo problema do enquadramento das mulheres em uma posição social. De acordo com a revista *Pesquisa Fapesp*[294], mesmo que mulheres acadêmicas já estejam compondo boa parte da comunidade científica, superando os homens em número de doutorados defendidos por ano no Brasil, elas seguem em desvantagem na hora de ocupar cargos de maior poder em universidades, instituições de pesquisa e agências de fomento. Por esse motivo, elas precisam, constantemente, provar que são tão ou mais capazes do que os homens, enfrentando assédio moral e, às vezes, sexual; contornar os custos profissionais implicados na maternidade; e esforçar-se para conquistar espaço científico dentro de sua "condição feminina", apresentando problemas e perspectivas que enriquecem a ciência como um todo (Almeida, 2020, p. 7). É elucidativo essa digressão, uma vez que as problematizações das mulheres do passado podem ser esclarecedoras e conscienciais para a atualidade.

---

[294] Revista da agência de fomento Fapesp (Fundação de Amparo à pesquisa do Estado de São Paulo), que comunica as pesquisas feitas sob seu endosso.

E isso significa que a dominação masculina se encontra em seu pleno exercício. Deve-se ter em mente que tais composições sociais não são tão fáceis de serem modificadas, e a condição dos homens é afirmada pela objetividade das mesmas composições sociais, atividades produtivas e reprodutivas, que, consequentemente, dividem as atividades entre homens e mulheres, conferindo aos homens a melhor parte, diretamente ligada ao *habitus* moldado por condições que funcionam como matrizes das percepções dos pensamentos e ações de todos os membros da sociedade, algo que está incutido historicamente e universalmente compartilhado. Todavia, a dominância masculina é investida pelo senso comum, o qual as próprias mulheres aplicam à própria realidade, e mesmo nas relações de poder, nas quais elas se veem envolvidas em esquemas de pensamentos que são produtos da incorporação dessas relações e que expressam oposições fundantes de ordem simbólica (Bourdieu, 1998, p. 45).

O maior exemplo no passado da complacência feminina foi Otávia. A posição da mulher da elite romana poderia ter sido modificada depois da atuação de Fúlvia, Lívia e até de Agripina Maior. No entanto, a oposição masculina existia na objetividade e nas mentalidades, fazendo com que houvesse uma continuação do *habitus* já estabelecido. Dessa forma, as atuações de mulheres como Otávia foram ainda agenciadas de modo a estarem enraizadas em uma ordem masculina, que, ao mesmo tempo, era material e mental.

Consequentemente, somente se pode chegar a uma ruptura da cumplicidade da violência da relação da dominação simbólica com uma transformação radical das condições sociais de produção das tendências que levam os dominados a tomarem, sobre os dominantes e sobre si mesmos, o próprio ponto de vista dos dominantes. A violência simbólica não se processa senão por meio de um ato de conhecimento e de desconhecimento prático, o qual se efetiva aquém da consciência e da vontade e que pode ter conferido um "poder hipnótico" às suas manifestações (Bourdieu, 1998, p. 54).

Muitas vezes, foi questionado o motivo pelo qual essas mulheres da elite romana eram vítimas. Tal questionamento remete à ideia atual de que a vida das mulheres brancas da elite, que estão bem economicamente, que a sociedade acredita estarem bem-casadas e por isso não precisam trabalhar, pode estar passando a impressão de que elas não sofrem abusos. Ao contrário, a dependência financeira pode ser um gatilho à opressão. Inclusive, a efetivação da Lei Maria da Penha, do Brasil, comumente atende ao boletim de ocorrência feito contra homens sem recursos, uma vez que a mesma lei vem dando abertura para advogados pagos por homens de classe média e alta para se absterem da denúncia feita pelas vítimas da classe média nas delegacias femininas. É preciso atentar para que as categorias impostas para demonstrar a diversidade feminina constatam diferentes dificuldades, não deixando de lado o fato de que todas as mulheres estão propícias a sofrerem algum tipo de violência, independentemente de tais categorias, as quais acabam por separar as mulheres em grupos distintos. Um verdadeiro avanço somente ocorrerá por meio da plena união, compaixão, conscientização e compreensão de umas com as outras.

Ao voltar às mulheres romanas, há de se pensar que, provavelmente, com a "institucionalização" de Lívia, existiu uma reconceitualização indireta dos espaços, com novos limites e novas circunstâncias, em que o público teve que se reorganizar em decorrência de um privado, que antes associava as mulheres a ele. Desse modo, o que poderia ser considerado privado, em tempos de Lívia, veio em consequência de sua agência ser pública, em um momento que parecia não ter mais uma lógica sensata guardar tais atividades ao privado. De outra maneira, isso não significa que a dominação masculina parou de agir sobre a mulher, mas ela se renovou de uma forma que a atuação de Lívia e de outras mulheres da elite fosse parte da nova ordem vigente, o que não quer dizer que não houve tensões entre as partes.

A distinção do público e do privado poderia ser vista como uma explicação para a subordinação das mulheres e um fator crucial na construção e reafirmação da desigualdade de gênero (Davidoff, 1998 apud Goddard, 2000, p. 12). Essa dicotomia, aplicada aos estudos históricos e etnográficos, enfatizou o caráter construído e contingente das relações de gênero e suas conexões com relações mais amplas de desigualdade.

Nas últimas décadas do século XX, houve um aumento no interesse em criticar a visão ocidental do que seria privado e suas origens no capitalismo moderno, industrialização e ideias contemporâneas de cidadania e bom governo. Foram utilizados modelos desenvolvidos por Hannah Arendt e Jürgen Habermas em que as esferas públicas e privadas foram entendidas na Europa e América como um produto do século XVIII e XIX, durante a hegemonia republicana e o desenvolvimento do mercado econômico. Para Milnor, o que faz com que a dicotomia entre público e privado tenha um significado no tempo presente são as atuais estruturas civis, econômicas e sociais. Contudo, o "privado" é um termo que também existia na Antiguidade (Milnor, 2005, p. 17-18), o que faz ponderar sobre qual era seu significado no passado, acrescentando o fato de que a análise diante de tal dicotomia pode não elucidar de forma verdadeira a realidade.

Em relação ao seu significado latino, o adjetivo *publicus* parece ter derivado de *populus*, ou seja, "o povo", que parece ter significado tanto "das pessoas" em geral ou "das pessoas" que eram especialmente do governo. A *res publica*, que seria "coisa pública", se tornou "o Estado". No que concerne ao *privatus*, os romanos empregaram diferentes palavras do radical *privo*, "fazer ser separado (de), privar ou roubar (de)". Havia também o adjetivo *privatus*, que significa "privado", como em propriedade privada ou pessoal; o nome *privatus*, que significa "uma pessoa privada", como o oposto de um magistrado ou um oficial; e o advérbio *privatim*, que quer dizer "privadamente" ou "individualmente". A palavra *privatus* teria um significado em oposição à esfera política, que estaria privada disso. Para os romanos, seria "além da" comunidade, dos assuntos do Estado, dos espaços da vida cívica. O termo foi utilizado em temas políticos e deve ter continuado com um significado dentro do contexto da vida pública. Durante a República, *privatus* era a definição de um homem sem posição política ou militar. No Alto Império, era utilizado para qualquer um que não tinha uma posição política ou militar, ou seja, aquele que não tinha um papel público no império. Entretanto, no tempo de Augusto, todos os homens de bem, dentro e fora de suas atividades públicas, eram responsáveis pelo funcionamento do Estado e pela segurança de seus concidadãos (Milnor, 2005, p. 19-20 e 24).

A distinção entre o público e o privado ainda é importante como ferramenta ideológica, visto que essa separação pode ser considerada para a interpretação social, política e econômica de certo grupo (Goddard, 2000, p. 13-14). No entanto, essa divisão público/privado pode restringir a interpretação da sociedade estudada, de uma maneira que se fizesse acreditar na existência apenas desses dois tipos de lugares de atuação. Todavia, a divisão deve ser vista aqui como meramente didática, como um modo de limitar o enfoque do objeto em estudo, uma vez que, provavelmente, a sociedade romana era muito mais complexa, além de que a própria designação "público/privado" pode em si trazer um grande emaranhado de partes que se cruzam, contando com o próprio exemplo de Lívia, a qual, para atuar publicamente, precisou seguir intuitos religiosos, permitindo que o privado (Lívia) se entrelaçasse com o público (agências de Lívia). Algumas feministas argumentaram que essa divisão é em si uma estrutura de gênero na qual mulheres e homens passam a ser identificados com diferentes espaços e atividades e, portanto, possui certa ética e valores (Bahrani, 2005, p. 10).

A FORÇA DAS MULHERES ROMANAS POR MEIO DAS MOEDAS E UMA CRÍTICA
FEMINISTA DO PASSADO PARA O PRESENTE

Essa divisão também pode ser atrelada às fontes documentais a que temos acesso e como elas descrevem a Antiguidade. A esse respeito, as fontes escritas mostram tal divisão, mas não significa que ela era seguida na prática. Geralmente, as mulheres romanas são descritas em ambientes familiares, mas também há suas exceções, formando uma oposição entre o universo público e o privado. A casa seria um local onde elas estariam inseridas na maior parte do tempo. Os homens foram descritos como aqueles que quase não são associados aos lugares domésticos, com uma imagem de dureza e rudeza viril.

As exceções poderiam trazer tensões e uma obrigação de mudança dentro dos espaços, uma vez que o próprio Estado romano prescreveu fatores institucionais para a divisão dos gêneros, que ratificou o patriarcado privado e público, sendo que o patriarcado público estaria inscrito em todas as instituições encarregadas de gerir e regulamentar a existência quotidiana da unidade doméstica. De outra forma, o patriarcado privado garantiu uma visão ultraconservadora, que fez da família patriarcal o princípio e o modelo da ordem social como ordem moral, fundamentada na preeminência absoluta dos homens em relação às mulheres (Bourdieu, 1998, p. 105).

A esfera pública, em sua plenitude, seria onde aconteceriam as agências e mudanças, onde o potencial da "liberdade" humana poderia ser empregado e onde seria significativo que pessoas desse espaço associassem-se a mentalidades específicas, sendo, de certo modo, mais provável que homens incorporassem tais tipos de pensamentos (Goddard, 2000, p. 13-14), tendo em vista que, mesmo com Lívia, a esfera pública era uma arena para a criação e o estabelecimento de pressupostos de gênero, como aquele em que uma mulher não seria bem aceita.

Quando os espaços não são neutros e reconhecidos como tendo diferenciações de gênero, de modo que os homens são ligados à esfera pública e as mulheres à esfera privada, a redefinição desse espaço pode ser grandiosa (Goddard, 2000, p. 17), o que presume que Lívia, por exemplo, precisou ter muita inteligência e habilidade para lidar com adventos de tal espaço, assim como Agripina Menor e outras mulheres que prestaram atividades nesse meio e foram potencialmente criticadas, como Fúlvia. Os exemplos das mulheres da elite romana na vida pública podem demonstrar uma arena da perspectiva de gênero de tal época e um lugar de poder. Diante desse aspecto, a presença das mulheres em lugares públicos criava uma agência de negociação, direta ou indireta, dos limites e das maneiras em que esses lugares eram utilizados. Consequentemente, tais agências, presumivelmente, levaram a uma redefinição do significado e do valor de tais espaços que pretendiam manter-se separados, ou que eram vistos como separados, ou que vemos como se fossem separados.

Possivelmente, a presença da mulher da elite na esfera pública deveria ter sido vista como subversiva às tradições que legitimavam a política como atividade masculina. Na atualidade, em relação à posição social da mulher, Márcia Barbosa, professora do Instituto de Física da Universidade Federal do Rio Grande do Sul (UFRGS), em entrevista à revista *Pesquisa Fapesp*, salienta que, em diversos eventos, teve que escutar em forma de zombaria que "a ciência viveu tão bem sem as mulheres" e acabava respondendo: então "seria agora preciso incorporá-las" (Queiroz, 2020, p. 21), demonstrando a grande presença e eficácia delas em todos os campos acadêmicos.

No que remete ao passado, Lívia alcançou vários poderes, pois teve apoio do Senado. Sua agência polida em lidar com a política social entre seus membros parece ter sido de inteira desenvoltura, uma vez que a exclusão das mulheres levava-as a reproduzir divisões, bem como as predisposições hierárquicas que elas mesmas favoreciam como uma forma de serem aceitas no sistema vigente. A posição de Lívia foi perspicaz, pois, ao ter poder, teve que manter uma hierarquia e estrategicamente equilibrar suas agências, em um mundo masculino, por meio de uma posição feminina.

Contudo, sem uma transformação radical da esfera doméstica, os limites do "pensamento maternal" eram evidentes na arena pública, pois, na ausência de mudanças na arena privada, a apropriação de sentimentos e imagens da esfera doméstica permaneceu suscetível ao que eram objetivos de instância conservadora e hierárquica (Goddard, 2000, p. 19). Um exemplo disso pode ser reparado nas representações dessas mulheres em moedas, onde elas partem de personificações de deusas, acentuando a *pudicitia*, até a presença de elementos ligados à fertilidade, como a cornucópia, constatando uma posição dúbia, ou seja, de poder, mas submissa em outros aspectos.

As imagens das mulheres da elite romana teriam que seguir os pressupostos de valores daquele tempo, ostentando a amostragem das virtudes daquelas mulheres, para ser um benefício ao governante. O imperador, ao consentir a cunhagem das moedas com a figura feminina de sua família, fazia com que as virtudes dela fossem de acordo com uma moral, detendo essas imagens sob seu controle. Desse modo, as moedas confirmavam uma dimensão da variedade histórica de formação do gênero, a qual é uma construção social e transmitida para uma sociedade por meio de certos veículos de significados e símbolos. As moedas, junto da iconografia presente, reproduzem o esperado da vida doméstica feminina, carregando significados simbólicos, que serviam para reportar a harmonia da família imperial. Era um meio de expressar a categoria social e o *status* dentro de uma sociedade, demonstrando valores, normas sociais e funções em geral, definindo comportamentos, com longa duração, como um meio constante e firme (Riess, 2012, p. 499-500).

Sendo assim, a cunhagem de figuras femininas nas moedas de Roma deveria passar por uma aprovação governamental, relacionada ao poder imperial e senatorial masculino, o que levou a demonstrar nessa cultura material a relação de gênero dentro da família imperial e os limites pertinentes aos membros femininos nessas cunhagens, marcando, portanto, o poder de dominância de um grupo masculino sobre um grupo feminino, com o efeito de uma agência restritiva e vinculada a uma propaganda imperial masculina. Outro evento que também marcou a agência para a elaboração de moedas com as figuras femininas foi a atividade de Patronato executada por essas mulheres imperiais, que as classificou como benfeitoras, mas em nome de um governo e de uma dominância masculina. Contudo, a "liberdade" que essas mulheres conquistaram tendo suas imagens homenageadas não deve ser classificada como "liberdade" de fato, mas foi disponibilizado a elas executarem essa atividade, uma vez que, dessa forma, elas beneficiariam a imagem do próprio imperador e sua família. Consequentemente, elas foram usadas como veículos fundamentais para a propaganda imperial, que tendeu a se alastrar de maneira religiosa, econômica e social.

Nesse ínterim, suas agências representaram um desafio às fronteiras entre o público e o privado, e/ou, na realidade, tais fronteiras não eram tão bruscas. No entanto, deve-se reconhecer que pode ter havido uma reinvenção do doméstico e o reconhecimento da importância do gênero para os fenômenos culturais e políticos indiretamente, dentro de um esquema da dominância masculina. Nessa perspectiva, este estudo teve o intuito de demonstrar, por meio das moedas e junto das fontes textuais, as construções identitárias romanas e a importância da agência para a construção de processos complexos de mudanças. O enfoque no gênero ajudou a preencher as lacunas conceituais entre processos de mudanças, cenários públicos e vida cotidiana de homens e mulheres (Goddard, 2000, p. 20). Contudo, faz-se necessário um trabalho mais abrangente para estabelecer a presença das diferentes mulheres desse passado em diferentes locais e como elas eram percebidas, contando com o mundo subalterno.

Todavia, como as relações de poder não são estáticas e poderiam também mudar em decorrência dos diferentes locais, houve tensões para as modificações, na medida em que figuras femininas acabaram sendo mais conclamadas do que o próprio imperador. Um exemplo foi o caso de Lívia e seu filho Tibério, o qual teve que restringir as homenagens a ela pelo Senado. Entretanto, a agência de Augusto ligada à adoção de Lívia pela *gens Iulia*, dando a ela o título de Augusta, também teria um intuito voltado à dominância masculina, posto que os títulos de Lívia poderiam ficar à disposição de seu filho Tibério. No entanto, pelo padrão do ideal romano, que, provavelmente, Tibério tinha em mente, do papel masculino e feminino, não o permitiu aceitar o *status* que sua mãe lhe passaria, mesmo sendo em benefício próprio.

No que tange ao critério das relações de poder, tanto a cultura material quanto as fontes escritas analisadas, juntas, foram essenciais para comprovar essa questão, uma vez que a literatura explicita bem as relações de gênero dos imperadores e de suas mulheres. A cultura material poderia demonstrar que moedas de Fúlvia parecem ter sido cunhadas por conta da atuação e do poder de Marco Antônio, mas também por ter conquistado um respeito público além do que era esperado de uma mulher. Otávio somente cunhou moedas de Otávia depois de casá-la com Antônio e, assim, legitimou o Pacto de Brundísio. Lívia foi cunhada, pois o próprio Senado consentiu, e ela foi adorada como deusa, e até como "deusa mãe", nas províncias, por suas ações como patrona, antes de ser deificada, de modo que o mais alto grau de sua titulação foi "GENETRIX ORBI", cunhado apenas de forma provincial, tendo, provavelmente, uma circulação local. Pode-se mencionar que a ascensão de Lívia deveu-se à atuação de Augusto e à propagação visual da família imperial que ele proporcionou.

As imagens das mulheres romanas aqui citadas, geralmente, eram cunhadas para aparecerem subordinadas aos seus maridos ou filhos, ou seja, ao imperador, por exemplo, quando eram retratadas ao lado deles no anverso, atrás de sua figura, ou quando a figura do imperador aparecia no anverso e a figura feminina no reverso. A legenda demarcando a autoridade do imperador também marca as relações de poder na cultura material, uma vez que figuras masculinas e femininas poderiam aparecer no anverso encarando-se, evidenciando uma possível igualdade de posições. No entanto, as legendas enfatizam diretamente o imperador, ou citam a mulher, mas a caracterizam por sua relação com ele. Quando a mulher aparece em uma moeda sozinha, feita com o consentimento do Senado, há na legenda o nome do imperador que a cunhou. No caso de Lívia, seu culto também foi diretamente ligado ao culto de Augusto. Esse repertório contextual simboliza as relações de gênero romanas e, particularmente, suas tensões, revelando uma identidade social visual binária, com algumas vantagens para o gênero feminino, que comumente tinha atributos divinos. Poucas vezes, as mulheres tiveram tiaras, mas, ao receberem elementos e títulos em demasiado, entraram em choque com o gênero masculino, como no caso de Lívia e Tibério. Por outro lado, as mulheres imperiais aceitavam sua posição, porque, quanto mais poder o imperador tinha, mais vantagens elas conseguiam por causa da posição dele, por isso elas poderiam ser ativas na manipulação deles para conseguirem mais poder.

Este estudo sugeriu uma complexidade das relações de gênero, com dados que demonstraram uma dicotomia ultrapassada do pensamento de que o doméstico era feminino, e o público era masculino, estabelecendo um sistema complexo simbólico da abstração das relações de gênero dentro das concepções representativas do social e do político, mas ainda possuindo ideologias ligadas aos pressupostos de gênero, estabelecidos por essa sociedade em um passado. Entretanto, pode-se mencionar que a nova posição das mulheres imperiais pode ter causado conflitos, mas não foi capaz de abalar o arcabouço social dominante patriarcalista romano, além de que elas foram vistas e usadas, essencialmente, para o sucesso do regime imperial masculino.

A análise da posição dessas mulheres na sociedade romana serve para compreender a natureza de gênero ali existente, bem como a relação entre gênero e poder, sem deixar de envolver esse aspecto na estrutura sociopolítica da sociedade romana. No entanto, deve-se entender que todas as sociedades constroem imagens de grupos existentes dentro delas, de acordo com valores e interesses do grupo dominante. As caracterizações das mulheres romanas devem ser colocadas em um contexto de conflito entre papéis aprovados para mulheres e aqueles que as colocam em uma posição de mulheres poderosas ameaçadoras (Fischler, 1994, p. 116 e 127).

Isso posto, pode-se considerar que as mulheres romanas geralmente foram utilizadas como uma abstração para elucidar julgamentos positivos ou negativos de seus imperadores. No entanto, elas foram potencialmente agentes ativos na formação aristocrática masculina, ou seja, nas atividades públicas de que elas passaram a fazer parte, ajudando a formar a *virtus* masculina aristocrata de sua família, mediante ações e gestos simbólicos (McCullough, 2007, p. 76). Nesse sentido, os homens aristocráticos trouxeram a esfera privada e suas mulheres para se beneficiarem de suas virtudes.

Essas normas e esses valores podem ser considerados significantes à formação das identidades sociais que constituíram a sociedade romana daquele tempo. No caso deste trabalho, preocupou-se em demonstrar a diferença atribuída ao homem e à mulher da elite da sociedade romana. Com isso, mesmo que as mulheres tenham conquistado um espaço e ações na vida pública, com suas imagens e reputações, deve-se levar em consideração que tais posições foram meramente construídas de acordo com suas virtudes, contando com uma aderência ao tradicional modo de vida feminino romano. No entanto, algumas flexibilizações parecem ter sido feitas para enquadrá-las nas novas atitudes femininas dentro das virtudes estigmatizadas por essa sociedade.

Em face dessa perspectiva, é congruente finalizar este trabalho compondo o fato de que a maior problemática constatada aqui foi a posição feminina na sociedade romana. Essa questão não está fora da preocupação do presente, uma vez que uma das edições de 2020 da revista *Pesquisa Fapesp* foi dedicada a demonstrar dados da presença das mulheres na ciência. Um dos artigos divulga que, desde 2003, as mulheres se tornaram maioria na quantidade de doutorados; em 2007, 54% dos doutores eram mulheres. Nos anos de 1990, havia quase duas vezes mais homens do que mulheres na liderança de grupos de pesquisas no Brasil; os números mais recentes propiciados pelo Conselho Nacional de Desenvolvimento Científico e Tecnológico (CNPq), de 2016, mostram que a vantagem masculina caiu para 15% (Marques, 2020, p. 27).

Todavia, de acordo com a bióloga Jacqueline Leta, da Universidade do Rio de Janeiro (UFRJ), que estuda gênero na ciência, a igualdade ainda está longe. Ela arremata que os cargos de maior poder em universidades e agências de fomento são ocupados prioritariamente por homens e que a concepção da ciência segue a mesma formulada pelos pioneiros em cada campo do conhecimento, em geral, homens, voltada a publicar resultados em revistas renomadas (Marques, 2020, p. 27-28).

Para se ter uma noção internacional, foi analisado o sexo de autores de 15 países que publicaram artigos na base *Scopus*, entre 2014 e 2018, por meio do relatório intitulado *A jornada do pesquisador pela lente de gênero*, publicado pela editora Elsevier, em 5 de março de 2020. O Brasil aparece entre os mais equânimes, com 0,8 mulher por homem (ante 0,55 no período de 1999 a 2003); superado por Portugal (0,9) e pela Argentina (pouco mais de uma mulher por homem); ficou à frente do Reino Unido (0,6), dos Estados Unidos e da Alemanha (0,5). Contudo, por mais que a presença das mulheres na ciência atual seja impulsionada pela elevada participação delas, os espaços de poder ainda são delimitados, pois, enquanto os homens conquistam cargos de maior remuneração, elas ficam nos postos de menor prestígio (Marques, 2020, p. 28).

Contudo, pode-se concluir que as mulheres estão, há mais de 2 mil anos, compondo majoritariamente um lugar social secundário[295], as quais, mesmo alcançando posições de poder ou de líderes, passam por um caminho árduo, abusivo e nada compreensivo. Dito isso, a historicização desse passado feminino faz-se importante para demonstrar a simetria e a diversidade dos contextos históricos, evidenciando as semelhanças do passado com as do presente, revelando e acrescentando uma consciência da abrangência da dominação masculina dos dois períodos. É preciso destacar que a posição feminina romana se revela um importante recurso instrutivo a ser explorado para a conscientização das agências masculina e feminina atuais. Nessa perspectiva, a posição da mulher romana oferece um contraponto para se pensar a mulher do presente, bastante pautada pelos abusos, violências física e simbólica, e até feminicídios. Logo, a crítica sobre o patriarcalismo romano também se pauta como um recurso consciencial e educativo para se questionar agências de gênero e suas identidades na contemporaneidade.

---

[295] Ver: BEAUVOIR, Simone. **Le deusième sexe.** Paris: Gallimard, 1949.

Bibliografia

Fontes antigas

ANONIMOUS. **Fragmenta Vaticana – Mosaicarvm et romanarvm legvm colla-tio**. 1890. Disponível em: https://archive.org/details/fragmentavatica00momm-goog/page/n8/mode/2up. Acesso em: 3 nov. 2023.

APPIANUS de Alexandria. **Historia Romana – De bellis civilibus**. Tradução: Petrus Candidus Decembrius. Venice: Bernhard Maler, Erhard Ratdolt and Peter Löslein, 1477.

APULEIUS, Lucius. **Metamorphoses and Golden Ass and Philosophical works**. Tradução: Thomas Taylor. London: J. Moyes, 1822.

ASCONIUS, Quintus. **Commentaries on five speeches of Cicero**. Simon Squires. Wauconda: Bolchazy-Carducci Publishers, Inc, 2006.

CASSIUS DIO, Lucius. **Roman History**. 1917. Disponível em: https://penelope.uchicago.edu/Thayer/E/Roman/Texts/Cassius_Dio/48*.html. Acesso em: 13 jun. 2023.

CASSIUS DIO, Lucius. **Roman History**. London: G. B. Putman, 1925.

CICERO, Marcus T. **Letters to Atticus**. Translated by: Winstedt, E. O., M. A. London: William Hernemann and New York: G. P. Putnam's son, 1912/1919.

CICERO, Marcus T. 2004. **Epistulae Ad Familiares**. Cambridge: Cambridge University Press, 2004.

CICERO, Marcus T. **La république**. Paris: Les Belles Lettres, 1989.

CICERONIS, Marcus T. **Orationes**: Pro Milone; Pro Marcello; Pro Ligario; Pro Rege Deiotaro; Philippicae 1-14. Anotações e críticas de Clark, A. C. Oxford: Oxford University Press, 1918.

CICERONIS, Marcus T. **Q. Asconii Pediani Orationvm Ciceronis Qvin-qve Enarratio**. Anotações e críticas de Clark, A. C. Oxford: Oxford University Press, 1956.

GAIUS. **Institvtiones.** Oxford: At the Claredon Press, 1904. Disponível em: http://files.libertyfund.org/files/1154/Gaius_0533.pdf. Acesso em: 31 jul. 2021.

HESIODO. **Teogonia**: a origem dos deuses. Tradução de Jaa Torrano. São Paulo: Iluminárias Ltda., 1995. Disponível em: https://www.assisprofessor.com.br/documentos/livros/hesiodo_teogonia.pdf. Acesso em: 14 dez. 2021.

HOMERO. **Ilíada**. Tradução de Manoel Odorico Mendes. ebooksBrasil, 2009. Disponível em: http://www.ebooksbrasil.org/adobeebook/iliadap.pdf. Acesso em: 14 dez. 2021.

HORATIUS, Quintus. **The odes of Horace**. Book 1. Specimen of an attempt to give a closer English verse translation of The Odes than has Hitherto been done (1879). Tradução: James John Lonsdale. Whitefish, Montana: Kessinger Publishing, LLC, 2010,

JUSTINIAN, Flavius. **The institutes**. Tradução: Thomas Collett Sandars, M. A. London: Longmans, Green, and Co, 1865. Disponível em: https://www.fd.unl.pt/Anexos/Investigacao/7877.pdf. Acesso em: 31 jul. 2021.

JUSTINIAN, Flavius. **Digesto**. Tradução de Madeira, H. M. F. São Paulo: Thompson Reuters, 2013.

JUVENAL, Decianus. **The Satires**. 2011. Disponível em: https://web.ics.purdue.edu/~rauhn/Hist_416/hist420/JuvenalSatirespdf.pdf. Acesso em 31 jul. 2021.

LIVIO, Titus. **História de Roma**: Ab Vrbe Condita. Introdução, tradução e notas de Paulo Farmhouse Alberto. Lisboa: Editorial Inquérito, 1999. v. 1.

LIVY, Titus. **Book I and II**. The Loeb Classical Library. Cambridge, Massachusetts: Harvard University Press; London: William Heinemann LTD, 1919.

LIVY, Titus. **History of Rome**. Tradução e revisão de Canon Roberts. New York: E. P. Dutton and Co. 2, 1912. Disponível em: http://www.perseus.tufts.edu/hopper/text?doc=Perseus%3Atext%3A1999.02.0026%3Abook%3D3%3Achapter%3D44. Acesso em: 6 out. 2021.

LIVY, Titus. **Rome's Mediterranean Empire**. Books 41-45 and the Periochae. Tradução de Jane D. Chaplin. Oxford World's Classics. Oxford: Oxford University Press, USA, 2010.

LUCANO, Marcus. **Pharsalia**. London: J. and R. Tonson and S. Draper, 1753.

OVID, Publius. **Consulatio ad Liviam de morte Drusi Neronis**. Tradução de Tomás González Rolán e Pilar Saquero Suárez-Somonte. Biblioteca Latina. Ediciones Classicas: Madrid.

OVID, Publius. **The art of Love (Ars Amatoria).** Book III. 2001. Disponível em: https://www.poetryintranslation.com/PITBR/Latin/ArtofLoveBkIII.php. Acesso em 14 jun. 2023.

OVIDE, Publius. **Tristes.** Paris: Belles Lettres, 1987.

OVÍDIO, Publius. **Cartas Pônticas**. São Paulo: Martins Fontes, 2009.

PLUTARCH. Caius Gracchus. **The Parallel Lives.** Cambridge, London: Loeb Classical Library, 1921. Disponível em: http://penelope.uchicago.edu/Thayer/E/Roman/Texts/Plutarch/Lives/Caius_Gracchus*.html. Acesso em 21 jun. 2022.

PLUTARCH. Mark Antony. **Makers of Rome**. London: Penguin Books, 1965.

PLUTARCO. Caesar. *In:* **Warner, Rex, Fall of the Roman Republic**. London: Penguin Books, 1958.

PROPERTIUS, Sextus. **Elegies**. Book III. Edited by: W. A. Camps. Cambridge: Cambridge University Press, 1966.

SALLUST, Gaius. **The war with Catiline**. 1921. Disponível em: https://penelope.uchicago.edu/Thayer/e/roman/texts/sallust/bellum_catilinae*.html. Acesso em: 15 jun. 2023.

SENECA, Lucius A. **Annaeus. Moral Essays**: volume 2. John W. Basore. London and New York: Heinemann. 1932.

SUETONIO, Caio. **Da vida dos Césares**. Iul i.35.52, ii.17.

SUETONIUS, Gaius. **The Twelve Caesars**. Translation by Robert Graves. Harmondsworth: Penguin Books, 1957.

TACITUS, Publius C. **The Annals and The Histories**. Great Britain: Penguin Classics, 1952.

TACITUS, Publius C. **The Germany and the Agricola of Tacitus.** The Oxford translation revised, with notes. With an introduction by Edward Brooks, Jr. Project Gutenberg Ebook. Produced by Anne Soulard, Charles Aldarondo, Tiffany Vergon, Eric Casteleijn and the Online Distributed Proofreading Team, 2013. Disponível em: https://www.gutenberg.org/files/7524/7524-h/7524-h.htm. Acesso em: 31 jul. 2021.

ULPIAN, Eneo. **The Digest or Pandects of Justinian.** Cincinnati: The Central Trust Company, 1932.

ULPIAN, Eneo. 1932. **The rules of Ulpian.** 1932. Disponível em: https://droitro-main.univ-grenoble-alpes.fr/Anglica/uipian_scott.html. Acesso em: 16 jun. 2023.

VALERI MAXIMI. **Valeri Maximi Facta et dicta memorabilia.** Stutgardt: Teubner, 1998.

VELLEIUS PATERCULUS, Marcus. **The Roman History.** Published in the Loeb Classical Library, 1924. Disponível em: https://penelope.uchicago.edu/Thayer/e/roman/texts/velleius_paterculus/2c*.html. Acesso em: 17 jun. 2023.

VIRGIL, Publius. **The Aeneid.** London: Penguin Classics Deluxe Edition, 2008.

Documentação numismática

BRENNAN, Peter; TURNER, Michael; WRIGHT, Nicholas L. **Faces of Power:** imperial portraiture on Roman coins. Nicholson Museum. Sydney: University of Sydney, 2007.

COLEÇÃO Numismática do *Aegean Numismatics.* Disponível em: https://www.vcoins.com/en/stores/aegean_numismatics/1/product/ionia_Esmirna_augustus__livia_27bc14ad_ae20/1349844/Default.aspx. Acesso em: 19 maio 2022.

COLEÇÃO Numismática da *American Numismatic Society.* Disponível em: http://numismatics.org/crro/results. Acesso em: 19 maio 2022.

COLEÇÃO Numismática da *Bibliothèque Nationale de France.* Disponível em: https://www.culture.gouv.fr/Espace-documentation/Repertoire-des-ressources-documentaires/Bibliotheques/Bibliotheque-nationale-de-France-BnF-Site--Francois-Mitterrand. Acesso em: 19 maio 2022.

COLEÇÃO Numismática do *Classical Numismatic Group, LLC.* Disponível em: https://www.cngcoins.com/. Acesso em: 19 maio 2022.

COLEÇÃO Numismática do *Heritage Action: the world's largest Numismatic Auctioneer.* Disponível em: https://www.ha.com/. Acesso em: 25 abr. 2022.

COLEÇÃO Numismática do KBR *cabinet des monnais et médailles.* Disponível em: https://opac.kbr.be/coins-and-medals.aspx. Acesso em: 18 ago. 2022.

COLEÇÃO Numismática do Münzkabinett der Staatlichen Museen zu Berlin - Preußischer Kulturbesitz. Disponível em: https://www.smb.museum/en/museums-institutions/muenzkabinett/collections-research/collection/. Acesso em: 25 nov. 2021.

COLEÇÃO Numismática do Museu Britânico. Disponível em: https://www.britishmuseum.org/collection. Acesso em: 17 out. 2022.

COLEÇÃO Numismática do Museums Victoria Disponível em: https://museums-victoria.com.au/. Acesso em: 18 ago. 2022.

COLEÇÃO Numismática do Pavlos S. Pavlou. Disponível em: https://www.vcoins.com/en/stores/pavlos_s_pavlou_numismatist-131/ancient-coins/Default.aspx?#!/Home. Acesso em: 7 nov. 2022.

COLEÇÃO Numismática do Praefectus Coins. Disponível em: https://www.vcoins.com/en/stores/praefectus_coins-130/ancient-coins/Default.aspx?#!/Home. Acesso em: 7 nov. 2022.

COLEÇÃO Numismática do *WildWinds*. Disponível em: https://wildwinds.com/coins/. Acesso em: 7 nov. 2022.

CRAWFORD, Michael H. **Roman Republic coinage.** Cambridge: Cambridge University Press, 1975a. v. 1.

CRAWFORD, Michael H. **Roman Republic coinage.** Cambridge: Cambridge University Press, 1975b. v. 2.

HEAD, Barclay V. **Catalogue of Greek coins of Phrygia.** London: Oxford University Press, 1906.

PORTO, Vagner C. O culto imperial e as moedas do Império Romano. **Phoînix.** Rio de Janeiro, p. 138-154, 2018.

ROWAN, Clare. **Guides to the coinage of the Ancient World:** from Caesar to Augustus (c. 49 BC-AD 14), using coins as sources. Cambridge: Cambridge University Press, 2019.

Referências bibliográficas

ALFÖLDI, Andreas.; GIARD, Jean B. Guerre civile et propagande politique: l'émission d'Octave au nom du Divos Julius (41-40 avant J.C.). **Numismatica e antichità classiche,** n. 13, p. 147-53, 1984.

ALMEIDA, Alexandra O. **Ciência, substantivo feminino**. Pesquisa Fapesp. São Paulo: Editora Fapesp, 2020.

ALVAREZ, Sonia E.; DAGNINO, Evelina; ESCOBAR, Arturo (ed.). **Cultures of Politics Politics of Cultures**. Re-visioning Latin American Social Movements. Boulder, Colorado: Westview Press, 1998.

AMANDRY, Michel. Le monnayage en bronze de Bibulus, Atratinus et Capito: une tentative de romanisation en Orient. **Revue Suisse de Numismatique**, n. 65, p. 73-85, 1986.

AMANDRY, Michel. Le monnayage en bronze de Bibulus, Atratinus et Capito. Part III. **Revue Suisse de Numismatique**, n. 69, p. 65-96, 1990.

AMANDRY, Michel; BARRANDON, Jean N. Le genèse de la reforme monétaire augustéenne. **Del imperium de Pompeyo a la auctoritas de Augusto.** Homenaje a Michael Grant, ed. M. P. García-Bellido, A. Mostalac and A. Jiménez. Madrid: Consejo superior de investigaciones científicas, 2008. p. 207-233.

ANDRADE, Vera R. P. A soberania patriarcal: O sistema de justiça criminal no tratamento da violência sexual contra a mulher. **Revista Sequência:** Estudos Jurídicos e Políticos, n. 51, p. 71-102, 2005.

ARENDT, Hanna. **On revolution**. New York: Viking, 1970.

ARIETI, James A. Rape and Livy's view of Roman history. *In:* DEACY, S.; PIERCE K. P. (ed.). **Rape in Antiquity:** sexual violence in the Greek and Roman worlds. London: The Classical Press of Wales in association with Duckworth, 2002. p. 209-229.

ARJAVA, Antti. **Women and Law in Late Antiquity**. Oxford: Clarendon Press, 1996.

ASSMANN, Jan; CZAPLICKA, John. Collective memory and cultural identity. **New German Critique**, n. 65, p. 125-133, 1995.

AZEVEDO, Sarah F. L. Sexualidade e política à época de Augusto: considerações acerca da "Lei Júlia sobre adultério. *In:* CAMPOS, Carlos E. C.; CANDIDO, Maria R. (org.). **Caesar Augustus:** entre práticas e representações. Vitória/Rio de Janeiro: DLL-UFES/UERJ-NEA, 2014.

AZEVEDO, Sarah F. L. **O adultério, a política imperial e as relações de gênero em Roma.** 2017. Tese (Doutorado em História Social) – Faculdade de Filosofia, Letras e Ciências Humanas, Universidade de São Paulo, São Paulo, 2017.

AZEVEDO, Sarah F. L. Entre o presente e o passado: o conceito de "crimes sexuais" no estudo da sociedade romana, apontamentos sobre interdisciplinaridade e ensino de História. **Phoînix**, Rio de Janeiro, v. 29, n. 1, p. 114-133, 2023.

BABCOCK, Charles L. The early career of Fulvia. **The American Journal of Philology**, Baltimore: The Johns Hopkins University Press, v. 86, n. 341, p. 1-32, 1965.

BAHRANI, Zainab. **Women of Babylon:** gender and representation in Mesopotamia. London and New York: Routledge, 2005.

BAHRFELDT, Man von. Die Münzen der Flottenpräfekten des Marcus Antonius. **Numismatische Zeitschrift**, n. 37, p. 9-56, 1905.

BALANDIER, Georges. **O poder em cena**. Brasília: Edunb, 1980.

BALANDIER, Georges. **O contorno**: poder e Modernidade. Rio de Janeiro: Bertrand, 1997.

BALANDIER, Georges *et al.* **Civilizações**: entrevista do Le Monde. São Paulo: Ática, 1989. p. 147-153.

BALSDON, John P. V. D. **Roman women**. New York: The John Day Company, 1962.

BARBATO, Marta. The coins of Clovius and Oppius (RRC 476/1 and 550/1-3): new evidence from find-spots. **The Numismatic Chronicle 175 Offprint,** London, n. 175, p. 103-16, 2015.

BARKER, Graham. **Imperial legitimation**. London: Spink, 2020.

BARRETT, Anthony A. **Agrippina:** sex, power, and politics in the early empire. Yale, London: Yale University Press, New Haven, 1996.

BARRETT, Anthony A. **Livia:** first lady of Imperial Rome. New Haven: Yale University Press, 2002.

BARRETT, M. Word and Things: Materialism and Method in Contemporary Feminist Analysis. *In:* BARRETT, M.; PHILLIPS, A. (ed.). **Destabilizing Theory:** Contemporary Feminist Debates. Cambridge: Polity, 1992. p. 201-219.

BARTMAN, Elizabeth. **Portraits of Livia:** imaging the imperial woman in Augustan Rome. Cambridge: Cambridge University Press, 1999.

BARTMAN, Elizabeth. Hair and the artifice of Roman female adornment. **American Journal of Archaeology,** v. 105, n. 1, p. 1-25, 2001.

BARTMAN, Elizabeth. 2012. Early imperial female portraiture. *In:* JAMES, S. L.; DILLON, S. **A companion to women in the Ancient World**. Malden, MA: Wiley-Blackwell. p. 414-422.

BAUMAN, Richard A. **Women and Politics in Ancient Rome**. London: Routledge, 1992.

BEARD, Mary; NORTH, John; PRICE, Simon. **Roman religion and roman empire. Religions of Rome**. Cambridge: Cambridge University Press, 1998.

BEARD, Mary. The sexual status of Vestal Virgins. **The Journal of Roman Studies**. Cambridge: Cambridge University Press, 1980. v. 70, p. 12-27.

BEARD, Mary. Re-reading (Vestal) virginity. *In:* HAWLEY, Richard; LEVICK, Barbara (ed.). **Women in Antiquity**: new assessments. London: Rotledge, 1995. p. 166-77.

BEAUVOIR, Simone. 1949. **Le deusième sexe.** Paris: Gallimard.

BÉLO, Tais P. **Boudica e as facetas femininas ao longo do tempo**: nacionalismo, feminismo, memória e poder. 2014. Tese (Doutorado em História Cultural) – Programa de pós-graduação do Instituto de Filosofia e Ciências Humanas da Universidade Estadual de Campinas, Departamento de História, 2014.

BÉLO, Tais P. Os estudos de gênero na Arqueologia. *In:* FUNARI, P. P. A.; CAMARGO, V. R. T. (org.). **Divulgando o patrimônio arqueológico**. Rio de Janeiro: Bonecker Acadêmico, 2018. p. 31-42. Disponível em: file:///Users/taispagotobelo/Downloads/Livro%20Divulgando%20o%20Patrimonio%20Arqueologico%20(1).pdf. Acesso em: 6 mar. 2019.

BÉLO, Tais P. **Boudica and the female facets over time**: nationalism, feminism, power and the collective memory. Manaus: EDUA; São Paulo: Alexa Cultural, 2019.

BÉLO, Tais P.; FUNARI, Pedro P. A. As romanas e o poder nos Anais de Tácito. **Classica:** Revista Brasileira de Estudos Clássicos, Belo Horizonte, v. 30, n. 2, p. 75-90, 2017. Disponível em: https://revista.classica.org.br/classica/issue/viewIssue/39/53. Acesso em: 6 mar. 2019.

BERDOWSKI, Piotr. Some remarks on the economic activity of women in the Roman Empire: a research problem. *In:* BERDOWSKI, P.; BLAHACZED, B. (ed.). **Haec mihi in animis vestris temple**: studia classica in memory of professor Leslaw Morawiecki. Rezeszów: Institute of History at the University of Rezeszów & The Rezeszów Archaeological Foundation, 2007. p. 283-298.

BERENS, Edward. M. **The myths and legends of Ancient Greece and Rome.** Amsterdam: MetaLibri, 2009. v. 1.

BIELMAN, Anne. Femme et jeux dans le monde grec Hellénistique et impérial. *In:* JAMES S. L.; DILLON S. (ed.). **A Companion to women in the Ancient World.** Malden, Oxford, Chichester: Blackwell, 2012. p. 238-248

BILGE, Sirma. Théorisations féministes de l'intersectionnalité. **Dans Diogène,** v. 1, n. 225, p. 70-88, 2009.

BOATWRIGHT, Mary, T. Woman and gender in the forum romanum. **Transactions of the American Philological Association,** Baltimore, n. 141, p. 105-141, 2011.

BOBBIO, Norberto; MATTEUCCI, N.; PASQUINO, Gianfranco (org.). **Dicionário de política**. Brasília: Edunb, 1986.

BOURDIEU, Pierre. **O poder simbólico**. Rio de Janeiro: Bertrand, 1989.

BOURDIEU, Pierre. Novas reflexões sobre a dominação masculina. *In*: LOPES, M. J. M.; MEYER, D. E.; WALDON, V. R. (org.). **Gênero & Saúde**. Porto Alegre: Artes Médicas, 1996a. p. 28-40.

BOURDIEU, Pierre. **Razões práticas**: sobre a teoria da ação. Campinas: Papirus, 1996b.

BOURDIEU, Pierre. **A economia das trocas linguísticas**. São Paulo: Edusp, 1997.

BOURDIEU, Pierre. **A dominação masculina**. Rio de Janeiro: Bertrand Brasil, 1998.

BOURDIEU, Pierre. **A economia das trocas simbólicas**. São Paulo: Perspectiva, 1999.

BOURDIEU, Pierre. **Masculine domination**. Palo Alto: Stanford University Press, 2001.

BRADLEY, Keith R. **Discovering the Roman Family**: Studies in Roman Social History. New York and Oxford: Oxford University Press, 1991.

BRADFORD, Ernle. **Cleopatra**. São Paulo: Ediouro, 2002.

BRANNSTEDT, Lovisa. *Femina princeps*: Livia's position in the Roman State. Lund: Lund University, 2016.

BRASIL. **Lei n. 11340, de 7 de agosto de 2006**. Cria mecanismos para coibir a violência doméstica e familiar contra a mulher, nos termos do § 8o do art. 226 da Constituição Federal, da convenção sobre a eliminação de todas as formas de discriminação contra as Mulheres e da convenção interamericana para prevenir, punir e erradicar a violência contra a mulher; dispõe sobre a criação dos Juizados de violência doméstica e familiar contra a Mulher; altera o Código de Processo Penal, o Código Penal e a Lei de Execução Penal; e dá outras providências. Brasília, DF: Presidência da República: Casa Civil, 2006. Disponível em: http://www.planalto. gov.br/ccivil_03/_ato2004-2006/2006/lei/l11340.htm. Acesso em: 17 jun. 2023.

BRENNAN, Corey, T. Perceptions of women's power in the Late Republic: Terentia, Fulvia, and the generation of 63 BCE. *In*: JAMES, S. L.; DILLON, S. (ed.). **A companion to women in the Ancient World**. Oxford: Wiley-Blackwell, a John Wiley & sons, Ltd, publication, 2021. p. 354-366.

BRENNAN, Peter. Faces of power. *In*: BRENNAN, P.; TUNNER, M.; WRIGHT, L. (org.). **Faces of power**: imperial portraiture on Roman coins. Nicholson Museum. Sidney: The University of Sidney, 2007. p. 7-8.

BRENNAN, Peter; TURNER, Michael; WRIGHT, Nicholas L. **Faces of Power**: imperial portraiture on Roman coins. Nicholson Museum. Sydney: University of Sydney, 2007.

BROOKS, Ann. **Postfeminisms**: Feminism, Cultural Theory and Cultural Forms. London: Routledge, 1997.

BROUWER, Herrik H. J. **Bona Dea**: the sources and a description of the cult. Leiden, New York, Kobenhavn, Köln: E. J. Brill, 1989.

BROWNMILLER, Susan. **Against our will**. London: Penguin, 1977.

BRUBAKER, Leslie; TOBLER, Helen. The gender of money: Byzantine empresses on coins (324 - 802). **Gender & History**, v. 12, n. 3, p. 572-594, 2000.

BRUUN, Patrick. Coins and the Roman imperial government. *In*: PAUL, G. M.; IERARDI, M. **Roman coins and public life under the empire**. Michigan: The University of Michigan Press, 1999.

BRYEN, Ari Z. Crimes against the Individual: Violence and Sexual Crimes. *In:* PLESSIS, Paul.; ANDO, Clifford.; TUORI, Kaius. (ed.) **The Oxford Handbook of Roman Law and Society**. Oxford: Oxford University Press, 2016. p. 322-332.

BUCHWALD, Emilie; FLETCHER, Pamela R.; ROTH, Martha (ed.). **Transforming a rape culture**. Minneapolis: Milkweed Editions, 1995.

BUENO, Samira *et al.* A polícia precisa falar sobre estupro: percepção sobre violência sexual e atendimento a mulheres vítimas nas instituições policiais. **Datafolha**, 2016. Disponível em: https://forumseguranca.org.br/publicacoes_posts/a-policia-precisa-falar-sobre-estupro-percepcao-sobre-violencia-sexual-e-atendimento-a-mulheres-vitimas-de-estupro-nas-instituicoes-policiais/. Acesso em: 20 jun. 2023.

BURNETT, Andrew M. The Authority to Coin in the Late Republic and Early Empire. **The Numismatic Chronicle**, v. 17, n. 137, p. 37-63, 1977. Disponível em: http://www.jstor.org/stable/42666582. Acesso em: 18 jun. 2023.

BURNETT, Andrew M. **Coinage in the Roman world**. London: Spink, 1987.

BURNS, Jasper. **Great women of imperial Rome**: mothers and wives of the Caesars. London and New York: Routledge, 2007.

BURSTEIN, Stanley. **The reign of Cleopatra**. Westport, Connecticut, London: British Library, 2004.

BUSINO, Giovanni. Propaganda. **Enciclopedia Einaudi**. Torino: Giulio Einaudi, 1980. v. 11. p. 275-295.

BUTCHER, Kevin. Information, legitimation, or self-legitimation? Popular and elite designs on the coin types of Syria. *In*: HOWGEGO, C.; HEUCHERT, V.; BURNETT, A. (ed.). **Coinage and identity in the Roman provinces**. Oxford: Oxford University Press, 2005. p. 141-156.

BUTLER, Judith. **Gender troubler**: feminism and the subversion of identity. New York & London: Routledge, 1990.

BUTLER, Shane. **The Hand of Cicero**. London: Routledge, 2002.

BUTTREY, Theodore V. Thea Neotera on coins of Antony and Cleopatra. **Museum Notes (American Numismatic Society)**, n. 6, p. 95-109, 1954. Disponível em: http://www.jstor.org/stable/43573329. Acesso em: 19 2023.

CALLATAŸ, François de. 2022. Greek coin iconography in context: eight specificities that differentiate them from other visual media. *In:* BARRINGER, J. M.; LISSARRAGUE, F. (ed.). **Images at the crossroads:** media and meaning in Greek art. Edinburgh: Edinburgh University Press. p. 243-256.

CARLAN, Cláudio U. Os museus e o patrimônio histórico: uma relação complexa. **História**, São Paulo, v. 27, n. 2, p. 75-88, 2008.

CHARTIER, Roger. 1990. **A História Cultural:** entre práticas e representações. Rio de Janeiro: Difel.

CHARTIER, Roger. Diferença entre os sexos e a dominância simbólica (nota crítica). **Cadernos Pagu,** n. 4, p. 37-47, 1995.

CHASSEGUET-SMIRGEL, Janine. Freud and female sexuality. **International Journal of Psychoanalysis,** Abingdon-on-Thames, v. 57, p. 220,1976.

CHEUNG, Ada. The political significance of Roman Imperial coin types. **Schweizer Münzblätter,** v. 48-49, p. 53-61, 1988-1989.

CHODOROW, Nancy. **The reproduction of mothering.** Berkley: University of California Press, 1978.

CID LÓPEZ, Rosa M. La matrona y las mujeres de la Roma antigua. Um estereotipo feminino através de las imágenes religiosas y las normas legales. Esther Martínez Quinteiro (coord.). **Mujeres em la Historia, el arte y el cine**: discursos de género, variantes de contenidos y soportes: de la palavra al auvisual. Salamanca: Ediciones Universidad de Salamanca, 2011. p. 55-70.

CLAES, Liesbeth. **Kinship and coins**: ancestors and family on Roman Imperial coinage under Principate. Enschede: Ipskamp Drukkers B. V., 2013.

CONKEY, Margaret W.; SPECTOR, Janet D. Archaeology and the study of gender. **Advantages in Archaeological method and theory**. London: Springer, 1984. v. 7.

CONNELL, Noreen; WILSON, Cassandra (ed.). **Rape**: the first sourcebook for women. NY: New American Library, 1974.

CONNELL, Robert. **Gender and Power.** Cambridge: Polity Press, 1987.

CRAIG, Christopher. Audience Expectations, Invective, and Proof. *In*: POWELL, J. G. F.; PATERSON, J. (ed.). **Cicero the Advocate**. Oxford: Oxford University Press, 2004. p. 187-214.

CRAWFORD, Michael H. **Roman Republican Coinage.** Cambridge: Cambridge University Press, 1974. v. 2.

CRAWFORD, Michael H. **Roman Republic coinage.** Cambridge: Cambridge University Press, 1975a. v. 1.

CRAWFORD, Michael H. **Roman Republic coinage.** Cambridge: Cambridge University Press, 1975b. v. 2.

CRENSHAW, Kimberle W. Demarginalizing the intersection of race and sex: a black feminist critique of discrimination doctrine, feminist theory and antiracist politics. **University of Chicago Legal Forum**, 1989. p. 139-157.

CRENSHAW, Kimberle W. Mapping the margins: intersectionality, identity politics and violence against women of color. *In*: FINEMAN, Martha Albertson; MYKITIUK, Roxanne (org.). **The public nature of private violence**. Nova York: Routledge, 1994. p. 93-118.

CRENSHAW, Kimberle W. Documento para o encontro de especialistas em aspectos da discriminação racial relativos ao gênero. **Estudos Feministans**, Los Angeles, v. 10, n. 1, p. 171-188, 2002.

CRENSHAW, Kimberle W. Beyond entrenchment: race, gender and the new frontiers of (un) equal protection. *In*: TSUJIMURA, M. (org.). **International perspectives on gender equality & social diversity**. Sendai: Tohoku University Press, 2010. p. 89-98.

CRISTOFOLI, Roberto; GALIMBERT, Alessandro; ROHR VIO, Francesca. **Dalla repubblica al principato. Politica e potere in Roma antica**. Roma: Carocci. 2014.

DAVIDOFF, Leonore. Regarding some "old husbands' tales": public and private in feminist theory. *In*: LANDES, Joan B. (ed.). **Feminism, the Public and the Private**. Oxford: Oxford University Press, 1998. p. 164-194.

DAUBE, David. **Roman law**: linguistic, social and philosophical aspects. by Daube David. Edinburgh: At the University Press, 1969.

DELANEY, Angelica E. Reading Cleopatra VII: the crafting of a political persona. **The Kennesaw Journal of Undergraduate research**, v. 3, issue 1, article 2, 2014. Disponível em: http://digitalcommons.kennesaw.edu/kjur/vol3/iss1/2. Acesso em: 21 jun. 2023.

DENIAUX, Elizabeth. Patronage. *In*: ROSENSTEIN, N.; MORSTEIN-MARX, R. (ed.). **A companion to the roman republic**. Malden, Oxford, Carltron: Blackwell Publishing Ltd., 2006. p. 401-420.

DÍAZ-ANDREU, Margarita. Gender identity. *In:* DÍAZ-ANDREU, Margarita *et al.* (ed.). **The archaeology of identity:** Approaches to gender, age, status, ethnicity and religion. London: Routledge, 2005. p. 13-42.

DIELEMAN, Jacco. Fear of women? Representation of women in Demotic wisdom texts. **Studien zur Altägyptischen Kultur**, Hamburg, v. 25, p. 7-46, 1998.

DIXON, Susan. A family business: women's role in patronage and politics at Rome, 80-44 B.C. **Classica et Mediaevalia**, Compenhagem, n. 34, p. 91-112, 1983.

DIXON, Susan. **The Roman Mother**. London: Routledge, 1988.

DIXON, Susan. **The Roman Family**. Baltimore and London: Johns Hopkins University Press, 1992.

DRAYCOTT, Jane. The symbol of Cleopatra Selene: Reading crocodiles on coins in the late Republic and early Principate. **Acta Classica LV**, v. 55, n. 1, p. 43-56, 2012.

DUNCAN-JONES, Richard P. The monetization of the Roman Empire: regional variations in the supply of coin types. *In:* PAUL, George M.; IERARDI, Michael. **Roman coins and public life under the Empire**. Ann Arbor: University of Michigan Press, 1999. p. 61-82.

DUQÚESNAY, I. M. Le M. Virgil's Fourth Eclogue. **Papers of the Liverpool Latin Seminar**, Tallahassee, v. 5, p. 25-99, 1976.

ELIAS, Nobert. **A sociedade de corte**. Rio de Janeiro: Jorge Zahar, 2011.

ELKINS, Nathan T. A note on Late Roman art: the provincial origins of camp gate and Baldachin iconography on the Late Imperial Coinage. **American Journal of Numismatics**, New York, n. 25, second series, p. 283-302, 2013.

ELKINS, Nathan T.**The image of political power in the reign of Nerva, AD 96-98.** New York: Oxford University Press, 2017.

ELKINS, Nathan T. 2019. Money, art, and representation: a look at the Roman world. *In:* KRMNICEK, S. (ed.). **A cultural history of money in Antiquity.** London, New York, Oxford, New Delhi, Sydney: Bloomsbury academic. p. 105-121.

ERHART, Patricia K. A new portrait type of Octavia Minor (?). **The J. Paul Getty Museum journal**, Los Angeles, n. 8, p. 117-128, 1980.

EVANS GRUBBS, Judith. **Women and the law in the Roman Empire:** A sourcebook on marriage, divorce and widowhood. London: Routledge, 2002.

FANTHAM, Elaine. **Julia Augusti:** the Emperor's Daughter. London and New York: Routledge, 2006.

FANTHAM, Elaine. **Roman readings:** Roman response to Greek literature from Plautus to Statius and Quintilian. Berlin, New York: Walter de Gruyter GmbH & Co. KG, 2011.

FEARS, Jesse R. Princeps a diis electus: the divine election of the emperor as a political concept at Rome. **American Academy in Rome papers and monographs**, Rome: American academy, v. 2, 1977.

FEITOSA, Lourdes. C. **Amor e sexualidade:** o masculino e o feminino em grafites de Pompéia. São Paulo: AnnaBlume, 2005.

FEITOSA, Lourdes. C. Gênero e sexualidade no mundo romano: a Antiguidade em nossos dias. **História**: Questões & Debates, Curitiba, n. 48/49, p. 119-135, 2008.

FILHO, Ernesto P.; VASCONCELOS, Edson. Foucault: da microfísica à biopolítica. *In*: RAGO, M.; MARTINS, A. L. (org.). **Revista aulas:** dossiê Foucault. Campinas: Unicamp, 2007.

FINLEY, Moses I. The silent women of the ancient world. **Horizon**, Dallas: American Heritage, v. VII, n. 1, p. 57-64, 1965.

FISCHLER, Susan. Social Stereotypes and Historical Analysis: the case of the imperial women at Rome. *In*: **Women in Ancient Societies**. New York: Routledge, 1994. p. 115-133.

FISCHLER, Susan. Imperial cult: engendering de cosmos. *In:* FOXHALL, L.; SALMON, J. (ed.). **When men were men:** masculinity, power and identity in Classical Antiquity. London: Routlegle, 1998. p. 165-183.

FISHWICK, Duncan. **Imperial cult in the Latin West:** studies in the ruler cult of the Western provinces of the Roman Empire. Leiden: Brill. 1991. v. II.1.

FISHWICK, Duncan. Coinage and cult: the provincial monuments at Lugdunum. Tarraco, and Eremita. *In*: PAUL, G. M.; IERARDI, M. **Roman coins and public life under the empire**. Ann Arbor, MI: The University of Michigan Press, 1999. p. 95-122.

FITTSCHEN, Klaus; ZANKER, Paul. **Katalog der römischen portraits in den CapitolinischenMuseen und den anderenkommunalensammlunger der stadt Rom 3, Kaiserinnen und Prinzessinnenbildniss, Frauenporträts**. Mainz an Rhein: Verlag Philipp von Zanbern, 1983.

FLEMING, Maria I. D'A.; ABREU, Tatiana B.; BASTOS, Márcio T.; MARTIRE, Alex. S.; GREGORI, Alessandro. A importância das novas tecnologias para a Arqueologia e suas possibilidades de uso. A impressão 3D e os projetos do LARP: Vestígios. **Revista Latino-Americana de arqueologia histórica**, Belo Horizonte, v. 11, p. 56-79, 2017.

FLORENZANO, Maria B. B. A moeda romanana Antiguidade: uma introdução à história e aossignificados das emissões monetárias. *In*: FLORENZANO, M. B.; RIBEIRO, A. M.; MONACO, V. L. (org.). **A coleção de moedas romanas da Universidade de São Paulo, Museu Paulista, Museu de Arqueologia e Etnologia.** São Paulo: MAE/USP, 2015. p. 15-20.

FLORENZANO, Maria B. B. Anotações sobre a representação de monstros nas moedas gregas. **Revista do Museu de Arqueologia e Etnologia,** São Paulo: USP, v. 5, p. 223-234, 1995.

FLORY, Marleen B. 1993. Livia and the history of public honorific statues for women in Rome. **Transactions of the American Philological Association (1974-),** Baltimore, n. 123, p. 287-308, 1993. Disponível em: https://doi.org/10.2307/284333. Acesso em: 22 jun. 2023.

FLORY, Marleen B. The meaning of Augusta in Julio-Claudian period. **American Journal of Acient History,** Piscataway, n. 132, p. 113-138, 1998.

FOUCAULT, Michel. **The history of sexuality.** London: Allen Lane, 1979. v. 1.

FOUCAULT, Michel. **História da sexualidade I**: a vontade de saber. 14. ed. Rio de Janeiro: Graal, 2001.

FOUCAULT, Michel. **História da sexualidade I**: a vontade de saber. 13. ed. Rio de Janeiro: Graal, 1988.

FRANCO, Henar G. La imagen de la mulher "bárbara": a propósito de Estrabon, Tácito e Germania. **Faventia,** v. 21, n.1, p. 55-63, 1999.

FREITAS, Júlia C. C.; MORAIS, Amanda O. Cultura do estupro: considerações sobre violência sexual, feminismo e análise do comportamento. **Acta Comporamentalia: Revista Latina de Análisis de Comporamiento,** Xalapa, Veracruz: Universidad Veracruzana, v. 27, n. 1, p. 108-123, 2019. Disponível em: https://www.redalyc.org/articulo.oa?id=274560588008. Acesso em: 24 jun. 2023.

FREUD, Sigmund [1933]. **New introductory lectures on psychoanalysis.** Edited by L. Strachey. New York: Norton, 1966.

FRIEDRICH, Carl J. **Tradição e autoridade em Ciência Política.** Rio de Janeiro: Zahar, 1974.

FUNARI, Pedro P. A. Romanas por elas mesmas. **Cadernos Pagu,** Campinas, n. 5, p. 179-200, 1995.

FUNARI, Pedro P. A. **Arqueologia**. São Paulo: Contexto, 2003.

FUNARI, Pedro P. A.; GARRAFFONI, Renata S. **Historiografia**: Salútio, Tito Lívio e Tácito. Campinas: Editora Unicamp, 2016.

FUSTEL DE COULANGES, Numa D. **Les origines du système feodal**. Paris: Hachette 1890.

GALINSKY, K. Introduction. *In:* GALINSKY, Karl (ed.). **Memoria romana**: memory in Rome, Rome in memory. Ann Arbor: The University of Michigan Press, 2014, p. 1-12.

GARDNER, Jane F. **Women in Roman law and society**. London: Routledge, 1990.

GERO, Joan M.; CONKEY, Margaret W. **Engendering archaeology:** women in prehistory. New Jersey: Wiley-Blackwell, 1991.

GIDDENS, Anthony. **A transformação da intimidade**: sexualidade, amor & erotismo nas sociedades modernas. São Paulo: Editora Unesp, 1992.

GINSBURG, Judith. **Representing Agrippina:** Constructions of Female Power in the Early Roman Empire. Oxford and New York: Oxford University Press, 2006.

GLARE, P. G. W. (ed.). **Oxford Latin dictionary**. Oxford: Oxford University Press, 2012.

GODDARD, Victoria, A. Introduction. *In:* GODDARD, V. A. (ed.). **Gender, agency and change:** Anthropological perspectives. Londres e Nova York: Routledge: Taylor and Francis Group, 2000.

GODECHOT, Jacques. La propagande. **Annales**, Paris, n. 34, p. 515-517, 1952.

GONÇALVES, Ana T. M. **A construção da imagem imperial**: formas de propaganda nos governos de Septímio Severo e Caracala. Tese (Doutorado em História) – Programa de Pós-Graduação em História Econômica, Departamento de História, Universidade de São Paulo, 2002.

GONÇALVES, Ana T. M. Entre gregos e romanos: história e literatura no mundo clássico. **Revista Tempo**, Rio de Janeiro, v. 20, p. 1-14, 2014.

GONÇALVES, Ana T. M. Poder e propaganda no período Severiano: a construção da imagem imperial. **POLITEIA**. Hist. e Soc., Vitória da Conquista, v. 1, n. 1, p. 53-58, 2001.

GRETHER, Gertrude. Livia and the Roman Imperial Cult. **The American Journal of Philology**, Baltimore and Maryland, v. 67, n. 3, p. 222-252, 1946.

GRIFFIN, Miriam T. **Nero:** The End of a Dynasty. Yale University Press, New Haven and London, 1985.

GRIFFIN, Susan. Rape, the all-American crime. **Ramparts**, New York, v. 10, p. 5-8, 1973.

GRUBBS, Judith E. **Women and the law in Roman Empire:** a sourcebook of marriage, divorce and widowhood. London and New York: Routledge: Frances and Taylor Group, 2002.

GRUEBER, Herbert A. **Coins of the Roman Republic in the British Museum.** London: British Museum, 1910. v. 1.

GRUEN, Erich S. **The Last Generation of the Roman Republic.** Berkley, Los Angeles, London: University of California Press, 1974.

HAHN, Ulrike. **Die frauen des Römischen Kaiserhauses und ibre Ebrungen im Griechischen Osten anhand Epigraphischer und Numismatishcher Zeugnisse von Livia bis Sabina.** Saarbrücken, 1994.

HALBWACHS, Maurice. **On collective memory.** Chicago: University of Chicago Press, 1992.

HALLETT, Judith P. **Fathers and daughters in Roman society:** women and the elite family. Princeton, New Jersey: Princeton University Press, 1984.

HALLETT, Judith P. Fulvia, mother of Iullus Antonius: New Approaches to the Sources on Julia's Adultery at Rome. **Helios,** Maryland, v. 33, p. 149-164, 2006.

HALLETT, Judith P. Women as Same and Other in Classical Roman elite. **Helios,** Maryland, v. 16, p. 59-78, 1989.

HANNESTAD, Niels. Roman art and imperial policy. **Jutland Archaeology Society publications** 19. Højbjerg, Århus: Aarhus University Press, 1986.

HANSEN, William. **Classical mythology:** a guide to the Mythical World of the Greeks and Romans. Oxford: Oxford University Press, 2004.

HARRISON, Jane E. **A study of the social origins of Greek religion.** Cambridge: Cambridge University Press, 1912.

HARVEY, Tracene. **Julia Augusta:** images of Rome's first empress on the coins of the Roman empire. London and New York: Routledge: Tayor & Francis Group, 2020.

HEAD, Barclay V. **Catalogue of Greek coins of Phrygia.** London: Oxford University Press, 1906.

HEAD, Barclay V. [1910]. **Historia Nummorum:** a Manual ef Greek Numismatics. London, reprint London: Spink and Son, 1963.

HEKSTER, Oliver. Coins and messages: audience targeting on coins of different denominations? *In*: BLOIS, L. *et al.* (ed.). **Representation and Perception of Roman Imperial power**. Amsterdam: Gieben, 2003. p. 20-35.

HEKSTER, Oliver. **Emperors and ancestors:** Roman rulers and the constraints of Tradition. Oxford: Oxford University Press, 2015.

HELLY, Bruno. Actes d'affranchissement thessaliens. **Bulletin de correspondence hellénique,** Lyon, n. 99, p. 119-144, 1975.

HEMELRIJK, Emily A. **Matrona docta:** educated women in the Roman elite from Cornelia to Julia Domna. London and New York: Routledge, Taylor & Francis Group, 1999.

HEMELRIJK, Emily A. Masculinity and Femininity in the Laudatio Turiae. **Classical Association Jounals Board CQ,** Oxford, v. 54, n. 1, p. 185-197, 2004.

HEMELRIJK, Emily A. Priestesses of the imperial cult in the Latin West: titles and function. **L'Antiquité Classique,** Lyon, v. 74, p. 137-170, 2005.

HEMELRIJK, Emily A. **Hidden lives, public personae:** women and civic life in the Roman West. Oxford: Oxford University Press, 2015.

HEMELRIJK, Emily. Public roles for women in the cities of the Latin West. *In*: SHARON, James, L.; DILLON, Sheila (ed.). **A companion to women in the Ancient World**. Malden, Oxford, Chchester: Blackwell, 2012. p. 478-490.

HIDALGO DE LA VEGA, María J. 1995. **El intellectual, la realeza y el poder politico en el imperio romano.** Salamanca: Ediciones Universidad.

HIRATA, H. Gênero, classe e raça: interseccionalidade e consubstancialidade das relações sociais. **Tempo Social**, Revista de Sociologia da USP, v. 26, n. 1, p. 61-73, 2014.

HODDER, Ian. **Reading the past:** current approaches to interpretation in archaeology. Cambridge: Cambridge University Press. 1986.

HOLLAND, Lora L. Women and Roman religion. *In*: JAMES, S. L.; DILLON, S. (ed.). **A companion to women in the Ancient World**. New Jersei: Blackwell, 2012. p. 204-214.

HÖLSCHER, Tonio. **Römische Bildsprache als semantisches System**. (Abhandlungen der Heidelberger Akademie der Wissenschaften. Philosophisch-historische Klasse 1987, 2.), Heidelberg: Carl Winter, 1987.

HOPKINS, Keith. **Conquistadores y esclavos**. Barcelona: Península, 1978.

HORNBLOWER, Simon; SPAWFORTH, Antony; EIDINOW, Esther (ed.). **The Oxford Companion to Classical Civilization**. Second edition. p. xxviii + 867, ills, maps. Oxford: Oxford University Press, 2014.

HOWGEGO, Christopher. Coinage and identity in the Roman provinces. *In*: HOWGEGO, C.; HEUCHERT, V.; BURNETT, A. (ed.). **Coinage and Identity in the Roman Provinces**. Oxford: Oxford University Press, 2005. p. 1-18.

HUICI MODENES, Adrián. **Estrategias de la persuasión**: mito y propaganda política. Sevilha: Alfar, 1996.

HUZAR, Eleonor G. **Mark Antony**: A Biography. Minneapolis: University of Minnesota Press, 1978.

INSTITUTO DE PESQUISA E ECONOMIA APLICADA [IPEA]. Tolerância social à violência contra mulheres. Sistema de Indicadores de Percepção Social. 2014a. Disponível em: chrome-extension://efaidnbmnnnibpcajpcglclefindmkaj/ https://assets-compromissoeatitude-ipg.sfo2.digitaloceanspaces.com/2014/04/ IPEA_sips_violenciamulheres04042014.pdf Acesso em: 23 jun. 2023.

INSTITUTO DE PESQUISA E ECONOMIA APLICADA [IPEA]. Estupro no Brasil: Uma radiografia segundo os dados da Saúde. 2014b. Disponível em: http://ipea. gov.br/portal/images/stories/PDFs/nota_tecnica/140327_notatecnicadiest11.pdf. Acesso em: 23 jun. 2023.

JONES, Arnold H. M. 1956. Numismatic and History. *In:* CARSON, R. A. G.; SUTHERLAND, C. H. V. **Essays in Roman coinage, presented to Harold Mattingly**. Oxford: Oxford University Press, 1956. p. 13-33.

KAHRSTEDT, Ulrich. Frauen auf aintiken Münzen. **Klio,** Berlin, n. 10, p. 261-314, 1910.

KAMPEN, Natalie Boymel. Between public and private: women as historical subjects in Roman art. *In:* POMEROY, Sarah B. (ed.). **Women's History and Ancient History.** Chapel Hill: University of North Carolina Press, 1991. p. 218-248.

KAPLAN, Abraham; LASWELL, Harold. **Poder e sociedade**. Brasília: Edunb, 1979.

KEARSLEY, Rosalinde A. Women and public live in Asia Minor: Hellenistic tradition and Augustan ideology. *In:* TSETSKHLADZE, Gocha R. (ed.). **Ancient West and East.** Leiden: Brill, 2005. v. 4, n. 1, p. 98-121.

KEMMERS, Fleur. **The functions and use of Roman coinage:** an overview of 21st century scholarship. Leiden, Boston: Brill, 2019.

KENNEDY, George A. **The Art of Rhetoric in the Roman World, 300 B.C. - A.D. 300.** Princeton: Princeton University Press, 1972.

KENT, Susan K. **Analyzing activity areas:** an ethnoarchaeological study of the use of space. Albuquerque, NM: University of New Mexico Press, 1984.

KERGOAT, Danièle. Ouvriers = ouvrières? Propositions pour une articulation théorique de deux variables: sexe et classe sociale. **Critiques de l'Économie Politique**, Lyon, n. 5, p. 65-97, 1978.

KIMMEL, Michael, S. Masculinidade como homofobia, medo, vergonha e silêncio na construção de identidade de gênero. Tradução de Sandra M. Takakura. **Equatorial,** Rio de Janeiro, v. 3, n. 4. p. 97-124, 2016.

KING, C. E. Roman portraiture: images of power?. *In*: PAUL, G. M.; IERARD, M. (ed.). **Roman coins and public life under the empire.** Michigan: The University of Michigan Press, 1999.

KLEINER, Diana E. E. 2005. **Cleopatra and Rome**. Harvard University Press, Cambridge, Mass.

KLEINER, Diana E. E. Politics and gender in the pictorial propaganda of Antony and Octavian. **EMC,** v. 36, p. 357-358, 1992.

KLOSE, Dietrich O. A. Festival and games in the cities of the East during the Roman Empire. *In:* HOWGEGO, Christopher *et al.* **Coinage and identity in the Roman provinces.** Oxford: Oxford University Press, 2005. p. 125-133.

KOCKEL, Valentin. **Portrdtreliefs stadtriimischer Grabbauten**. Beitrdge zur ErschliejJung hellenistischer und kaiserzeitlicher Skulptur und Architektur 12. Mainz am Rhein: Philipp von Zabern, 1993.

KOORTBOJIAN, Michael. 2013. **The divinization of Caesar and Augustus:** Precedents, Consequences, Implications. Cambridge: Cambridge University Press.

KORMIKIARI, Maria C. N.; PORTO, Vagner C. Arqueologia como instrumento de aproximação aluno-Mundo Antigo: para além de uma visão eurocêntrica. **Revista**

Transversos, Rio de Janeiro: UFRJ, n. 16, p. 45-69, 2019. Disponível em: https://www.e-publicacoes.uerj.br/index.php/transversos/article/view/44732. Acesso em: 24 jun. 2023.

KRAFT, Konrad. S(enatus) C(onsulto). **JNG,** v. 12, p. 7-49, 1962. Reprinted in Augutus, edited by W. Shmitthenner, Darmstadt, p. 336-403, 1969.

LANGLANDS, Rebecca. **Sexual morality in Ancient Rome.** Cambridge, New York, Melbourne, Madrid, Cape Town, Singapore, São Paulo: Cambridge University Press, 2006.

LAPLANTINE, François; TRINDADE, Liana. **O que é imaginário.** São Paulo: Brasiliense, 1997.

LEFKOWITZ, Mary R.; FANT, Maureen B. (ed.). **Women's life in Greece and Rome:** a source book in translation. Baltimore: The Johns Hopkings University Press, 1992.

LEVICK, Barbara. Messages on the Roman coinages: types and inscriptions. *In*: PAUL, G. M.; IERARDI, M. **Roman coins and public life under the empire.** Michigan: The University of Michigan Press, 1999. p. 41-60.

LEVICK, Barbara. Propaganda and the Imperial coinage. **Antichthon,** Sydney n. 16. p. 107-108, 1982.

LEVICK, Barbara. Women and law. *In:* JAMES, S. L.; DILLON, S. **A companion to women in the Ancient World.** Oxford: Wiley-Blackwell, 2012. p. 96-106.

LININGSTON, Candace W. **Imperial cult, Roman.** New York: Springer.

LINTOTT, Andrew W. P. Clodius Pulcher. Felix Catalina. **Greece & Rome,** Cambridge, n. 14, p. 157-169, 1967.

LINTOTT, Andrew. **Imperium Romanum:** politics and administration. London: Routledge, 1993.

LUTTWAK, Edward N. **La Grande Strategia dell'Impero Romano.** Milano: BUR, 1997.

MAIA, Ana C. B. Identidade e papéis sexuais: uma discussão sobre gênero na escola. *In:* MAIA, A. C. B.; MAIA, A. F. (org.). Sexualidade e Infância. **Cadernos Cecemca,** Bauru, Faculdade de Ciências: Cecemca; Brasília: MEC/SEF, n. 1, p. 66-82, 2005.

MANDERS, Erika. **Coining images of power:** patterns in the representation of Roman emperors on Imperial coinage, A.D. 193-284. Leiden: Brill, 2008.

MARQUES, Fabrício. A desigualdade escondida no equilíbrio: mulheres conquistam espaço na carreira científica no Brasil, mas obstáculos no acesso a algumas áreas são desafio. **Pesquisa Fapesp**, São Paulo: Editora Fapesp, ano 21, n. 289, p. 26-31, 2020.

MARTINS, Paulo. **Imagem e poder:** considerações sobre a representação de Otávio Augusto. São Paulo: Edusp, 2011.

MATHESON, Susan B. The divine Claudia: women as goddesses in Roman art. *In*: KLEINER, D. E. E.; MATHESON, S. B. **I Claudia. Women in Ancient Rome**. New Haven, CT: University of Texas Press, 1996. p. 182-195.

MATIĆ, Uroš. **Violence and gender in ancient Egypt.** London and New York: Routledge, 2021a.

MATIĆ, Uroš. Gender-based violence. *In:* AUSTIN, Anne; WENDRICH, Willeke (ed.). **UCLA Encyclopedia of Egyptology**. Los Angeles: California Digital Library, 2021b. Disponível em: http://digital2.library.ucla.edu/viewItem.do?ark=21198/zz002kp50h. Acesso em: 25 jun. 2023.

MAZZA, Mario. **Lotte sociali e restaurazione autoritaria nel III Secolo d.C. Catania**: Università. Laterza: Bari, 1970.

McCULLOUGH, Anna. **Gender and public image in Imperial Rome.** Tese de doutorado apresentada na School of Classics da Universidade de St. Andrews, 2007.

McHUGH, Mary R. Ferox Femina: Agrippina Maior in Tacitus's Annales. **Helios,** Lubbock, v. 39, n. 1, p. 73-96, 2011.

MEAD, Margaret. **Sexo e temperamento**. São Paulo: Perspectiva, 1969.

MEADOWS, Andrew; WILLIAMS, Jonatham. Moneta and the monuments: coinage and politics in Republican Rome. **The Journal of Roman Studies**, v. 91, p. 27-49, 2001.

MELVILLE, Joy. Baby blues. **New statesman and society**. 1991. Disponível em: https://www.newstatesman.com/uk. Acesso em: 25 jun. 2023.

MESKELL, Lynn. **Archaeology of social life:** age, sex, class et cetera in Ancient Egypt. Oxford: Blackwell Publishers Inc, 1999.

MEYERS, Rachel. Female portraiture and female patronage in the high imperial period. *In*: JAMES, S. L.; DILLON, S. (ed.). **A companion to the women in the Ancient World**. Malden, Oxford, Chichester: Blackwell Publishing, 2012. p. 453-466.

MILNOR, Kristina. **Gender, domesticity, and the Age of Augustus:** inventing private life. Oxford: Oxford University Press, 2005.

MOORE, Henrietta L. Fantasias de poder e fantasias de identidade: gênero, raça e violência. **Cadernos Pagu,** Campinas, n. 14, p. 13-44, 2000.

MOORE, Katrina. **Octavia Minor and the transition from Republic to Empire**. Tese apresentada à escola de pós-graduação da Clemson University, em cumprimento parcial dos requisitos para o grau de Mestre em História das Artes. Clemson, South Caroline, USA, 2017. Disponível em: https://tigerprints.clemson.edu/all_theses. Acesso em: 26 jun. 2023.

MORGAN, David. **Discovering Men.** London, Routledge, 1993

MØRKHOLM, Otto. 1991. **Early Hellenistic Coinage.** Cambridge: Cambridge University Press.

MUNSCH, Christin L.; WILER, Robb. The role of gender identity threat in perceptions of date rape and sexual. **Violence Against Women**, New York, v. 18, n. 10, p. 1125-1146, 2012. Disponível em: https://doi.org/10.1177/1077801212465151. Acesso em: 27 jun. 2023

MURRAY, Alexander S. **Quién es Quién en la Mitologia**. Madri: M. E. Editora, 1997.

NARRO, José. III Encontro Internacional de Reitores Universia, 2014.

NEILS, Jenifer. Athena, alter ego of Zeus. *In*: DEACY, S.; VILLING, A. (ed.). **Athena in the Classical World.** Leiden, Boston, Köln: Brill, 2001. p. 219-232.

NOBLE, Vicki. A helping hand from the guys. *In:* HAGAN, K. L. (ed.). **Women respond to the men's movement**. San Francisco: Harper Collins, 1992. p. 105-106.

NOLASCO, Sócrates. **O mito da masculinidade.** Rio de Janeiro: Rocco, 1993.

NOREÑA, Carlos F. Coins and communication. *In:* PEACHIN, M. (ed.). **The Oxford handbook of social relations in the Roman world.** Oxford and New York: Oxford University Press, 2011. p. 248-268.

NOREÑA, Carlos F. The communication of the emperor's virtues. **Journal of Roman Studies,** Cambridge, n. 91, p. 146-168, 2001.

NORONHA, Edgard M. **Direito penal.** São Paulo: Saraiva, 1990.

OMENA, Luciane M. 2007. Os Ofícios: Meios de Sobrevivência dos Setores Subalternos da Sociedade Romana. **Fenix** – Revista de História e estudos culturais, São Paulo: Universidade de São Paulo, ano IV, v. 4, n. 1, p. 1-13, 2007. Disponível em: https://www.revistafenix.pro.br/revistafenix/article/view/755. Acesso em: 27 jun. 2023.

ORRIOLS-LLONCH, Marc. La violencia contra las mujeres en el antiguo Egipto. *In:* SEGARRA, Marta (ed.). **Violencia deliberada:** Las raíces de la violencia patriarcal. Barcelona: Icaria, 2007. p. 57-70.

OSGOOD, Josiah. **Turia:** A Roman woman's civil war. Oxford and New York: Oxford University Press, 2014.

PEREIRA, Marcos E. **Psicologia social dos estereótipos**. São Paulo: EPU, 2002.

PERISSATO, Felipe. **Elêusis no Império Romano:** Monumentalização do santuário e o culto dos Mistérios Eleusinos no Período Antonino. 2018. Dissertação (Mestrado em Arqueologia) – Museu de Arqueologia e Etnologia, Universidade de São Paulo, São Paulo, 2018.

PERKOUNING, Claudia M. **Livia Drusilla-Iulia Augusta**. Vienna: Böhlau Verlag, 1995.

PISCITELLI, Adriana. Re-criando a (categoria) mulher? Textos Didáticos. Dossiê: ALGRANTI, L. M. (org.). **A prática feminista e o conceito de gênero**. Campinas: Editora Unicamp, 2002. p. 7-42.

POLLINI, John. Man or God: divine assimilation an imitation in the Late Republic and early Principate. *In*: RAAFLAUB, K. A.; BERKELEY, M. Toher (ed.). **Between Republic and Empire**. Interpretations of Augustus and his Principate. CA: University of California Press, 1990. p. 334-357.

POLLINI, John. A new portrait of Octavia and the iconography of Octavia Minor and Julia Maior. **Römische Mitteilungen**, v. 109, p. 11-42, 2002.

POMEROY, Sarah B. **Goddesses, whores, wives and slaves**: women in Classical Antiquity. Berlin: Schocken Books, 1975.

PORTO, Vagner. C. A cidade como discurso ideológico: monumentalidade nas moedas do Império Romano. **Revista do Museu de Arqueologia e Etnologia,** Supl., São Paulo, n. 18, p. 93-101, 2014.

PORTO, Vagner. C. As moedas romanas da PenínsulaIbérica e da Síria-Palestina: uma tentativa de diálogo. **Mare Nostrvm - Estudos sobre o Mediterrâneo Antigo,** São Paulo, n. 3, p. 13-32, 2012.

PORTO, Vagner. C. Calígula, Agripa I e os judeus: entre conflitos, amizade e redes de sociabilidade. *In*: CARVALHO, M. M.; LEONI, A. M.; JOSÉ, N. F. (org.). **Impérios, imperadores e redes de sociabilidade na Antiguidade.** Curitiba: Editora CRV, 2023.

PORTO, Vagner. C. O culto imperial e as moedas do Império Romano. **Phoînix,** Rio de Janeiro, v. 24, n. 1, p. 138-154, 2018.

PURCELL, Nicholas. Livia and the womanhood of Rome. **Proceedings of the Cambridge Philological Society** (Second Series), v. 32, p. 78-105, 1986.

QUEIROZ, Christina. O gênero da ciência: diálogo com teorias feministas abre novas frentes de investigação em distintas áreas do conhecimento. **Pesquisa Fapesp,** São Paulo: Editora Fapesp, ano 21, n. 289, p. 18-25, 2020.

RADCLIFFE, Sarah; WESTWOOD, Sallie. **Remaking the Nation. Place, Identity and Politics in Latin America.** London and New York: Routledge. 1996.

RAWSON, Beryl. Finding roman women. *In:* ROSENSTEIN, N.; MARX, R. M. (ed.) **A companion to the roman republic.** Oxford: Blackwell Publiching, 2006. p. 324-341.

REIS, Kellen C. F; MAIA, Ana C. B. Estereótipos sexuais e a educação sexista no discurso de mães. *In:* VALLE, T. G. M. (org.). **Aprendizagem e desenvolvimento humano: avaliações e intervenções.** São Paulo: Cultura Acadêmica, 2009. p. 137-154. Disponível em: https://repositorio.unesp.br/handle/11449/109318. Acesso em: 27 jun. 2023.

REVELL, Louise. **Ways of being roman:** discourses of identity in the roman west. Oxford & Philadelphia: Oxbow Books, 2016.

RIESS, Werner. *Rari exempli femina*: female virtues on Rome. *In*: JAMES, S. L.; DILLON, S. (org.). **A companion to women in the Ancient World.** Chichester: Wiley-Blackwell, 2012. p. 491-501.

ROHR VIO, Francesca. Dux femina: Fulvia in armi nella polemica politica di età triunvirale. *In:* ROHR, F.; LUCCHELLI, T. M. **Viris Militaris:** rappresentazione e propaganda tra Reppublica e Principato. Trieste: Edizioni Università di Trieste, 2015. p. 61-89.

ROLLER, Duane W. **Cleopatra**: A Biography. Oxford: Oxford University Press, 2010.

ROSE, Charles B. **Dynastic commemoration and imperial portraiture in Julio-Claudian period.** Cambridge: Cambridge University Press, 1997.

ROWAN, Clare. **Guides to the coinage of the Ancient World:** from Caesar to Augustus (c. 49 BC-AD 14), using coins as sources. Cambridge: Cambridge University Press, 2019.

SAFFIOTI, Heleieth I. B. **Gênero, patriarcado e violência**. São Paulo: Fundação Perseu Abramo, 2004.

SALES, Gladys M. S. **Estruturas de poder** – patronato, honra e prestígio nas representações discursivas das moedas de Aelia Capitolina e Cesareia no século III EC. 2018. Dissertação (Mestrado em Arqueologia) – Programa de Pós-Graduação, Museu de Arqueologia e Etnologia, Universidade de São Paulo, 2018.

SALES, Gladys M. S. **Estruturas de poder e negociações na Judeia-Palaestina do século I AEC ao II EC** - Análise de moedas em contexto urbano. 2022. Tese (Doutorado em Arqueologia) – Programa de Pós-Graduação em Arqueologia, Museu de Arqueologia e Etnologia, Universidade de São Paulo, 2022.

SALES, José C. **A moeda como meio de propaganda:** o caso paradigmático do Egito Ptolomaico. Lisboa: Academia das Ciências de Lisboa, 2017

SALLER, Richard. *Patria potestas* and the stereotype of the Roman family. **Community and change,** Cambridge: Printed in Great Britain, v. 1, issue I, p. 7-22, 1986.

SAMPAIO, Ângela O.; VENTURINI, Renata L. B. Uma breve reflexão sobre a família na Roma Antiga. *In:* Jornada de Estudos Antigos e Medievais – Trabalhos Completos, 6., 2009. Disponível em: http://www.ppe.uem.br/jeam/anais/2007/trabalhos/030.pdf. Acesso em: 27 jun. 2023.

SCHEID, John. **An introduction to Roman religion**. Bloomington / Indianapolis: Indiana University Press, 2003.

SCHMITT, Laurent; PRIER, Michel. **Les monnaies romaines**. Paris: Les Chevau-légers, 2004.

SCOTT, Eleonor. Women and gender relations in the Roman empire. *In:* RUSH, P. (ed.) **Theoretical Roman Archaeology:** second conference proceedings. Aldershot, Avebury, 1995. p. 174-89.

SCOTT, Joan W., KAPLAN, Cora; KEATES, Debra (ed.). **Transitions, Environments, Translations. Feminisms in International Politics.** London; New York: Routledge, 1997.

SCOTT, Joan, W. La travailleuse. *In:* DUBY, Georges; PERROT, Michelle (orgs.). **Histoire des femmes en Occident** - IV, Le XIXe siècle: sob la direction de Geneviève Fraisse et Michelle Perrot. Paris: Plon, 1991. p. 419-444.

SCHULTZ, Celia E. **Women's religious activity in the Roman Republic.** Chapel Hill: The University of North Carolina Press, 2006.

SEAR, David R. **Roman coins and their values:** the Republic and the twelve Caesars 280 BC - AD 96. The millennium edition. London: Spink, 2000. v. 1.

SHANKS, Michael.; TILLEY, Christopher. **Reconstructing Archaeology:** theory and practice. 2. ed. London, Routledge, 1992.

SILVA, Debora C. da. Altar Belvedere culto dos lares augusti: reorganização do espaço sagrado da urbs (ca. 12 a.C.). **Plêthos**, Niterói, n. 3, v. 2, p. 36-46, 2013.

SILVA, Frederico de S. **Apocolocintose do Divino Cláudio**: tradução, notas e comentários. 2008. Dissertação (Mestrado em Letras) – Departamento de Letras Clássicas e Vernáculas da Faculdade de Filosofia, Letras e Ciências Humanas, Universidade de São Paulo, 2008.

SJÖBERG, B. L. The Greek oikos: a space for interaction revisited and reconsidered. *In:* KARLSSON, L.; CARLSSON, S.; KULLBERG, J. B. ΛΑΒΡΥΣ: Studies presented to Pontus Hellström. Uppsala Universitet, 2014. p. 315-327.

SKINNER, Marilyn B. Clodia Metelli. **Transactions of the American Philological Association (1974-2014),** Baltimore, n. 113, p. 273-287, 1983.

SKINNER, Marilyn B. Woman and Language, in Archaic Greece, or Why is Sappho a Woman? *In:* RABINOWITZ, N. S.; RICHLIN, A. (ed.). **Feminist Theory and the Classics.** Londres: Routledge, 1993. p. 175-192.

SORDI, Marta. (ed.). **Contributi dell'Istituti di Storia Antica.** Milano: Università Cattolica del Sacro Cuore, 1974.

SOUZA, Fabiana C. **Meninos e meninas na escola:** um encontro possível?. Porto Alegre: Zouk, 2006.

SPAETH, Barbette S. **The Roman goddess Ceres.** Austin: University of Texas Press, 1996.

SPENCER-WOOD, Suzanne M. Gendering power. *In:* SWEELY, T (ed.). **Manifesting power:** gender and the interpretation of power in archaeology. Londres e Nova York: Routledge, 1999. p. 175-183.

STAFFORD, Emma. The people to de goddess Lívia: Attic Nemesis and the Roman imperial cult. **Kernos,** Liège, n. 26, p. 205-238, 2013.

STAPLES, Ariadne. **From good goddess to Vestal Virgins:** sex and category in Roman religion. London: Routledge. 1998.

STEWARD, Peter. **The Social History of Roman art.** Cambridge: Cambridge University Press. 2008.

STRATHERN, Marylin. **Before and after gender:** Sexual mythologies of everyday life. Chicago: HAU Books. 2016.

SUTHERLAND, Carol H. V. Compliment or complemente? Dr. Levick on Imperial coin types. **Numismatic Chronicle,** London, n. 146, p. 85-93, 1986.

SUTHERLAND, Carol H. V. Octavian's gold and silver coinage from c. 32 to 27 BC. **Numismatica e antichità,** n. 5, p. 129-57, 1976.

SYDENHAM, Edward A. **The Coinage of the Roman Republic.** London: Spink and Son, Ltd, 1952.

SYME, Ronald. **Roman revolution**. Oxford: Oxford University Press, 1939.

SYME, Ronald. **Sallust.** Berkeley: University of California Press, 1964.

SYME, Ronald. **The Augustan aristocracy.** Oxford: Oxford University Press, 1986.

TAKÁCS, Sarolta A. **Vestal Virgins, Sibyls, and matrons:** women in roman religion. Austin: University of Texas Press, 2008.

TATUM, W. Jeffrey. **The Patrician Tribune:** Publius Clodius Pulcher. Chapel Hill: The University of North Carolina Press, 1999.

TAYLOR, Lily R. **The divinity of the Roman emperor.** Philadelphia: Porcupine Press, 1975.

TEMPORINI, Hildegard. **Die Frauen am Hofe Trajans**. Ein Beitrag zur Stellung der Augustae im Principat. Berlin: De Gruyter, 1978.

THE NATIONAL ARCHIVES. **Offences against the Person**. Act 1861. UK Public General Acts, 1861 c. 100 (Regnal. 24_and_25_Vict). Disponível em: https://www.legislation.gov.uk/ukpga/Vict/24-25/100/crossheading/attempts-to-procure--abortion. Acesso em: 3 out. 2023.

TJADEN, Patricia; THOENNES, Nancy. **Extent, nature, and consequences of rape victimization:** findings from the National Violence Against Women Survey. Special report. Washington, DC: National Institute of Justice, 2006. Disponível em: http:// www.nij.gov/pubs-sum/210346.htm. Acesso em: 27 jun. 2023.

TREGGIARI, Susan. **Roman Marriage:** Iusti Coniuges from the Time of Cicero to the Time of Ulpian. Oxford: Oxford University Press, 1991.

TREGGIARI, Susan. **Terentia, Tullia, and Publilia:** The Women of Cicero's Family. London and New York: Routledge, 2007.

TRIMBLE, Jennifer. **Women and visual replication in Roman Imperial art and culture:** Greek culture in the Roman world. Cambridge: Cambridge University Press, 2011.

TUNNER, Michael. Foreword. *In:* BRENNAN, P.; TUNNER, M.; WRIGHT, L. (org.). **Faces of power:** imperial portraiture on Roman coins. Nicholson Museum. Sidney: The University of Sidney, 2007. p. 5-6.

VARELLA. Flávia. A proximidade feminina e a imagem Imperial: Nero, Tácito & os Anais. **Revista electronica**: Cadernos de História, ano I, n. 1, p. 1-12, 2006.

VARGAS, Joana D. Análise comparada do fluxo do sistema de justiça para o crime de estupro. **Dados**, Rio de Janeiro, v. 50, n. 4, p. 671-697, 2007. Disponível em: https://dx.doi.org/10.1590/S0011-52582007000400002. Acesso em: 27 jun. 2023.

VEIGA, Janio Celso Silva. **Lei das Doze Tábuas:** Linguagem e Contexto. 2008. Tese (Doutorado em Letras Clássicas) – Departamento de Letras Clássicas e Vernáculas da Faculdade de Filosofia, Letras e Ciências Humanas da Universidade de São Paulo, São Paulo, 2008.

VEYNE, Paul. La famille et l'amour sous le Haut-Empire Romain. **Annales,** v. 33, n. 1, p. 35-63, 1978.

VIEIRA, Rafaela C. M. **A propaganda Augustana e a imagem de Cleópatra VII:** poesia e ideologia no século I a.C. 2012. Monografia (Especialização em História Antiga e Medieval) – Programa de Pós-Graduação Lato Sensu do Instituto de Filosofia e Ciências Humanas, Universidade do Estado do Rio de Janeiro, Rio de Janeiro, 2012.

VON HAHN, Brita B. **The characterization of Mark Antony**. Dissertação (Mestrado em Artes) – Universidade da África do Sul, 2008.

VOSS, Barbara L. **Feminism, queer theories and the archaeological study of past sexualities.** Same-sex culture and sexuality: an anthropological reader. Oxford: Balckwell, 2008.

WADDINGTON, W. H. Mémoires et dissertations. *In:* CARTIER, PAR E.; SAUSSAYE, L. (org.). **Revue Numismatique**. Paris: Chez E. Dézairs, 1853.

WALLACE-HADRILL, Andrew. Image and authority in the coinage of Augustus. **Journal of Roman Studies,** Cambridge, n. 76, p. 67-68, 1986.

WEEDON, Chris. **Feminist Practice and Poststructuralism Theory**. Oxford, Basil Blackwell, 1987.

WEIR, Allison J. **A study of Fulvia**. Dissertação (Mestrado em Artes) –Queen's University, Kingston, Ontário, 2007.

WEISS, Peter. The cities and their money. *In:* HOWGEGO, Christopher.; HEUCHERT, Volker; BURNETT, Andrew (org.). **Coinage and identity in the Roman provinces**. Oxford and New York: Oxford University Press, 2005. p. 57-68.

WELCH, Kathryn E. Antony, Fulvia, and the Ghost of Clodius in 47 B.C. **Greece & Rome,** Cambridge, v. 42, n. 2, p. 182-201, 1995.

WHITAKER, Dulce C. A. Menino – Menina: sexo ou gênero? *In:* SERBINO, R. V.; GRANDE, M. A. R. L. (org.). **A escola e seus alunos:** o problema da diversidade cultural. São Paulo: Unesp, 1995. p. 31-52.

WILDFANG, Robin L. **Rome's Vestal Virgins:** a study of Rome's Vestal Priestesses in the Late Republic and Early Empire. London: Routledge, 2006.

WILLIAMS, Jonathan. Religion and Roman coins. *In:* RÜPKE, J. **A companion to Roman religion.** New Jersey: Blackwell Publishing Ltd, 2007a. p. 143-163.

WILLIAMS, Jonathan. The Republican identity of Roman imperial coinage: 1st to mid-3rd centuries AD. *In:* CUNZ, Riner (ed.). **Money and identity:** lectures about

History, Design, and Museology of money. Incomon: International committee of money and banking museums and Numismatische kommission. Hannover, 2007b. p. 57-64.

WILLIAMSON, George. Aspects of identity. *In*: HOWGEGO, C.; HEUCHERT, V.; BURNETT, A. (ed.). **Coinage and Identity in the Roman Provinces.** Oxford: Oxford University Press, 2005. p. 19-28.

WINKES, Rolf. **Livia, Octavia, Julia:** Porträts und Darstellungen. Providence, R.I.: Brown University, Center for Old World Archaeology and Art; Louvain-la-Neuve, Belgique: Département d'archéologie et d'histoire de l'art, Collège Erasme, 1995.

WINKLER, Lorenz. **Salus:** Vom Staatskult zur politischen idee, eine, Archäologische Untersuchung. Heidelberg: Verlag Archäologie und Geschichte, 1995.

WOLF, Eric. Distinguished Lecture: Facing Power - Old Insights, New Questions. **American Anthropologist**, v. 92, n. 3, p. 586-596, 1990. Disponível em: http://www.jstor.org/stable/680336. Acesso em: 26 jun. 2023.

WOLTERS, Reinhard. Nummi signati: untersuchunger zur römischen Münzprägung und Geldwirtschaft. **Vestigia 49**, Munich: Beck, 1999.

WOOD, Susan E. Diva Drusilla Panthea and the sisters of Caligula. **American Journal of Archaeology**, Chicago, v. 99, n. 3, p. 457-482, 1995.

WOOD, Susan. E. Memoriae Agrippinae: Agrippina the Elder in Julio-Claudian Art and Propaganda. **American Journal of Archaeology**, Chicago, v. 92, n. 3, p. 409-426, 1988.

WOOD, Susan. E. **Imperial women:** a study in public images, 40 BC - AD 68. Leiden, Boston, Koln: Brill's Scholars' List, 1999.

WOOD, Susan. E. **Imperial women:** a study in public images, 40 B.C.-A.D. 68. Leiden, Boston, Köln: Brill, 2000.

WOOD, Susan. E. **Imperial women:** a study in public images, 40 B.C.-A.D. 68. Leiden, Boston, Köln: Brill, 2001.

WOOLF, Greg. Becoming roman staying Greek: culture, identity, and the civilizing process in Roman-East. **Proceedings of the Cambridge Philological Society**, v. 40, p. 116-143. Cambridge: Cambridge University Press, 1994.

WOOLF, Greg. Divinity and power in ancient Rome. *In:* BRISCH, N. **Religion and power:** divine kingship in the Ancient World and beyond. The Oriental

Institute of the University of Chicago, Oriental Institute Seminar, n. 4. Chicago, Illinois, 2008. p. 235-251.

WORLD HEALTH ORGANIZATION [WHO]. **Sexual violence**. In World report on violence and health. Geneva: World Health Organization. 2002.

WORLD HEALTH ORGANIZATION [WHO]. **Global status report on violence prevention**. Geneva: World Health Organization. 2014.

WOYTEC, Bernhard. Heads and busts on Roman coins. Some remarks on the morphology of Numismatic Portraiture. **Revue Numismatique**, Lyon, n. 171, p. 45-71, 2014.

WYLIE, Alison. Gender theory and the archaeological record: why is there no archaeology of gender? *In:* GERO, J.; CONKEY, M. (ed.). **Engendering archaeology:** women and prehistory. Oxford: Basil Balckwell, 1991. p. 31-56.

YAVETZ, Zvi. **Cesar et son image**. Paris: Les Belles Lettres, 1990.

ZAGER, Ilona. **The political role of women of the Roman elite, with particular attention to the autonomy and influence of the Julio-Claudian women (44 BCE to CE 68)**. Submitted in accordance with the requirements for the degree of Master of Arts, in the subject of Classical Studies, at the University of South Africa, Pretoria, 2014.

ZANKER, Paul. **Augusto e il potere delle immagini**. Torino: Giulio Einaudi, 1989.

ZANKER, Paul. **Augustus und die Macht der Bilder**. Munich: Beck, 1987.

ZANKER, Paul. **Roman art**. Translation by Heitmann-Gordon. Los Angeles: The J. Paul Getty Museum, 2010.

ZANKER, Paul. **The power of images in the Age of Augustus**. Ann Arbor, MI: University of Michigan Press, 1988.

ZENHAS, Armanda. **Estereótipos de gênero.** 2007. Disponível em: https://www.educare.pt/opiniao/artigo/ver/?id=11982&langid=1. Acesso em: 27 abr. 2017.

ŽIŽEK, Slavoj. **Violence**: Six sideways reflections. New York: Picador, 2008.

APÊNDICES

Apêndice 1

O que é muito questionado quando se trata de moedas é o seu valor e a sua nomenclatura. De 141/140 a.C., o modo como o governo romano lidava com o dinheiro era através do sestércio, com sinais como IIS ou HS. Entretanto, nas províncias, outras denominações eram usadas, como o dracma. A unidade de valor também poderia mudar, como indicam as inscrições de Tessália, que mostram que o dracma local foi trocado pelo denário, utilizado para indicar preços depois de um édito de Augusto (Helly, 1970, p. 120). O sestércio foi inicialmente feito de prata e, depois, de latão. O sestércio de prata foi raramente produzido durante a República; a unidade de valor não era necessariamente idêntica às moedas de circulação comum (Burnett, 1987, p. 35). O valor dado ao sestércio talvez tenha sido pago na realidade com denário ou através de outra denominação (Rowan, 2019, p. 2-3).

Tabela 1 – As principais denominações do sistema de *denário* depois de 141/140 a.C.

Denominação	Metal	Valor em *asses*
Áureo	Ouro	400 (= 25 *denários*)
Denário	Prata	16
Quinário	Prata	8
Sestércio	Prata	4
Ás	Bronze	1
Semisse	Bronze	½
Triens	Bronze	1/3
Quadrante	Bronze	¼
Sextantes	Bronze	1/6
Uncia	Bronze	1/12

Fonte: Rowan (2019, p. 4)

Tabela 2 – As principais denominações do sistema monetário romano durante Augusto

Denominação	Metal	Valor em *asses*
Áureo	Ouro	400 (= 25 denários)
Quinário de ouro	Ouro	200 (= ½ áureos)

Denominação	Metal	Valor em *asses*
Denário	Prata	16
Quinário de prata	Prata	8
Sestércio	Oricalco[296]	4
Dupôndio	Oricalco	2
As	Cobre	1
Semisse	Oricalco	½
Quadrante	Cobre	¼

Fonte: Rowan (2019, p. 4)

Tabela 3 – Sistema denominacional de Andrew Meadows para moedas gregas

Denominação	Valor	peso
1 *obol*	-	0.72g
1 dracma	6 *obols*	4.3g
1 *mna (mnaieion)*	100 dracmas	430g
1 Talento	60 *mnas* = 600 dracmas	25.8Kg

Fonte: Rowan (2019, p. 206-207)

---

[296] No tempo dos flavianos, as moedas de oricalco (também conhecidas como moedas de latão) eram compostas por uma liga metálica com metais que não se sabe quais são ao certo, podendo ser uma combinação entre ouro e prata, entre cobre e zinco ou entre cobre e estanho. Dentre as moedas de oricalco, destacam-se nessa época os quinário, os sestércio e os dupôndio (Kormikiari; Porto, 2019, p. 60).

Apêndice 2

A princípio, a religião no fórum romano envolvia tanto mulheres como homens, mas apenas mulheres como as Virgens Vestais tinham o dever de dar proteção e longevidade ao Estado. Todavia, a própria *aedes Vestae* era inacessível aos homens, além de que as seis Virgens Vestais teriam um *status* excepcional como mulheres. Homens e mulheres, com propósitos religiosos, poderiam ter acessado o fórum (Boatwright, 2011, p. 111). Desse modo, somente homens poderiam entrar no fórum romano, com exceção das Virgens Vestais e outras mulheres ligadas à religião, tanto é que o lugar considerado mais antigo seria o santuário de Vesta. Entretanto, durante o final da República e início do Império, parece ter mudado essa concepção, o que pode ter ajudado em uma variação no conceito de masculinidade romana (Boatwright, 2011, p. 109-110).

A caracterização conhecida sobre as Virgens Vestais foi moldada no século III a.C., no período das Guerras Púnicas e do governo de Augusto. Elas eram seis e dedicavam suas vidas à deusa Vesta e ao Estado romano, além de poderem fazer presságios. Seus comportamentos e rituais serviam para beneficiar a cidade de Roma e o império, garantindo a prosperidade e a continuação governamental. Eram cidadãs de Roma, mas seu *status* social não era um fator para serem escolhidas, sendo que depois de 5 d.C. as filhas de qualquer homem livre também eram elegíveis. Augusto abriu o leque de possibilidades devido à falta de candidatas. Uma Vestal recebia uma quantia ao entrar no sacerdócio e um estipêndio anual por seus serviços. Ganharam o direito *ius liberorum,* no tempo de Augusto, além de um *lictor,* e poderiam se sentar com os senadores para assistir aos jogos. Elas se vestiam como mulheres casadas, mas não podiam se casar e tinham que ser virgens. No entanto, traziam uma ambiguidade de papéis entre a matrona e a sacerdotisa, além de ficarem em lugares essencialmente masculinos (Takács, 2008, p. 80-83).

A conexão com vários cultos de fertilidade reafirmava o *status* de matrona e sacerdotisa e o que as masculinizava eram a independência e a liberdade nos espaços. Um dos seus deveres era manter aceso o fogo do templo de Vesta. Esse fogo simbolizava a procriação e a fertilidade. O maior crime que uma Vestal poderia ser acusada era o de ser impura (*incestum*), uma vez que sua atenção poderia se voltar a algum homem e deixar o Estado de lado, porém, esse tipo de crime foi raro. A Vestal que era acusada tinha que provar sua castidade, caso contrário, ela era condenada à morte e enterrada viva. O lugar de enterramento delas ficava próximo a *Porta Collina*, que se localizava no final Norte do *Murus Servii Tullii* (Takács, 2008, p. 88-89).

As Vestais poderiam ser selecionadas aos seis anos de idade e passavam a fazer parte do Pontifício Colégio Sacerdotal. O número de Vestais era, geralmente, seis e o seu trabalho terminava depois de trinta anos. Os primeiros dez anos objetivavam que elas aprendessem suas obrigações; a segunda década, que performassem suas obrigações; e a última, que ensinassem à nova geração. Durante tais ocupações, elas tinham que ser castas, mas depois eram livres para se casarem. Elas tinham um relacionamento legal com o Pontífice Máximo, como se fossem casadas, e precisavam passar por um ritual religioso, chamado *captio*, o qual era performado pelo Pontífice depois do processo de seleção das garotas. Em 1980, Mary Beard dizia que as Vestais tanto eram esposas como filhas, de acordo com interpretações modernas. Como os homens, elas podiam fazer seus testamentos; como os magistrados, elas eram acompanhadas de um *lictor*; e eram legalmente livres do controle paterno. Beard (1995) reconsiderou sua interpretação anterior e passou a vê-las diante de seu *status* sexual, não de forma isolada, mas em termos de um sistema cultural que tinha sua própria norma em relação às categorias de gênero e suas próprias maneiras de negociá-las.

Ariadne Staples (1998) menciona que, se elas estariam fora das normas sociais de gênero, era possível que elas pudessem representar o povo romano como um todo. As mulheres sacerdotisas podiam participar de seus cultos. Sarolta Takács (2008) interpreta as Vestais como protetoras de Roma. Elas podiam ser queimadas vivas em tempos de crise. O motivo pelo qual se queimavam as Vestais é dito de acordo com Robin L. Wildfang (2006), que menciona que, como a primeira obrigação das Vestais era de serem puras, isso era vital não somente para a saúde delas, mas também para a saúde do Estado romano como um todo (Holland, 2012, p. 209). Logo, se houvesse crise, isso era culpa das Vestais.

Apêndice 3

A deificação dos imperadores tornou-se uma prática comum a partir do contato com as culturas Helenísticas enquanto o Império se expandiu à Grécia, onde se praticava a adoração de heróis e de reis. A terminologia do "culto imperial" é usada para designar essa prática no estudo do Império romano entre membros da família imperial (Liningston, 2018, p. 1).

A realeza divina de Roma foi um fenômeno característico do início do Império romano, o Principado, mas que existiu após esse período também. O culto ao imperador teve início pela crença de que muito do que tinha sido a monarquia romana era negativo, como lembram as histórias gregas sobre a Idade do Tiranos. Entretanto, também havia algo positivo da tradição dos reis de Roma, especialmente em relação aos seus fundadores e aos seus cultos (Fears, 1977, 85-119). Acreditava-se que Rômulo era filho de Marte e que foi levado ao céu no final de seu reinado e adorado como Quirino. Pela tradição grega, o refugiado troiano Enéias era considerado filho de Vênus. Enéias teria conhecido o local de Roma e o culto era feito para ele em um período antes da República, em *Ara Maxima*, perto do porto de Tiber, demonstrando a crença de que ele também havia sido deificado depois de sua morte. Durante a República, muitos rituais eram feitos pelo *rex sacrorum*, o que sugere uma origem sacra dos reis, tendo por anos uma associação do divino com a monarquia (Woolf, 2008, p. 235-236 e 239).

A autoridade religiosa de vários tipos se concentrava na autoridade oligárquica da aristocracia, a qual foi substituída pelos reis. A ancestralidade divina passou a ser reivindicada por famílias aristocratas tradicionais, assim como os *Iulii*, que se diziam descendentes de Vênus via Enéias e seu filho, Júlio. A autoridade religiosa, durante a República de Roma, ficou com o Senado, com um conselho formado por ex-magistrados, os quais aprovavam ou não alguns cultos, como a restrição feita ao culto de Baco. De outra forma, outros cultos foram autorizados pelo Senado, os quais envolviam apenas membros da elite mais tradicional. Os tipos de rituais iam desde quando um general chegava com seus triunfos, os rituais das Vestais, até banquetes com membros da aristocracia (Woolf, 2008, p. 236) e outros. Os primeiros romanos de que se tem evidência que receberam honras foram: M. Cláudio Marcelo, o qual teve um festival em sua homenagem em Siracusa, Sicília (212 BC); e, no Leste, o cônsul Tito Quíncio Flaminino (191 a.C.), que recebeu homenagens (Livingston, 2018, p. 1).

No leste do Adriático, os romanos encontraram grande variedade do culto ao governante, descendente da fusão religiosa criada por Alexandre, o Grande, e os generais que o sucederam. Essa fusão diz respeito à combinação de uma realeza Macedônica e um sistema de honras desenvolvido por cidades gregas, sua iconografia e rituais Aquemênidas, a qual também incorporava elementos Egípcios, Babilônicos e de outras religiões. Os reis Aquemênidas não eram deuses, mas consideravam que tinham relações diretas com uma série de deuses e seus territórios. No tempo de Alexandre, a honra aos homens nesses rituais era maior do que aos próprios deuses. Muitas cidades gregas elegiam seus reis descendentes de deuses pelo fato de que sua Idade Heroica era lembrada por reis mortais e deidades que se encontravam, mais frequentemente, na terra do que em outros períodos, além de que muitos desses reis eram conectados com santuários oraculares e lugares de culto. Essas características são similares às do Oriente Próximo, com o qual os gregos devem ter tido contato (Woolf, 2008, p. 236 e 239).

Desse modo, parece que o culto imperial foi popular nas províncias do Leste, uma vez que sugeriu uma receptividade baseada na tradição local, além de que esse tipo de culto ao governante poderia ser uma resposta ao colapso de um sistema religioso local. Consequentemente, o culto imperial teve suas diversas formas tanto nas províncias quanto em Roma. Além do culto imperial, havia um culto familiar, em que parentes utilizavam a figura de um ancestral proeminente dentro do culto aos deuses Lares e Penates, que eram deidades domésticas (Woolf, 2008, p. 237). Nas províncias Helenizadas do período de Augusto, os governantes vivos eram referidos em grego como *theos*, um deus. Desde o início, o culto imperial no Oriente era fortemente orientado para o governante atual e vivo, com pouca consideração pelas listas oficiais de *divi* publicadas pelo Senado (Livingston, 2018, p. 2).

O desejo de Júlio César de receber honras divinas aparece geralmente citado como uma das razões de seu assassinato. O Senado votou em um culto e um *flamen* para Júlio César e, pouco tempo depois de sua morte, ele foi oficialmente deificado. Essas honras divinas serviram como modelo adequado para serem empregadas por imperadores durante o Império romano (Livingston, 2018, p. 2). Dessa maneira, honras similares foram passadas para seu herdeiro, Otávio, incluindo o título de Augusto e a comprovação de legitimidade do novo regime, que também foi seguido de uma monumentalização da cidade de Roma (Woolf, 2008, p. 238). Entretanto, Barrett (2002) salienta que César deveria ter recebido honras divinas antes de sua morte. Somente em 42 a.C., após a sua morte, é que as honras divinas lhes foram atribuídas (Barrett, 2002, p. 14)

Para se tornar um *divus* ou *diva*, era preciso passar necessariamente por um *consecratio* pós-morte, ou seja, uma sacralização. Esse processo, tomado como o reconhecimento de uma realidade objetiva em relação ao falecido, servia como uma autorização ao culto público. As decisões em relação à consagração eram tomadas pelo Senado, mas a deificação de um parente do imperador refletia um desejo dele. O primeiro *divus* foi Júlio César, o que fez Augusto clamar depois por sua divindade, como *divi filius*, com a vitória de 31 a.C. contra Marco Antônio, em Ácio. Augusto clamou pela descendência de *Divus Iuliu*, Marte e Vênus, pois tinha sido adotado pela *gens Iulia*, que se denominava sucessora de heróis romanos (Woolf, 2008, p. 242-243). Augusto recebeu honras na Ásia e na Bitínia enquanto estava vivo, as quais ele aceitou com a estipulação de que o culto incluía Roma, como uma deusa parceira, um precedente que foi seguido por vários de seus sucessores. Ele recusou a deificação em Roma durante sua vida, mas permitiu o estabelecimento do culto a *Genius Augusti* por volta de 12 a.C. (Taylor, 1975 apud Livingston, 2018, p. 2).

Augusto reorganizou o culto à adoração do *Lares Augusti* junto com o *Genius Augusti*. As associações eram feitas por *vicomagistri*, os quais geralmente eram ex-escravos que eram permitidos de utilizar as mesmas roupas que um magistrado de Estado quando presidiam jogos, sacrifícios e festivais. O culto do *Genius* do imperador também era feito por famílias como parte do culto coletivo de uma família, que incluía o Lares (Woolf, 2008, p. 243).

Os romanos honravam o *Genius* de um homem vivo e/ou o Juno de uma mulher. Esses termos denotavam uma força divina em cada ser humano, que ao mesmo tempo era distinta da natureza humana, além de que sua adoração não era considerada equivalente à adoração de humanos deificados (Livingston, 2018, p. 1). Durante o império, muitos adoravam *genius*, *iunno* e, eventualmente, um morto deificado. Alguns membros da família imperial começaram a receber adoração, especialmente no Leste grego, no tempo de Augusto. A primeira mulher a ser deificada foi Drusila, irmã de Calígula, e depois Lívia, mulher de Augusto (Holland, 2012, p. 212).

Depois da morte de Augusto, em 14 d.C., ele recebeu honras similares àquelas concedidas a Júlio César, incluindo um templo, um *flamen* e um conjunto de sacerdotes para seu culto (*Sodales Augustales*), que eram nomeados pelo Senado (Livingston, 2018, p. 2). Sendo assim, as preces a Augusto passaram para Tibério com sua morte. Essa passagem era como um meio de expressar subserviência ao Senado e de reconhecimento de um novo *divi filius* (Woolf, 2008, p. 244), que para existir deveria ter seu *Genius* sacrificado.

Cláudio reverteu o culto a Augusto e acabou deificando sua avó, Lívia, pois não era descendente de nenhum *divi*. Depois disso, Nero, como filho adotivo de Cláudio, garantiu o seu título. A palavra *divus* seria sinônima de *deus*, mas parece ser a definição de um deus que antes era um ser humano. Sua consagração era feita com símbolos da aristocracia republicana e era componente central de rituais de sucessão dos imperadores romanos (Woolf, 2008, p. 242-243).

Outro aspecto relevante do culto imperial era sua natureza política. A adoração do imperador era uma oportunidade de mostrar lealdade ao governante de uma maneira cívica formalizada. Alguns imperadores certamente encorajavam isso para dar significado ao seu poder em locais longe da capital. Dessa maneira, o culto resultava em um sistema que fazia parte da aristocracia local, a qual o utilizava para ter um vínculo com Roma e para provar publicamente sua lealdade, assim como para ativar um reconhecimento e um *status* social na participação no sacerdócio. O que parece é que a adoração do imperador trazia um aspecto religioso que era compartilhado por todos dentro do Império. Consequentemente, o culto imperial forneceu arcabouços adequados para uma relação de negociação entre a elite Helenizada das províncias do Leste e o poder centralizado de Roma. Com isso, as *konia*, ligas de cidades, disputavam entre si qual iria hospedar os templos de culto imperial (Livingston, 2018, p. 2).

Apêndice 4

O estilo de cabelo tipo *nodus*, como o próprio nome diz, é caracterizado por um nó ou um rolo situado acima da testa, que era o padrão no tempo de Augusto (Harvey, 2020, p. 65), ou seja, o cabelo era enrolado para frente no meio da cabeça e puxado para trás com a intenção de formar um topete. Nas laterais, o cabelo é enrolado em tranças que iam para trás da cabeça, as quais eram amarradas em um coque. Pequenos fios de cabelo podiam aparecer na testa e nas têmporas, na frente das orelhas e na nuca (Barrett, 2002, p. 260).

No estilo *Marbury Hall*, o *nodus* era largo e achatado, além de que o cabelo da lateral era tecido em tranças retorcidas. Parece que esse tipo era o mais próximo dos retratos de Lívia em moedas alexandrinas (Barrett, 2002, p. 260).

O estilo *Albani-Bonn* seria mais recente que o *Marbury Hall*, nomeado por exemplos encontrados na Villa Albani, em Roma, e no *Akademisches Museum*, em Bonn. Nesse penteado, o *nodus* era maior e o cabelo ao redor do rosto era mais espesso. Os tipos *Marbury Hall* e *Albani-Bonn* tendiam a mostrar Lívia com um rosto oval um tanto alongado (Winkes, 1995, p. 32; Fittschen; Zanker, 1983, p. III, 1-2; Wood, 1999, p. 94-95; Bartman, 1999, p. 144-145 apud Barrett, 2002, p. 260).

O tipo *Fayum* era o mais representativo em termos de exemplos sobreviventes. Esse estilo tendia a ampliar a cabeça de Lívia e tornar a parte inferior mais triangular, dando um formato facial muito mais próximo do de Augusto, com seu rosto triangular, caracteristicamente Juliano, e que permitia uma semelhança fictícia de Augusto com seu filho adotivo, Tibério (Barrett, 2002, p. 260).

No estilo *Zopftyp*, possuía duas tranças que cobriam os lados da cabeça, além das tranças de cabelo retorcidas usuais que corriam ao longo da mesma área. Os primeiros exemplos do tipo foram encontrados em moedas de Pérgamo, nas quais Lívia era claramente identificada pelo nome e representavam uma criação local da Ásia Menor (Fittschen; Zanker, 1983, p. III, 4a-e; Winkes, 1995, p. 95-96; Bartman, 1999, p. 221 apud Barrett, 2002, p. 260).

Havia cabelos do grupo Repartidos ao Meio, que tinham uma divisão central e caíam de cada lado para enquadrar o rosto em uma série de ondas. As mechas na parte de trás eram puxadas em um coque apertado no pescoço. O penteado com divisão central era amplamente utilizado em retratos de

14 d.C., mas o estilo *nodus* continuou, pois poderia ter acontecido que nem todos os escultores tivessem acesso ao novo tipo e muitos, simplesmente, teriam preferido o estilo tradicional antiquado. Parece improvável que Lívia, na casa dos sessenta anos, tivesse se candidatado a um novo tipo de cabelo; e os escultores poderiam ter adaptado os modelos existentes. É comumente referido como o grupo ou tipo Salus, sendo o nome derivado do retrato da Salus Augusta do dupôndio de Tibério (Bartman, 1999, p. 115 apud Barrett, 2002, p. 261).

O estilo *Kiel* possuía mechas na lateral da divisão central, as quais eram mais salientes do que o restante do cabelo e subiam para criar quase um efeito de halo. As pontas eram puxadas para trás em um coque que era dividido horizontalmente e foi considerado uma relíquia do estilo *nodus*. Outros, possivelmente desse grupo inicial, posteriormente, foram organizados com ondas em uma série de faixas paralelas. Este último estilo foi aquele utilizado depois da morte de Lívia, seguindo sua consagração durante o governo de Cláudio (Bartman, 1999, p. 116; Winkes, 1995, p. 46-48; Wood, 1999, p. 118 apud Barrett, 2002, p. 261).